méthode quotidienne

ASSiMiL

le hindi sans peine

par

Akshay BAKAYA
Maître de langue
et
Annie MONTAUT
Professeur

à l'Institut National des langues et civilisations orientales

illustrations de Boris

ASSiMiL

B.P. 25
94431 Chennevières-sur-Marne Cedex
FRANCE

ISBN : 2-7005-0172-1

Méthodes ASSIMIL®

Volumes reliés, abondamment illustrés
et enregistrés sur cassettes ou compact discs

"Sans Peine"

L'allemand
L'américain sans peine
L'anglais
L'arabe
L'arménien sans peine
Le brésilien sans peine
Le bulgare sans peine
Le chinois sans peine (tomes1 et 2)
L'écriture chinoise
Le coréen sans peine
Le danois sans peine
L'espagnol
L'espéranto sans peine
Le finnois sans peine
Le nouveau grec sans peine
Le grec ancien
L'hébreu sans peine (tomes1 et 2)
Le hindi sans peine
Le hongrois sans peine
L'indonésien sans peine
L'italien
Le japonais sans peine (tomes1 et 2)
Le japonais : l'écriture kanji
Le latin sans peine
Le nouveau néerlandais sans peine
Le norvégien sans peine
Le persan
Le polonais
Le nouveau portugais sans peine
Le roumain sans peine
Le nouveau russe sans peine
Le serbo-croate sans peine
Le suédois sans peine (tomes1 et 2)
Le swahili sans peine
Le tamoul sans peine
Le tchèque sans peine
Introduction au thaï
Le turc sans peine
Le vietnamien sans peine

"Perfectionnement"

Perfectionnement allemand
Perfectionnement anglais
Perfectionnement espagnol
Perfectionnement italien
La pratique du néerlandais

"Langues régionales"

L'alsacien sans peine
Le basque unifié (initiation)
Le breton
Le corse sans peine
Le créole sans peine
L'occitan sans peine

"Affaires"

Le nouvel anglais des affaires
L'espagnol des affaires

"Civilisations"

Apprenez l'Amérique ! (Langue et civilisation)

Assimil "Plus"

L'anglais par l'humour

"Bilingues" (1 livre + cassettes)

Pour mieux connaître l'arabe

"Loisirs"

La guitare sans peine (cours en 2 cassettes et 24 fiches)
Le solfège sans peine (cours en 3 cassettes et un livret)

"Expressions idiomatiques"

Plus anglais que ça...
Plus espagnol que ça...

PREFACE

On a raison et on a bien des raisons de vouloir apprendre le hindi. Chacun sait pourquoi il s'est procuré ce volume Assimil, quel avantage pratique il entend tirer de cette étude, quelle curiosité il désire satisfaire. Mais ce que le lecteur ne peut se figurer à l'avance, c'est le plaisir très particulier qu'il ressentira à progresser dans la connaissance du hindi. Ce plaisir tient à ce que le hindi offre aux francophones un remarquable mélange d'étrangeté et de familiarité. Etrange, le hindi l'est assez pour que l'on se sente vraiment dépaysé en l'abordant. Mais bien vite des points de repère apparaissent, et l'étudiant constate que, malgré la distance et les différences nombreuses et profondes entre le système linguistique du français et celui du hindi, il y a en hindi des traits qui ont un air de déjà connu.

C'est surtout dans le domaine du vocabulaire que l'on aura la surprise de la reconnaissance. Une langue où "je", "moi", se dit **maĩ**, "tu" **tum**, "deux" **do**, "sept" **sāt**, "neuf" **nau**, "dix" **das**, présente avec le français des ressemblances qui intriguent et qui ne peuvent être de simples coïncidences. On sait quelle est l'explication : le hindi, comme d'autres langues de l'Inde du Nord (panjabi, marathi, bengali) est "issu" du sanscrit, à peu près de la même manière que le français et les autres langues romanes sont "issues" du latin. Or le sanscrit d'une part, le latin de l'autre (et aussi le grec, les langues germaniques, les langues slaves, les langues iraniennes) sont eux-mêmes les transformations d'une même langue commune, hypothétique, nommée par les linguistes “indo-européen”. Les ressemblances entre les mots français et hindi que nous venons de mentionner sont les traces de ce lointain cousinage. D'autres similitudes résultent d'un cheminement plus complexe. Pour dire “homme”, “membre de l'espèce humaine”, le hindi dispose de plusieurs mots ; les plus usuels sont **ādmī** et **manuṣya** ; **ādmī** nous fait irrésistiblement penser à Adam : à juste titre, puisque **adam** en hébreu signifie “homme”, et que **ādmī**, en arabe (autre langue sémitique), est un adjectif signifiant “humain” ; **ādmī** est passé en persan, avec tant d'autres mots arabes, et ce terme arabo-persan a été adopté par ce qu'on appelait autrefois l'hindoustani, avant que l'on ne mette l'accent sur la différence entre l'aspect urdu et l'aspect hindi de cette langue. Quant à **manuṣya**, c'est un mot sanscrit conservé tel quel en hindi. Il est lui-même dérivé de **manu**, “homme”, qui provient évidemment du radical indo-européen d'où sont issus d'autre part l'anglais **man** et l'allemand **Mann.** Mais le hindi **manuṣya** est aussi passé, presque sans altération, dans le français **manouche** : c'est le mot par lequel les tsiganes se désignent eux-mêmes comme les “hommes” par excellence ; or le tsigane, qui du reste comporte plusieurs dialectes, provient d'une langue du nord-ouest de l'Inde proche parente du hindi.

Tels sont quelques-uns des petits signes de connivence que nous adresse le hindi. L'étudiant en découvrira bien d'autres en prenant pour guide cet excellent livre à la fois “enlevé” et rigoureux, plein de science et d'humour. Les auteurs sont des linguistes exigeants qui savent bien qu'une langue est d'abord un ensemble de règles de grammaire. Ils sont aussi des pédagogues très efficaces : avec finesse et énergie, un admirable sens du concret, et beaucoup d'impertinence et de gaieté, ils construisent des dialogues, inventent des situations qui, en même temps qu'ils nous font avancer à grande allure dans la connaissance de la langue réellement vivante, nous rendent présents, dans toute la complexité de leurs rapports personnels et sociaux, les hommes et les femmes qui la parlent.

Charles Malamoud
Directeur d'études à l'Ecole Pratique des Hautes Etudes

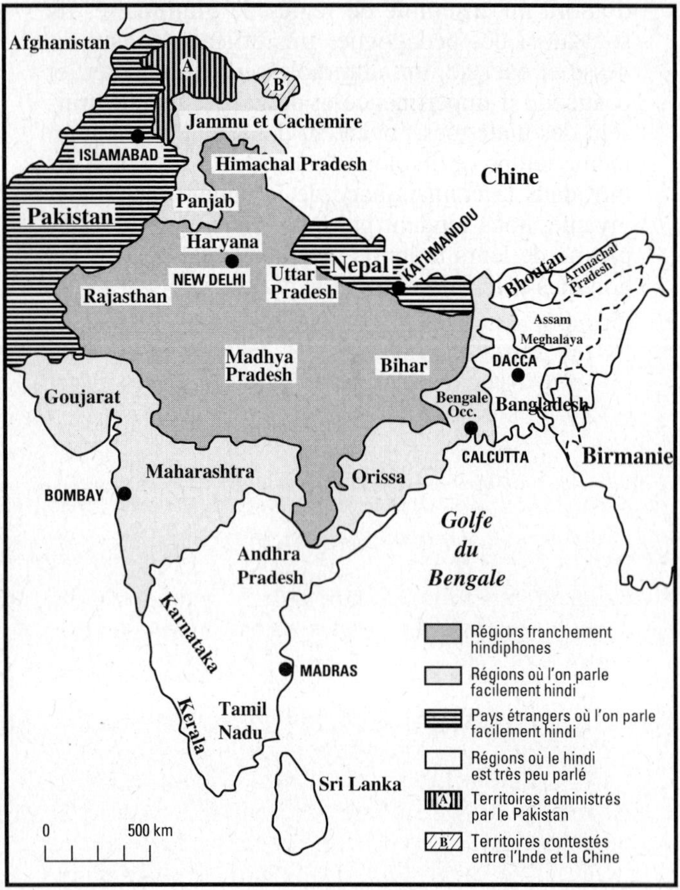
Afghanistan
A
B
Jammu et Cachemire
ISLAMABAD
Himachal Pradesh
Chine
Panjab
Pakistan
KATHMANDOU
Haryana
Nepal
Bhoutan
Arunachal Pradesh
NEW DELHI
Uttar Pradesh
Rajasthan
Assam
Meghalaya
DACCA
Madhya Pradesh
Bihar
Goujarat
Bengale Occ.
Bangladesh
CALCUTTA
Birmanie
Maharashtra
Orissa
BOMBAY
Golfe du Bengale
Andhra Pradesh
Karnataka
Régions franchement hindiphones
MADRAS
Régions où l'on parle facilement hindi
Kerala
Tamil Nadu
Pays étrangers où l'on parle facilement hindi
Régions où le hindi est très peu parlé
Sri Lanka
Territoires administrés par le Pakistan
0
500 km
Territoires contestés entre l'Inde et la Chine

Introduction

A peu près 40% de la population de l'Union indienne, peuplée de près de 900 millions d'habitants, parle le hindi, langue indo-aryenne, appartenant à la plus vaste famille des langues indo-européennes, comme le français ou l'anglais. D'après les recensements de 1981, 265 millions de locuteurs déclarent le hindi comme leur langue maternelle, mais il faut y ajouter tous les locuteurs qui utilisent couramment le hindi dans leur milieu socio-professionnel. Si l'on y ajoute en outre la diaspora (Fidji et Ile Maurice, où le hindi a un statut linguistique particulier, l'Ile de la Réunion, et à un moindre degré, les pays du Golfe, l'Afrique occidentale, enfin l'Amérique du Nord et le Royaume Uni), et qu'on inclut dans le décompte l'ourdou, langue très proche du hindi, il n'est pas étonnant d'arriver à des chiffres qui situent le hindi au deuxième ou troisième rang mondial, selon les critères choisis, derrière le chinois et l'anglais. En décidant d'apprendre le hindi, vous vous donnez donc accès à l'une des plus vastes communautés linguistiques du monde.

En Inde même, le hindi est parlé dans une grande partie de l'Inde du nord, entre le Bengale à l'est et le Panjab et le Goujarat à l'ouest. C'est la langue officiellement adoptée dans la Constitution pour les Etats de l'Uttar Pradesh, du Madhya Pradesh, du Bihar, de l'Haryana, du Rajasthan, de l'Himachal Pradesh, et pour Delhi, territoire de l'Union. C'est l'une des dix-huit langues "constitutionnelles" de l'Inde, avec, en ordre alphabétique l'assamais, le bengali, le cachemiri, le goujarati, le kannada, le konkani, le malayalam, le manipouri, le marathi, l'oriya, l'ourdou, le panjabi, le sanscrit, le sindhi, le tamoul, le télougou et... le népali. Ces langues elles-mêmes ne représentent qu'un mince échantillon de la diversité linguistique du sous-continent : il y a plus de cinq cents dialectes.

Mais le hindi est aussi *la* langue nationale de l'Union Indienne, et l'une de ses deux langues officielles avec l'anglais. Le problème de la coexistence de ces deux langues est du reste délicat, l'usage de l'anglais ayant, lors de la rédaction de la Constitution en 1947-50, été associé au hindi uniquement pour une période de quinze ans, jusqu'au 25 janvier 1965, en attendant que la diffusion du hindi dans tout le pays soit suffisante pour assurer les échanges interrégionaux. Or cette diffusion a été négativement perçue par les Etats du sud, de langues dravidiennes, langues typologiquement et génétiquement très différentes, qui refusèrent ce qu'ils ressentaient comme un impérialisme du nord. Ce qui fait qu'au terme de la période initialement fixée, l'usage de la deuxième langue, l'anglais, fut maintenu *sine die*. Vous pouvez donc "vous débrouiller" avec l'anglais en Inde, mais sans vous faire trop d'illusions : un très faible pourcentage des Indiens sont réellement anglophones, et vous avez avantage à utiliser le hindi. Cela plaira beaucoup à vos interlocuteurs, et même dans le sud de l'Inde, dans les endroits où résident des communautés musulmanes ourdouphones, comme par exemple Hyderabad, vous pourrez parler hindi.

Le développement de la langue hindi, issue du sanscrit (une des anciennes langues indo-européennes), est intimement lié à l'histoire du pays. Cela est vrai de toutes les langues, mais peut-être plus dramatiquement du hindi qui s'est, peut-on dire, constitué officiellement comme tel en se distinguant de l'ourdou, parlé à la fois en Inde et dans l'actuel Pakistan. Au XIXe siècle encore, le terme *hindoustani* (qu'apprenait Arthur Rimbaud !) désignait la langue commune qui allait donner naissance, sous l'influence de tensions de plus en plus fortes entre les communautés hindouiste et musulmane, au hindi et à l'ourdou respectivement. La partition, en 1947, entre le Pakistan (dont la langue officielle est l'ourdou) et l'Inde a contribué à faire de ces deux idiomes deux langues séparées, alors qu'elles ne l'étaient guère anciennement que par la graphie – en caractères nagari, de gauche à droite, comme le sanscrit, pour le hindi, et en caractères arabes, de droite à gauche, pour l'ourdou – et le vocabulaire spécialisé. Les différences, plutôt que structurelles et strictement parlant linguistiques, sont d'ordre culturel et reflètent des divergences religieuses et politiques, dans la mesure où l'ourdou est d'ordinaire associé à l'islam et le hindi à l'hindouisme. Depuis, les différences vont s'accusant, au niveau lexical essentiellement, chacune des langues orientant la création néologique en fonction de ses références privilégiées : "sanscritisation" et "purification" se font pendant de chaque côté de la frontière.

Malgré tout, la langue parlée est restée largement homogène, et le vocabulaire courant, même en hindi, provient pour une bonne partie du stock persan, lui-même bardé d'emprunts à l'arabe. Ce fonds, privilégié par l'ourdou aujourd'hui, est demeuré pendant des siècles productif dans la création néologique de l'hindoustani, durant la domination moghole qui avait, avant l'arrivée des Britanniques, profondément marqué le pays, culturellement, religieusement, architecturalement et linguistiquement. Il y a donc de très fréquents doublets en hindi, soit deux mots pour un même référent, l'un d'origine sanscrite, l'autre d'origine persane ou arabe (on dit communément origine arabo-persane, terme peu rigoureux mais que nous conserverons par commodité). Le choix du terme correspondra soit à un niveau de langue distinct (le hindi aime à se sanscritiser dès que le registre de langue s'élève), soit au contexte social, culturel, et bien sûr religieux. Cela fait davantage de vocabulaire à connaître, mais vous ouvre les portes de deux univers culturels et historiques.

Pour vous donner un exemple, le "livre" est soit **kitāb** (origine arabe) soit **pustak** (origine sanscrite). Le premier est beaucoup plus courant, mais la bibliothèque est toujours **pustakālay**, "le séjour des livres", formé par composition avec **ālay**, "lieu", terme sanscrit qui ne se joint qu'à des bases de même origine. De même "Himalaya", que vous connaissez, est le "séjour de la glace", alors que pour dire "glace", on dira bien plus couramment **barf**, d'origine persane, que **him**, sanscrit. La plupart des points souscrits qui accompagnent certaines lettres nagari et signalent une prononciation particulière, vous indiquent qu'il s'agit d'emprunts au persan, le sanscrit n'ayant pas de phonème /f/ ni

/z/ par exemple. Vous aurez donc très vite, visuellement et auditivement, une première approximation de la diversité des sources de la langue. Le hindi officiel privilégie clairement les termes d'origine sanscrite, soit empruntés ou conservés dans leur forme originelle (mots dits "tatsam", comme **agni**, "feu") soit dans une forme plus ou moins altérée par l'évolution phonétique régulière (mots dits "tadbhav" comme **āg**, "feu"), et la création néologique fait aujourd'hui essentiellement appel au fonds sanscrit.

Cependant, paradoxalement, le véritable facteur de diffusion du hindi dans les Etats imparfaitement ou non hindiphones, plus que la scolarisation ou les instituts soutenus par le Commissariat à la Langue Hindi *(Hindi Directorate),* est le cinéma commercial, d'une incroyable popularité en Inde et même hors des frontières. Les dialogues ne s'embarrassent pas de pureté linguistique, et c'est finalement l'hindoustani qui en constitue l'essentiel. Un feuilleton pakistanais et un film hindi grand public diffèrent peu l'un de l'autre par la langue, les référents culturels restant bien sûr différents. On y constate d'ailleurs l'influence de la langue anglaise, dans divers mots ou formules empruntés.

Le hindi sans peine

Dans "Le hindi sans peine" nous vous proposons une langue courante et vivante : vous y trouverez donc, avec le vocabulaire hérité du sanscrit, beaucoup de mots arabes ou persans, des mots anglais aussi, les notes vous signalant la plupart du temps leur registre d'emploi en lien avec leur origine. Vous apprendrez une langue conforme aux standards grammaticaux reconnus de toute la communauté parlante, soit explicitement par les grammaires (encore peu nombreuses), soit implicitement par les normes de la conversation correcte et la littérature écrite. Sachez toutefois qu'il y a beaucoup de "hindis", car c'est une langue encore en voie de standardisation dans laquelle les influences dialectales ne sont pas rares, même en milieu urbain, de même que les phénomènes de créolisation dus au contact des langues voisines. Le hindi a de nombreux dialectes (braj, marwari, du côté occidental, maithili, awadhi, bhojpuri du côté oriental), où l'intercompréhension est aisée, mais dont la morphologie et parfois la prononciation peuvent différer sensiblement. La langue à laquelle vous initie "Le hindi sans peine" est le hindi standard au sens généreux du terme, c'est-à-dire intégrant librement les termes persans et refusant l'étroitesse d'un purisme réducteur. Il vous permettra de vous débrouiller au bout d'environ six mois d'étude dans l'aire géographique que vous a détaillée le début de l'introduction.

Ne soyez pas accablé par la perspective d'un "double" vocabulaire et d'une langue qui se multiplie en dialectes innombrables : ce sera bientôt un plaisir pour vous de jouer sur les deux claviers comme le font les personnages qui vont vous parler. Il est vrai aussi que vous devrez affronter une morphologie relativement compliquée (mais moins que celle du français). Il y a deux genres, et des accords, dans le groupe nominal et verbal (comme en français). Il y a aussi une “mini” déclinaison (deux cas seulement), mais pas ou extrêmement peu d'irrégularités. Pas de verbes irréguliers, pas de pluriels exceptionnels. C'est un réconfort qui pallie largement les petits embarras de la morphologie, surtout si vous gardez un mauvais souvenir des listes de verbes forts de l'allemand apprises au lycée ou des parfaits irréguliers de l'anglais, sans parler de la conjugaison du français et de son orthographe : en hindi l'orthographe est pratiquement phonétique, et si bien sûr vous allez devoir reconnaître et produire de nouveaux sons, au moins n'aurez-vous pas de mal à les écrire, une fois maîtrisé l'alphabet.

Reste encore l'ordre des mots, qui est à peu près l'inverse de celui du français, puisque le verbe est final. Plusieurs régularités en découlent: antéposition des adjectifs par rapport aux noms, des noms par rapport aux “post”positions, des compléments de nom par rapport au nom qui les gouverne, des relatives par rapport à leur antécédent, des compléments lointains par rapport aux compléments proches, etc. On s'y fait vite. Enfin, un certain nombre de structures simples vous paraîtront au début déroutantes : au passé accompli par exemple, un verbe transitif s'accorde avec son complément d'objet direct. Langue indo-européenne, le hindi n'en a pas moins une certaine originalité dans la famille, et vous verrez que ce n'est pas la seule. Ce seront pour vous des charmes supplémentaires si vous aimez le dépaysement, mais discrets, si vous redoutez l'inconfort d'un exotisme trop radical.

Le hindi sans peine, mode d'emploi

C'est **la régularité** qui garantit l'efficacité de votre apprentissage. Décidez d'y consacrer environ trois quarts d'heure ou une heure par jour. Si vous êtes à court de temps, mieux vaut réduire le dosage quotidien que de le supprimer, quitte à passer deux jours sur une leçon, si vous la trouvez trop lourde.

C'est dans **le plaisir** que vous allez découvrir le hindi et constater que vous le maîtrisez de mieux en mieux. Plaisir graphique, phonique, à produire de nouvelles lettres et de nouveaux sons, et plaisir de la découverte culturelle et ethnologique aussi : les notes vous parlent du pays autant que de la grammaire de la langue.

La première vague

Elle correspond à la "phase passive" de votre apprentissage. Voici comment procéder :

1 Ecoutez attentivement l'enregistrement si vous en disposez, et/ou lisez la prononciation donnée par la transcription en caractères latins au-dessous des caractères nagari jusqu'à la leçon 28. Jusqu'à la leçon 28, le genre des mots nouveaux vous est indiqué dans la transcription par les signes suivants : ♂ pour le masculin, et ♀ pour le féminin. A partir de la leçon 29, où disparaît la transcription, ils vous sont indiqués dans le texte en nagari.

2 Relisez lentement le texte en nagari en vous reportant aux notes et à la traduction littérale, avant de lire la traduction "élégante" donnée en première ligne sur la page de droite.

3 Ecoutez une seconde fois l'enregistrement.
4 Lisez à haute voix chaque phrase, jusqu'à être capable de la répéter sans regarder le texte.
5 Ré-écoutez pour finir l'enregistrement.

La deuxième vague
A partir de la leçon 29 commence la "phase active" de votre apprentissage : tout en vous laissant couler sur la première vague tranquillement, vous aller partir sur la deuxième, qui remonte du port d'embarquement. Vous reprendrez donc la leçon 1 avec la 29, 2 avec la 30, et ainsi de suite. Dans la deuxième vague, il faudra "ramer" plutôt que de se laisser porter ! Nous vous rappellerons les règles du jeu au début de la leçon 29.

Nous vous expliquons ci-après, point par point, le "découpage" des leçons :

• **La prononciation** vous est expliquée dans le chapitre suivant, avec l'écriture et l'alphabet.

• **La traduction**
La structure de la phrase hindi est différente de celle de la phrase française, notamment dans l'ordre des mots : la traduction littérale ou mot-à-mot, que nous donnons directement au-dessous de la traduction "élégante" sur la page de droite, vous permettra de retrouver la correspondance du terme hindi et du terme français. En principe, chaque unité hindi a son correspondant français, en un mot ou un groupe de mots, entre barres obliques.
Par exemple : **logõ ko**, / gens / à /, "aux gens". **hamko**, / nous-à /, "à nous", car le pronom person-

nel est soudé à la postposition. Les formes verbales, le plus souvent constituées de plusieurs unités en hindi, sont glosées par une seule unité en français : **jātā hū̃**, / vais /, “vais”, pour le présent général, et **jā rahā hū̃**, / vais-actuel /, “vais”, pour le présent progressif ou actualisé. Chaque fois qu'une forme nouvelle est introduite, si le mot-à-mot répond à un choix particulier, nous vous l'expliquons en note. Il arrive parfois qu'une particule soit intraduisible dans certains contextes (alors qu'elle peut l'être dans d'autres) : nous la conservons alors dans la traduction littérale sans la traduire, et une note vous explique la raison de cette pratique, lors de sa première occurrence.

Vous vous habituerez vite à ces conventions, qui ne visent qu'à vous permettre de rester au plus près de la structure du hindi, sans aller jusqu'à l'abstraction du mot-à-mot des linguistes : nous avons pris le parti d'un compromis entre lisibilité, avec les approximations qu'elle implique parfois, et rigueur perfectionniste.

• **Les notes,** que vous trouverez sur la partie inférieure de la page, sous la leçon, ont plusieurs fonctions:
- vous faciliter la compréhension des tournures et des mots nouveaux ;
- éclairer les nouvelles structures grammaticales que vous découvrez et confirmer vos acquis par des renvois ou des rappels ;
- enrichir votre vocabulaire, notamment lorsqu'il y a des doublets selon le niveau de langue (plus ou moins sanscritisée, plus ou moins ourdouisée) ;
- vous donner le plus d'informations possible sur la

société indienne, dans ses aspects sociaux, culturels, historiques, etc.

• Les exercices

Toutes les leçons, excepté les leçons de révision (à la fin de chaque cycle de sept leçons), comprennent des exercices : écriture pendant les quatre premiers cycles, traduction du hindi au français, thème simplifié où vous avez à compléter des phrases par des mots ou groupes de mots. Dans le dernier type d'exercice, chaque petit trait dans la transcription correspond à une lettre. Dans la phrase hindi en nagari, les "trous" par leur longueur même vous aideront à trouver les termes qui manquent. Pendant la première vague de votre apprentissage, la phase "passive", vous vous contenterez d'écouter et de lire les phrases hindi, et de les comprendre, mais sans effort : regardez la traduction si vous butez. Lors de la seconde vague ou phase "active" de votre apprentissage, qui vous sera signalée, vous poursuivrez sur le même mode que durant la phase "passive" mais en même temps vous reviendrez à la première leçon en faisant les exercices sans vous servir du corrigé, et même si vous vous en sentez le goût, en traduisant du français vers le hindi. Vous pouvez également refaire les exercices à trous en cachant complètement la phrase hindi.

• Les signes conventionnels

Les parenthèses dans le texte français proposent, quand le français est trop éloigné du hindi, un équivalent plus proche du hindi. Les crochets verticaux encadrent des termes français qui ne sont pas représentés dans la phrase hindi : ainsi le sujet, qui n'est pas obligatoirement exprimé en hindi, figure entre crochets, dans les premiers cycles au moins, si le hindi l'omet.

• **Les leçons de révision**, toutes les sept leçons, font le point sur vos acquis grammaticaux au cours du cycle que vous venez de voir. Elles le complètent aussi, et vous donnent des exemples différents de ceux des leçons, qui souvent augmentent votre vocabulaire : ne les négligez pas, les exercices ultérieurs réutilisent souvent ce vocabulaire pour l'activer. Ces "pauses" sont partie intégrante de votre apprentissage : consacrez-leur autant de temps que pour une leçon nouvelle. En outre, elles vous permettront de vérifier rapidement tel ou tel point grammatical dans la suite de votre apprentissage si vous en avez besoin.

• **Les enregistrements**
Bien que la méthode soit également conçue pour être utilisée avec le livre seul, nous vous recommandons vivement de vous munir des enregistrements : ils vous permettront de vous familiariser immédiatement avec les nouveaux sons, ainsi qu'avec l'intonation et le rythme des phrases. Mais ils vous plongeront aussi dans la réalité vivante de la langue, car ce sont des professionnels indiens qui les ont réalisés. Les premières leçons sont enregistrées deux fois, une première fois à un rythme lent, une seconde fois à un rythme plus proche de la conversation naturelle. Et, au lieu des révisions grammaticales, qui ne sont pas enregistrées, vous pourrez faire connaissance avec le chant Dhrupad, musique dévotionnelle de l'Inde du nord (Raga Sohini, Alap et

Dhrupad, par les frères DAGAR Ustad N. ZAHIRUDDIN DAGAR et Ustad N. FAIYAZUDDIN DAGAR († 1989) ; instruments d'accompagnement tanpura et percussion "pakhavaj".
Nous remercions la Dhrupad Society (21, Allée de Fontainebleau 75019 Paris, tél. 42 41 23 91) pour son aimable concours.

Bibliographie

Bettelheim C., *L'Inde indépendante*, Maspero, 1973
Boschetti F. et Montaut A., *Les Littératures de l'Inde* (anthologie de nouvelles contemporaines), Sud, 1987
Biardeau M., *L'Hindouisme, anthropologie d'une civilisation,* Flammarion, coll. Champs, 1981
Dumont L., *Homo hierarchicus. Essai sur le système des castes,* Tel, Gallimard, 1979
Frédéric L., *Dictionnaire de la civilisation indienne,* Laffont, coll. Bouquins, 1987
Ghosh A., *Les Feux du Bengale*, Seuil (trad. de l'anglais), 1991
Kakar S., *Moksha, Le monde intérieur,* Les Belles Lettres, 1985
Lapierre D.et Collins L., *Cette Nuit la liberté,* Laffont, 1975
Naipaul V.S., *L'Inde. Un million de révoltes,* Plon, 1992
Rushdie S., *Les Enfants de minuit,* Stock, 1983
Zins M. J., *Histoire politique de l'Inde indépendante,* PUF, 1992
Tharoor Sh., *Le Grand Roman indien,* Seuil, 1993

L'écriture et les sons du hindi

L'écriture nagari, ou devanagari, que vous allez apprendre, est l'écriture du sanscrit simplifiée, utilisée également, à quelques signes près, pour d'autres langues indiennes comme le marathi ou le népali. Il y a aussi des ressemblances avec l'écriture du panjabi (gurmukhi), du goujarati ou du bengali.

Comme nous vous l'avons dit dans l'introduction, l'écriture du hindi est pratiquement phonétique. Ainsi, l'apprentissage de l'alphabet constituera l'apprentissage de la totalité des sons de la langue.

Le tableau 1 vous présente les lettres et les sons du hindi classés dans l'ordre du dictionnaire, qui recoupe dans une assez grande mesure l'ordre phonologique : les premiers grammairiens indiens, dont Panini, qui ont décrit et classifié les sons du sanscrit, avaient déjà inventé la phonologie ! C'est l'ordre que vous retrouverez dans le lexique du “Hindi sans peine”. Les lettres du hindi vous sont présentées dans ce tableau accompagnées de leur transcription en caractères latins dans le système adopté par la majorité des indianistes.

1 Les sons du hindi

Bien que nous traitons ici des sons, nous vous en donnons dès maintenant la lettre, de manière à vous permettre d'associer systématiquement forme graphique et substance sonore. Les commentaires sur le dessin graphique et les combinaisons des lettres sont regroupés au paragraphe 2.

• **Les voyelles**

En suivant l'ordre du tableau, vous rencontrez d'abord les voyelles, **अ a**, **आ ā**, **इ i**, **ई ī**, **उ u**, **ऊ ū**, **ए e**, **ऐ ai**, **ओ o**, **औ au**. Vous remarquez qu'il y a pour chaque voyelle une brève et une longue. La distinction est primordiale en hindi, comme en anglais, où la longueur distingue "fill" (remplir) de "feel" (sentir). Le mot **bal**, "force", se distingue par la longueur de la voyelle du mot **bāl**, "cheveu", **ki**, "que", de **kī**, "de", **cuknā**, "finir" de **cūkna**, "rater". La distinction longue / brève peut aussi affecter l'ouverture de la voyelle : **e** est fermé comme dans "blé", alors que **ai** est ouvert comme dans "belle", ou légèrement diphtongué comme dans l'anglais "rail". **o** est fermé comme dans "beau" alors que **au** est ouvert comme dans "port", ou légèrement diphtongué comme dans l'anglais "hour". Toutes les voyelles ont aussi une correspondante nasalisée (notée par le tilde ~, et qu'on trouve avant la voyelle orale dans le dictionnaire), les voyelles fermées aussi bien que les voyelles ouvertes, seules nasalisées en français. Exercez-vous à bien distinguer **ẽ** de **aĩ, õ** de **aũ**.

Le cas de **ri ऋ** est un archaïsme, qui ne relève plus désormais que du plan de l'écriture : il est prononcé r+i, mais il a anciennement été prononcé comme un son vocalique.

• **Les consonnes**

En règle générale, chaque consonne, si elle n'est pas suivie d'une voyelle écrite, se prononce avec le soutien d'une voyelle courte **a**, sauf en finale de mot. Si bien qu'on a pu parler d'écriture syllabique, ce qui n'est que très partiellement le cas.

Tableau 1

अ	a
आ	ā
इ	i
ई	ī
उ	u
ऊ	ū
ऋ	ri
ए	e
ऐ	ai
ओ	o
औ	au
क	ka
क़	qa
ख	kha
ख़	k̲h̲a
ग	ga
ग़	g̲a
घ	gha
ङ	ṅa

च	ca
छ	cha
ज	ja
ज़	za
झ	jha
ञ	ña
ट	ṭa
ठ	ṭha
ड	ḍa
ड़	ṛa
ढ	ḍha
ढ़	ṛha
ण	ṇa
त	ta
थ	tha
द	da
ध	dha
न	na

प	pa
फ	pha
फ़	fa
ब	ba
भ	bha
म	ma
य	ya
र	ra
ल	la
व	va
श	śa
ष	ṣa
स	sa
ह	ha

Ainsi, नमक **namak** (“sel”). Mais les règles prosodiques liées à la coupe syllabique apportent de nombreuses nuances à cette généralité. La transcription, qui est fondée sur ce qu’on entend réellement, vous permettra de vous y retrouver sans avoir à apprendre les règles prosodiques, assez complexes. Ainsi बरसना, **barasnā**, “pleuvoir”, mais बरसाना, **barsānā**, “faire pleuvoir”, मरना, **marnā**, “mourir”, समझना, **samajhnā**, “comprendre”, mais समझाना, **samjhānā**, “faire comprendre, expliquer”. Bien sûr, l’audition attentive des enregistrements en même temps que la lecture du texte nagari sera votre meilleur outil.

On peut grouper les consonnes occlusives par séries, celle du क **ka**, celle du च **ca**, celle du ट **ṭa**, celle du त **ta**, celle du प **pa**, qui correspondent respectivement aux vélaires, affriquées palatales, prépalatales rétroflexes, dentales, et labiales. L’ordre va donc de l’arrière à l’avant de la bouche en ce qui concerne le lieu d’articulation des sons. Chaque série comprend cinq éléments, une sourde et une sonore comme en français (par exemple dans la première série, le क **ka**, comme dans “coup” et le ग **ga**, comme dans “goût”), mais aussi les deux aspirées (ख **kha** et घ **gha**, dans la même série) et la nasale correspondantes. Pour prononcer une consonne aspirée, accompagnez la consonne d’un souffle, expiré en fait plutôt qu’aspiré, et évitez de séparer consonne et aspiration : ne dites pas **kah**, mais **kha**. La nasale de la série vélaire ङ **ṅa** se prononce en arrière vers la gorge, comme l’anglais “-i**n**g”. On ne la trouve que devant une consonne de la même série, et vous la prononcerez automatiquement là où il faut.

Dans la série **च**, la transcription **ca** ne correspond pas au /k/ de “comme”, mais au son produit à l’initiale de “tchèque”. **cha** transcrit donc l’aspirée qui lui correspond, **छ**. De même, la sonore **ज ja**, transcrit le son que vous entendez à l’initiale de l’anglais “job”, et **झ jha**, est l’aspirée correspondante. Comme dans la première série, la nasale **ञ ña**, prononcée comme dans “ni**n**ja”, ne se trouve que devant une consonne de la même série, et vous la prononcerez automatiquement.

La série des rétroflexes est entièrement spécifique : il va falloir vous entraîner à bien la reconnaître, puis bien la prononcer, car **डाल**, **ḍāl**, signifie “jette”, alors que **दाल**, **dāl**, signifie “lentilles”, et c’est le caractère “rétroflexe” qui fait la différence. Toutes les consonnes de cette série, articulées à l’avant du palais, en retrait des dents, ainsi que la nasale, se prononcent en bouclant la langue de manière à en ramener le bout contre les dents (au lieu de laisser la langue à plat ou contre le palais comme pour un /t/ ou un /d/ “ordinaire”. Le son produit ressemble un peu au t ou au d de l’anglais, mais en plus percutant. On retrouve bien sûr les deux aspirées correspondantes, **ठ ṭha** et **ढ ḍha**. La nasale **ण ṇa**, contrairement à celle des deux séries précédentes, peut apparaître n’importe où à l’intérieur ou à la fin du mot : la prononciation de la nasale distingue **बान**, **bān**, “habitude”, et **बाण**, **bāṇ**, “flèche”. Vous voyez aussi que la série comprend, avant la nasale, deux “claquantes”, le **ड़ ṛa** et l’aspirée correspondante **ढ़ ṛha** : la langue toujours en boucle, réalisez un “flap” (comme un coup de fouet). Ce n’est pas facile ? Ecoutez bien ces sons quand vous les trouverez dans les leçons enregistrées, et ils vous sembleront de plus en plus familiers.

La série des dentales pose infiniment moins de problèmes, le t et le d français correspondant au त **ta**, et au द **da** hindi respectivement. Les aspirées थ **tha**, et ध **dha**, ne vous demanderont qu'un petit souffle par dessus, et la nasale न **na**, est la même que le n français.

Il en va de même de la série des प **pa**, celle des labiales : la sonore ब **ba**, correspond au son b français, et vous en déduisez les deux aspirées correspondantes, फ **pha** et भ **bha**. La nasale म **ma** est identique au m français.

Après ces séries très systématiques, que nous avons détaillées pour vous donner une idée de l'architecture qui sous-tend l'ordre alphabétique hindi, nullement aléatoire, la suite de l'alphabet est plus hétérogène. Nous n'insistons ici que sur les sons posant un problème pour la lecture de la transcription ou la réalisation pratique. य **ya**, est en hindi toujours une semi-consonne, prononcée comme dans "payer". र **ra**, est roulé à peu près comme le r espagnol. व **va**, peut se rapprocher, selon sa position, soit de la consonne v du français ("viens"), soit de la semi-consonne /w/ de "oui". श **śa**, représente la palatale qu'on entend dans "chut", et ष **ṣa**, la rétroflexe correspondante, mais il faut avouer que la distinction n'est pas toujours réalisée par les Indiens. La dernière lettre de l'alphabet enfin, ह **ha**, est l'aspirée, consonne glottale qui se prononce comme l'anglais "hide".

Les sons empruntés au persan (क़ **qa,** ख़ **k͟ha,** ग़ **g̱a,** ज़ **za,** फ़ **fa**) se caractérisent par un point sous la lettre nagari. Dans le tableau ils figurent immédiatement après la lettre nagari sans point : ainsi **क़ qa** après **क ka**, **ख़ kha** après **ख kha**, **ग़ ga** après **ग ga**, **ज़ za** après **ज ja**. Du point de vue phonétique, ils n'entrent pas dans la série. Le /z/ n'est pas après le /s/ comme on pourrait s'y attendre. C'est que leur emprunt a été postérieur au classement des sons indigènes et ils ont été ajoutés dans les dictionnaires selon des critères strictement graphiques. Le **ज़ za** (comme dans "oiseau") ni le **फ़ fa** (comme dans "farce") ne pose de problèmes pour un francophone. Par contre les trois autres sons seront plus faciles à prononcer pour l'arabophone que pour le francophone : **क़ qa** ("qaf" du persan et de l'arabe), sourde uvulaire se prononce très en arrière dans la gorge, parfois presque comme un arrêt glottal. **ख़ kha** ("ha'" du persan et de l'arabe), consonne fricative vélaire sourde, se prononce aussi très en arrière du palais, dans la région du "voile", mais l'air passe. Le son ressemble à celui de "na**ch**" en allemand, ou "hi**j**o" en espagnol. **ग़ ga** ("gain" du persan et de l'arabe), la sonore correspondante, ressemble au "r" du français, un peu plus en arrière. Rassurez-vous, les hindiphones aussi "massacrent" parfois ces sons et les ramènent à ceux du hindi "pur". Par contre les ourdouphones les distinguent toujours soigneusement.

2 L'écriture du hindi

L'apprentissage "scolaire" (des écoliers indiens ou des étudiants étrangers) commence typiquement par un travail préalable sur l'écriture : d'abord le dessin des lettres – représentant les consonnes et les formes pleines des voyelles – puis des consonnes en combinaison avec les "matra" (notations abrégées des voyelles, c'est-à-dire des voyelles après consonne), avant de passer aux mots entiers et aux phrases. Dans "Le hindi sans peine", vous aurez un choix plus flexible. Premier choix possible : faire d'abord le tour complet des caractères nagari, et vous entraîner à "marcher" dans le texte nagari pendant vos séances d'écoute, de compréhension et de répétition, en vous servant simplement comme d'une "béquille" de la transcription. Deuxième choix : "décoller" plutôt à l'oral, soutenu par la "piste d'attérrissage" continue de la transcription, et avancer en faisant des escales pour assimiler de l'écriture, dosée leçon par leçon pendant quatre cycles. Choisir le juste milieu serait une bonne idée : familiarisez-vous préalablement avec la totalité de l'alphabet nagari, en consolidant vos acquis avec les exercices d'écriture, et prenez surtout l'habitude de jeter régulièrement un coup d'oeil sur la version nagari, quitte à boitiller un certain temps avec la transcription. En tout cas, dites-vous bien qu'à partir de la leçon 29 vous rangerez vos béquilles au placard. A vous de prévoir ! En dehors de votre livre et quelques articles érudits publiés en Occident, vous ne trouverez guère de texte nagari transcrit en caractères latins. Il serait donc regrettable de vous contenter de la seule transcription, lorsque vous apprenez le hindi !

• **Comment dessiner les lettres**

En suivant le tracé progressif conseillé pour chacun des caractères nagari (tableaux 2 et 3) vous allez les dessiner un par un, de préférence avec un beau stylo-plume, ou pourquoi pas, un stylo calligraphique ! Le souci d'une écriture soignée et belle (**sulekha** en sanscrit et **k͟huśnavīsī** en persan et ourdou) est une vieille tradition qui devrait survivre ! Vous verrez très bientôt que c'est un plaisir ludique de pratiquer cette belle écriture que le hindi a héritée du sanscrit. Vous avez remarqué que les caractères nagari sont *suspendus* à une "ligne de tête", comme le linge, n'est-ce pas, au lieu de marcher *sur* la corde raide comme les caractères latins ! Les "pinces à linge" qu'on voit au-dessus de la corde, sont justement les "matra", voyelles qui suivent les consonnes. Quand vous dessinerez une lettre, mettez la ligne de tête *après* avoir tracé la lettre. On écrira aussi en hindi le mot entier avant de tracer sa ligne de tête (de même qu'en français on soulignerait un mot).

- **Les deux formes graphiques des voyelles**

La **forme pleine** d'une voyelle est employée en début de mot et après une autre voyelle. Par exemple, **अब**, **ab**, "maintenant", commence avec la forme pleine de [a] : **अ**. Dans **खाई**, **khāī**, "fossé", le **ई ī** apparaît dans sa forme pleine, parce qu'il suit lui-même la voyelle **ā**. La **"matra", forme abrégée**, s'emploie quand la voyelle suit une consonne. Dans le même exemple, **खाई**, **khāī**, la première voyelle, **ā**, est notée justement avec une "matra" (le trait vertical) après la consonne **ख kha**.

a Comment dessiner les formes pleines

Voici tout d'abord les formes pleines, avec le tracé que nous vous conseillons de suivre, étape par étape. N'oubliez pas une règle simple : mettre la ligne de tête à la fin.

Tableau 2

अ	a
आ	ā
इ	i
ई	ī
उ	u
ऊ	ū
ऋ	ri
ए	e
ऐ	ai
ओ	o
औ	au

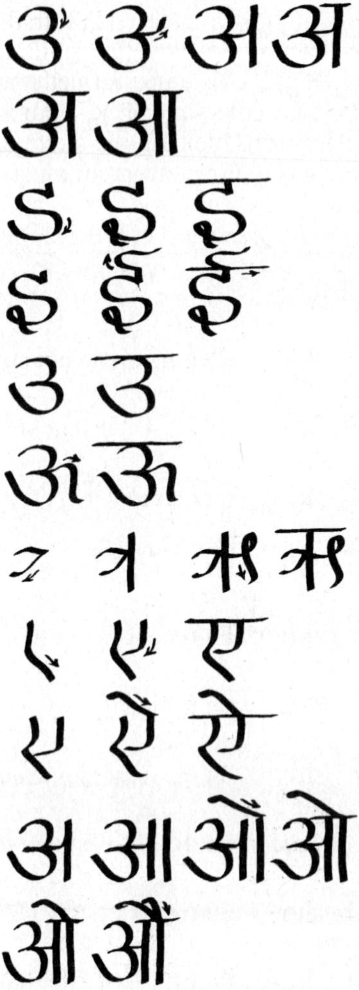

b Comment dessiner les “matra”

Pour chacune des voyelles au-dessus, sauf la première, अ **a**, il existe une forme “matra”. Prenons au hasard une consonne क **k**, pour les y accrocher. Rappelez-vous bien qu’une matra n’apparaît jamais seule, mais toujours accrochée à la consonne précédente.

Tableau 3

क	**ka**	(le **a** inhérent suit automatiquement)
का	**kā**	un **ā** (ा) est ajouté à droite
कि	**ki**	un **i** court (ि) est ajouté à gauche
की	**kī**	un **ī** long (ी) est ajouté à droite
कु	**ku**	un **u** court (ु) est ajouté en dessous
कू	**kū**	un **ū** long (ू) est ajouté en dessous
के	**ke**	un **e** (े) est ajouté au-dessus
कै	**kai**	un **ai** (ै) est ajouté au-dessus
को	**ko**	un **o** (ो) est ajouté à droite
कौ	**kau**	un **au** (ौ) est ajouté à droite

Note : attention, même si le **i** court (ि) est noté avant la consonne, il se prononce bien après elle. Vous verrez aussi que lorsqu'elle "suit" une ligature, la matra doit en abriter les deux partenaires, sans arracher l'un à l'autre : मुक्ति, **mukti**, "libération", शक्ति, **śakti**, "puissance".

• **La nasalisation des voyelles**
Chacune des voyelles que vous venez de voir (à l'exception du rare "ri" d'origine sanscrite) peut se trouver nasalisée (voir, en français, la différence entre "beau" et "bon", "grès" et "grain", "pot" et "pont" etc.). Pour marquer la nasalisation, un signe diacritique, le **candra-bindu**, "lune-point" (ँ) est placé au dessus de la voyelle (pleine ou matra). Par exemple, ऊँट, **ũṭ**, "chameau", हाँ, **hã**, "oui", हूँ, **hũ**, "suis". Si la matra est placée au-dessus de la ligne de tête, il ne reste de place que pour un **bindu**, "point" : मैं, **maĩ**, "je", थीं, **thĩ**, "étaient (féminin)" etc. Remarquez que le point se pose toujours à droite de la matra.

• **Les consonnes : comment les dessiner**

Tableau 4

क	**ka**
ख	**kha**
ग	**ga**
घ	**gha**
ङ	**ṅa**
च	**ca**
छ	**cha**
ज	**ja**
झ	**jha**
ञ	**ña**

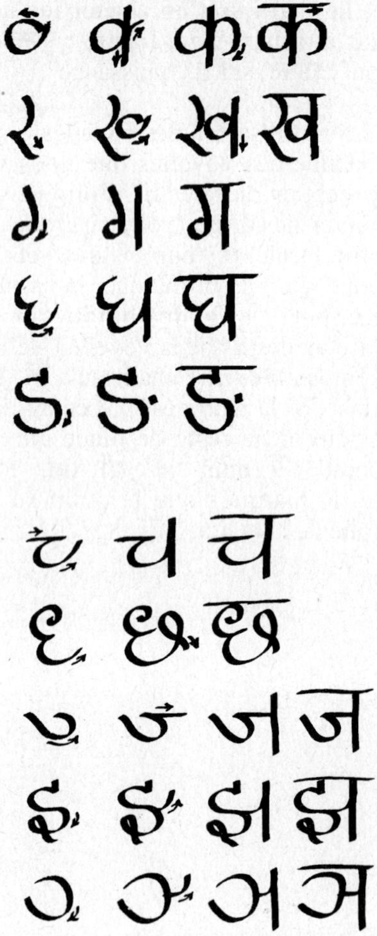

ट	ṭa
ठ	ṭha
ड	ḍa
ढ	ḍha
ण	ṇa
त	ta
थ	tha
द	da
ध	dha
न	na

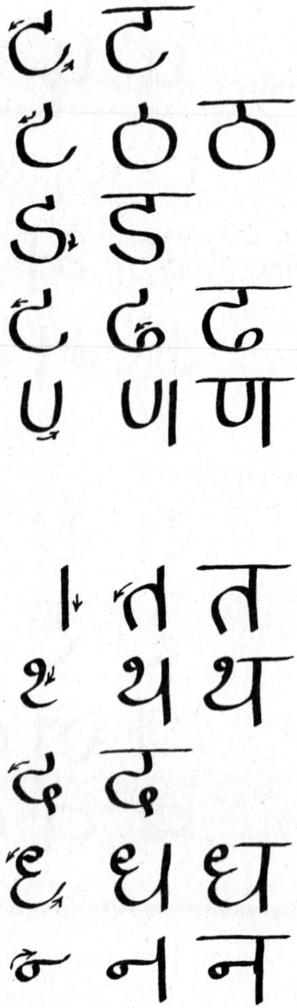

प	pa
फ	pha
ब	ba
भ	bha
म	ma

य	ya
र	ra
ल	la
व	va

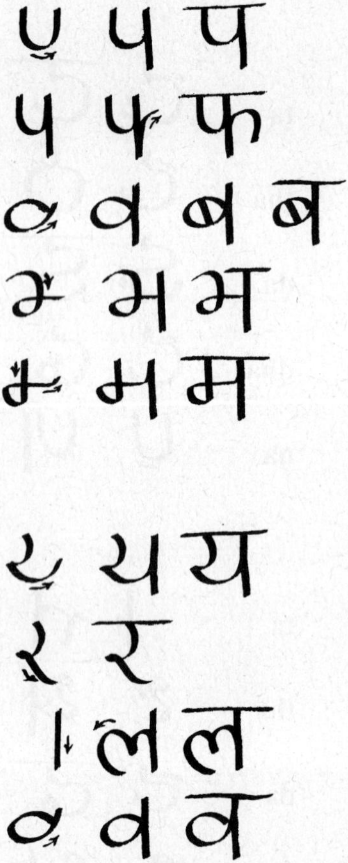

श **śa** 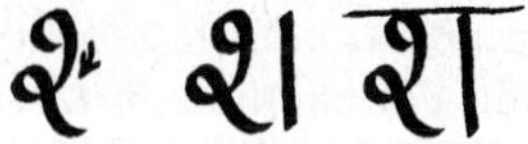

ष **ṣa** 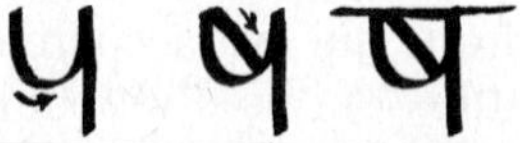

स **sa** 

ह **ha** 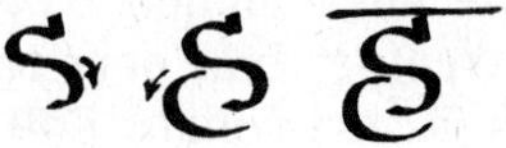

क्ष **kṣa** 

त्र **tra** 

ज्ञ **gya** 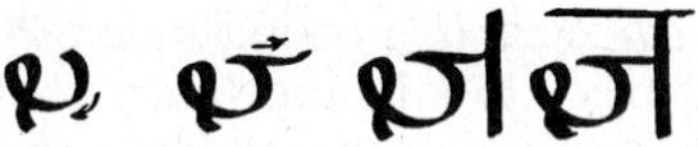

• **Les lettres conjointes ou “ligatures”**

Les mots hindi contiennent souvent deux consonnes qui se suivent sans la voyelle inhérente – qu’il s’agisse du redoublement de la même consonne, दिल्ली, **dillī**, “Delhi”, ou de la rencontre de deux consonnes différentes, मुक्त, **mukt**, “libre”. Dans la plupart des cas la première consonne perd une partie de son corps pour mieux s’accrocher à la suivante. Pour les lettres qui ont le trait vertical à droite (ज **ja**, ल **la**, etc.) la solution est simple : ce trait disparaît. Par exemple ज **ja** suivi de य **ya** donne ज्य **jya**. Pour une lettre comme क **ka**, c'est la courbe de droite qui est raccourcie : क्य **kya**). Il y a certaines lettres qui ne s'introduisent jamais comme premier élément dans une ligature (छ **cha**, झ **jha**, फ **pha**), d'autres qui ne s'accrochent qu'à très peu de partenaires (थ्य **thya**, ख्य **khya**), d'autres encore qui se plient en quatre (श्च **śca**), et ceux (ह **ha**) qui ouvrent les bras pour en intégrer d'autres en leur sein (हृ, **hri** comme हृदय**, hriday**, "coeur", ह्म, **hma** comme ब्राह्मण, **brāhmaṇ**…).

Le cas du र **r** comme élément de ligature est particulier. Premier élément, il se réincarne différemment (र्‍) et monte sur toute consonne qui veut bien le suivre : र्त **rt**, र्म **rm**, etc. Exemples : शर्त, **śart**, "pari", धर्म, **dharm**, "dharma, religion, devoir". Pour se faire deuxième élément, il prend un nouvel avatar (्र) et s'accroche *sous* la consonne qui la *précède* dans la prononciation : क्र **kra**, ब्र **bra**, etc. Exemples : क्रम, **kram**, "ordre chronologique", सब्र, **sabr,** "patience". Quand il s'accouple avec त **ta** ou श **śa**, on reconnaît à peine son partenaire : त्र **tra**, श्र **śra**. D'ailleurs, deux lettres (ट **ṭa** et ड **ḍa**) sont mal disposées à l'accueillir, et le "r" se plie en deux pour s'accrocher et les suivre : cela donne le ट्र **ṭra** "de राष्ट्र", **rāṣṭra**, "nation", et le ड्र de ड्रग, **ḍrag**, "drogue" en "anglais indien". Les lettres क्ष **kṣa** et ज्ञ **gya**, sont des ligatures où on ne distingue plus les partenaires et elles sont considérées comme des **akṣara** (lettres) dans l'alphabet nagari, bien qu'elles soient classées dans le dictionnaire à la lettre क **ka** et ग **ga** respectivement. Dans la série des ligatures il existe diverses positions possibles. Les exercices d'écriture du quatrième cycle de leçons (22-28) portent sur les ligatures. Mais rassurez-vous, les réalisations les plus acrobatiques, importées telles quelles du sanscrit, n'appartiennent qu'à un stade initié et savant. Vous en verrez très peu dans cette méthode, destinée aux débutants.

- **L'anusvāra, notation alternative des consonnes nasales**

Lorsqu'une consonne nasale constitue le premier élément d'une ligature elle est toujours suivie par une consonne de la même série phonétique : "so**n**g" (vélaires), "ni**n**ja" (palatales), "hi**n**di" (dentales), sa**m**ba (labiales). En nagari, elle peut être notée de deux façons alternatives : ou bien dans sa forme "amputée" बन्द, **band**, "fermé", ou bien avec un point (l'anusvara) au-dessus de la ligne de tête : बंद, **band**. Remarquez bien que ce point se pose sur la lettre qui le *précède* . L'usage du point, plus pratique, est considéré comme plus moderne, mais le sanscrit exige toujours la façon traditionnelle :
Donc, अंक, **aṅk**, "chiffre" en style moderne, mais अङ्क, **aṅk**, en style traditionel.
lambā, "long" donnera en nagari लंबा ou लम्बा, **hindi** peut s'écrire हिंदी ou हिन्दी, **ghaṇṭā**, "cloche, heure", s'écrira घंटा ou घण्टा, etc.

- **Le visarga**

Ce signe (ः), qui ressemble aux "deux-points" du français, peut apparaître à la fin (ou parfois à l'intérieur) d'un mot emprunté au sanscrit. Lorsqu'il apparaît en fin de mot, il représente un petit soupir (**ah**). Par exemple : **अतः**, **atah**, “donc”, **वस्तुतः**, **vastutah**, “en réalité”, etc. En ce qui concerne les mots où il apparaît à l’intérieur (**दुःख**, **duhkh**, “chagrin”), le hindi ne suit guère l’exemple de son aïeul, ni dans la graphie ni dans dans la prononciation (**दुख**, **dukh**, “chagrin”).

• **Le jeu de cartes : constitution d’un fichier**

Un conseil utile pour mémoriser les lettres: préparez-vous un jeu de cartes hindi ! En pliant une simple feuille de papier (format A4) quatre fois, vous pourrez en tirer 16 petites cartes. Donc, à peu près trois feuilles devraient faire l’affaire ! Dessinez une lettre hindi sur chaque carte en mettant la transcription au dos (par exemple **क / ka** : rappelez-vous que chaque consonne écrite en hindi est considérée comme accompagnée d’une petite voyelle “inhérente” **[a]** qui n’est pas notée). On peut avec les cartes réviser ses lettres n’importe quand et n’importe où, de même qu’on écoute des cassettes ou les disques compacts (CD) avec des appareils portables. Vous pourrez vérifier vos connaissances seul(e) ou vous faire tester par un(e) ami(e).

पाठ एक
pāṭh ek

मेरा नाम हिन्दुस्तानी है !
merā nām hindustānī hai !

१– **नमस्कार !** **1**
namaskār !

२ **मैं निशा हूँ ।** **2**
maĩ niśā hū̃.

३ **क्या आप अध्यापक हैं ?** **3 4**
kyā āp adhyāpak♂ haĩ ?

NOTES

(1) ou **namaste**. C'est la salutation traditionnelle indienne même en dehors des régions hindiphones. Joignez les mains devant la poitrine en le disant. La même salutation (comme "salut" en français) sert également à dire "au revoir". **namaskār** est à peu près du même niveau de formalité que "bonjour, Monsieur". Entre amis, et surtout entre jeunes, on peut même en faire l'économie et passer directement à la question "comment vas-tu ?" (**kaise ho ?**). Ou bien on dit carrément "hello", ou "hi", en anglais. Dans les campagnes, c'est la salutation populaire (et religieuse) **rām-rām** (du nom du dieu Rama) qu'on entend davantage.

(2) **maĩ...hū̃**, "je ... suis". **hū̃** est la première personne du verbe "être", **maĩ**, le pronom de première personne. Remarquez l'ordre des mots, sujet-attribut-verbe. Cet ordre est typique des langues indiennes (sujet-objet-verbe), qui mettent le verbe à la fin de la phrase.

(3) **āp...haĩ,** "vous êtes". **haĩ** est la forme du verbe "être" au pluriel. **āp,** le pronom de deuxième personne honorifique, correspond à peu près au français "vous", désignant aussi bien une que plusieurs personnes ; le verbe est toujours au pluriel : la voyelle est nasalisée. **haĩ,** qui s'oppose au singulier **hai,**

Première leçon

Mon nom est indien !
(mon / nom / indien / est)

1 – Bonjour !
(bonjour)
2 Je suis Nisha.
(je / Nisha / suis)
3 Est-ce que vous êtes le professeur ?
(est-ce que / vous / professeur / êtes)

NOTES (suite)

"est", est la forme des trois personnes du pluriel du verbe "être". Essayez d'assimiler ces formes en écoutant les enregistrements et en observant le mot-à-mot des leçons, en attendant de trouver un tableau qui récapitule la conjugaison (leçon 7).

(4) **kyā,** en début de phrase, correspond à "est-ce que ?". Il marque l'interrogation totale (réponse oui ou non). Mais il peut aussi signifier "quoi / que", ou "quel", et dans ce cas sa position est variable : **hindī kyā hai ?**, littéralement "hindi quoi est ?", "qu'est (ce que) le hindi ?" ; **kyā bāt**[f] **hai ?,** littéralement "quelle chose est ?", "qu'y a-t-il ?". Le **kyā**, "est-ce que", peut être déplacé à la fin de la phrase, avec un effet d'emphase : **āp adhyāpak haĩ kyā ?**, "vous êtes professeur (n'est-ce pas) ?", ou "vous êtes le professeur (n'est-ce pas) ?", puisque le hindi n'a pas d'article défini.

४– जी हाँ। मेरा नाम नवाबराय है। 5 6

jī hā̃. merā nām° navābrāy hai.

५ मैं हिन्दुस्तानी हूँ। और, आप भी... ? 7

maĩ hindustānī hū̃. aur, āp bhī... ?

६– जी नहीं। मैं फ़्रांसीसी हूँ।

jī nahī̃. maĩ frānsīsī hū̃.

७ लेकिन मेरा नाम हिन्दुस्तानी है !

lekin merā nām hindustānī hai !

EXERCICES

अनुवाद कीजिए **Traduisez**
anuvād kījie

१. नमस्कार ! मैं नवाबराय हूँ।
namaskār ! maĩ navābrāy hū̃.

२. क्या आप फ़्रांसीसी हैं ?
kyā āp frānsīsī haĩ ?

३. जी हाँ। मेरा नाम निशा है।
jī hā̃. merā nām niśā hai.

४. आप अध्यापक हैं।
āp adhyāpak haĩ.

५. मैं हिन्दुस्तानी हूँ। और आप ?
maĩ hindustānī hū̃. aur āp ?

६. मैं फ़्रांसीसी हूँ।
maĩ frānsīsī hū̃.

७. क्या आप हिन्दुस्तानी हैं ?
kyā āp hindustānī haĩ ?

4 – Oui. Je m'appelle Navabrai.
(ji / oui // mon / nom / Navabrai / est)
5 Je suis indien. Et vous aussi... ?
(je / indien / suis // et / vous / aussi)
6 – Non. Je suis française.
(ji / non // je / française / suis)
7 Mais mon nom est indien !
(mais / mon / nom / indien / est)

NOTES (suite)

(5) **jī** est une marque de politesse, comme "Monsieur" ou "Madame". Dire "oui" ou "non" non précédé de **jī** n'est pas considéré comme très poli, sauf en contexte de tutoiement. On le suffixe également aux noms propres ou aux titres quand on veut marquer le respect : **gāndhījī**, **nehrūjī**, **gurujī**, "maître", **pitājī**, "père".

(6) **merā nām navābrāy hai**, "mon nom est Navabrai". La phrase signifie "je m'appelle Navabrai" (on peut aussi dire "je suis Navabrai", **mãĩ navābrāy hū̃**). L'adjectif possessif **merā**, "mon" est au masculin, comme **nām**. Au féminin, vous verrez que le -**ā** du masculin singulier est remplacé par un -**ī** (**merī** : "ma").

(7) **āp,** "vous". Nous vous conseillons d'employer systématiquement le pronom de respect **āp** (plus formel que **tum**, "tu", qui suppose en outre que votre interlocuteur soit du même âge ou plus jeune, et de même statut social, ou inférieur !) avant d'avoir noué des rapports familiers avec les gens. Il existe aussi un troisième registre pour la seconde personne, le **tū** intime, tout à fait déconseillé aux débutants étrangers : la diversité de ses emplois (intimité, mépris, dévotion religieuse, etc.) est trop subtile. Il arrive même que certains locuteurs du hindi-ourdou ne l'emploient pas.

Traduisez

1 Bonjour ! Je suis Navabrai. 2 Est-ce que vous êtes française ? 3 Oui. Mon nom est Nisha. 4 Vous êtes professeur. 5 Je suis indien. Et vous ? 6 Je suis française. 7 Est-ce que vous êtes indien(ne) ?

८. जी हाँ । मेरा नाम नवाबराय है ।
jī hā̃. merā nām navābrāy hai.

९. नवाबराय जी, मैं निशा हूँ ।
navābrāy jī, maĩ niśā hū̃.

१०. मेरा नाम हिन्दुस्तानी है !
merā nām hindustānī hai !

.▼.▼.▼.▼.▼.

वाक्य पूरे कीजिए — Complétez les phrases

vākya pūre kījie *(phrases / complètes / faites)*

Chaque trait représente une lettre

1. Bonjour, je suis Navabrai.

———, — नवाबराय — ।

--------, --- navābrāy -- .

2. Est-ce que vous êtes [le] professeur ?

क्या ——— अध्यापक —— ?

kyā -- adhyāpak --- ?

3. Oui. Je suis indien.

जी —— । मैं ———— हूँ ।

jī -- . maĩ ---------- hū̃.

4. Vous êtes français[e] ?

——— फ्रांसीसी —— ?

-- frānsīsī --- ?

5. Est-ce que vous êtes indien ?

——— आप हिन्दुस्तानी —— ?

--- āp hindustānī --- ?

6. Je m'appelle Nisha.

——— नाम निशा —— ।

---- nām niśā --- .

7. Je suis française.

मैं ——— —— ।

maĩ -------- -- .

8 Oui. Je m'appelle Navabrai. 9 Navabrai ji, je suis Nisha. 10 Mon nom est indien !

8. Est-ce que mon nom est français ?

क्या ——— ——— फ़्रांसीसी है ?

kyā ---- --- frānsīsī hai ?

9. Non. Mais vous êtes française.

जी ——— । लेकिन ——— ———— हैं ।

jī ---- . lekin -- -------- hãĩ.

10. Oui. Et vous ? Vous êtes indien ?

—— —— । ——— आप ? आप हिन्दुस्तानी —— ?

-- -- . --- āp ? āp hindustānī --- ?

Les mots manquants

1. नमस्कार ! मैं – हूँ !
   namaskār ! mãĩ - hū̃ !
2. – आप – हैं ?
   - āp - hãĩ ?
3. – हाँ । – हिन्दुस्तानी – ।
   - hā̃. - hindustānī - .
4. आप – हैं ?
   āp - hãĩ ?
5. क्या – – हैं ?
   kyā - - hãĩ ?
6. मेरा – – है ।
   merā - - hai.
7. – फ़्रांसीसी हूँ ।
   - frānsīsī hū̃.
8. – मेरा नाम – – ?
   - merā nām - - ?
9. – नहीं । – आप फ़्रांसीसी – ।
   - nahī̃. - āp frānsīsī - .
10. जी हाँ । और – ? – – हैं ?
    jī hā̃ . aur - ? - - hãĩ ?

Exercice d'écriture

न, र, ह, ी
na, ra, ha, ī

A. Déchiffrez

1. हर chaque
2. ही même (particule emphatique)
3. हीर joyau
4. रहन mode de vie
5. नहीं non

.▼.

पाठ दो
pāṭh do

हम सब हिन्दी के छात्र हैं ?
ham sab hindī ke chātr haĩ ?

१– अच्छा ! **1**
acchā !

NOTES

(1) **acchā** : voilà un mot clé qui, plus encore que "bon" en français, exprime une grande variété de sentiments selon la situation et l'intonation employées : étonnement ("ah bon !"),

B. Ecrivez en hindi

1. **rah** reste
2. **harī** verte
3. **rahī** est restée
4. **nar** homme
5. **hīn** inférieur

Corrigé

A. 1. **har** 2. **hī** 3. **hīr** 4. **rahan** 5. **nahī̃**

B. 1. **रह** 2. **हरी** 3. **रही** 4. **नर** 5. **हीन**

Ça y est ! Vous parlez hindi. Vous écrivez quelques mots. Pas encore beaucoup ? C'est un premier pas. Avouez qu'il ne vous a pas trop coûté et que le résultat - vous pouvez déjà dialoguer avec un autre débutant, avec Nisha et Navabrai - valait bien l'effort que vous avez fait. Bravo ! Continuez.

Deuxième leçon

Nous sommes tous élèves de hindi ?
(nous / tous / hindi / de / élèves / sommes)

1 – Ah, bon !
(bon)

NOTES (suite)
doute ("ah bon ?"), décision ("bon !"), compréhension ("oui, je vois"), insinuation, mais aussi consentement ("très bien, d'accord") ou conclusion d'une rencontre ("bon, à demain"). C'est au sens propre un adjectif, qui précède le nom qu'il qualifie quand il est épithète et s'accorde avec lui (**acchā dūdh**, "du bon lait", au masculin, mais **acchī biar**, "une bonne bière", au féminin).

२ आपका नाम हिन्दुस्तानी है ! 2
āpkā nām hindustānī hai !

३ और अब आप हिन्दी की छात्रा हैं... ? 3
aur ab āp hindī♀ kī chātrā♀ hãī... ?

४– जी हाँ । ... वह कौन है ?
jī hã. ... vo kaun hai ?

५– वह हेरमान है । वह जर्मन है ।
vo hermān hai. vo jarman hai.

६– यह भी हिन्दी का छात्र है ? 4 5
ye bhī hindī kā chātr♂ hai ?

७– जी हाँ । और वह बोरिस है ।
jī hã. aur vo boris hai.

NOTES (suite)
(2) **āpkā**, littéralement “vous-de, votre”. **kā** relie deux noms (ou pronoms) en hindi, le complément précédant le nom principal : **hindī kā chātr**, “l’étudiant de hindi”, **chātr kā nām**, “le nom de l’étudiant”. Cet ordre (complément du nom, nom) découle de l’ordre général Sujet-Objet-Verbe, et vous fait comprendre pourquoi on parle de postpositions et non de prépositions (elles se placent après le nom qu’elles “introduisent”). De toutes les postpositions du hindi, **kā**, “de”, est la seule dont la forme varie (masculin / féminin / pluriel) en fonction du genre et du nombre du nom qui suit. Ici **nām,** “nom”, est masculin singulier, donc **kā** prend le -**ā** de masculin singulier (voir leçon 1, note 6, et leçon 2, phrase 6). Avec **chātrā**, “l’étudiante”, on a la forme **kī** (féminin singulier). Notez que pour dire “mon”, **merā**, on a une forme amalgamée (et non *__mai-kā__). De même pour “ma”, **merī**.

2 Votre nom est indien !
(votre / nom / indien / est)
3 Et maintenant, vous êtes élève de hindi...
(et / maintenant / vous / hindi / de / élève / êtes)
4 – Oui… Qui est-ce ?
(ji / oui // celui-là / qui / est)
5 – C'est Hermann. Il est allemand.
(celui-là / Hermann / est // il / allemand / est)
6 – Il est élève de hindi lui aussi ?
(celui-ci / aussi / hindi / de / élève / est)
7 – Oui. Et là, c'est Boris.
(ji / oui // et / celui-là / Boris / est)

NOTES (suite)

(3) **kī chātrā. chātrā**, "l'étudiante", "l'élève", est le nom féminin qui correspond au masculin **chātr**. Ne confondez pas ce -**ā** (finale de certains noms féminins issus du sanscrit) avec le -**ā** beaucoup plus fréquent du masculin singulier (**merā, kā, acchā**, etc.).

(4) **ye**, "celui-ci / celle-ci, ce / cette...(ci)". Il ne se prononce pas comme il s'écrit ! On le trouve soit seul, comme pronom, soit précédant un nom (comme adjectif : **ye chātr**, "cet étudiant-ci"). Il désigne un référent proche de celui qui parle. Au contraire, **vo** désigne un référent éloigné de celui qui parle : celui-là / celle-là, ce / cette...là. Comme **ye**, il n'a qu'une forme pour le masculin et le féminin, pour l'adjectif et le pronom (**vo chātrā**, "cette étudiante-là"). En outre, il s'emploie comme pronom personnel (il / elle) quand on reprend un nom déjà mentionné.

(5) La particule **bhī**, "aussi", se place toujours après le mot ou le groupe sur lequel elle porte. **vo hindī kā chātr bhī hai**, "il est élève de hindi aussi" (outre qu'il l'est de chinois, ou d'arabe), mais **vo bhī hindī kā chātr hai**, "lui aussi est élève de hindi".

८– बोरिस, तुम रूसी हो, न ? 6
boris, tum rūsī ho, na ?

९– हाँ।... हम सब हिन्दी के छात्र हैं ? 7
hā̃... ham sab hindī ke chātr hāĩ ?

EXERCICES

अनुवाद कीजिए **Traduisez**
anuvād kījie

१. अब मैं हिन्दी की छात्रा हूँ।
ab mãĩ hindī kī chātrā hū̃.
२. क्या हेरमान हिन्दी का छात्र है ?
kyā hermān hindī kā chātr hai ?
३. जी हाँ। और वह जर्मन है।
jī hā̃. aur vo jarman hai.
४. आप कौन हैं ? – मैं बोरिस हूँ।
āp kaun hãĩ ? - mãĩ boris hū̃.
५. मैं भी हिन्दी का छात्र हूँ।
mãĩ bhī hindī kā chātr hū̃.
६. आपका नाम रूसी है।
āpkā nām rūsī hai.
७. जी हाँ, मैं रूसी हूँ।
jī hā̃, mãĩ rūsī hū̃.
८. निशा और बोरिस हिन्दी के छात्र हैं।
niśā aur boris hindī ke chātr hãĩ.
९. तुम हेरमान हो, लेकिन वह कौन है ?
tum hermān ho, lekin vo kaun hai ?
१०. वह भी हिन्दी का छात्र है।
vo bhī hindī kā chātr hai.

8–Boris, tu es russe, n'est-ce pas ?
(Boris / tu / russe / es / non)
9–Oui… Nous sommes tous élèves de hindi ?
(ji / oui // nous / tous / hindi / de / élèves / sommes)

NOTES (suite)
(6) **tum ho**, "tu es" : forme du verbe "être" avec le pronom de seconde personne (non honorifique, mais non intime, voir leçon 1, note 7).

(7) **hindī ke chātr**, "élèves de hindi". C'est un pluriel grammaticalement masculin bien qu'il désigne un groupe mixte (le masculin comme en français "l'emporte"). Remarquez bien l'ordre des mots, l'inverse du français : "hindi de élèves". Nous approfondirons plus tard les formes du pluriel au féminin (**hindī kī chātrāẽ**, "les élèves de hindi", **hindī kī galtiyā̃**, "les fautes de hindi").

Traduisez

1 Maintenant je suis élève (f) de hindi. 2 Est-ce que Hermann est élève (m) de hindi ? 3 Oui. Et il est allemand. 4 Qui êtes-vous ? -Je suis Boris. 5 Je suis élève de hindi, moi aussi. 6 Votre nom est russe. 7 Oui, je suis russe. 8 Nisha et Boris sont élèves de hindi. 9 Tu es Hermann, mais qui est celui-là ? 10 Lui aussi est élève de hindi.

वाक्य पूरे कीजिए
vākya pūre kījie

Complétez les phrases

1. Votre nom est indien !

—— नाम हिन्दुस्तानी है !

---- nām hindustānī hai !

2. Boris est élève (m) de hindi.

बोरिस हिन्दी —— —— है।

boris hindī -- ----- hai.

3. Nisha est élève de hindi.

निशा हिन्दी —— —— है।

niśā hindī -- ------ hai.

4. Boris et Hermann sont élèves de hindi.

बोरिस —— हेरमान हिन्दी —— —— हैं।

boris --- hermān hindī -- ----- haĩ.

5. Nisha et Hermann sont élèves de hindi.

निशा और हेरमान हिन्दी —— —— हैं।

niśā aur hermān hindī -- ----- haĩ.

6. (Celui-ci) c'est Hermann et (celle-là) c'est Nisha.

—— हेरमान है और —— निशा है।

-- hermān hai aur -- niśā hai.

7. (Celle-ci) c'est Nisha, mais qui est celui-là ?

—— निशा है, लेकिन —— कौन है ?

-- niśā hai, lekin -- kaun hai ?

8. Nous sommes tous élèves de hindi.

—— सब हिन्दी —— छात्र ——।

---- sab hindī -- chātr --- .

9. Moi aussi [je] suis allemand.

—— —— जर्मन हूँ।

--- -- jarman hū̃.

10. Ah, bon ! Et qui est russe ?

—— ! —— रूसी —— है ?

acchā ! --- rūsī ---- hai ?

Les mots manquants

1. आपका – – – !
   āpkā - - - !
2. – – का छात्र – ।
   - - kā chātr - .
3. – – की छात्रा – ।
   - - kī chātrā - .
4. – और – – के छात्र – ।
   - aur - - ke chātr - .
5. – – – – के छात्र – ।
   - - - - ke chātr - .
6. यह – – – वह – – ।
   ye - - - vo - - .
7. यह – –,– वह – – ?
   ye - -, - vo - - ?
8. हम – – के – हैं ।
   ham - - ke -haĩ.
9. मैं भी – – ।
   maĩ bhī - - .
10. अच्छा ! और – कौन – ?
    acchā ! aur - kaun - ?

Exercice d'écriture

प, ि, ा
pa, i, ā

A. Déchiffrez

1. नारी femme
2. पीर saint
3. हरि Vishnou
4. पानी eau
5. नहाना se baigner

पाठ तीन
pāṭh tīn

ताज़े समोसे, गरम-गरम चाय !
tāze samose, garam-garam cāy !

१– छोटू ! चाय है ?
choṭū ! cāy♀ hai ?

२– हाँ साहब । और आज हलवा अच्छा है ! 1 2
hā̃ sāhab. aur āj halvā♂ acchā hai !

NOTES

(1) **sāhab** (ou **sāhib**) ne correspond pas tout à fait à "Monsieur" dont l'usage en français ne suppose pas une hiérarchie sociale mais plutôt une politesse réciproque. **sāhab** n'est employé que par des "subalternes" pour s'adresser aux "patrons". Dans le temps, un administrateur anglais était un "**baṛā sāhib**" (grand patron !) en Inde.

B. Ecrivez

1. **hār** collier
2. **rahnā** rester
3. **harā** vert
4. **pārā** le mercure
5. **harihar** Vishnou-Shiva

Corrigé

A. 1. **nārī** 2. **pīr** 3. **hari** 4. **pānī** 5. **nahānā**

B. 1. **हार** 2. **रहना** 3. **हरा** 4. **पारा**
5. **हरिहर**

Troisième leçon

Samosas frais et thé chaud !
(frais / samosas / chaud-chaud / thé)

1 – Chotu ! Il y a du thé ?
(Chotu // thé / est)

2 – Oui, Monsieur. Et aujourd'hui le halwa est bon !
(oui / monsieur // et / aujourd'hui / halwa / bon / est)

NOTES (suite)

(2) Il ne faut pas confondre par exemple **acchā halvā hai ?**, "est-ce qu'il y a du bon halwa ?" et **halvā acchā hai ?**, "le halwa est bon ?". Le premier adjectif est épithète, toujours placé avant le nom, le second est attribut, placé avant le verbe mais après le nom (tous deux s'accordent). Ainsi, **cāy garam hai**, "le thé est chaud", **garam cāy**, "du thé chaud". Sachez aussi

३– और क्या है ? 3

aur kyā hai ?

४– जलेबी बहुत अच्छी है !

jalebī♀ bahut acchī hai !

५ ताज़ी–ताज़ी है । गरम–गरम है । 4 5

tāzī-tāzī hai. garam-garam hai.

६– चाय ठंडी है, न... ?

cāy ṭhaṇḍī hai na...?

७– नहीं साहब ! गरम है ।

nahī̃ sāhab ! garam hai.

८ समोसे भी हैं ।

samose♂ bhī haĩ.

NOTES (suite)

que les noms et adjectifs qui se terminent en -**ā** sont typiquement masculins. D'autres, qui se terminent en -**ī** (**jalebī acchī hai**), sont typiquement féminins. Ainsi, un **halvā**, préparation très sucrée à base de semoule et de beurre clarifié, avec souvent des amandes, raisins secs, cardamome, peut être **acchā** (bon), **tāzā** (frais), **ṭhaṇḍā** (froid), mais la **jalebī** sera **acchī** (bonne), **tāzī** (fraîche), **ṭhaṇḍī** (froide), **baṛī** (grande). Mais attention, il y a des exceptions : vous connaissez déjà **chātrā** (f), **hindustānī** et **frānsīsī** (m / f).

Note de prononciation

bahut, "très", se prononce plutôt **bauhat,** sauf à l'est de l'Uttar Pradesh et au Bihar où la prononciation correspond plus fidèlement à l'orthographe. Vous verrez quelques autres exemples de mots qui se prononcent avec un léger écart par rapport à l'écrit.

3 – Qu'est-ce qu'il y a d'autre ?
(encore / quoi / est)
4 – La jalebi est très bonne.
(jalebi / très / bonne / est)
5 Elle est toute fraîche. Elle est toute chaude.
(fraîche-fraîche / est // chaude-chaude / est)
6 – Le thé est froid, n'est-ce pas… ?
(thé / froid / est / non)
7 – Non, Monsieur ! Il est chaud.
(non / monsieur // chaud / est)
8 Il y a des samosas aussi.
(samosas / aussi / sont)

NOTES (suite)

(3) **aur** ici n'a pas le sens de "et" que vous connaissez, mais de "autre", dans "quoi d'autre". Notez que **kyā**, en seconde position, n'a pas le sens de "est-ce que", mais de "quoi" (voir leçon 1, note 4).

(4) **tāzī-tāzī**, "fraîche-fraîche". Le redoublement est caractéristique des langues d'Asie du sud. Il a plusieurs fonctions : ici, d'expressivité et d'emphase, "toute fraîche" (**garam-garam**, "tout chaud"). Les **jalebī** sont des merveilles, très sucrées, de pâte à beignet en forme de spirales frites dans l'huile bouillante.

(5) **garam**, "chaud" : quand un adjectif se termine par une consonne (et non par un -**ā**), il est invariable. Donc **garam samosā** (un samosa chaud), comme **garam jalebī** (une jalebi chaude). Les ajdectifs en -**ī** sont aussi invariables (notamment ceux de nationalité, **frānsīsī**, **hindustānī**, **rūsī**, etc., comme vous l'aviez sûrement déjà remarqué).

९ बड़े-बड़े, ताज़े-ताज़े और गरम-गरम ! 6
bare-bare, tāze-tāze aur garam-garam !

१०-अच्छा, पहले एक-एक समोसा और
ताज़ी-ताज़ी जलेबियाँ लाओ। 7 8 9
acchā, pahale ek-ek samosā aur tāzī-tāzī jalebiyā̃ lāo.

NOTES (suite)

(6) Les noms et adjectifs masculins en -**ā** prennent au pluriel la terminaison **-e** : **samose**, "des samosas", (**acche, bare, tāze**, "bons, grands, frais"). Ceux qui se terminent par une consonne restent invariables : **ek chātr**, un élève, **do chātr**, "deux élèves". Les samosas sont des beignets farcis aux légumes souvent pimentés.

(7) **ek-ek** : le redoublement a ici un sens de "distribution", il signifie "un pour chacun". De même, **do-do, tīn-tīn,** etc. : "deux, trois pour chacun".

EXERCICES

अनुवाद कीजिए **Traduisez**
anuvād kījie

१. बोरिस ! छोटू है ?
boris ! choṭū hai ?

२. समोसा अच्छा है।
samosā acchā hai.

३. जलेबी अच्छी है।
jalebī acchī hai.

४. हलवा ताज़ा है।
halvā tāzā hai.

५. समोसे बड़े-बड़े हैं।
samose bare-bare hãi.

9 Tout gros, tout frais et tout chauds !
(gros-gros / frais-frais / et / chauds-chauds)
10 – Bon, apporte d'abord un samosa pour chacun et des jalebis fraîches.
(bon / d'abord / un-un / samosa / et / fraîches-fraîches / jalebis / apporte)

NOTES (suite)

(8) **lāo,** "apporte" : impératif du verbe "apporter". Au radical du verbe (ici **lā**-) on ajoute **-o** pour la seconde personne non honorifique (**tum**).

(9) **jalebiyā̃** est la forme du pluriel de **jalebī**. Le -**ī** long des noms féminins devient **-iyā̃** au pluriel. Vous y reviendrez plus loin de façon plus détaillée.

६. **जलेबियाँ ताज़ी हैं।**
jalebiyā̃ tāzī hā̃ĩ.

७. **जलेबियाँ ठंडी हैं।**
jalebiyā̃ ṭhaṇḍī hā̃ĩ.

८. **चाय ठंडी है।**
cāy ṭhaṇḍī hai.

९. **चाय गरम है।**
cāy garam hai.

१०. **दो-दो जलेबियाँ लाओ।**
do-do jalebiyā̃ lāo.

Traduisez

1 Boris ! Est-ce que Chotu est là ? 2 Le samosa est bon. 3 La jalebi est bonne. 4 Le halwa est frais. 5 Les samosas sont tout gros. 6 Les jalebis sont fraîches. 7 Les jalebis sont froides. 8 Le thé est froid. 9 Le thé est chaud. 10 Apporte deux jalebis pour chacun.

वाक्य पूरे कीजिए
vākya pūre kījie

Complétez les phrases

1. Le samosa est bon !

समोसा ——— —— !

samosā ----- --- !

2. La jalebi est bonne.

जलेबी ——— —— ।

jalebī ----- --- .

3. Les samosas sont bons.

समोसे ——— —— ।

samose ----- --- .

4. Les jalebis sont bonnes.

———— ——— हैं ।

------- ----- hãĩ.

5. Le thé (f) est froid.

चाय ——— है ।

cāy ------ hai.

6. Le thé est chaud.

चाय ——— है ।

cāy ----- hai.

7. Le samosa est chaud.

समोसा ——— है ।

samosā ----- hai.

8. Les samosas sont chauds.

———— ——— हैं ।

------ ----- hãĩ.

9. Apporte un thé chaud pour chacun.

—— —— ——— चाय लाओ ।

-- -- ----- cāy lāo.

10. Apporte deux jalebis chaudes pour chacun.

दो- दो गरम ——— ———।

do-do garam -------- --- .

Les mots manquants

1. **–अच्छा है !**
   - acchā hai !
2. **– अच्छी है।**
   - acchī hai.

3. **– अच्छे हैं।**
   - acche haĩ.
4. **जलेबियाँ अच्छी –।**
   jalebiyā̃ acchī - .
5. **– ठंडी –।**
   - ṭhaṇḍī - .
6. **– गरम –।**
   - garam - .
7. **– गरम –।**
   - garam - .
8. **समोसे गरम –।**
   samose garam - .
9. **एक–एक गरम – –।**
   ek-ek garam - - .
10. **– – – जलेबियाँ लाओ।**
   - - - jalebiyā̃ lāo.

Exercice d'écriture

अ, आ, ु, ू
a, ā, u, ū

A. Lisez

1. अपना — le sien
2. आप — vous
3. पुराना / पुरानी — vieux / vieille
4. नूर — lumière
5. हुनर — talent

Cette leçon vous a fait prendre contact avec les marques de genre et de nombre. Première bonne surprise : les noms masculins terminés par une consonne n'ont pas de forme distinctive au pluriel. Seconde bonne surprise : les adjectifs terminés par -ī et par une consonne ne varient pas. Dernière bonne surprise, la meilleure peut-être : les délices de la nourriture indienne… Le thé les accompagne, bu aussi fréquemment qu'en Angle-

B. Ecrivez

1. **ahīr** caste de bergers
2. **par** sur, mais
3. **pūrā** entier
4. **ārī** scie
5. **āh** ah

Corrigé

A. 1. **apnā** 2. **āp** 3. **purānā / purānī** 4. **nūr** 5. **hunar**

B. 1. **अहीर** 2. **पर** 3. **पूरा** 4. **आरी** 5. **आह**

terre, mais fait différemment : c'est une longue macération de feuilles de thé dans le lait, sucré, additionné de graines de cardamome, parfois de gingembre ou autres épices. De quoi goûter le hindi dans tous les sens. N'oubliez pas de le goûter aussi avec vos oreilles (écoutez le plus souvent possible vos enregistrements), avec votre plume (distrayez-vous en dessinant les lettres), avec votre bouche encore : parlez-vous, parlez-nous.

पाठ चार
pāṭh cār

किसकी जेब में क्या है ?
kiskī jeb mẽ kyā hai ?

१– रायसाहब ! यह आपका झोला है, क्या ? 1 2

rāysāhab ! ye āpkā jholā♂ hai, kyā ?

२– कहाँ ? अरे हाँ ! मेरा झोला है । लाइए ! 3 4

kahā̃ ? are hā̃ ! merā jholā hai. lāie !

३ लेकिन मेरी घड़ी कहाँ है ? 5

lekin merī ghaṛī♀ kahā̃ hai ?

४ जेब में नहीं है... ओह, यहाँ है । 6

jeb♀ mẽ nahī̃ hai...oh, yahā̃ hai.

NOTES

(1) **sāhab,** littéralement “monsieur” : ajouté aux noms (ou prénoms) il suppose non pas une relation obséquieuse et hiérarchique, mais plutôt une certaine informalité. La forme correspondante au féminin, **sāhibā**, est plus rare et relève de l’univers culturel de l’ourdou (comme **begam**, “femme de haute naissance”, ou **bīvī,** “épouse”), d’un registre de distinction entretenu surtout dans la noblesse musulmane nourrie de persan et d’arabe (on dira plus facilement **jī** en hindi, comme dans **“niśājī”**).

(2) **kyā,** marqueur d’interrogation totale, est ici rejeté en fin de phrase, avec un effet d’oralité et de familiarité.

(3) **merā**, “mon” (masculin singulier). Forme amalgamée pour “de moi” (et non pas ***mãĩ kā**). De même, au lieu de ***mãĩ kī**, on a la forme amalgamée **merī**, “ma”, ou “mes” (féminin sin-

Quatrième leçon

Qui a quoi dans la poche ?
(qui de / poche / dans / quoi / est)

1 – Raisahab, c'est votre sac ?
(Raisahab / ceci / votre / sac / est / est-ce que)
2 – Où ça ? Eh, mais oui ! C'est mon sac. Donnez !
(où // ah / oui // mon / sac / est // apportez)
3 Mais où est ma montre ?
(mais / ma / montre / où / est)
4 Elle n'est pas dans la poche... Ah ! Elle est là.
(poche / dans / pas / est... // ah / ici / est)

NOTES (suite)

gulier ou pluriel), et pour le masculin pluriel, **mere**, "mes". **merā nām**, "mon nom", **merī gharī**, "ma montre", **mere chātr**, "mes élèves", **merī ghariyā̃**, "mes montres".

(4) **lāie**, "apportez" : c'est l'impératif poli du verbe **lānā**, "apporter", qui s'emploie dans la situtation de vouvoiement (avec **āp**, "vous"). Vous avez déjà vu **lāo**, "apporte", à la leçon 3, qui correspond au tutoiement ordinaire (**tum**). La forme correspondante à **tū** (tutoiement intime) est le radical simple du verbe, **lā**, mais il vaut mieux s'en abstenir (voir leçon 1, note 7). Sur le même modèle, **dekhie**, "regardez", **dekho**, "regarde" (radical **dekh-**, infinitif, **dekhnā,** "regarder").

(5) **kahā̃ ?**, "où ?". Notez bien le **k**- typique de l'interrogatif en hindi (généralement en indo-européen : affaibli en wh- anglais, w- allemand, mais qu- français et langues romanes). On peut répondre par **yahā̃**, "ici", ou **vahā̃,** "là", les deux termes représentant la même distinction proche / lointain que **ye** et **vo**.

(6) **jeb mẽ**, "poche dans". La postposition **mẽ**, "dans", comme toutes celles du hindi à l'exception de "de" (**kā / kī / ke**), est invariable. Remarquez bien l'ordre des mots, c'est l'inverse de celui du français.

५ **मैं बहुत भुलक्कड़ हूँ !**
mãĩ bahut bhulakkaṛ hū̃ !

६ **और यह क्या है, मेरी जेब में ?**
aur ye kyā hai, merī jeb mẽ ?

७ **यह किसकी चुन्नी है, रेशमी ? 7 8**
ye kiskī cunnī hai, reśmī ?

८– **निशा की है, शायद (हँसी) – अच्छा ! आपकी है ?**
niśā kī hai, śāyad (hãsī) - acchā !
āpkī hai ?

९– **अरे हाँ ! मेरी है, लाइए !**
are hā̃ ! merī hai, lāie !

NOTES (suite)

(7) **kiskī cunnī hai ?**, littéralement “qui-de écharpe est ?”, “à qui est l’écharpe ?”. Le costume féminin le plus porté parmi les jeunes filles dans le nord de l’Inde est le **salvār kamīz** (pantalon bouffant et longue tunique) ou le **cuṛīdār**, pantalon plus serré aux chevilles, également porté avec une tunique ; la modestie requiert le port d’une longue écharpe de mousseline ou de tissu léger, parfois de soie, de deux mètres cinquante environ, qui dissimule les seins. Le sari, pièce de tissu d’environ six mètres (il y a tout un art de l’enrouler de façon qu’il tombe bien) est le vêtement traditionnel des femmes mariées. L’interrogatif “qui”, **kaun** (voir leçon 2), a une forme spéciale devant une postposition, **kis**. Il est ici suivi de la forme **kī** car **cunnī** est un mot féminin. De même **kiskī jalebī**, “la jalebi de qui”. Mais on dira **kiskā samosā** (“le samosa de qui”), **kiske samose hãĩ ?**, “à qui sont les samosas ?”. L’adjectif **reśmī**, “en soie”, est invariable car il se termine par **-ī**.

5 Je suis toujours dans la lune !
(je / très / distrait / suis)
6 Et qu’est-ce que c’est, dans ma poche ?
(et / ceci / quoi / est / ma / poche / dans)
7 A qui est cette écharpe, en soie… ?!
(ceci / qui de / écharpe / est / en soie)
8 – Elle est à Nisha, sans doute (rires).
– Ah bon ? Elle est à vous ?
(Nisha / de / est / peut-être (rire) // ah bon / votre / est)
9 – Eh oui ! Elle est à moi, donnez !
(ah / oui // mien / est / apportez)

NOTES (suite)

(8) La soie indienne est célèbre depuis des siècles (les marchands en faisaient le commerce avec les épices). La plus réputée, sous forme d’ailleurs de saris plutôt que d’écharpes, est celle de Bénarès, parfois brocardée. Les saris de soie de Kanchipuram, dans l’Inde du sud, sont aussi très réputés.

EXERCICES

अनुवाद कीजिए — Traduisez
anuvād kījie

१. **यह किसकी चाय है ?**
ye kiskī cāy hai ?
२. **वह किसका झोला है ?**
vo kiskā jholā hai ?
३. **यह निशा की चाय है ।**
ye niśā kī cāy hai.
४. **वह रायसाहब का झोला है ।**
vo rāysāhab kā jholā hai.
५. **यह किसके समोसे हैं ?**
ye kiske samose hãĩ ?
६. **यह मेरी घड़ी है ।**
ye merī gharī hai.

वाक्य पूरे कीजिए — Complétez les phrases
vākya pūre kījie

1. Est-ce que c'est votre sac ?
क्या यह ——— झोला है ?
kyā ye ---- jholā hai ?

2. Ah, oui ! C'est mon sac.
अरे, हाँ ! यह ——— झोला है ।
are hã̄ ! ye ---- jholā hai.

3. A qui est cette écharpe ?
यह चुन्नी ——— है ?
ye cunnī ----- hai ?

७. मेरा हलवा यहाँ नहीं है ।
merā halvā yahā̃ nahī̃ hai.

८. बोरिस की जलेबियाँ कहाँ हैं ?
boris kī jalebiyā̃ kahā̃ haĩ ?

९. मेरी जेब में आपकी चुन्नी है !
merī jeb mẽ āpkī cunnī hai !

१०. अरे हाँ ! आपकी जेब में मेरी चुन्नी है !
are hā̃ ! āpkī jeb mẽ merī cunnī hai !

Traduisez

1 A qui est ce thé ? 2 A qui est ce sac-là ? 3 (Ceci) c'est le thé de Nisha. 4 (Cela) c'est le sac de Raisahab. 5 A qui sont ces samosas ? 6 (Ceci) c'est ma montre. 7 Mon halwa n'est pas ici. 8 Où sont les jalebis de Boris ? 9 Dans ma poche il y a votre écharpe ! 10 Eh oui ! Dans votre poche il y a mon écharpe !

4. Où est ma montre ?

——— घड़ी ——— है ?

---- gharī ---- hai ?

5. Où sont mes jalebis ?

——— ——— कहाँ हैं ?

---- -------- kahā̃ haĩ ?

6. Vos montres sont dans ma poche.

——— घड़ियाँ ——— जेब में ——— ।

---- ghaṛiyā̃ ---- jeb mẽ --- .

7. L'écharpe de Nisha est ici.

निशा ——— चुन्नी ——— है ।

niśā -- cunnī ---- hai.

8. Mince ! Les jalebis de Hermann sont dans ma poche !

हाय ! हेरमान — जलेबियाँ —— जेब में हैं !

hāy ! hermān -- jalebiyā̃ ---- jeb mẽ hãi !

9. Ah, bon ! L'écharpe de Nisha est dans votre poche !

अच्छा ! निशा — चुन्नी आपकी —— — है !

acchā ! niśā -- cunnī āpkī --- -- hai !

10. Ah, oui ! Je suis très distrait !

अरे हाँ ! मैं —— ——— हूँ !

are hā̃ ! mãi ----- --------- hū̃ !

Les mots manquants

1. – – आपका – – ?
   - - āpkā - - ?

2. – – ! – मेरा – – ।
   - - ! - merā - - .

Exercice d'écriture

ज, ज़, क, क़

j, z, k, q

A. Lisez

1. **आज**	aujourd'hui
2. **पूजा**	prière
3. **करना**	faire
4. **हक़**	droit(s)
5. **अराजक**	anarchique
6. **ज़रा**	un peu

3. – – किसकी – ?
- - kiskī - ?

4. मेरी – कहाँ – ?
merī - kahā̃ - ?

5. मेरी जलेबियाँ – – ?
merī jalebiyā̃ - - ?

6. आपकी – मेरी – – हैं।
āpkī - merī - - hāĩ.

7. – की – यहाँ – ।
- kī - yahā̃ - .

8. – ! – की – मेरी – – – !
- ! - kī - merī - - - !

9. – ! – की – – जेब में – !
- ! - kī - - jeb mẽ - !

10. – – ! – बहुत भुलक्कड़ – !
- - ! - bahut bhulakkaṛ - !

.▽.▽.▽.▽.▽.

B. Ecrivez

1. **pakānā** cuire
2. **zukām** rhume
3. **kahānī** histoire, nouvelle
4. **jī nahĩ** non (poli)
5. **qurān** le Coran

Corrigé

A. 1. **āj** 2. **pūjā** 3. **karnā** 4. **haq** 5. **arājak** 6. **zarā**

B. 1. **पकाना** 2. **ज़ुकाम** 3. **कहानी** 4. **जी नहीं** 5. **क़ुरान**

पाठ पाँच
pāṭh pā̃c

कौन क्या करता है
kaun kyā kartā hai

१– रायसाहब, यह छोटू कौन है ?
rāysāhab, ye choṭū kaun hai ?

२– छोटू बावर्ची का लड़का है । 1
choṭū bāvarcī° kā laṛkā° hai.

३ वह सारा दिन काम करता है । 2
vo sārā din° kām° kartā hai.

४ चाय बनाता है । 3
cāy banātā hai.

५ खाना भी पकाता है । 4
khānā° bhī pakātā hai.

NOTES

(1) **laṛkā**, "garçon" ou "fils", et **laṛkī**, "fille". Il existe en hindi un grand nombre de paires masculin / féminin qui se distinguent par la terminaison **-ā / -ī** : **dādā / dādī**, "grand-père / grand-mère paternel(le)", **nānā / nānī**, "grand-père / grand-mère maternel(le)", **beṭā / beṭī,** "fils / fille", **ghoṛā / ghoṛī**, "cheval / jument", **bakrā / bakrī**, "bouc / chèvre". Mais il y a des noms masculins en **-ī,** comme bien des noms de profession (**bāvarcī,** "cuisinier", **dhobī,** "blanchisseur", **dhoban,** "blanchisseuse", **mālī,** "jardinier", **mālin,** "jardinière") et pour commencer, le nom de l'homme, **ādmī**.

Cinquième leçon

Qui fait quoi
(qui / quoi / fait)

1 – Raisahab, qui est ce Chotu ?
(Raisahab / ce / Chotu / qui / est)
2 – Chotu est le fils du cuisinier.
(Chotu / cuisinier / de / garçon / est)
3 Il travaille toute la journée.
(il / entier / jour / travail / fait)
4 Il fait le thé.
(thé / prépare)
5 Il fait aussi la cuisine.
(repas / aussi / cuisine)

NOTES (suite)

(2) **kartā hai**, "fait". C'est le présent général de l'indicatif, par opposition au présent actualisé (anglais "he is doing"). On le forme en prenant le radical **kar-**, auquel on ajoute le suffixe **-tā** et la forme correspondante du verbe être. **kartā** est en fait un participe, qui varie comme un adjectif (**-ā** pour le masculin, **-ī** pour le féminin, **-e** pour le masculin pluriel). Ainsi **mãĩ kartā / kartī hũ**, "je fais", selon que "je" est masculin ou féminin. De même : **pakātā hai,** "il prépare / il cuit" ; **banātā hai,** "il prépare / il fabrique". Dans le mot-à-mot nous représentons les deux éléments du présent général hindi par la forme du présent français (un seul élément).

(3) Notez l'omission du pronom sujet **vo**, très fréquente à l'oral en hindi (comme en espagnol ou en italien) quand le contexte est clair. (**vo**) **kyā kartā hai,** "qu'est-ce qu'il fait ?".

(4) Notez la place de **bhī**, "aussi" : il porte sur le mot ou le groupe précédent, ici **khānā**, "repas". **vo bhī khānā pakātā hai** aurait le sens de "lui aussi prépare le repas / fait la cuisine".

६– बाहर वे लोग कौन हैं ? 5
bāhar ve log kaun hā̃i ?

७– ये सरकारी कर्मचारी हैं। 5
ye sarkārī karamcārī♂ hā̃i.

८– ये क्या करते हैं ? 5 6
ye kyā karte hā̃i ?

९– ये चाय बनाते नहीं, पीते हैं !
ye cāy banāte nahī̃, pīte hā̃i !

१० शेर सुनाते हैं और ताश खेलते हैं।
śer♂ sunāte hā̃i aur tāś♂ khelte hā̃i.

NOTES (suite)

(5) **ve** et **ye** sont les formes du pluriel de **vo** et **ye** respectivement. Elles s'emploient comme adjectif (**ve laṛke,** "ces garçons-là", **ye laṛkiyā̃,** "ces filles-ci") et pronom (**ye,** "ceux-ci / celles-ci") et valent pour le féminin et le masculin. Notez que **ye** se prononce comme le singulier mais s'écrit différemment.

EXERCICES

अनुवाद कीजिए **Traduisez**
anuvād kījie

१. छोटू बावर्ची का लड़का है।
choṭū bāvarcī kā laṛkā hai.

२. कौन सारा दिन काम करता है ?
kaun sārā din kām kartā hai ?

३. छोटू खाना पकाता है।
choṭū khānā pakātā hai.

6–Qui sont ces gens-là, dehors ?
(dehors / ces...là / gens / qui / sont)
7–Ce sont des fonctionnaires.
(ceux-ci / gouvernementaux / employés / sont)
8–Qu'est-ce qu'ils font ?
(ceux-ci / quoi / font)
9–Ils ne font pas le thé, ils le boivent !
(ceux-ci / thé / font / pas / boivent)
10 Ils récitent des vers et jouent aux cartes.
(vers / récitent / et / cartes / jouent)

NOTES (suite)

(6) **karte haĩ,** "font". N'oubliez pas que tous les éléments du verbe prennent la marque du pluriel : le participe, **karte**, et l'auxiliaire être, **haĩ.** De même, **ve pīte haĩ**, "ils boivent". Au féminin pluriel, **ve pītī haĩ**, "elles boivent", **ve kartī haĩ,** "elles font" (**kartī,** comme les adjectifs, fait son pluriel en **-ī** comme le singulier, pour le féminin). Dans la phrase 9, l'ordre des mots est "marqué", c'est-à-dire que la négation, d'ordinaire placée avant le verbe, est ici déplacée après le verbe, ce qui produit un effet d'emphase.

४. वह चाय भी बनाता है ।
vo cāy bhī banātā hai.

५. छोटू चाय नहीं पीता।
choṭū cāy nahī̃ pītā.

६. सरकारी कर्मचारी क्या करते हैं ?
sarkārī karmcārī kyā karte haĩ ?

७. वे चाय पीते हैं।
ve cāy pīte haĩ.

८. सारा दिन ताश खेलते हैं।
sārā din tāś khelte haĩ.

९. वे शेर भी सुनाते हैं।
ve śer bhī sunāte haĩ.

वाक्य पूरे कीजिए — Complétez les phrases
vākya pūre kījie

1. Chotu travaille beaucoup.

छोटू —— काम —— — ।
choṭū ----- kām ----- --- .

2. C'est le fils du cuisinier.

वह बावर्ची — —— है ।
vo bāvarcī -- ----- hai.

3. Il fait le thé.

वह —— —— है ।
vo --- ------ hai.

4. Il fait aussi la cuisine.

वह खाना — पकाता — ।
vo khānā --- pakātā --- .

5. Que font ces gens-là ?

— लोग क्या —— हैं ?
-- log kyā ----- haĩ ?

6. Ils boivent du thé.

वे चाय —— — ।
ve cāy ---- --- .

१०. छोटू सरकारी कर्मचारी नहीं है।
choṭū sarkārī karmcārī nahī̃ hai.

Traduisez

1 Chotu est le fils du cuisinier. 2 Qui travaille toute la journée ? 3 Chotu fait la cuisine. 4 Il fait aussi le thé. 5 Chotu ne boit pas de thé. 6 Que font les fonctionnaires (employés gouvernementaux) ? 7 Ils boivent du thé. 8 Toute la journée [ils] jouent aux cartes. 9 Ils récitent aussi des vers. 10 Chotu n'est pas fonctionnaire.

7. [Ils] récitent des vers toute la journée.

सारा दिन शेर ——— — ।
sārā din śer ------ --- .

8. (Ceux-ci) ils ne sont pas cuisiniers.

— बावर्ची नहीं — ।
-- bāvarcī nahī̃ --- .

9. Le cuisinier n'est pas fonctionnaire.

बावर्ची ——— ——— नहीं है ।
bāvarcī ------- -------- nahī̃ hai.

10. Chotu ne boit pas le thé, il le prépare.

छोटू चाय —— नहीं, ——— – ।
choṭū cāy ---- nahī̃, ------ --- .

Les mots manquants

1. – बहुत – करता है ।
- bahut - kartā hai.

2. – – का लड़का – ।
- - kā laṛkā - .

3. – चाय बनाता – ।
- cāy banātā - .

4. – – भी – है ।
- - bhī - hai.
5. वे – – करते – ?
ve - - karte- ?
6. – – पीते हैं ।
- - pīte haĩ.
7. – – – सुनाते हैं ।
- - - sunāte haĩ.

Exercice d'écriture

इ, ई, म, स
i, ī, ma, sa

A. Lisez

1. इस — ce (cas oblique)
2. इन — ces (cas oblique)
3. कई — plusieurs
4. हमारा — notre
5. ईसा मसीह — Jésus-Christ
6. नमस्कार — bonjour

8. ये – – हैं ।
ye - - hã̄i.

9. – सरकारी कर्मचारी – – ।
- sarkārī karmcārī - - .

10. – – पीता –, बनाता है ।
- - pītā -, banātā hai.

B. Ecrivez

1. **āsān** facile
2. **hamārī** notre (f)
3. **mahīnā** mois
4. **manhūs** néfaste
5. **sāmān** bagages, affaires

Corrigé

A. 1. **is** 2. **in** 3. **kaī** 4. **hamārā** 5. **īsā masīh** 6. **namaskār**

B. 1. **आसान** 2. **हमारी** 3. **महीना** 4. **मनहूस** 5. **सामान**

पाठ छः
pāṭh che

इसका नाम मुन्नी है !
iskā nām munnī hai !

१– ओहो ! यह छोटू की बहन है ।
ohho ! ye choṭū kī bahan♀ hai.

२ इसका नाम मुन्नी है । 1
iskā nām munnī hai.

३ इसकी बोली बहुत मीठी है ।
iskī bolī♀ bahut mīṭhī hai.

४ इस लड़की के पिता यहाँ बावर्ची हैं । 2 3
is laṛkī♀ ke pitā♂ yahā̃ bāvarcī haĩ.

Note de prononciation

bahan, "soeur" se prononce plutôt **baihain,** sauf (comme c'était le cas pour **bahut / bauhat,** "très") à l'est de la plaine du Gange.

NOTES

(1) **iskā nām**, "son nom" (le nom de celle-ci). **is** est la forme du pronom démonstratif **ye** lorsque celui-ci se trouve avant une postposition. Cette forme "oblique" (par opposition à la forme "directe" **ye** non suivie de postposition) vaut pour le féminin et pour le masculin, ainsi que pour l'adjectif (**is laṛkī ke**, phrase 4, "de cette fille"). Le hindi en effet a une déclinaison, mais rassurez-vous, elle est réduite à deux cas. Le cas direct s'emploie quand il n'y a pas de postposition (**ye, vo, laṛkā**), c'est-à-dire en général pour le sujet, l'attribut du sujet, et le complément d'objet direct ; le cas oblique s'emploie quand il y a une postposition (vous verrez plus tard les cas particuliers). Exemples : **ye laṛkā rām hai,** "ce garçon est Ram". **iskā nām kyā hai ?,** "quel est son nom ?" (littéralement "quel est le nom de celui-ci ?").

Sixième leçon

Elle s'appelle Munni !
(son / nom / Munni / est)

1 – Tiens, tiens ! C'est la soeur de Chotu.
(ah, ah // celle-ci / Chotu / de / soeur / est)
2 Son nom est Munni.
(son / nom / Munni / est)
3 Sa façon de parler est très agréable.
(sa / langue / très / douce / est)
4 Le père de cette fille est cuisinier ici.
(cette / fille / de / père / ici / cuisinier / est)

NOTES (suite)

(2) **is laṛkī ke pitā,** "le père de cette fille". **is** est la forme oblique de l'adjectif démonstratif (voir note 1), obligatoire même si la postposition ne suit pas directement : adjectif et nom faisant un tout, c'est tout le groupe qui doit se mettre à la forme oblique, même si cela ne se "voit" pas pour certains noms (voir **jeb mẽ,** "dans la poche", leçon 4). Vous avez sûrement remarqué que **pitā**, référent singulier (il n'y qu'un père !), commande la forme **ke,** "de", c'est-à-dire un masculin pluriel, alors que vous attendiez **kā pitā**. C'est que le père, personnage respectable, est associé au pluriel honorifique en hindi, ainsi que tout terme dénotant un titre respectable (à plus forte raison suivi de la particule **-jī,** voir leçon 1, note 5). Notez que le verbe est au pluriel. Notez aussi le "machisme" linguistique : la mère est moins fréquemment mise au pluriel honorifique (phrase 5, au singulier).

(3) **yahā̃**, "ici", est le pronom adverbe de lieu correspondant au démonstratif **ye**, "celui-ci". Vous y reconnaissez la même racine, et vous pouvez donc vous attendre qu'à **vo**, "celui-là", corresponde la forme **vahā̃**, "là-bas". La question correspondante est **kahā̃**, "où".

५ और उसकी माँ बहुत सुन्दर है... 4
aur uskī mā̃[4] bahut sundar hai...

६ उसके माता-पिता दोनों बहुत भले हैं। 5
uske mātā[4] -pitā donõ bahut bhale haĩ.

७ उसका भाई बहुत सीधा है।
uskā bhāī[6] bahut sīdhā hai.

८ लेकिन यह बिलकुल बदमाश है ! 6
lekin ye bilkul badmāś hai !

NOTES (suite)

(4) **uskī mā̃,** "sa maman". **us**, forme oblique de **vo**, correspondant à **is** (de **ye**), se substitue à **is** dans la fonction de reprise simple. On a déjà parlé de la fille, il s'agit d'un pronom de rappel, sans indication particulière de distance ou proximité. (L'adjectif, par contre, toujours démonstratif, garde son sens d'éloignement : **us laṛkī kī mā̃,** "la mère de cette fille-là".) Quant à la différence entre **mā̃** et **mātā,** c'est à peu près celle qui distingue "maman" et "mère", bien que l'emploi de **mā̃** soit beaucoup plus étendu que celui de "maman", en français.

(5) **donõ :** tous les deux. Formé sur **do**, "deux", et un suffixe -**õ** dénotant l'ensemble, le groupe homogène et défini. De même **tīnõ,** "tous les trois", de **tīn,** "trois" ; **cārõ**, "tous les quatre", de **cār**, "quatre".

EXERCICES

अनुवाद कीजिए **Traduisez**
anuvād kījie

१. वह छोटू है और यह उसकी बहन है।
vo choṭū hai aur ye uskī bahan hai.

२. इस लड़की का भाई बहुत सीधा है।
is laṛkī kā bhāī bahut sīdhā hai.

5 Et sa mère est très belle…
(et / sa / mère / très / belle / est)
6 Ses parents sont tous les deux très gentils.
(ses / mère-père / les deux / très / gentils / sont)
7 Son frère est très sage.
(son / frère / très / sage / est)
8 Mais elle, elle est coquine au possible !
(mais / celle-ci / complètement / coquine / est)

NOTES (suite)

(6) Prenez bien l'habitude de l'ordre des mots : verbe final, déterminants et qualificatifs avant le nom, complément de nom (au cas oblique !) avant le nom. Cela va vous demander un effort au début, mais qui se transformera vite en automatisme : c'est peut-être déjà le cas ? Alors, félicitations (**badhāī**), vous avez déjà un peu acquis le sens du hindi !

३. उसकी माँ बहुत सुन्दर है !
uskī mā̃ bahut sundar hai !

४. छोटू बदमाश नहीं है ।
choṭū badmāś nahī̃ hai.

५. उसकी बहन का नाम क्या है ?
uskī bahan kā nām kyā hai ?

६. उसके माता-पिता वहाँ हैं और वह यहाँ है !
uske mātā-pitā vahā̃ hai̐ aur vo yahā̃ hai !

७. उस बावर्ची की लड़की बहुत बदमाश है।
us bāvarcī kī laṛkī bahut badmāś hai.

८. इसके पिता बहुत काम करते हैं।
iske pitā bahut kām karte hai̐.

९. इसका नाम बहुत मीठा है।
iskā nām bahut mīṭhā hai.

१०. उसके माता-पिता बहुत भले हैं।
uske mātā-pitā bahut bhale hai̐.

वाक्य पूरे कीजिए — Complétez les phrases
vākya pūre kījie

1. *Ce garçon est très sage.*

—— लड़का बहुत सीधा है।
-- laṛkā bahut sīdhā hai.

2. *Sa soeur est très coquine.*

—— बहन बहुत बदमाश है।
---- bahan bahut badmāś hai.

3. *C'est sa mère.*

—— —— माँ है।
-- ---- mā̃ hai.

4. *Là-bas, il y a sa mère.*

वहाँ —— माँ है।
vahā̃ ---- mā̃ hai.

5. *Ses parents sont très gentils.*

—— माता-पिता बहुत —— हैं।
---- mātā-pitā bahut ----- hai̐.

6. *Le frère de cette fille(-ci) est sage.*

—— लड़की —— भाई सीधा है।
-- laṛkī -- bhāī sīdhā hai.

Traduisez

1 (Celui-là) c'est Chotu et (celle-ci) c'est sa soeur. 2 Le frère de cette fille (-ci) est très sage. 3 Sa mère est très belle ! 4 Chotu n'est pas coquin. 5 Quel est le nom de sa soeur ? 6 Ses parents sont là-bas et elle, elle est ici ! 7 La fille de ce cuisinier (-là) est très coquine. 8 Son (de celle-ci) père travaille beaucoup. 9 Son (de celle-ci) nom est très agréable. 10 Ses parents sont très gentils.

.▼.▼.▼.▼.▼.

7. *La soeur de ce garçon (-là) est coquine.*
— लड़के — बहन बदमाश है ।
-- laṛke -- bahan badmāś hai.

8. *Mais lui, il travaille beaucoup.*
——— वह बहुत काम ——— — ।
----- vo bahut kām ----- --- .

9. *Ses parents font de bons samosas.*
उसके माता–पिता अच्छे ——— ——— हैं ।
uske mātā-pitā acche ------ ------ hãi.

10. *Le frère de Munni n'est pas très grand.*
मुन्नी — ——— बहुत बड़ा ——— — ।
munnī -- ---- bahut baṛā ---- --- .

Les mots manquants

1. यह – – – – ।
ye - - - - .

2. उसकी – – – – ।
uskī - - - - .

3. वह उसकी – – ।
vo uskī - - .

4. – उसकी – – ।
- uskī - - .
5. उसके – – – भले – ।
uske - - - bhale - .
6. इस – का – – – ।
is - kā - - - .
7. उस – की – – – ।
us - kī - - - .

Exercice d'écriture

व, त, े, ै
va, ta, e, ai

A. Lisez

1. **कविता** poésie, poème
2. **इतवार** dimanche
3. **वाक़ई** vraiment
4. **कितना** combien
5. **सिनेमा** cinéma
6. **है** est

8. लेकिन – – – करता है।
lekin - - - kartā hai.

9. – – – – समोसे बनाते – ।
- - - - samose banāte - .

10. – का भाई – – नहीं है।
- kā bhāī - - nahī̃ hai.

B. Ecrivez

1. **tum** tu
2. **tasvīr** image, photo
3. **kaise** comment
4. **merī** ma
5. **vahī** il / elle-même

Corrigé

A. 1. **kavitā** 2. **itvār** 3. **vāqaī** 4. **kitnā** 5. **sinemā** 6. **hai**

B. 1. **तुम** 2. **तस्वीर** 3. **कैसे** 4. **मेरी** 5. **वही**

Septième leçon

Révisions

Pendant cette première semaine, vous avez déjà fait beaucoup de découvertes : pronoms personnels, possessifs, interrogatifs, démonstratifs, verbes au présent, à l'impératif. Tous ces acquis, que vous avez glanés en ordre dispersé au fur et à mesure des leçons, sont récapitulés ici de façon plus systématique pour vous permettre de mettre en ordre votre capital grammatical, de manière à le faire fructifier de la façon la plus efficace possible.

1 Le verbe
A partir de maintenant, nous mentionnons les verbes sous la forme de leur infinitif (radical + **nā**)

1.1 ***honā :*** *"être", au présent général*

mãĩ hũ	"je suis"
(tū hai	"tu es")
vo hai	"il (elle) est"
tum ho	"tu es" (pluriel "vous êtes")
ham hãĩ	"nous sommes"
āp hãĩ	"vous êtes"
ve hãĩ	"ils (elles) sont"

1.2 ***karnā :*** *"faire", au présent général*

mãĩ kartā / kartī hũ	"je fais"
(tū kartā / kartī hai	"tu fais")

vo kartā / kartī hai	"il / elle fait"
tum karte / kartī ho	"tu fais" (pluriel "vous faites")
ham karte / kartī haĩ	"nous faisons"
āp karte // kartī haĩ	"vous faites"
ve karte / kartī haĩ	"ils / elles font"

1.3 Forme et emploi du présent général

Notez que le présent général se forme avec l'auxiliaire "être", **honā**. Le premier élément (participe présent du verbe) varie comme un adjectif : **-ī** pour le féminin singulier et féminin pluriel, **-ā** pour le masculin singulier, **-e** pour le masculin pluriel. Nous avons indiqué entre parenthèses la forme **tū** dont nous vous déconseillons l'usage dans les débuts. Les quatre formes **tum, ham, āp, ve** sont grammaticalement au pluriel, même si le référent peut être singulier avec **tum** et **āp** (c'est le cas aussi en français dans l'emploi de "vous").

Le présent général représente des actions habituelles qui ne sont pas représentées dans leur déroulement précis :
ve pairis mẽ rahtī haĩ, "elles habitent à Paris".
vo skūl jātī hai, "elle va à l'école" (même si elle n'y va pas au moment précis où j'énonce la phrase).

Attention, si la phrase est négative, il est très fréquent que l'auxiliaire "être" ne soit pas représenté : **vo skūl nahĩ jātā,** "il ne va pas à l'école". Dans ce cas, si on a un sujet féminin pluriel, pour distinguer le verbe du féminin singulier, on reportera la

nasalisation de l'auxiliaire **haĩ** à la forme du verbe principal : **ve skūl nahĩ jātĩ,** "elles ne vont pas à l'école".
A l'oral, et quand le contexte est clair, le sujet est souvent omis : **kyā karte ho,** "que fais-tu ?".

1.4 L'impératif

On le forme en ajoutant au radical : **-o** pour la personne correspondant à **tum, -ie** pour la personne correspondant à **āp** (radical simple pour la personne correspondant à **tū**).

lāo, "apporte", "apportez" au pluriel, **lāie,** "apportez" (**lā,** "apporte")
calo, "marche", "marchez" au pluriel, **calie,** "marchez" (**cal,** "marche")
niśā, cāy lāo, "Nisha, apporte du thé"
tum log cāy lāo, "vous autres, apportez du thé"
niśā-jī, cāy lāie, "Nisha, apportez du thé"

Il y a quelques irrégularités, notamment pour "faire" : **karo,** "fais", mais **kījie,** "faites" (**kar,** "fais") et pour "donner" : **do,** "donne", mais **dījie,** "donnez" (**de,** "donne"). Vous les verrez plus tard.

2 Le pronom personnel
En même temps que la conjugaison, vous voyez les formes du pronom personnel : **maĩ,** "je", **tū,** "tu", **tum,** "tu / vous", **vo,** "il / elle", **ham,** "nous", **āp,** "vous", **ve,** "ils / elles". Vous constatez que le hindi ne distingue pas le féminin du masculin dans les pronoms. En outre, il y a pour la seconde per-

sonne un système à trois dimensions (le français n'en a que deux, "tu" et "vous", l'anglais une, "you"). Cela signifie que **tum** couvre une zone comprenant certains emplois du "tu" français, mais aussi certains emplois du "vous" de politesse, et que la zone du "tu" français correspond à la zone d'emploi de **tū** hindi et aussi de certains emplois de **tum**. Par ailleurs, **tum** et **āp** peuvent désigner soit une seule personne, soit plusieurs (comme le "vous" français). Pour bien distinguer un **tum** ou un **āp** à référent pluriel de ceux qui ont un référent singulier, on utilise souvent **log,** "gens" : **āp log** "vous" (plusieurs personnes), **tum log,** "vous" (non honorifique, plusieurs personnes). Ou selon les sens, **āp donõ,** "vous deux", **āp sab,** "vous tous".

3 Noms et adjectifs

Le type le plus courant de nom masculin se termine par **-ā** au singulier. L'adjectif est aussi souvent terminé par **-ā** : **acchā laṛkā,** "bon garçon". Symétriquement, on trouve beaucoup de noms féminins terminés par **-ī,** et l'adjectif s'accorde : **acchī laṛkī,** "bonne petite fille". Mais vous avez vu aussi de nombreux noms masculins et féminins terminés par des consonnes (**nām,** masculin singulier, "nom", **chātr,** masculin singulier, "étudiant", **jeb,** féminin singulier, "poche", **bahan,** féminin singulier, "soeur", **cāy,** féminin singulier, "thé"), ainsi que des adjectifs (**sundar,** "beau / belle") qui sont invariables. Vous avez également vu des noms masculins terminés en -ī (**bāvarcī,** "cuisinier", **bhāī,** "frère"), et des féminins en **-ā** (**chātrā,** "étudiante”), ces derniers issus du sanscrit. Les adjectifs terminés par **-ī** sont invariables (**reśmī, hindustānī** de **reśam,** masculin, “soie”, et **hindustān,** masculin, “Inde”).

Au pluriel, les noms et adjectifs masculins en **-ā** prennent la terminaison **-e** : **acche laṛke,** “bons garçons”. Les noms masculins (et adjectifs) qui se terminent par une consonne ou par **-ī** gardent la même forme au pluriel : **do sundar ghar,** “deux belles maisons” (**ek sundar ghar,** “une belle maison”), **do frānsīsī ādmī,** “deux hommes français” (**ek frānsīsī ādmī,** “un homme français”).

En revanche, les noms typiquement féminins en **-ī** comme **jalebī,** “merveilles”, **laṛkī,** “fille” prennent la terminaison **-iyā̃** au pluriel : **tāzī-tāzī jalebiyā̃,** “des jalebis toutes fraîches”, **hindustānī laṛkiyā̃,** “des filles indiennes”.

Vous verrez les autres formes des noms (autres féminins pluriels, formes “obliques”) à la phase suivante, avec un tableau récapitulatif complet.

4 Le démonstratif (pronom et adjectif)
Il y en a deux en hindi, qui servent à la fois de pronom et d’adjectif, et à la fois pour le féminin et le masculin, **vo** désignant un référent éloigné du locuteur, **ye** un référent proche du locuteur. **vo** sert aussi de pronom de rappel (“il / elle”, pronom personnel de troisième personne). Relisez la note 4, leçon 2 et note 5, leçon 5. Notez qu’il n’y a pas d’article, mais une tendance à employer **ek,** “un”, comme article indéfini. Les formes du pluriel sont :

ye, "ceux-ci, ils", "ces…ci" et **ve,** "ceux-là", "ces…là".
Exemples : **ye laṛkī sundar hai,** "cette fille(-ci) est belle", **vo laṛkī rūsī hai aur ye cīnī hai,** "cette fille-là est russe, et celle-ci est chinoise". **vo laṛkā jarman hai,** "ce garçon-là est allemand".

Lorsque le pronom démonstratif ou le groupe nominal déterminé par un adjectif démonstratif est suivi d'une postposition, il prend une forme différente, la forme oblique : **ye** devient **is, vo** devient **us** (au pluriel vous verrez que **ve** devient **un, ye** devient **in**) : **us laṛkī kī mā̃,** "la mère de cette fille-là", **iskī mā̃,** "la mère de celle-ci".

5 Le possessif (pronom et adjectif)
Pour la première et la deuxième personne, il y a des formes spéciales : **merā,** "mon" (**merī,** "ma"), **tumhārā,** "ton", **hamārā,** "notre" (et pour la forme correspondant à **tū : terā,** "ton"). Les autres formes sont construites à partir du pronom correspondant suivi de **kā,** "de" (**uskā,** "son", **unkā,** "leur", **āpkā,** "votre") ou de **kī** (f), **ke** (m.p).
Exemples : **ye merī hai,** "c'est le mien" (pronom), **ye merī kitāb hai,** "c'est mon livre" (adjectif).
tumhārā nām kyā hai ?, "quel est ton nom ?" (adjectif) - **rītā, aur tumhārā?,** "Rita, et le tien ?" (pronom).
unkī jebẽ gaharī haĩ, "leurs poches sont profondes" (adjectif), **āpkī bhī,** "les vôtres aussi" (pronom).

6 L'interrogatif a pour caractéristique en hindi de commencer par le son [**k**] : **kaun,** "qui" (dont la forme devant postposition est **kis**), **kahā̃,** "où", **kyā,** "est-ce que", ou "que / quel".

vo kahā̃ hai ? "où est-il ?"
tum kaun ho ? "qui es-tu ?"
ye log kaun haĩ ? "qui sont ces gens ?"
uskā nām kyā hai ? "quel est son nom" (qu'est son nom ?)
tum kyā kām karte ho ? "quel travail fais-tu ?"
kyā tum kām karte ho ? "est-ce que tu travailles ?"

Notez sur ces deux derniers exemples que **kyā** marque l'interrogation totale ("est-ce que") s'il est placé en début de phrase (ou éventuellement rejeté en fin de phrase, voir note 2, leçon 4). Sinon, il

पाठ आठ
pāṭh āṭh

इस कमरे में कुछ भी कीजिए !
is kamre mẽ kuch bhī kījie !

१– **मुन्नी जी, रानी साहिबा !** 1
munnī jī, rānī♀ sāhibā♀ !

२ **आइए, तशरीफ़ लाइए ।** 2
āie, taśrīf♀ lāie.

NOTES

(1) **rānī sāhibā**, "Madame la Reine". **sāhibā,** comme **begam** (vous le savez déjà), est propre à la culture ourdou musulmane, comme **śrīmatī** l'est à la culture hindi hindoue (**kumārī,** "mademoiselle", **śrī,** "monsieur"). Revoyez note 1, leçon 3 et note 1, leçon 4. Les petits enfants en Inde, surtout dans les milieux assez aisés, sont très choyés. Les termes d'affection, comme

porte sur le mot ou le groupe qu'il précède, comme les interrogatifs en général.

bhī, "aussi", suit toujours le mot sur lequel il porte : **vo bhī cīnī kā chātr hai,** "lui aussi est élève de chinois", mais **vo cīnī bhī paṛhtā hai,** "il étudie aussi le chinois" (**paṛhnā** veut dire "étudier").

Vous venez de le constater, vous avez déjà appris beaucoup. Vous êtes déjà capable de vous exprimer au présent, de donner des ordres. Tout va bien donc,* sab ṭhīk hai, *courage,* himmat kījie *(courage faites) !

Huitième leçon

Faites n'importe quoi dans cette pièce !
(cette / pièce / dans / quelque chose / aussi / faites)

1– Munni-ji, Madame la Reine... !
(Munni-ji / reine / madame)
2 Venez ! Soyez la bienvenue.
(venez / gracieuse présence / apportez)

NOTES (suite)

"petite reine" ici, abondent. La petite fille qui arrive dans la classe est à la fois prise en affection et traitée comme une grande dame (**jī** !) sur le mode de la blague affectueuse.

(2) **taśrīf lāie** est une expression ourdou qui signifie littéralement "apportez votre gracieuse présence". De telles expressions cérémonieuses sont souvent parodiques. Le vouvoiement l'est bien sûr aussi.

३ इस छोटे मोढ़े पर बैठिए । 3
is choṭe moṛhe♂ par baiṭhie.

४ नए छात्रों से मिलिए । 4
nae chātrõ se milie.

५ नहीं ? अच्छा, ठीक है...
nahī̃ ? acchā, ṭhīk hai...

६ ये नई कुर्सियाँ हैं : कुर्सियों पर चढ़िए ! 5 6
ye naī kursiyā̃♀ haĩ : kursiyõ par caṛhie !

NOTES (suite)

(3) **is choṭe moṛhe par**, "sur ce petit tabouret". La terminaison en -**e** est celle des noms (et adjectifs) masculins en -**ā** lorsqu'ils sont à la forme oblique. Comparez avec **ye choṭā moṛhā acchā hai**, "ce petit tabouret est bien". Notez que le démonstratif aussi est à la forme oblique (voir leçon 6, note 2). C'est tout le groupe nominal dans chacune de ses unités qui se met à la forme oblique. Ne confondez pas ce -**e** avec le -**e** du pluriel des masculins (**ye choṭe moṛhe acche haĩ**, "ces petits tabourets sont jolis").

(4) **nae chātrõ se milie,** "rencontrez les nouveaux élèves". Voici la forme oblique du pluriel masculin, car en hindi "rencontrer" se construit avec la postposition **se**, qui signifie parfois "avec", parfois "de" (ablatif) : le mot-à-mot vous indique le sens en contexte. Les noms prennent la terminaison -**õ**. Par contre les adjectifs masculins changent leur -**ā** en -**e** (c'est-à-dire ont la même forme qu'au cas oblique singulier). L'adjectif "nouveau" a une forme directe particulière au masculin singulier, **nayā** (le -**y**- s'intercale pour éviter la rencontre de deux **a** et faciliter l'articulation).

3 Asseyez-vous sur ce petit tabouret.
(ce / petit / tabouret / sur / asseyez-vous)
4 Je vous présente les nouveaux élèves.
(nouveaux / élèves / avec / rencontrez)
5 Non ? Bon, d'accord...
(non // bon / bien / est)
6 Ce sont des chaises neuves. Montez sur les chaises !
(celles-ci / neuves / chaises / sont // chaises / sur / montez)

NOTES (suite)

(5) **naī kursiyā̃,** "des chaises neuves". **kursiyā̃** est le pluriel de **kursī** : les noms féminins en **-ī** font leur pluriel en **-iyā̃**, c'est-à-dire que le **-ī** final s'abrège et qu'un **-y-** euphonique s'intercale avant la terminaison **-ā̃**, pour des raisons simplement articulatoires (voir leçon 3, note 9). Vous constatez que l'adjectif au féminin pluriel garde la même forme qu'au singulier.

(6) **naī kursiyõ par**, "sur les chaises neuves". La forme oblique des noms féminins pluriels est **-õ**, comme pour les masculins, mais le **-ī** final s'abrège et un **-y-** s'intercale. De même la forme oblique pluriel des noms masculins finissant par **-ī** sera **-iyõ** : **ādmiyõ ke lie**, "pour les hommes". Par contre, bonne nouvelle, l'adjectif au féminin garde partout sa terminaison en **-ī** .

७ ये ऊँची–ऊँची मेज़ें हैं : मेज़ों पर चढ़िए ! 7 8

ye ũcī-ũcī mezẽ♀ hãĩ : mezõ par caṛhie !

८ खिड़की से नज़ारा देखिए। कुछ भी कीजिए... 9 10

khiṛkī♀ se nazārā♂ dekhie. kuch bhī kījie...

९ लेकिन इन लोगों को एक गाना ज़रूर सुनाइए ! 11 12

lekin in logõ ko ek gānā♂ zarūr sunāie !

NOTES (suite)

(7) **ũcī mezẽ**, "de hautes tables". **mez,** "table" est féminin, comme vous l'indique l'adjectif (**ũcā**, "haut", **ũcī**, "haute"), mais il ne se termine pas par un **-ī**. Les noms féminins qui se terminent par une consonne font leur pluriel en **-ẽ**. Ceux qui se terminent par **-ā** aussi : **ek chātrā**, "une élève", **do chātrāẽ**, "deux élèves".

(8) **mezõ par**, "sur les tables". C'est la forme oblique au pluriel, avec le **-õ** que vous rencontrez dans tous les cas obliques pour les noms. De même **jebẽ**, "les poches", **jebõ mẽ**, "dans les poches". **do chātrāõ se milie**, "rencontrez deux élèves", "je vous présente deux élèves". Comment diriez-vous "je vous présente ces deux jolies étudiantes" ? **(in donõ sundar chātrāõ se milie).**

(9) **khiṛkī se**, "par la fenêtre". Contrairement aux noms masculins en **-ā** (qui prennent un **-e** au cas oblique), les féminins gardent la même forme au cas oblique singulier : **is choṭī kursī par**, "sur cette petite chaise", **mez par**, "sur la table".

7 Ce sont des tables bien hautes ! Montez sur les tables.
(celles-ci / hautes-hautes / tables / sont // tables / sur / montez)
8 Regardez le spectacle par les fenêtres. Faites n'importe quoi…
(fenêtres / par / scène / regardez // quelque chose / aussi / faites)
9 Mais surtout, chantez une chanson à ces gens-là.
(mais / ces / gens / à / une / chanson / sans faute / faites écouter)

NOTES (suite)

(10) **kuch bhī**, "n'importe quoi". **bhī**, dont le sens ordinaire est "aussi", peut accompagner un indéfini et lui donner dans ce cas une valeur généralisante : "quoi que ce soit", "n'importe quoi". Vous verrez d'autres emplois de cette nature par la suite.

(11) **in logõ ko,** "à ces gens". La postposition **ko**, qui a de nombreux usages, sert à introduire notamment les compléments indirects (d'attribution). **in**, "ces" est la forme oblique pluriel du démonstratif "proche" ("ces, ceux-ci"). La forme **un** est la forme oblique pluriel du démonstratif "lointain" **vo**, correspondant au singulier **is**, **us** respectivement (leçon 6, notes 1 et 2).

(12) **sunnā** veut dire "entendre/écouter", et **sunānā** veut dire "faire entendre/écouter". Conclusion : le suffixe **-ā** correspond à la notion de "faire faire" (causatif).

EXERCICES

अनुवाद कीजिए
anuvād kījie

१ इस मोढ़े पर चढ़िए।
is moṛhe par caṛhie.
२ इन ऊँची कुर्सियों पर चढ़िए।
in ũcī kursiyõ par caṛhie.
३ इन बड़ी-बड़ी खिड़कियों से देखिए।
in baṛī-baṛī khiṛkiyõ se dekhie.
४ इस छोटे बच्चे को हलवा दीजिए।
is choṭe bacce ko halvā dījie.
५ उन लोगों को गाना सुनाइए।
un logõ ko gānā sunāie.
६ इस हलवे में क्या है ?
is halve mẽ kyā hai ?

वाक्य पूरे कीजिए
vākya pūre kījie

1. Asseyez-vous sur ces tabourets.

इन ——— पर बैठिए।
in ----- par baiṭhie.

2. Assieds-toi sur ce tabouret.

— ——— पर बैठो।
-- ----- par baiṭho.

3. Grimpez sur ces tables.

— ——— पर चढ़िए।
-- ---- par caṛhie.

७ नए छात्रों को चाय दीजिए।
nae chātrõ ko cāy dījie.

८ इन समोसों में क्या है ?
in samosõ mẽ kyā hai ?

९ इन नई छात्राओं से मिलिए।
in naī chātrāõ se milie.

१० उन लोगों को समोसे दीजिए।
un logõ ko samose dījie.

Traduisez

1 Grimpez sur ce tabouret. 2 Grimpez sur ces chaises hautes. 3 Regardez par les (ces) grandes fenêtres. 4 Donnez du halwa à ce petit enfant. 5 Chantez une chanson à ces gens-là. 6 Qu'y a t-il dans ce halwa ? 7 Donnez du thé aux nouveaux étudiants. 8 Qu'y a t-il dans ces samosas ? 9 Rencontrez ces nouvelles étudiantes. 10 Donnez des samosas à ces gens-là.

4. Donnez sans faute un thé chacun aux gens.

—— को एक-एक चाय —— ——।
---- ko ek-ek cāy ----- ----- .

5. Regardez le spectacle [du jeu] de cartes par les fenêtres.

—— से ताश — नज़ारा ——।
-------- se tāś -- nazārā ------ .

6. Grimpez sur la fenêtre.

—— पर चढ़िए।
------ par caṛhie.

7. Rencontrez ces gens-là.

उन —— से मिलिए।
un ---- se milie.

8. Chantez-nous une chanson.

हम लोगों — एक गाना ——— ।

ham logõ -- ek gānā ------ .

9. Non ? Bon, d'accord.

—— ? अच्छा, —— — ।

---- ? acchā, ---- --- .

10. Mais donnez-lui son sac.

—— उसका झोला —— दीजिए ।

----- uskā jholā ---- dījie.

Les mots manquants

1. **– मोढ़ों – – ।**
   - morhõ - - .
2. **इस मोढ़े – – ।**
   is moṛhe - - .

Exercice d'écriture

द, े̃, ै̃, ँ

da, ẽ, aĩ, et nasalisation des voyelles **a, ā, u, ū**

A. Lisez

1. **मैं** je
2. **वहाँ** là-bas
3. **कहीं** quelque part
4. **दुकानें** magasins
5. **देवी** déesse
6. **हूँ** suis

3. इन मेज़ों – – ।
in mezõ - - .

4. लोगों – – – – ज़रूर दीजिए ।
logõ - - - - zarūr dījie.

5. खिड़कियों – – का – देखिए ।
khiṛkiyõ - - kā - dekhie.

6. खिड़की – – ।
khiṛkī - - .

7. – लोगों – – ।
- logõ - - .

8. – – को – – सुनाइए ।
- - ko - - sunāie.

9. नहीं ? –, ठीक है ।
nahī̃ ? -, ṭhīk hai.

10. लेकिन – – उसको – ।
lekin - - usko - .

B. Ecrivez

1. **kahā̃** où
2. **haĩ** sont
3. **jādū** magie
4. **mezẽ** tables
5. **hā̃** oui
6. **hā̃snā** rire

Corrigé

A. 1. **maĩ** 2. **vahā̃** 3. **kahī̃** 4. **dukānẽ** 5. **devī** 6. **hū̃**

B. 1. **कहाँ** 2. **हैं** 3. **जादू** 4. **मेज़ें** 5. **हाँ** 6. **हँसना**

पाठ नौ
pāṭh nau

यह क्या हो रहा है !
ye kyā ho rahā hai !

१– **यह बच्ची यहाँ क्या शैतानी कर रही है ? 1 2**
ye baccī yahā̃ kyā śaitānī kar rahī hai ?

२ **मेज़ों पर चढ़ रही है !**
mezõ par caṛh rahī hai !

३ **खिड़कियों से झाँक रही है ! 3**
khiṛkiyõ se jhā̃k rahī hai !

४ **तुम छात्रों को तमाशा दिखा रही हो ? 4**
tum chātrõ ko tamāśā dikhā rahī ho ?

NOTES

(1) **kyā śaitānī,** "quelle bêtise", littéralement "diablerie" (de **śaitān**, Satan). Ici **kyā** (adjectif interrogatif) porte sur le nom qui suit. Mais la phrase, prononcée avec une intonation différente (légère pause entre **kyā** et **śaitānī**) peut signifier "est-ce que cette gamine fait une bêtise ?" (voir leçon 1, note 4).

(2) **kar rahī hai,** "fait", "est en train de faire". C'est le présent actualisé (anglais "is doing") qui correspond à l'action représentée dans son déroulement. Dans la traduction littérale, nous donnons en une seule unité l'équivalent des trois éléments qui forment ce présent actualisé : le présent français suivi de la mention "actuel". **vo śaitānī kartī hai**, aurait le sens de "elle fait des bêtises" en général, c'est sa nature, son habitude (mais cela ne veut pas dire nécessairement qu'elle en fait en ce moment). Pour former le présent actuel, on prend le radical du verbe principal (**kar-**) auquel on ajoute **rahā** (masculin singulier) / **rahī** (féminin singulier et féminin pluriel) / **rahe** (masculin pluriel) suivis de la forme correspondante de l'auxiliaire

Neuvième leçon

Qu'est-ce qui se passe ici ?
(ceci / quoi / est-actuel)

1 – Que fait cette petite fille comme bêtise, ici ?
(cette / enfant / ici / quelle / diablerie / fait-actuel)
2 Elle grimpe sur les tables !
(tables / sur / grimpe-actuel)
3 Elle regarde [en se penchant] par les fenêtres !
(fenêtres / par / regarde-actuel)
4 Tu fais le guignol pour les élèves ?
(tu / élèves / aux / spectacle / montres-actuel)

NOTES (suite)

être (**hū̃, ho, hai, haĩ**). **boris cāy banā rahā hai**, "Boris est en train de préparer du thé" ; **log jā rahe haĩ,** "les gens s'en vont"; **laṛkiyā̃ ā rahī haĩ**, "les filles arrivent" ; **maĩ samosā khā rahā hū̃,** "je suis en train de manger un samosa". **boris do-cār cīzẽ k͟harīd rahā hai**, "Boris achète deux ou trois objets (choses)". **boris aksar cīzẽ k͟harīdtā hai**, "Boris achète souvent des choses" [fait souvent des achats]. Notez que l'élément auxiliaire d'actualisation est à l'origine lui-même un verbe signifiant "rester" (**rahnā**).

(3) La postposition **se** ("par, de, depuis") traduit le point de départ, dans l'espace ou dans le temps. **ek ghaṇṭe se**, "depuis une heure". Elle marque aussi l'instrument ou le moyen (**bas se,** "en bus"). Notez qu'elle sert aussi à construire le complément de nombreux verbes de relation (vous l'avez vue avec **milnā**, "rencontrer"). Les traductions littérales tiennent compte de ces différences de sens.

(4) **dikhānā**, "montrer", littéralement "faire voir". Le verbe est dérivé de **dekhnā**, "regarder, voir". Mais, avec l'ajout du suffixe **-ā-** que vous avez vu leçon 8 note 12, le radical change un peu (**-e-** devient **-i-).** De même **sikhānā** (phrases 7 et 8), "enseigner", "apprendre" (du point de vue de l'enseignant) est dérivé de **sīkhnā**, "étudier, apprendre" (du point de vue de l'élève). Avec le suffixe **-ā**, notez que la voyelle **-ī** s'abrège. La construction est la même que dans la phrase 9 de la leçon 8.

५ और आप लोग इसको बढ़ावा दे रहे हैं !
aur āp log isko baṛhāvā de rahe hãi !

६ मैं सब कुछ देख रहा हूँ ! 5
mãi sab kuch dekh rahā hũ !

७ – डायरेक्टर साहब, यह तो हम लोगों को हिन्दी सिखा रही है। 6
ḍāyrekṭar sāhab, ye to ham logõ ko hindī sikhā rahī hai.

८– बहुत ख़ूब ! और आप इसे कलाबाज़ी सिखा रहे हैं ? 7 8
bahut khūb ! aur āp ise kalābāzī sikhā rahe hãi ?

NOTES (suite)

(5) **sab kuch**, "tout". Le pronom indéfini "tout", singulier, est souvent exprimé par l'addition de l'indéfini **kuch**, "quelque chose", à **sab**, "tous, tout".

(6) **ye to**... "en fait elle...". La particule **to**, à valeur contrastive, sert à introduire un nouveau fait, ou parfois à souligner le sujet

EXERCICES

अनुवाद कीजिए
anuvād kījie

१. आप यहाँ क्या कर रहे हैं ?
āp yahã kyā kar rahe hãi ?

२. मैं खिड़की से बाहर देख रहा हूँ।
mãi khiṛkī se bāhar dekh rahā hũ.

5 Et vous êtes en train de l'encourager !
(et / vous / gens / elle-à / encouragement / donnez-actuel)
6 Je vois tout !
(je / tout-quelque chose / vois-actuel)
7 – Monsieur le Directeur, en fait, elle est en train de nous apprendre le hindi !
(directeur / monsieur / elle / en fait / nous / gens / à / hindi / apprend-actuel)
8 – Bravo ! Et vous, vous êtes en train de lui apprendre des acrobaties ?
(beaucoup-parfaitement // et / vous / elle-à / acrobatie / enseignez-actuel)

NOTES (suite)

(**maĩ to**, "moi, je", **vo to**, "lui, il"), souvent aussi avec une nuance de contraste ("quant à moi, je", "quant à lui, il", "mais moi, je").

(7) **ise** est la forme contractée de **isko**. Il n'y a aucune différence de sens. **use** est l'équivalent de **usko** (et au pluriel : **inko = inhẽ, unko = unhẽ**).

(8) **kalābāzī**, "acrobaties", le mot est formé sur **kalā**, "art" avec le suffixe **-bāzī** (-tion, ou -erie). **kalākār**, "artiste", comporte le suffixe **-kār** qui signifie l'agent.

३. **आप उन लोगों को बढ़ावा दे रहे हैं !**
āp un logõ ko baṛhāvā de rahe haĩ !
४. **नहीं, मैं तो इनको तमाशा दिखा रहा हूँ ।**
nahĩ, maĩ to inko tamāśā dikhā rahā hũ.
५. **यह कुर्सी पर चढ़ रही है ।**
ye kursī par caṛh rahī hai.
६. **यह हलवा खा रही है ।**
ye halvā khā rahī hai.

७. मैं सब कुछ देख रहा हूँ !
mãĩ sab kuch dekh rahā hũ !
८. तुम इन लोगों को क्या सिखा रही हो ?
tum in logõ ko kyā sikhā rahī ho ?
९. ये बच्चे हमें हिन्दी सिखा रहे हैं।
ye bacce hamẽ hindī sikhā rahe hãĩ.
१०. और आप इन्हें शैतानी सिखा रहे हैं !
aur āp inhẽ śaitānī sikhā rahe hãĩ !

वाक्य पूरे कीजिए
vākya pūre kījie

1. *Que fait cette fille ici ?*
यह लड़की ——— क्या ——— ——— है ?
ye laṛkī ---- kyā --- ---- hai ?
2. *Que fait ce garçon là-bas ?*
——— लड़का ——— क्या ——— ——— है ?
-- laṛkā ---- kyā --- ---- hai ?
3. *Tu regardes [en te penchant] par la fenêtre ?*
तुम ——— से ——— रही ——— ?
tum ------ se ---- rahī -- ?
4. *Tu grimpes sur les chaises et les tables ?*
तुम ——— और ——— पर चढ़ रही हो ?
tum ------- aur ---- par caṛh rahī ho ?
5. *Je vois tout !*
मैं ——— कुछ ——— रहा ——— !
mãĩ --- kuch ---- rahā -- !
6. *Elle nous montre un spectacle.*
यह हमें तमाशा ——— ——— है।
ye hamẽ tamāśā ----- ---- hai.

Traduisez

1 Que faites-vous ici ? 2 Je regarde par la fenêtre. 3 Vous encouragez ces gens (-là) ! 4 Non, je leur montre un spectacle. 5 (Celle-ci) elle grimpe sur la chaise. 6 (Celle-ci) elle mange du halwa. 7 Je (m) vois tout ! 8 Qu'est-ce que tu enseignes à ces gens (-ci) ? 9 Ces enfants (-ci) nous enseignent le hindi. 10 Et vous leur enseignez des bêtises !

7. *Mais, en fait, elle mange du halwa.*

लेकिन वह — हलवा —— —— — ।
lekin vo -- halvā --- ---- --- .

8. *Vous êtes tous en train d'encourager cette coquine.*

आप सब — बदमाश — बढ़ावा दे रहे हैं ।
āp sab -- badmāś -- baṛhāvā de rahe haĩ.

9. *Quelle bêtise es-tu (f) en train de faire maintenant ?*

अब तुम क्या ——— कर ——— — ?
ab tum kyā ------- kar ---- -- ?

10. *Elle est en fait en train de nous apprendre le hindi.*

यह तो हम ——— — हिन्दी ——— रही है ।
ye to ham ---- -- hindi ----- rahī hai.

Les mots manquants

1. **– – यहाँ – कर रही – ?**
   - - yahā̃ - kar rahī - ?
2. **वह – वहाँ – कर रहा – ?**
   vo - vahā̃ - kar rahā - ?
3. **– खिड़की – झाँक – हो ?**
   - khiṛkī - jhā̃k - ho ?
4. **– कुर्सियों – मेज़ों – – – – ?**
   - kursiyõ - mezõ - - - - ?
5. **– सब – देख – हूँ !**
   - sab - dekh - hū̃ !

Exercice d'écriture

ब, ो, ौ

ba, o, au

A. Lisez

1. **बनारस** Bénarès
2. **बाद में** ensuite, plus tard
3. **बोरिस** Boris
4. **कौन** qui ?
5. **कोई** quelqu'un

B. Ecrivez

1. **bahan** soeur
2. **paune do baje** deux heures moins le quart

6. - - - दिखा रही - ।
- - - dikhā rahī - .

7. - - तो - खा रही है ।
- - to - khā rahī hai.

8. - - इस - को - - - - ।
- - is - ko - - - - .

9. - - - शैतानी/बदमाशी - रही हो ?
- - - śaitānī/badmāśī - rahī ho ?

10. - - - लोगों को - सिखा - - ।
- - - logõ ko - sikhā - - .

3. **meharbānī** grâce, miséricorde, merci
4. **mauqā** occasion
5. **bahut bahādur** très courageux

Corrigé

A. 1. **banāras** 2. **bād mẽ** 3. **boris** 4. **kaun** 5. **koī**

B. 1. **बहन** 2. **पौने दो बजे** 3. **मेहरबानी** 4. **मौक़ा** 5. **बहुत बहादुर**

पाठ दस
pāṭh das

आज हम कहाँ घूमेंगे ?
āj ham kahā̃ ghūmẽge ?

१– **बोरिस, शाम को मैं बाज़ार जाऊँगी ।** 1 2
boris, śām♀ ko maĩ bāzār♂ jāū̃gī.

२ **मैं अकसर पुरानी दिल्ली की गलियों में घूमती हूँ ।**
maĩ aksar purānī dillī♀ kī galiyõ♀ mẽ ghūmtī hū̃.

३ **पुराने शहर में तरह-तरह के अनोखे नज़ारे हैं ।** 3
purāne śahar♂ mẽ tarah-tarah ke anokhe nazāre haĩ.

NOTES

(1) la postposition **ko** (voir note 11, leçon 8) a différents usages. Ici elle marque le complément circonstanciel **śām ko** “le soir”. De même **dopahar ko**, “l’après-midi”, **rāt ko**, “la nuit”. Mais, **subah** (sans **ko**), “le matin”. Si on trouve aussi **dopahar mẽ, rāt mẽ,** c’est dans un sens légèrement différent “durant l’après midi”, “pendant la nuit” (voir leçon 12, phrase 7).

(2) **maĩ jaū̃gī**, “j’irai”. Futur du verbe **jānā**, “aller”, à la première personne du singulier. Au radical on ajoute -**ū̃gī** (féminin) ou -**ū̃gā** (masculin) : phrase 6 **calū̃gā,** “j’irai”, (masculin singulier). Notez que -**gā** varie en fonction du genre (et du nombre : **-ge** masculin pluriel ; -**gī**, féminin singulier et pluriel) comme la terminaison du participe -**tā**, c’est-à-dire comme un adjectif. Il vous suffit donc d’apprendre la voyelle qui suit le

Dixième leçon

Où flânerons-nous aujourd'hui ?
(aujourd'hui / nous / où / nous promènerons)

1 – Boris, ce soir, j'irai au bazar.
(Boris / soir / à / je / bazar / irai)
2 Je flâne souvent dans les ruelles de la Vieille Delhi.
(je / souvent / vieille / Delhi / de / ruelles / dans / me promène)
3 Dans la vieille ville, il y a toutes sortes de scènes merveilleuses.
(vieille / ville / dans / sorte-sorte / de / merveilleux / spectacles/ sont)

NOTES (suite)

radical et précède -**gā** (-**ũ̃**- pour la 1re personne, -**e**- pour la 2e personne **tū** et la 3e personne du singulier, -**o**- pour la personne **tum**, **ẽ** pour toutes les personnes du pluriel) : **ve niklẽgī,** "elles sortiront", **tum jāoge**, "tu iras" (masculin singulier), **āp cāy piẽgī**, "vous (féminin pluriel) boirez du thé", **vo āegā,** "il viendra", etc. Attention à l'écriture : **ũ̃, e, o, ẽ** après un radical qui finit par une voyelle s'écrivent sous la forme entière (आऊँगा), après un radical qui finit par une consonne, ils s'écrivent sous la forme matra (चलूँगी). Remarquez aussi que le complément de lieu, ici **bāzār**, indiquant la direction vers laquelle on va n'est pas accompagné de postposition : c'est toujours le cas avec les verbes de mouvement.

(3) **tarah-tarah ke nazāre,** "toutes sortes de spectacles" (**nazar** (féminin) signifie "regard"). Notez le redoublement de **tarah** (féminin), "sorte", à valeur d'insistance, idiomatisée. Souvenez-vous aussi que le **kā** s'accorde avec le nom qui suit (et non avec **tarah**).

४ हाँ, आज फिर शहर की मज़ेदार गलियाँ देखना चाहती हूँ । 4

hã̃, āj phir śahar kī mazedār galiyā̃ dekhnā cāhtī hū̃.

५ वहाँ से कभी कपड़े, कभी मसाले, कभी ऐंटीक लाती हूँ । 5

vahā̃ se kabhī kapṛe♂, kabhī masāle♂, kabhī aiṇṭīk lātī hū̃.

६– अच्छा, तो आज मैं भी चलूँगा । 6

acchā, to āj maĩ bhī calū̃gā.

७– ठीक है । दोनों चलेंगे । कितने बजे निकलेंगे ? 7

ṭhīk hai. donõ calẽge. kitne baje niklẽge ?

NOTES (suite)

(4) **dekhnā cāhtī hū̃**, “je veux voir”. Vouloir (**cāhnā**) se construit en hindi comme en français, avec un infinitif complément à la forme directe. L’énoncé n’est pas impoli comme le français “je veux” (il correspond aussi bien à “je voudrais”).

(5) **kabhī** (à l’origine **kab**, “quand”, +**hī** emphatique). Employé seul, il signifie “un jour” (**kabhī maĩ afrīkā jāū̃gā,** “un jour ou l’autre j’irai en Afrique”). **kabhī X kabhī Y,** comme on a ici, signifie “tantôt...tantôt”. **kabhī-kabhī** (une seule unité) signifie “parfois, de temps en temps”. **vo kabhī-kabhī afrīkā jātā hai**, “il va de temps en temps en Afrique”.

(6) **to**, ici a le sens de “alors” (**to phir,** “alors, dans ce cas”). Nous conservons le sens dans le mot-à-mot chaque fois que c’est possible, mais parfois il s’agit d’une particule intraduisible : nous la laissons alors (**to** !) figurer non traduite dans le mot-à-mot.

4 Aujourd'hui encore, j'aimerais voir les petites rues sympathiques de la ville.
(je / aujourd'hui / encore / ville / de / plaisantes / ruelles / voir / veux)

5 J'en ramène tantôt des vêtements, tantôt des épices, tantôt des antiquités.
(là / de / tantôt / vêtements / tantôt / épices / tantôt / antiquités / apporte)

6 – Bon, alors, aujourd'hui, moi aussi j'irai.
(bon / alors / aujourd'hui / je / aussi / irai)

7 – Très bien ! On ira tous les deux. A quelle heure partirons-nous ?
(bien / est // tous deux / irons // combien / heure / sortirons)

पुराने शहर में तरह-तरह के अनोखे नज़ारे हैं।

NOTES (suite)

(7) **kitne baje niklẽge ?**, "à quelle heure partirons-nous ?". **kitne** est un interrogatif (notez le k- caractéristique) portant sur la quantité, dénombrable ou non : "combien". L'expression est idiomatique, mais souvenez-vous que **kitnā** est un adjectif en hindi et donc s'accorde : **kitnī jalebiyā̃ ?,** "combien de jalebis ?", **kitnā dūdh ?**, "combien de lait ?".

८– अभी चलो न, थोड़ी देर में ? 8
abhī calo na, thoṛī der[?] mẽ ?

९ मैं अभी ऑटो–रिक्शा बुलाता हूँ । 9 10
mãī abhī āṭo-rikśā[♂] bulātā hū̃.

NOTES (suite)

(8) **abhī**, "tout de suite", "à l'instant", dans ce contexte. A l'origine : **ab**, "maintenant" + **hī** emphatique. **ye ab bhī baccā hai**, "c'est encore (toujours) un enfant". **abhī nahī̃**, "pas encore". **abhī bhī**, "même maintenant", "maintenant encore".

(9) Le rickshaw est un moyen de transport très courant en Inde. Il y a des rickshaws de deux sortes : le pousse-pousse, propulsé par une bicyclette (on le trouve surtout dans la Vieille Delhi, et les villages), et le rickshaw motorisé, scooter trans-

EXERCICES

अनुवाद कीजिए
anuvād kījie

१. शाम को मैं बाज़ार जाऊँगी ।
śām ko mãī bāzār jāū̃gī.

२. वहाँ मैं तरह–तरह की चीज़ें देखूँगी ।
vahā̃ mãī tarah-tarah kī cīzẽ dekhū̃gī.

३. मैं भी पुरानी दिल्ली चलूँगा ।
mãī bhī purānī dillī calū̃gā.

४. हम लोग कितने बजे निकलेंगे ?
ham log kitne baje niklẽge ?

५. मैं अभी आता हूँ और रिक्शा बुलाता हूँ ।
mãī abhī ātā hū̃ aur rikśā bulātā hū̃.

६. तुम मसाले लाओगी और मैं खाना पकाऊँगा ।
tum masāle lāogī aur mãī khānā pakāū̃gā.

8 – Allez, on y va tout de suite, dans un moment ?
(tout de suite / va / non / un peu / délai / dans)
9 J'appelle tout de suite un auto-rickshaw.
(je / tout de suite / auto-rickshaw / appelle)

NOTES (suite)

formé auquel a été ajouté un habitacle couvert, tendu de toile jaune. On dit aussi pour ce dernier "scooter" (voir leçon 11). On peut envoyer un domestique en chercher un à la station la plus proche, ou dans la rue. Le tarif est fixé (au kilomètre) dans les grandes villes, mais le compteur est souvent en panne... Comme "rickshaw" est un mot emprunté (au chinois), il reste le plus souvent sous cette forme au cas oblique, mais les puristes et donc le hindi standard l'alignent en général sur le paradigme des noms en -**ā** : **rikśe se**, "en rickshaw".

(10) Le présent a ici, comme en français, une valeur future.

७. **आप कहाँ चलेंगे, क्या देखेंगे ?**
āp kahā̃ calẽge, kyā dekhẽge ?

८. **आओ, यहाँ बैठो । तुम क्या खाओगी ?**
āo, yahā̃ baiṭho. tum kyā khāogī ?

९. **मैं तो थोड़ी देर में खाऊँगा ।**
maĩ to thoṛī der mẽ khāū̃gā.

१०. **तुम बाज़ार के समोसे खाना चाहते हो ?**
tum bāzār ke samose khānā cāhte ho ?

Traduisez

1 Le soir j'irai au bazar. 2 Je verrai là toutes sortes de choses. 3 Moi aussi j'irai à la Vieille Delhi. 4 A quelle heure partirons (sortirons)-nous ? 5 Je viens tout de suite et j'appelle un rickshaw. 6 Tu porteras des épices et je préparerai la cuisine. 7 Où irez-vous, que verrez-vous ? 8 Viens, assieds-toi ici. Que mangeras-tu ? 9 Moi, je mangerai dans un moment. 10 Tu veux manger des samosas du bazar ?

वाक्य पूरे कीजिए

vākya pūre kījie

1. *Ce soir, j'irai (m) au bazar.*
   आज शाम — मैं बाज़ार ———— ।
   āj śām -- maĩ bāzār ----- .
2. *Nisha aussi ira à la Vieille Delhi.*
   निशा — पुरानी दिल्ली ———— ।
   niśā --- purānī dillī ----- .
3. *Tous les deux y iront en (par) rickshaw.*
   —— वहाँ ——— में/से ——— ।
   ---- vahā̃ ----- mẽ/se ----- .
4. *Aujourd'hui, moi aussi, je (m) verrai les vieux bazars !*
   —— मैं भी ——— बाज़ार ——— !
   -- maĩ bhī ------ bāzār ------- !
5. *D'accord, nous sortirons tous les deux dans un moment.*
   ठीक है, हम —— थोड़ी देर — ———— ।
   ṭhīk hai, ham ---- thoṛī der -- ------- .
6. *Venez (allez) tout de suite (non ?), quelle heure est-il ?*
   अभी ——— न, ——— बजे हैं ?
   abhī ----- na, ----- baje hãī ?
7. *Est-ce que vous (m) aussi, vous ferez la cuisine là-bas ?*
   क्या आप — वहाँ खाना ——— ?
   kyā āp --- vahā̃ khānā ------- ?
8. *Tu (m) mangeras des samosas du bazar ?*
   तुम बाज़ार के समोसे ——— ?
   tum bāzār ke samose ------ ?

9. *Le soir, je vais tantôt au bazar, tantôt au cinéma.*
शाम — मैं —— बाज़ार —— सिनेमा जाती हूँ।
śām -- maĩ ----- bāzār ----- sinemā jātī hū̃.

10. *Bon, je (m) ramène tout de suite un rickshaw.*
——, मैं अभी एक रिक्शा —— हूँ।
-----, maĩ abhī ek rikśā ---- hū̃.

Les mots manquants

1. – – को – – जाऊँगा।
   - - ko - - jāū̃gā.
2. – भी – – जाएगी।
   - bhī - - jāegī.
3. दोनों – रिक्शा – जाएँगे।
   donõ - rikśā - jaẽge.
4. आज – – पुराने – देखूँगा !
   āj - - purāne - dekhū̃gā !
5. – –, – दोनों – – में निकलेंगे।
   - -, - donõ - - mẽ niklẽge.
6. – चलिए –, कितने – – ?
   - calie -, kitne - - ?
7. – – भी – – पकाएँगे/बनाएँगे ?
   - - bhī - - pakāẽge/banāẽge ?
8. – – – – खाओगे ?
   - - - - khāoge ?
9. – को – कभी – कभी – – –।
   - ko - kabhī - kabhī - - - .
10. अच्छा, – – – – लाता –।
    acchā, - - - - lātā - .

Exercice d'écriture

ल, ओ, औ
la, o, au

A. Lisez

1. लेकिन mais
2. ओह ! oh !
3. औरत femme
4. अकेली seule
5. बोलो parle
6. पहले d'abord

पाठ ग्यारह
pāṭh gyārah

घबराइए मत !
ghabrāie mat !

१– कहिए जनाब, पुरानी दिल्ली चलेंगे ? 1
kahie janāb°, purānī dillī calẽge ?

२– क्यों नहीं, आइए, तशरीफ़ रखिए ।
kyõ nahī̃, āie taśrīf rakhie.

NOTES

(1) **kahie janāb**, "dites, monsieur". Salutation respectueuse (registre ourdou) mais souvent ironique et donc familière (comme "alors, patron / chef"). Le sujet du verbe au futur (voir

B. Ecrivez

1. **lāo** apporte
2. **aur** et
3. **ājkal** actuellement
4. **nikalnā** sortir
5. **bilkul** absolument

Corrigé

A. 1. **lekin** 2. **oh** 3. **aurat** 4. **akelī** 5. **bolo** 6. **pahale**

B. 1. **लाओ** 2. **और** 3. **आजकल** 4. **निकलना** 5. **बिलकुल**

Onzième leçon

Ne vous inquiétez pas !
(inquiétez-vous / pas)

1 – Dites, Monsieur, vous voulez bien aller à Old Delhi ?
(dites / gentilhomme / vieille / Delhi / irez)

2 – Pourquoi pas ? Venez, asseyez-vous.
(pourquoi / pas // venez / gracieuse présence / posez)

NOTES (suite)

leçon 10, note 2) est sous entendu, comme c'est souvent le cas dans une situation de dialogue.

३– कितने पैसे लगेंगे ? 2
kitne paise♂ lagẽge ?

४– घबराइए मत, आपके लिए केवल तीस रुपए । 3 4
ghabrāie mat, āpke lie keval tīs rupae♂.

५– नहीं जी, मीटर चलाइए । हम सब समझते हैं ! 5 6
nahī̃ jī, mīṭar calāie. ham sab samajhte haĩ !

NOTES (suite)

(2) **kitne paise lagẽge ?**, "combien cela coûtera ?" (littéralement "combien de paisa seront mis ?"). Il y a cent paisa dans une roupie, et la roupie est l'unité monétaire en Inde. Outre l'emploi idiomatique de **lagnā** (qui a des sens très divers : "sembler", "toucher", "être fixé", etc.) notez l'accord de l'adjectif, et bien sûr du verbe, au masculin pluriel. C'est l'ordre normal des mots. **paise kitne lagẽge ?**, avec le même sens, fait porter l'emphase sur l'élément déplacé en tête de phrase. Comparez **ye log śarāb kabhī nahī̃ pīte**, "ces gens-là ne boivent jamais d'alcool", et **kabhī ye log śarāb nahī̃ pīte**, "jamais ces gens-là ne boivent l'alcool", **śarāb ye log kabhī nahī̃ pīte**, "l'alcool, ces gens-là n'en boivent jamais" ; **pīte kabhī nahī̃ ye log śarāb**, "il n'en boivent jamais, d'alcool, ces gens" (même s'ils le fabriquent, le vendent, etc.). L'intonation marque bien sûr le terme mis en valeur.

(3) Notez que la négation ordinaire à l'impératif n'est pas **nahī̃** comme à l'indicatif, mais **mat**, ou parfois **na** (**mat** est plus catégorique).

(4) **āpke lie,** "pour vous". La postposition **ke lie,** "pour" est l'une des nombreuses locutions postpositives, comme **ke pās,** "près de", **ke andar,** "dans", **ke bāhar,** "hors de, à l'extérieur de", **ke bād,** "après", etc. **ke** est invariable. Le nom qui précède et qu'elle commande est au cas oblique (**inke lie,** "pour eux", **in logõ ke lie,** "pour ces gens").

3 – Et combien ça va coûter... ?
(combien / paisa / seront mis)

4 – Ne vous inquiétez pas ! Pour vous, seulement trente roupies.
(inquiétez-vous / pas // vous / pour / seulement / trente / roupies)

5 – Ah non ! Mettez le compteur en marche. Nous comprenons tout !
(non / monsieur / compteur / faites marcher / nous / tout / comprenons)

NOTES (suite)

(5) En hindi standard, **jī hā̃ / jī nahī̃** se distingue de **hā̃ jī / nahī̃ jī**, lesquels sont emphatiques, voire indignées (“mais si”, “mais non”). Mais, probablement sous l’influence de l’immigration massive du Panjab vers Delhi, la confusion des deux expressions est fréquente.

(6) **calāie,** “faites marcher”. Vous reconnaissez le radical de **calnā,** “marcher”, et le suffixe “causatif” (qui indique qu’on fait faire une action). De même **samajhnā,** “comprendre”, **samjhānā,** “faire comprendre, persuader”.

६– अरे, मीटर तो ख़राब है, भाई... 7
are, mīṭar° to kharāb hai, bhāī...

७ – फिर छोड़िए, मैं दूसरा स्कूटर लूँगा। 8
phir choṛie, mai͂ dūsrā skūṭar° lū͂gā.

८– अच्छा भाई, अच्छा। मीटर भी चलेगा, बैठिए।
acchā bhāī, acchā. mīṭar bhī calegā, baiṭhie.

९ वाक़ई आप सब कुछ समझते हैं, केवल हिन्दी ही नहीं !
vāqaī āp sab kuch samajhte hai͂, keval hindī hī nahī͂ !

NOTES (suite)

(7) **bhāī**, (ou **bhaiyā**), "frère", est une formule d'adresse très fréquente en hindi, même en l'absence de toute relation familiale. Elle traduit simplement la cordialité, ainsi que **bahan (jī)** ou **dīdī,** "soeur", ou autres termes relationnels comme "oncle" ou "tante", selon l'âge de l'interlocuteur : si vous avez plus de vingt ans vous pouvez déjà devenir un **aṅkaljī** (de l'anglais "uncle") ou une **āṇṭījī** ("auntie", "tante" en anglais) parmi les enfants. L'épouse d'un ami devient tout naturellement

EXERCICES

अनुवाद कीजिए
anuvād kījie

१. कितने पैसे लगेंगे ? – तीस रुपए लगेंगे।
kitne paise lage͂ge ? - tīs rupae lage͂ge.

6 – Ah, c'est que le compteur est en panne, mon frère...
(ah / compteur / en fait / mauvais / est / frère)
7 – Alors laissez tomber, je prends un autre scooter.
(alors / lâchez / je / deuxième / scooter / prendrai)
8 – Bon, bon, le compteur marchera, asseyez-vous.
(bon / bon / compteur / aussi / marchera / asseyez-vous)
9 C'est vrai, vous comprenez tout, pas seulement le hindi !
(vraiment / vous / tout / comprenez / seulement / hindi / juste / pas)

NOTES (suite)

bhābhījī (belle-soeur !). S'adresser à un chauffeur en le tutoyant (**tum**) n'est pas impoli : n'oubliez pas qu'il y a trois pronoms de seconde personne en hindi, et que donc le pronom **tum** a une valeur intermédiaire entre "vous" et "tu".

(8) **lū̃gā**, "je prendrai". Le futur du verbe **lenā** est irrégulier (non pas ***leū̃gā**, mais **lū̃gā**, avec suppression de la voyelle radicale). Il en est de même du verbe **denā** : **dū̃gā**. A la 2e personne correspondant à **tum**, on dira de même **loge** / **doge** (tu prendras / tu donneras). Le présent général à valeur future (voir leçon 10, note 10) aurait été aussi possible, et même plus naturel.

२. **छोड़िए, हम दूसरा रिक्शा लेंगे।**
chorie, ham dūsrā rikśā lẽge.
३. **देखिए, मीटर ख़राब है। घबराइए मत...**
dekhie, mīṭar khārāb hai. ghabrāie mat...
४. **हम देख रहे हैं। सब कुछ समझते हैं।**
ham dekh rahe haĩ. sab kuch samajhte haĩ.

५. अच्छा छोड़िए, आइए बैठिए ।
acchā choṛie, āie baiṭhie.

६. आप तो हिन्दी भी समझते हैं !
āp to hindī bhī samajhte haĩ !

७. जी हाँ । अब स्कूटर चलाइए ।
jī hā̃. ab skūṭar calāie.

८. मीटर भी चलेगा । देखिए, चल रहा है !
mīṭar bhī calegā. dekhie, cal rahā hai !

९. हिन्दी के छात्रों के लिए चलता है, जी !
hindī ke chātrõ ke lie caltā hai, jī !

१०. आप लोग सब कुछ नहीं समझ रहे हैं ।
āp log sab kuch nahī̃ samajh rahe haĩ.

वाक्य पूरे कीजिए
vākya pūre kījie

1. *Pour vous, cela coûtera trente roupies.*

   आपके —— तीस रुपए —— ।
   āpke --- tīs rupae ------ .

2. *Nous irons au bazar pour vous.*

   हम —— लिए बाज़ार —— ।
   ham ---- lie bāzār ----- .

3. *Je ramènerai des vêtements pour toi.*

   मैं तुम्हारे लिए —— —— ।
   maĩ tumhāre lie ----- ----- .

4. *Faites marcher le compteur et allez à la Vieille Delhi / "Old Delhi".*

   मीटर —— और पुरानी दिल्ली —— ।
   mīṭar ------ aur purānī dillī ----- .

Traduisez

1 Combien ça va coûter ? - Cela coûtera trente roupies. 2 Laissez tomber, nous prendrons un autre rickshaw. 3 Voyez, le compteur est en panne. Ne vous inquiétez pas... 4 Nous voyons. [Nous] comprenons tout. 5 Bon, laissez tomber, asseyez-vous. 6 Mais vous comprenez aussi le hindi ! 7 Oui. Maintenant mettez le rickshaw en marche. 8 Le compteur aussi marchera. Voyez, il marche. 9 Il marche pour les étudiants de hindi, ji ! 10 Vous (gens) ne comprenez pas tout.

5. *Laissez tomber, nous n'irons pas dans votre scooter.*
——, हम —— स्कूटर —— नहीं —— ।
------ ham ---- skūṭar -- nahī̃ ----- .

6. *Cela coûte dix roupies pour la Vieille Delhi.*
पुरानी दिल्ली —— —— दस रुपए —— हैं ।
purānī dillī -- --- das rupae ----- haĩ.

7. *Je (m) vais prendre un autre scooter.*
मैं —— स्कूटर —— ।
maĩ ----- skūṭar ---- .

8. *Donnez-lui trois roupies.*
उसको तीन —— —— ।
usko tīn ----- ----- .

9. *Nous ne nous inquiétons pas, et comprenons tout.*
हम —— नहीं, और —— कुछ समझते हैं ।
ham -------- nahī̃, aur --- kuch samajhte haĩ.

10. *D'accord, je mets le compteur tout de suite.*
ठीक है, मैं ——— मीटर ——— हूँ।
ṭhīk hai, mãĩ ---- mīṭar ------ hũ.

Les mots manquants

1. – लिए – – लगेंगे।
   - lie - - lagẽge.
2. – आपके – – जाएँगे।
   - āpke - - jāẽge.
3. – – – कपड़े लाऊँगा/लाऊँगी।
   - - - kapṛe lāū̃gā/lāū̃gī.
4. – चलाइए – – – चलिए।
   - calāie - - - calie.

Exercice d'écriture

य, श, च
ya, śa, ca

A. Lisez

1. **यह** ce, ceci
2. **निशा** Nisha
3. **शायद** peut-être
4. **हमेशा** toujours
5. **चाय** thé
6. **नीचे** en bas

B. Ecrivez

1. **yahā̃** ici

5. छोड़िए, – आपके – में – जाएँगे/चलेंगे ।
choṛie, - āpke - mẽ - jāẽge/calẽge.

6. – – के लिए – – लगते – ।
- - ke lie - - lagte - .

7. – दूसरा – लूँगा ।
- dūsrā - lū̃gā.

8. – – रुपए दीजिए ।
- - rupae dījie.

9. – घबराते –, – सब – – – ।
- ghabrāte -, - sab - - - .

10. – –, – अभी – चलाता – ।
- -, - abhī - calātā - .

2. **śahar** ville
3. **deś** pays
4. **cāval** riz
5. **galiyā̃** ruelles

Corrigé

A. 1. **yah** (ye) 2. **niśā** 3. **śāyad** 4. **hameśā** 5. **cāy** 6. **nīce**

B. 1. **यहाँ** 2. **शहर** 3. **देश** 4. **चावल** 5. **गलियाँ**

Vous êtes désormais armé pour partir en Inde. Maintenant que vous êtes capable de marchander avec un rickshaw-vala (conducteur de rickshaw), vous pouvez affronter Delhi, et partir à l'aventure, vers la leçon promenade par exemple, qui est

la suivante. Il est vrai que sans une extrême vigilance et un penchant à la discussion - qu'il est souhaitable de maintenir dans la cordialité et l'humour - on est presque sûr de se faire rouler par les rickshaws. Ils sont le plus souvent si misérables qu'on est enclin à l'indulgence pour leurs

पाठ बारह
pāṭh bārah

माहौल कितना मज़ेदार है !
māhaul kitnā mazedār hai !

१– **रिक्शावाला बहुत बदमाश है !**
rikśāvālā♂ bahut badmāś hai !

२– **हाँ, ये सभी बड़े बदमाश हैं ।** 1
hā̃, ye sabhī baṛe badmāś haĩ.

३ **बहस के बिना कभी नहीं मानते ।** 2 3
bahas♀ ke binā kabhī nahī̃ mānte.

NOTES

(1) **sabhī baṛe badmāś haĩ**, "ils sont tous très voyous". **sabhī** = **sab** "tous" + **hī** emphatique. Ici **baṛe** (adjectif **baṛā** "grand") est employé devant un adjectif avec le sens de "très". C'est très courant en hindi. N'oubliez pas d'accorder l'adjectif avec le nom, même si sa traduction française, "très", reste invariable.

petites filouteries. Mais il ne faut pas pourrir un marché où tous les consommateurs ne sont pas fortunés non plus...* ab calie, ghūmne calẽ *("maintenant, allez, allons nous promener")... en passant à la leçon 12.

Douzième leçon

Quelle ambiance formidable !
(ambiance / combien / agréable / est)

1 – C'est un escroc, ce chauffeur !
(rickshaw-vala / très / coquin / est)

2 – Oui, ce sont tous des voyous.
(oui / ils / tous / grands / coquins / sont)

3 Ils n'acceptent jamais sans faire d'histoires.
(dispute / sans / jamais / pas / consentent)

NOTES (suite)

(2) **ke binā**, "sans". Contrairement aux autres postpositions, l'ordre peut varier : **binā bahas ke**, "sans querelle". **ke sāth**, "avec". **ke bagair** est le synonyme d'origine arabe de **ke binā**.

(3) **kabhī nahī̃** a le sens de "jamais". L'adverbe négatif est formé sur le positif **kabhī**, "un jour" (voir leçon 10, note 5) avec la négation, comme l'anglais "never" est formé sur la base de "ever". De même, le hindi dira **kuch nahī̃,** littéralement "pas quelque chose", pour dire "rien". Et pour dire "personne" : **koī nahī̃**, "pas quelqu'un".

४– दोपहर का यह माहौल कितना मज़ेदार है ! 4

dopahar♀ kā ye māhaul♂ kitnā mazedār hai !

५– यहाँ लोग हमेशा घरों के बाहर होते हैं । 5

yahā̃ log hameśā gharõ♂ ke bāhar hote haĩ.

६– आजकल सर्दियों की छुट्टियाँ हैं, न । 6

ājkal sardiyõ♀ kī chuṭṭiyā̃♀ haĩ, na.

७ सुबह, दोपहर में और शाम को... दिन भर धूप सेकते हैं । 7 8

subah♀, dopahar mẽ aur śām♀ ko... din bhar dhūp♀ sekte haĩ.

NOTES (suite)

(4) **kitnā**, "combien / comme / que" est ici un exclamatif. C'est le même mot que l'interrogatif et comme lui il s'accorde avec le nom sur lequel il porte. **kitne log haĩ ?,** "combien y a-t-il de gens ?", et **ye log kitne acche haĩ !**, "comme ces gens sont bien !", "quelles sympathiques personnes !".

(5) **hote haĩ**, "sont". Par rapport à simplement **haĩ,** "sont", la forme composée **hote haĩ** (**hotā hai, hote ho**, etc.) désigne une propriété générale, une vérité universelle. **rāt ko āsmān mẽ tāre hote haĩ,** "le soir, il y a des étoiles dans le ciel". **hindustānī masāle acche hote haĩ,** "les épices indiennes sont bonnes" alors que **ye masāle acche haĩ** veut dire "ces épices sont bonnes".

(6) **sardiyõ kī chuṭṭiyā̃**, "les vacances d'hiver" (littéralement "des froids"). "Les vacances d'été (= des chaleurs)", **garmiyõ ki chuṭṭiyā̃**. **na** en fin de phrase équivaut à peu près au français "n'est-ce pas", "hein".

4 – Cette ambiance d'après-midi, qu'elle est sympathique !
(après-midi / de / cette / atmosphère / combien / agréable / est)
5 – Les gens ici sont toujours dehors.
(ici / gens / toujours / maisons / hors de / sont)
6 – En ce moment, c'est les vacances d'hiver, n'est-ce pas…
(aujourd'hui-demain / hiver / de / vacances / sont / non)
7 Matin, après-midi et soir… toute la journée ils prennent le soleil.
(matin / après-midi / dans / et / soir / au / journée-entière / soleil / chauffent)

NOTES (suite)

(7) **din-bhar,** "tout le jour". **bhar** est un suffixe invariable (dérivé du verbe **bharnā**, "s'emplir / remplir") Vous avez vu le synonyme **sārā din** à la leçon 5, phrase 3. **rāt bhar** (ou **sārī rāt**) "toute la nuit". **ghaṇṭā bhar,** "pendant une heure entière". **sāl bhar,** "toute une année", "toute l'année", etc.

(8) **dhūp**♀ **sekte hai,** "ils se chauffent au soleil". Le verbe **sekna** "(se) chauffer" entre ici dans une expression toute faite, car les gens ne chauffent pas le soleil, qui n'en a pas besoin, vous vous en doutez.

८– अरे, मसालों की दुकानें ! रिक्शा रोको, भैया, ज़रा रोको ! 9

are, masālõ♂ kī dukānẽ♀ ! rikśā roko, bhaiyā, zarā roko !

NOTES (suite)

(9) **roko**, de **roknā**, "arrêter". Il est tout à fait courant de faire arrêter un rickshaw, et même un taxi pour faire une course. Le verbe transitif **roknā** correspond au verbe intransitif **ruknā**, "s'arrêter / être arrêté". Vous voyez que le passage de l'intran-

EXERCICES

अनुवाद कीजिए
anuvād kījie

१. यहाँ स्कूटर–रिक्शा वाले सभी बदमाश हैं !
yahā̃ skūṭar rikśā vāle sabhī badmāś haĩ !

२. ये अक्सर मीटर नहीं चलाते ।
ye aksar mīṭar nahī̃ calāte.

३. बिना बहस के नहीं मानते ।
binā bahas ke nahī̃ mānte.

४. शाम को हम लोग बाज़ारों में घूमते हैं ।
śām ko ham log bāzārõ mẽ ghūmte haĩ.

५. मैं बाज़ार से समोसे और जलेबियाँ लाऊँगा ।
maĩ bāzār se samose aur jalebiyā̃ laũgā.

६. हम लोग सुबह काम करते हैं लेकिन दोपहर में नहीं ।
ham log subah kām karte haĩ lekin dopahar mẽ nahī̃.

8 – Tiens ! Des boutiques d'épices ! Arrête le rickshaw, mon ami, arrête un peu !
(tiens / épices / de / boutiques // rickshaw / arrête / mon frère / un peu / arrête)

NOTES (suite)

sitif au transitif ne se fait pas toujours par le suffixe **-ā-**. En général un **-u-** radical (verbe intransitif) devient **-o-** (verbe transitif) : **ghulnā**, "se dissoudre, fondre", **gholnā**, "dissoudre, (faire) fondre". **muṛnā**, "se tordre", **moṛnā**, "tordre".

.ॅ.ॅ.ॅ.ॅ.ॅ.

७. **वे लोग दिन भर धूप सेकते हैं ।**
ve log din bhar dhūp sekte haĩ.

८. **वह चाय की दुकान भी देखेगा ।**
vo cāy kī dukān bhī dekhegā.

९. **आजकल हम लोग हमेशा बाहर रहते हैं ।**
ājkal ham log hameśā bāhar rahte haĩ.

१०. **सर्दियों की छुट्टियों में भी धूप होती है ।**
sardiyõ kī chuṭṭiyõ mẽ bhī dhūp hotī hai.

Traduisez

1 Ici les conducteurs de scooter-rickshaws sont tous des voyous. 2 Souvent ils ne mettent pas (font pas marcher) le compteur. 3 Ils n'acceptent pas sans [faire d'] histoires. 4 Le soir, nous nous promenons dans les bazars. 5 Je (r)apporterai des samosas et des jalebis du bazar. 6 Nous travaillons le matin mais pas l'après-midi. 7 Ces gens-là prennent le soleil toute la journée. 8 Il verra aussi l'échoppe (boutique) au thé. 9 Ces temps-ci nous restons toujours dehors. 10 Il fait soleil aussi pendant les vacances d'hiver.

वाक्य पूरे कीजिए
vākya pūre kījie

1. *Vous n'acceptez jamais sans [faire d'] histoires.*

   —— बहस — आप कभी नहीं —— ।

   ---- bahas -- āp kabhī nahī̃ ----- .

2. *Il ne mettra pas le compteur sans discussion.*

   वह बिना बहस — मीटर नहीं —— ।

   vo binā bahas -- mīṭar nahī̃ ------- .

3. *Quoi ? Ce coquin aussi est en train de prendre le soleil ici !*

   क्या ? यह बदमाश — यहाँ धूप सेक —— — !

   kyā ? ye badmāś --- yahā̃ dhūp sek ---- --- !

4. *Il ne vient jamais à Delhi pendant les vacances.*

   वह —— में दिल्ली —— नहीं —— ।

   vo -------- mẽ dillī ----- nahī̃ --- .

5. *Le soir, ces gens-là seront hors de la maison.*

   शाम — — लोग घर — बाहर —— ।

   śām -- -- log ghar -- bāhar ---- .

6. *Quelle ambiance agréable dans le bazar !*

   बाज़ार — माहौल —— मज़ेदार है !

   bāzār -- māhaul ----- mazedār hai !

7. *Les samosas du bazar sont toujours très chauds.*

   बाज़ार — समोसे हमेशा बड़े गरम —— हैं ।

   bāzār -- samose hameśā baṛe garam ---- hãi.

8. *Arrêtez un peu le rickshaw à cette boutique pour les jalébis.*

   ज़रा —— के लिए — दुकान पर रिक्शा —— ।

   zarā -------- ke lie -- dukān par rikśā ----- .

9. *Est-ce que vous prendrez le soleil toute la journée ?*
—— आप लोग दिन —— धूप —— ?
--- āp log din ---- dhūp ------ ?

10. *Regardez comme (combien) elle est sympathique, la boutique d'épices !*
देखिए, —— की दुकान —— मज़ेदार है !
dekhie, ------ kī dukān ----- mazedār hai !

Les mots manquants

1. बिना – के – – – मानते/मानतीं ।
binā - ke - - - mānte/mānt ī̃.
2. – – – के – – चलाएगा ।
- - - ke - - calāegā.
3. – ? – – भी – – – रहा है !
- ? - - bhī - - - rahā hai !
4. – छुट्टियों – – कभी – आता ।
- chuṭṭiyõ - - kabhī - ātā.
5. – को वे – – के – होंगे ।
- ko ve - - ke - hõge.
6. – में – कितना – – !
- mẽ - kitnā - - !
7. – के – – – – होते – ।
- ke - - - - hote - .
8. – जलेबियों – – इस – – – रोको/रोकिए ।
- jalebiyõ - - is - - - roko/rokie.
9. क्या – – – भर – सेकेंगे ?
kyā - - - bhar - sekẽge ?
10. –, मसालों – – कितनी – – !
-, masālõ - - kitnī - - !

Exercice d'écriture

ग, ग़, ए, ऐ
ga, g̲a, e, ai

A. Lisez

1. वे गए ils partirent
2. वग़ैरह et cetera
3. ऐसा tel, ainsi
4. इसलिए donc
5. जगह endroit, place

पाठ तेरह
pāṭh terah

इधर भी मसाले, उधर भी मसाले !
idhar bhī masāle, udhar bhī masāle !

१– अहा ! कितनी ख़ुशबू आ रही है ! 1
ahhā ! kitnī k̲h̲uśbū[१] ā rahī hai !

२– यहाँ तरह–तरह के मसाले होते हैं।
yahā̃ tarah-tarah ke masāle hote haĩ.

NOTES

(1) **k̲h̲uśbū,** "bonne odeur" (**badbū,** "mauvaise odeur"), formé sur le nom **bū** (féminin), "odeur", d'origine persane, d'où les préfixes également d'origine arabo-persane : **bad**, "mauvais", **k̲h̲uś**, "faste, bon". De même, **k̲h̲uśhāl,** "bienheureux" et

B. Ecrivez

1. **ek** un
2. **aisī** telle
3. **nāgrik** citoyen
4. **gā̃v** village
5. **cunāv** élections

Corrigé

A. 1. **ve gae** 2. **vagairah** 3. **aisā** 4. **islie** 5. **jagah**

B. 1. **एक** 2. **ऐसी** 3. **नागरिक** 4. **गाँव** 5. **चुनाव**

Treizième leçon

Epices par-ci, épices par-là
(ici / aussi / épices / là / aussi / épices)

1 – Mmm ! Qu'est-ce que ça sent bon !
(mmm // combien / bonne odeur / vient-actuel)

2 – Ici on trouve toutes sortes d'épices.
(ici / sorte-sorte / de / épices / se trouvent)

NOTES (suite)

badhāl, "dans un piteux état" (**hāl**♂, état). Notez l'accord de **kitnī** (exclamatif ici) avec **bū** (voir leçon 12, note 4).

(2) **sabhī kuch,** "tout". **sabhī** est la forme emphatique de **sab** (**sab+hī**). **sab,** "tout, tous", adjectif et pronom : **sab log āe,** "tous les gens sont venus", **sab āe,** "tous sont venus". En ajoutant **kuch,** "quelque chose" on évite l'ambiguïté (tous / tout).

३– **हम तो सभी कुछ देखना चाहते हैं।** 2
ham to sabhī kuch dekhnā cāhte hãĩ.

४– **अरे, अन्दर तो आइए। उधर देखिए क्या–क्या है!** 3 4 5
are, andar to āie. udhar dekhie kyā-kyā hai !

५– **यह पीली–सी चीज़ क्या है? – यह हल्दी है।** 6
ye pīlī-sī cīz♀ kyā hai ? - ye haldī♀ hai.

६– **यह लकड़ी–सी क्या है? – यह दालचीनी है।**
ye lakṛī♀-sī kyā hai ? - ye dālcīnī♀ hai.

NOTES (suite)

(3) **andar to āie,** "entrez, au moins, (mais) entrez donc". La particule **to** a ici une valeur de soulignement qu'on peut traduire par "au moins". **dekhie to,** "regardez au moins".

(4) **idhar-udhar**, "par-ci par-là". **idhar,** "ici", qui se trouve aussi dans la phrase 8, et **udhar**, "là" désignent une direction et sont donc dynamiques, par rapport à **yahã,** "ici", et **vahã,** "là", qui sont statiques. Notez l'alternance **i/u** qui correspond au couple proche / lointain (**is/us, in/un**, formes obliques singulier et pluriel de **ye/vo**). L'interrogatif correspondant est **kidhar ?**, "(par) où ?".

(5) **kyā-kyā**, "quoi-quoi". Le redoublement de l'interrogatif suppose une énumération, on attend une réponse sous forme de liste, un dénombrement de tous les objets. Voire aussi : **śādī mẽ kaun-kaun āegā ?,** "qui viendra au mariage ?" **āp kis-kis se milẽge ?**, "qui allez-vous rencontrer" (**kis** étant la forme oblique de **kaun**). **āp kahã-kahã jāẽge ?**, "où irez-vous ?".

3 – Eh bien nous, nous voulons tout voir !
(nous / eh bien / tout / voir / voulons)
4 – Mais, entrez donc ! Regardez par là, tout ce qu'il y a !
(mais / dedans / au moins / venez // par là / regardez / quoi-quoi / est)
5 – Qu'est-ce que c'est, cette chose jaunâtre ? – C'est du curcuma.
(ceci / jaune-comme / quoi / est // ceci / curcuma / est)
6 – Et ça, comme du bois, qu'est-ce que c'est ? – C'est de la cannelle.
(ceci / bois-comme / quoi / est // ceci / cannelle / est)

NOTES (suite)

Quand il s'agit d'une valeur exclamative, ce qui est le cas ici, le dénombrement exhaustif donne le sens "tous les objets".

(6) **pīlī-sī**, "jaunâtre". Le suffixe **-sā**, qui se trouve après un adjectif ou un nom et s'accorde, dénote l'approximation : **harā-sā kurtā**, "une chemise verdâtre", mais sans les connotations péjoratives du "-âtre" français ("tirant sur le vert, plus ou moins verte"). **lakṛī-sī**, littéralement "bois (f)-ressemblant", "espèce de morceau de bois". Cependant , avec les adjectifs de dimension, il a un sens intensif : **choṭā-sā**, "tout petit", **moṭī-sī**, "vraiment grosse, toute ronde".

७ ज़ीरा, धनिया, सरसों, हींग, सोंठ, इलायची, केसर...
zīrā♂, dhaniyā♂, sarsõ♀, hĩng♀, sõṭh♀, ilāycī♀, kesar♀...

८ इधर आइए, यह साबुत काली मिर्च है, यह लाल मिर्च।
idhar āie, ye sābut kālī mirc hai, ye lāl mirc.

९– थोड़ा-थोड़ा सब कुछ दे दीजिए... आच्छूँ !!! मिर्च भी लूँगी। 7 8
thoṛā-thoṛā sab kuch de dījie... ācchũ !!! mirc♀ bhī lũgī.

NOTES (suite)

(7) **thoṛā-thoṛā**, "un peu-un peu". Le redoublement est ici distributif : **thoṛā-thoṛā sab kuch,** "un peu de tout, c'est-à-dire de chaque épice". **thoṛā-thoṛā sab logõ ko,** "un peu à tous",

EXERCICES

अनुवाद कीजिए
anuvād kījie

१. ओहो ! ये कितने बदमाश हैं !
ohho ! ye kitne badmāś haĩ !

२. ये तरह-तरह की शैतानियाँ करते हैं।
ye tarah-tarah kī śaitāniyā̃ karte haĩ.

३. सब कुछ देखना चाहते हैं।
sab kuch dekhnā cāhte haĩ.

7 Cumin, coriandre, moutarde, asafétida, gingembre sec, cardamome, safran... !
8 Venez par ici, ça c'est du poivre entier, et ça, du piment rouge.
(par ici / venez / ceci / entier / noir / piment / est / ceci / rouge / piment)
9 – Donnez-moi un petit peu de tout... ATCHOUM !! Je prendrai du piment aussi.
(un peu-un peu / tout quelque chose / donne donnez..../ atchoum // piment / aussi / prendrai)

NOTES (suite)

c'est-à-dire à chacune des personnes. De même **mujhe ek-ek de do,** "donne-m'en un de chaque". **baccõ ko ek-ek seb do,** "donne une pomme à chaque enfant" (voir leçon 3, note 7).

(8) **de dījie : dījie,** "donnez" est l'impératif poli de **denā** (il est irrégulier comme **lījie,** "prenez" de **lenā**). Mais pourquoi dit-on deux fois "donne" ? Une fois le radical, suivi de la forme conjuguée. Vous verrez plus loin ces "verbes composés", où le radical porte le sens et le second verbe précise l'orientation ou l'aspect de l'action.

४. यह लकड़ी-सी क्या है ?
ye lakṛī-sī kyā hai ?
५. इधर भी मसाले हैं, उधर भी मसाले हैं।
idhar bhī masāle haĩ, udhar bhī masāle haĩ.
६. यह छोटी-सी इलायची है।
ye choṭī-sī ilāycī hai.
७. इस मिर्च को मत खाइए।
is mirc ko mat khāie.
८. आप यहाँ क्या-क्या करेंगी ?
āp yahā̃ kyā-kyā karẽgī ?

९. मैं तो लाल मिर्च लूँगी।
mãi to lāl mirc lū̃gī.

१०. बिना बहस के आप नहीं मानतीं।
binā bahas ke āp nahī̃ mānti̇̃.

वाक्य पूरे कीजिए
vākya pūre kījie

1. *Est-ce que tu veux aller au bazar aussi ?*
   क्या — भी बाज़ार जाना ——— हो ?
   kyā --- bhī bāzār jānā ----- ho ?
2. *Je voudrais [r]apporter des épices de cette boutique-là.*
   मैं — दुकान — मसाले ——— चाहती हूँ।
   mãi -- dukān -- masāle ---- cāhtī hū̃.
3. *Qu'est-ce que (énumérez) vous voulez prendre d'ici ?*
   आप यहाँ से ——-—— लेना चाहते — ?
   āp yahā̃ se --- --- lenā cāhte --- ?
4. *Nous prendrons un peu de tout.*
   —— थोड़ा-——— सब कुछ ———।
   --- thoṛā ----- sab kuch ---- .
5. *Qu'est-ce que c'est ça, comme du bois ?*
   वह ———-—— क्या है ?
   vo ----- -- kyā hai ?
6. *Je prendrai du cumin, de la cardamome et de la cannelle.*
   मैं ———, इलायची —— दालचीनी ———।
   mãi ----, ilāycī --- dālcīnī ---- .

Traduisez

1 Oh, comme ils sont coquins ! 2 Ils font toutes sortes de coquineries. 3 [Ils] veulent tout voir. 4 Ceci, comme du bois, qu'est-ce que c'est ? 5 Par ici, il y a des épices, et par là, il y en a aussi. 6 Ceci est une petite [gousse de] cardamome. 7 Ne mangez pas ce piment. 8 Qu'allez-vous faire (ferez-vous) ici ? 9 Moi, je prendrai du piment rouge. 10 Vous n'acceptez pas sans [faire d'] histoires.

7. *Par ici, il y a des épices et par là, il y a du thé.*
—— मसाले — और —— चाय — ।
----- masāle --- aur ----- cāy --- .

8. *Ah ! Quel bon parfum !*
आहा ! —— अच्छी —— आ —— — !
āhhā ! ----- acchī ------ ā ---- --- !

9. *Au bazar ils achètent toutes sortes de vêtements.*
बाज़ार में वे ——–—— के कपड़े —— हैं ।
bāzār mẽ ve ----- ----- ke kapṛe -------- haĩ.

10. *Eux aussi, ils prendront des épices.*
— —— मसाले —— ।
-- --- masāle lẽge.

Les mots manquants

1. – तुम – – – चाहते/चाहती – ?
- tum - - - cāhte/cāhtī - ?
2. – उस – से – लाना – – ।
- us - se - lānā - - .
3. – – – क्या–क्या – – हैं ?
- - - kyā-kyā - - haĩ ?

4. हम – थोड़ा – – लेंगे ।
ham - thoṛā - - lẽge.

5. – लकड़ी–सी – – ?
- lakṛī-sī - - ?

6. – ज़ीरा, – और – लूँगा/लूँगी ।
- zīrā, - aur - lū̃gā/lū̃gī.

7. इधर – हैं – उधर – है ।
idhar - haĩ - udhar - hai.

8. – ! कितनी – ख़ुशबू – रही है !
- ! kitnī - khuśbū - rahī hai !

9. – – – तरह–तरह – – ख़रीदते – ।
- - - tarah-tarah - - kharīdte - .

10. वे भी – लेंगे ।
ve bhī - lẽge.

Quatorzième leçon

Révisions

Dans ce second cycle, vous avez approfondi et enrichi vos découvertes : nouveaux temps verbaux, et surtout la déclinaison du nom, du pronom et de l'adjectif. Vous avancez donc à grands pas. Voici quelques tableaux qui vous permettront de fixer ces acquis et de vous y reporter éventuellement par la suite.

Vous venez de vous promener dans un marché (bazar) aux épices. Il y en a beaucoup d'autres, peut-être moins parfumés, mais toujours colorés et très animés. Les plus séduisants sont dans la vieille ville, en particulier le plus célèbre, Chandni Chowk, rue bordée d'échoppes gérées par des commerçants souvent subtils et hauts en couleurs : on y trouve de l'argent **(cāndī)** ***et divers bijoux, des objets d'art, des saris de luxe, des antiquités. Les marchés aux légumes*** **(sabzī)** ***et aux fruits*** **(phal)** ***ne sont pas moins animés. A Delhi, INA (prononcé "ayéné") Market est particulièrement vivant, bruissant, et odorant. La dextérité des poissonniers et marchands de volailles, qui se servent de leurs pieds en même temps que de leurs mains pour découper leur marchandise, est impressionnante. Naturellement, le marchandage y règne.***

1. Verbes

1.1 Le présent actualisé se forme ainsi : radical + auxiliaire d'actualisation **rahā, rahe, rahī** + "être". Revoyez la leçon 9, note 2. Voici le tableau pour le verbe "aller", où vous constatez que comme au présent général, les terminaisons de la personne **tū** et **vo** sont communes, ainsi que celles de **ham/āp/ve.** Nous continuons à indiquer entre parenthèses la 2e personne du singulier **tū**, dont nous vous déconseillons l'usage dans les débuts…

mãĩ jā rahā/rahī hũ	"je vais"
(tū jā rahā/rahī hai	"tu vas")
vo jā rahā/rahī hai	"il/elle va"
tum jā rahe/rahī ho	"tu vas" au pluriel, "vous allez"
ham jā rahe/rahī hãĩ	"nous allons"
āp jā rahe/rahī hãĩ	"vous allez"
ve jā rahe/rahī hãĩ	"ils/elles vont"

Exemples : **mãĩ is samay skūl♂ jā rahī hũ,** "en ce moment je vais à l'école".
mãĩ roz skūl jātā hũ, "je vais tous les jours à l'école".
samay♂, ou **vaqt♂** veut dire "temps", "moment" et indique donc une action momentanée, alors que **roz** veut dire "tous les jours" et indique une action habituelle.

1.2 L'impératif
La négation, placée avant le verbe, est **na**, ou **mat**, plus catégorique. L'usage de **nahĩ**, après le verbe, est emphatique.
Notez quelques (rares !) formes irrégulières : le verbe **denā** fait **do,** "donne", **dījie,** "donnez" ; le verbe **lenā** fait **lo,** "prend", **lījie,** "prenez" ; **karnā** fait **karo** (régulier), "fais", mais **kījie,** "faites" ; **pīnā** fait **pio** ou **piyo,** "bois", **pījie,** "buvez". La seule irrégularité de **pio** est l'abrègement du **ī** long radical en **i** court suivi d'un **/y/** euphonique. C'est le même phénomène que dans les formes plurielles des noms en **-ī**.

1.3 Le futur : revoyez leçon 10, note 2. Voici le tableau pour **jānā :**

mãĩ **jāũgā/jāũgī**, “j’irai”
(tū) vo **jāegā/jāegī**, “(tu) il/elle ira”,
tum **jāoge/jāogī**, “tu iras”.
ham/āp/ve **jāẽge/jāẽgī**, “nous irons, vous irez, ils/elles iront”.

Certains futurs sont (un tout petit peu) irréguliers : **denā** fait **dũgā,** “je donnerai” et **doge,** “tu donneras”, **lenā** fait **lũgā**, “je prendrai”, **loge**, “tu prendras”. Ce sont aussi des verbes dont l’impératif est irrégulier. De même, mais cela relève plus d’un automatisme phonétique que d’une irrégularité, pour les verbes dont le radical finit en **ī**, le **ī** long s’abrège et devant la voyelle de la terminaison du futur peut s’ajouter un **-y-** : **pīnā**, “boire”, **piyũgā**, “je boirai” ou **piũgā**, comme **piyo**, “bois”, ou **pio**.

1.4 Les causatifs : vous avez découvert le suffixe **-ā** qui donne le sens “faire+verbe” : **sunnā**, “entendre”, **sunānā**, “faire entendre, raconter”. De même **calnā**, “marcher”, **calānā**, “faire marcher, conduire”, **pahũcnā**, “arriver, **pahũcānā**, “faire parvenir”, “accompagner”. Vous avez aussi découvert que parfois la voyelle radicale se modifie : **sīkhnā**, “apprendre”, **sikhānā** (le **ī** long s’abrège avec l’adjonction du **ā** au radical), “faire apprendre, enseigner”. **ruknā,** “s’arrêter”, **roknā**, “arrêter”. **bolnā**, “parler”, **bulānā**, “appeler”. Contentez-vous de ces quelques exemples ; nous reviendrons plus loin sur cette “dérivation” très productive en hindi.

2. Déclinaison du nom

Nous donnons simplement le tableau récapitulatif des terminaisons, en vous renvoyant aux notes des leçons 3 et 4, et en vous laissant vous familiariser avec les formes en contexte. Dites-vous qu'il n'y a que deux "cas", et qu'en hongrois il y en a une dizaine !

Noms masculins finissant par **-ā** :

	sg	pl	sg	pl
direct	**-ā**	**-e**	**laṛkā**	**laṛke**
oblique	**-e**	**-õ**	**laṛke**	**laṛkõ**

Noms masculins finissant par une consonne (**nām**) ou **-ī** (**ādmī**) :

	sg	pl	sg	pl
direct	-	-	**nām/ādmī**	**nām/ādmī**
oblique	-	**-õ**	**nām/ādmī**	**nāmõ/ādmiyõ**

Vous voyez que le **õ** du pluriel oblique est commun à tous les types (en ce qui concerne **ādmiyõ**, l'abrègement du -ī radical et l'adjonction d'un **y** euphonique, relevant d'un simple mécanisme phonétique, on ne le considère pas comme un type distinct). Ce -**õ** se retrouve aussi dans les noms féminins, mais pas dans les adjectifs. On peut donc le considérer comme caractéristique de la déclinaison des noms.

N'oubliez pas que le cas oblique, toujours nécessaire avant une postposition, est aussi utilisé quand un mot n'est pas sujet ou complément direct : **is hafte koī klās nahī̃ hai**, "cette semaine il n'y a pas cours" (**haftā**♀ veut dire "semaine" et le mot correspondant issu du sanscrit est **saptāh**♀).

Noms féminins en **-ī** :

	sg	pl	sg	pl
direct	**-ī**	**-iyā̃**	**laṛkī**	**laṛkiyā̃**
oblique	**-ī**	**-iyõ**	**laṛkī**	**laṛkiyõ**

Noms féminins, autres (finissant par une consonne ou par **-ā**)

	sg	pl	sg	pl
direct	**-**	**-ẽ**	**mez/chātrā**	**mezẽ/chātrāẽ**
oblique	**-**	**-õ**	**mez/chātrā**	**mezõ/chātrāõ**

3. Adjectifs

Les seuls adjectifs qui changent de forme sont ceux qui finissent en **-ā** (masculin singulier) **-ī** (féminin singulier). Mais, bonne nouvelle, seul le masculin est variable, et encore très peu : le **-ā** du cas direct masculin singulier devient **-e** partout ailleurs.

Et maintenant il ne vous reste plus qu'à pratiquer. Exemples :
rām ek acchā laṛkā hai, "Ram est un bon garçon"; **uskā bhāī ek acchā darzī hai, aur uskī bahan ek acchī chātrā hai**, "son frère est un bon tailleur, et sa soeur est une bonne élève". **tīnõ acche hãĩ, aur tīnõ sundar hãĩ**, "tous les trois sont bien, et tous les trois sont beaux". **nīce sāṛiyõ**♀ **kī acchī dukānẽ**♀ **hãĩ**, "il y a de bons magasins de saris en bas", **ye raṅg**♂ **baṛā k͟hūbsūrat hai,** "cette couleur est très belle".
un do chātrõ ke lie do-do kitābẽ lāo, "apporte deux livres pour chacun de ces deux élèves".

do ũcī mezõ par, "sur deux hautes tables", **ek baṛī khiṛkī se,** "d'une grande fenêtre", **ek baṛe kamre mẽ**, "dans une grande pièce," **acchī kitābõ ke binā**, "sans bons livres", **is chātrā ko sunāo**, "raconte à cette élève", **un makānõ**♂ **ke kamre kāfī baṛe haĩ**, "les pièces des ces maisons sont assez grandes", **mere naukar**♂ **badmāś haĩ**, "mes domestiques sont coquins", etc.

Et voilà ! Vous venez de revoir du même coup les **postpositions** que vous avez apprises jusqu'à présent. Remarquez bien que dans un groupe nominal suivi d'une postposition, tout est au cas oblique.

Les possessifs suivent la déclinaison des adjectifs en **-ā : merā**, **merī**, **mere**, "mon, ma, mes" etc. comme **acchā**, **acchī**, **acche**, "bon, bonne, bons", **āpkā**, **āpkī**, **āpke** , "votre, vos".

4. Démonstratifs

	sg	pl
forme directe	**ye/vo**	**ye/ve**
	यह/वह	**ये/वे**
forme oblique	**is/us**	**in/un**
	इस/उस	**इन/उन**

Souvenez-vous que **ye** et **vo** au singulier représentent la notation de la prononciation, et que la graphie est différente (**यह**, **वह**).

5. Interrogatifs

Vous connaissez déjà **kaun**, "qui" (forme oblique **kis**), **kyā**, "est-ce que", **kahā̃**, "où". Vous pouvez y ajouter **kidhar**, "où" (avec mouvement), **kaisā**, "de quelle sorte, quel", et **kitnā**, "combien". Ces deux derniers fonctionnent aussi comme exclamatifs, et dans les deux cas, ce sont des adjectifs, c'est-à-dire qu'ils s'accordent : **kitnī sundar laṛkī**, "quelle jolie fille", **kitnī laṛkiyā̃ haĩ ?**, "combien y a-t-il de filles ?".

6. Pronoms personnels et indéfinis

Les pronoms personnels de 1re et 2e personne du singulier ont une forme oblique irrégulière : **maĩ** a pour forme oblique **mujh**, (**tū**, **tujh**). Comme ceux de la 3e personne sont empruntés au démonstratif, nous y renvoyons (paragraphe 4).
Les autres formes se terminant par des consonnes ne varient pas : **ham**, **āp** valent aussi bien pour la forme directe que pour la forme oblique.

Quand le pronom est suivi de la postposition **ko**, la forme a souvent deux variantes : **mujhko = mujhe**, (**tujhko = tujhe**), **usko = use** ; **isko = ise** ; **tumko = tumhẽ** ; **hamko = hamẽ** ; **unko = unhẽ** ; **inko = inhẽ**. Exemples : **unhẽ cāy do, aur mujhko bhī**, "donne-leur du thé, et à moi aussi". **mujhe cuṭkule sunāo, aur unko kahāniyā̃**, "raconte-moi des blagues et à eux, des histoires".

Parmi les indéfinis, l'un a aussi une forme irrégulière à l'oblique : **koī**, "quelqu'un", a pour forme oblique **kisī**. Employé avec la négation, il signifie "personne" : **koī nahī̃**. De même, **kuch**, "quelque chose", donnera **kuch nahī̃**, "rien" (et l'adverbe **kabhī**, "une fois, un jour" donne avec la négation **kabhī nahī̃**, "jamais"). Exemples : **hindī kī klās mẽ koī hai ?**, "Est-ce qu'il y a quelqu'un dans le cours de hindi ?", **nahī̃, koī nahī̃ hai !**, "Non, il n'y a personne !". **navābrāy jī, āpkī jeb mẽ kuch hai ?**, "Navabrai ji, y a-t-il quelque chose dans votre poche ?" ; **nahī̃, kuch nahī̃ hai**, "Non, il n'y a rien". **kyā āpkā a<u>kh</u>bār♂ subah pahũctā hai ?**, "Est-ce que votre journal arrive le matin ?", **nahī̃, kabhī nahī̃ pahũctā**, "Non, il n'arrive jamais". **kabhī merī dukān par āie !**, "Venez dans ma boutique un de ces jours !" **are ! kisī kī cunnī merī jeb mẽ hai !**, "Oh ! il y a l'écharpe de quelqu'un dans ma poche !".

पाठ पंद्रह
pāṭh pandrah

बोरिस ऊपर से गिरा
boris ūpar se girā

१– लाटसाहब, मालूम है क्या बजा है ? 1 2
lāṭsāhab, mālūm hai kyā bajā hai ?

NOTES

(1) **mālūm hai** : expression invariable, littéralement, "savoir **hai**". Le sujet logique, qui ici n'est pas exprimé, serait à la forme oblique et vous le verrez un peu plus tard.

7. Les nombres de un à vingt :
ek : un, **do** : deux, **tīn** : trois, **cār** : quatre, **pā̃c** : cinq, **che** (ou **chah**) : six, **sāt** : sept, **āṭh** : huit, **nau** : neuf, **das** : dix, **gyārah** : onze, **bārah** : douze, **terah** : treize, **caudah** : quatorze, **pandrah** : quinze, **solah** : seize, **satrah** : dix-sept, **aṭṭhārah** : dix-huit, **unnīs** : dix-neuf, **bīs** : vingt. Pensez à les lire en nagari, en tête de chaque leçon nouvelle, et en tête des pages en chiffres et en lettres.

Quinzième leçon

Boris est tombé de haut
(Boris / en-haut / de / tomba)

1 – Monseigneur, savez-vous quelle heure il est ?
(lord-sahab / savoir / est / quelle / heure / est)

NOTES (suite)

(2) **kyā bajā hai ?,** littéralement, “qu’est-ce qui a sonné ?” ou **kitne baje haĩ ?,** littéralement “combien (de coups) ont sonné ?” sont les formules qui servent à demander l’heure. Il s’agit en fait du passé composé du verbe **bajnā,** “sonner” (voir leçon 10, note 7).

२– निशा, मुझे माफ़ करो ! आज मैं दस बजे जगा । 3 4 5

niśā, mujhe māf karo ! āj m̐aĩ das baje jagā.

३– चलो, आख़िर साहब की आँख तो खुली, नींद तो टूटी... 6

calo, ā<u>kh</u>ir sāhab kī ā̃kh♀ to khulī, nīnd♀ to ṭūṭī...

NOTES (suite)

(3) **mujhe māf karo**, “excuse-moi”, **māf kījie**, “excusez”. La seconde expression s’emploie aussi pour s’adresser à un inconnu : **māf kījie, sṭeśan kidhar hai ?,** “excusez-moi, où est la gare, s’il vous plaît ?”. Le hindi a une expression pour traduire “s’il vous plaît”, **kripayā**, ou **kripā karke** (littéralement “en faisant faveur”) qui vient du sanscrit, mais elle est peu usitée à l’oral, où on trouve plutôt **meharbānī karke** (même sens) ou simplement **zarā,** “un peu”, ou l’anglais **plīz**. Notez que le pronom complément est à la forme oblique + **ko** (**mujhe** = **mujhko**). Comme l’espagnol par exemple (quiere **a** su hijo, “elle aime son fils”), le hindi exprime un complément d’objet humain et/ou défini avec une postpositon (**ko**, “à”), celle qui sert aussi à introduire un complément d’attribution : **merā dost♂ mujhko nae jūte♂ degā, “**mon ami me donnera des chaussures neuves”.

(4) **das baje**, “à dix heures” (littéralement “dix ayant sonné”). On n’emploie pas de postpositions pour indiquer l’heure. Voir aussi phrase 11. Attention, pour indiquer une durée d’une heure, on emploie un autre mot (**ghaṇṭā♂**, “heure”).

(5) **m̐aĩ jagā**, “je me suis réveillé” (littéralement “je m’éveillai”). C’est le passé simple du verbe **jagnā** (ou **jāgnā**) ; l’usage en français parlé est d’employer le passé composé en fonction du passé simple : attention à ne pas les confondre en hindi, les deux temps restent distincts. La traduction “élégan-

2 – Nisha, pardonne-moi ! Aujourd'hui je me suis réveillé à dix heures.
(Nisha / moi-à / pardonné / fais // aujourd'hui / je / dix / heures / m'éveillai)

3 – Enfin, monsieur a quand même pu ouvrir l'oeil, interrompre sa sieste…
(allez / enfin / monsieur / de / oeil / to / s'ouvrit / sommeil / to / se brisa)

NOTES (suite)

te" se conforme à l'usage oral du français contemporain, mais le mot-à-mot vous indique qu'il s'agit en hindi de passés simples. Souvenez-vous en pour les exercices de cette leçon ! Pour former le passé simple en hindi, on prend le radical et on y ajoute tout simplement le **-ā** du masculin singulier, ou pour le féminin singulier **-ī**, ou pour le masculin pluriel **-e**. **vo jagī,** "elle s'éveilla", **ve jage,** "ils s'éveillèrent". Attention : la forme ressemble à un adjectif (en fait au participe passé que vous verrez plus loin), mais elle s'en distingue au féminin pluriel, où l'on a la terminaison **-ī̃,** nasalisée : **ve jagī̃,** "elles s'éveillèrent", **ve paidal gaī̃,** "elles partirent à pied".

(6) **khulī,** "s'ouvrit", **ṭūṭī,** "se brisa", sont des passés simples au féminin singulier car les noms **ā̃kh,** "oeil", et **nīnd,** "sommeil" sont féminins. La particule **to** n'a pas ici un sens que la traduction puisse rendre : son emploi est idiomatique et on la conserve dans le mot-à-mot (voir leçon 10, note 6).

४ क्योंकि कल शाम की दावत में तो तुम रम के पीछे ऐसे भागे... 7

kyõki kal śām kī dāvat[♀] mẽ to tum ram[♀] ke pīche aise bhāge...

५– पड़ोस के कारख़ाने का भोंपू अचानक बजा तो मैं खाट से गिरा ।

paros[♂] ke kārkhāne[♂] kā bhõpū[♂] acānak bajā to maĩ khāṭ[♀] se girā.

६ फिर उठा और गुसलख़ाने में भागा । 8

phir uṭhā aur gusalkhāne[♂] mẽ bhāgā.

७ आख़िर साढ़े दस बजे मैं घर से निकला । 9

ākhir sāṛhe das baje maĩ ghar[♂] se niklā.

८– तुम्हारी वह नई अलार्म क्लॉक क्यों नहीं बजी ?

tumhārī vo naī alārm klāk[♀] kyõ nahī̃ bajī ?

NOTES (suite)

(7) **aise bhāge**, “tu t’es tellement précipité”. Notez la forme du pluriel correspondant à la personne **tum**. La pratique de l’alcool en Inde est complexe : dans les familles aisées et occidentalisées le tabou de l’alcool est moins fort, ainsi que dans les “basses castes”, “les intouchables”. A l’exception de certains Etats comme le Goujarat, on peut acheter dans les débits d’alcool des bouteilles de whisky, de rhum, de gin, de bière fabriqués en Inde. Peu de femmes boivent. On boit beaucoup dans l’armée où l’alcool est subventionné dans les services de vente

4 Parce qu'au dîner d'hier soir tu t'es tellement précipité sur le rhum…
(parce que / hier / soir / de / invitation / dans / to / tu / rhum / derrière / ainsi / te précipitas)

5 – Tout à coup la sirène de l'usine d'à côté a sonné, et je suis tombé du lit.
(voisinage / de / usine / de / sirène / subitement / sonna / alors / je / lit / de / tombai)

6 Puis je me suis levé et j'ai couru dans la salle de bains.
(puis / me levai / et / salle-de-bains / dans / me précipitai)

7 Finalement à dix-heures et demie je suis sorti de la maison.
(enfin / demi / dix / heures / je / maison / de / sortis)

8 – Et ton nouveau réveil, pourquoi n'a-t-il pas sonné ?
(ton / ce / neuf / réveil / pourquoi / pas / sonna)

NOTES (suite)

réservés aux militaires, ce qui confère à ces derniers une grande popularité pour leur accès à ce marché. On trouve aussi une grande variété d'alcools fabriqués artisanalement, pas toujours hygiéniquement (**desī**, littéralement "du pays").

(8) **gusalk͟hāne mẽ**, "dans la salle-de-bains" : la postposition correspond au sens "dans" (sans postposition : **gusalk͟hāne gayā,** "je suis allé *à* la salle de bains" : voir leçon 10, note 2).

(9) **sāṛhe das,** "dix et demi". **sāṛhe** est un adjectif signifiant "demi". **savā** (invariable) signifie "un quart", et **paunā**, "trois quarts" (mais **paune tīn baje,** "trois heures moins le quart", et non 3 h 45).

९– अरे, शनिवार की पार्टी के बाद मैं रात को घर लौटा...

are, śanivār♂ kī pārṭī♀ ke bād maĩ rāt♀ ko ghar lauṭā...

१० बिस्तर के पास फिसला और सीधा उस घड़ी पर गिरा ! 10

bistar♂ ke pās phislā aur sīdhā us ghaṛī♀ par girā !

११ वह ठीक बारह बजे रुकी और उस दिन से कभी नहीं चली ।

vo ṭhīk bārah baje rukī aur us din se kabhī nahī̃ calī.

NOTES (suite)

(10) **ke pās,** "près de". Encore une locution postpositive, qui, si on lui enlève son **ke**, peut devenir un adverbe : **merā ghar pās hai,** "ma maison est près", **merā ghar saṛak ke pās hai**,

EXERCICES

अनुवाद कीजिए
anuvād kījiye

Attention : la version française est au passé composé, usage oral qui correspond ici au passé simple du français écrit. Le temps hindi correspondant est le passé simple.

9– Ah !... Après la fête de samedi je suis rentré à la maison, la nuit...
(oh // samedi / de / fête / après / je / nuit / à / maison / retournai)

10 J'ai glissé près du lit et je suis tombé pile sur ce réveil !
(lit / près de / glissai / et / droit / ce / réveil (montre) / sur / tombai)

11 Il s'est arrêté à minuit pile et depuis ce jour-là il n'a plus jamais marché.
(il / juste / douze / heures / s'arrêta / et / ce / jour / depuis / jamais / pas / marcha)

NOTES (suite)

"ma maison est près de la route. **ke qarīb**, "près de", est le doublet arabo-persan de **ke pās**, il peut en outre indiquer l'approximation, "environ, vers" : **do baje ke qarīb**, "vers deux heures". Employé adverbialement : **qarīb ek kilomīṭar**, "environ un kilomètre". De même N **ke pīche**, "derrière N", et **pīche**, "derrière". N **ke sāmne**, "devant N" et **sāmne**, "en face". Mais (N **se**) **dūr,** "loin (de N)", comme (**se**) **pahale,** avant, ne prend pas **ke**.

१. **माफ़ कीजिए। मैं कल ग्यारह बजे बिस्तर से निकला।**
māf kījie. maĩ kal gyārah baje bistar se niklā.

२. **मेरी अलार्म क्लॉक ही नहीं बजी और नींद नहीं खुली।**
merī alārm klāk hī nahī̃ bajī aur nīnd nahī̃ khulī.

३. **दस बजे कारख़ाने का भोंपू बजा और मैं जगा।**
das baje kār<u>kh</u>āne kā bhõpū bajā aur maĩ jagā.

४. **दोनों लड़कियाँ पार्टी के बाद बारह बजे घर लौटीं।**
donõ laṛkiyā̃ pārṭī ke bād bārah baje ghar lauṭī̃.

५. **मुन्नी कुरसी पर चढ़ी, फिर नीचे गिरी।**
munnī kursī par caṛhī, phir nīce girī.

६. **हम लोग अचानक उठे और बस के पीछे भागे।**
ham log acānak uṭhe aur bas ke pīche bhāge.

७. **वह छः बजे टीवी के सामने बैठा और रात के बारह बजे उठा।**
vo che baje ṭīvī ke sāmne baiṭhā aur rāt ke bārah baje uṭhā.

८. **दोनों बच्चे आए, चाय लाए और छात्रों से हिन्दी बोले।**
donõ bacce āe, cāy lāe aur chātrõ se hindī bole.

९. **रात के दो बजे ऊपर खिड़की खुली और नीचे एक टैक्सी रुकी।**
rāt ke do baje ūpar khiṛkī khulī aur nīce ek ṭaiksī rukī.

वाक्य पूरे कीजिए
vākya pūre kījie

1. *Mon scooter s'est arrêté près du cinéma et après (cela) n'a pas démarré (marché).*
मेरा स्कूटर सिनेमा के पास ―― और उसके बाद नहीं ――।
merā skūṭar sinemā ke pās ---- aur uske bād nahī̃ ----.

2. *Les filles sont venues à huit heures et demie mais les garçons sont venus à minuit !*
लड़कियाँ ―― ―― बजे ―― लेकिन लड़के बारह ―― ――।
laṛkiyā̃ ----- --- baje -- lekin laṛke bārah ---- -- .

१०. साहब पार्टी के बाद आख़िर कितने बजे घर लौटे ?
sāhab pārṭī ke bād ākhir kitne baje ghar lauṭe ?

Traduisez

1 Excusez [moi]. Hier je suis sorti du lit à onze heures. 2 Mon réveil même n'a pas sonné, et je ne me suis pas réveillé. 3 A dix heures la sirène de l'usine a sonné et je me suis éveillé. 4 Les filles sont toutes les deux rentrées à la maison à minuit (douze heures) après la fête (party). 5 Munni a grimpé sur la chaise, puis elle est tombée par terre (en bas). 6 Nous nous sommes levés brusquement (tout à coup) et avons couru derrière le bus. 7 Il s'est installé en face de la TV à six heures et s'est levé à minuit. 8 Les enfants sont venus tous les deux, ont porté du thé et ont parlé hindi aux étudiants. 9 A deux heures du matin, en haut, la fenêtre s'est ouverte, et en bas un taxi s'est arrêté. 10 Finalement à quelle heure Monsieur est-il rentré à la maison après la fête ?

3. *A trois heures moins le quart, sa fille est arrivée à l'hôpital et à trois heures et quart, le bébé est sorti !*

——— ——— बजे उसकी लड़की अस्पताल ——— और ——— ——— बजे बच्चा ——— !

----- --- baje uskī laṛkī aspatāl ------ aur ---- --- baje baccā ----- !

4. *Tu as couru après le bus, tu as subitement glissé, et tu es tombé sur la chaussée (route).*

तुम बस के पीछे ———, अचानक ———, और सड़क पर ——— ।

tum bas ke pīche -----, acānak ------, aur saṛak par ---- .

5. *Les gens se sont levés et sont venus près de toi, mais tu n'as pas parlé.*

लोग —— और तुम्हारे पास —— लेकिन तुम कुछ नहीं —— ।

log ---- aur tumhāre pās -- lekin tum kuch nahī̃ ---- .

6. *Une heure plus tard, tu es sorti de l'hôpital.*

एक —— के बाद तुम अस्पताल से —— ।

ek ------ ke bād tum aspatāl se ----- .

7. *Nous, les filles, nous nous sommes toutes levées à cinq heures et nous nous sommes promenées dans le parc !*

हम लड़कियाँ सब पाँच बजे —— और पार्क में —— !

ham laṛkiyā̃ sab pā̃c baje ---- aur pārk mẽ ----- !

8. *Quand la sonnerie d'alarme s'est déclenchée, le commerçant a pris peur et il s'est enfui (se précipita) du magasin !*

अलार्म —— तो दुकानवाला —— और दुकान से —— !

alārm ---- to dukānvālā -------- aur dukān se ----- !

9. *Après le cinéma, nous sommes rentrés à la maison à minuit.*

सिनेमा — —— हम लोग रात के बारह बजे घर —— ।

sinemā -- --- ham log rāt ke bārah baje ghar ----- .

10. *Elle s'est levée vers neuf heures et elle est sortie à dix heures.*

वह नौ बजे के क़रीब ——— और दस बजे ——— ।

vo nau baje ke qarīb ---- aur das baje ----- .

Les mots manquants

1. **– – – – – – रुका – – – – चला ।**
   - - - - - rukā - - - - calā.
2. **– साढ़े आठ – आईं – – – बजे आए ।**
   - sāṛhe āṭh - āī̃ - - - baje āe.
3. **पौने तीन – – – – पहुँची – सवा तीन – – निकला !**
   paune tīn - - - - pahũcī - savā tīn - - niklā !
4. **– – – – भागे, – फिसले – – – गिरे ।**
   - - - - bhāge, - phisle - - - gire.
5. **– उठे – – – आए – – – – बोले ।**
   - uṭhe - - - āe - - - - bole.
6. **– घंटे – – – – – निकले ।**
   - ghaṇṭe - - - - - nikle.
7. **– – – – – उठीं – – – घूमीं !**
   - - - - - uṭhī̃ - - - ghūmī̃ !
8. **– बजा – – घबराया – – – भागा !**
   - bajā - - ghabrāyā - - - bhāgā !
9. **– के बाद – – – – – – – लौटे ।**
   - ke bād - - - - - - - lauṭe.
10. **– – – – – उठी – – – निकली ।**
    - - - - - uṭhī - - - niklī.

Exercice d'écriture

फ, फ़, ्र, र्, ृ

pha, fa, ra (suivant une consonne),
r (précédant une consonne),
ri (suivant une consonne)

A. Lisez

1. **फिर** alors
2. **काफ़ी** assez
3. **फ़्रांसीसी** français(e)
4. **जर्मन** allemand
5. **कृपया** s'il vous plaît

NOTES PERSONNELLES

B. Ecrivez

1. **afrīkā** Afrique
2. **mirc** piment
3. **tript** assouvi
4. **zor se** fort (adverbe)
5. **phal** fruit

Corrigé

A. 1. **phir** 2. **kāfī** 3. **frānsīsī** 4. **jarman** 5. **kripayā**

B. 1. **अफ़्रीका** 2. **मिर्च** 3. **तृप्त** 4. **ज़ोर से** 5. **फल**

NOTES PERSONNELLES

पाठ सोलह
pāṭh solah

बोरिस भागकर पहुँचा
boris bhāgkar pahũcā

१– घर से निकलकर मैं ढाबे पर खाने गया। 1 2 3
ghar♂ se nikalkar maĩ ḍhābe♂ par khāne gayā.

२ वहाँ पहुँचकर चाय पीने और ऑमलेट खाने बैठा। 3
vahā pahũckar cāy pīne aur āmleṭ♂ khāne baiṭhā.

NOTES

(1) **ghar se nikalkar**, “sortant de la maison” (postposition marquant l’origine, spatiale ou temporelle). On traduit par un participe (selon les contextes, présent ou passé dans le mot-à-mot), mais la forme verbale est une sorte de gérondif invariable, formé en prenant le radical et en lui ajoutant le suffixe invariable -**kar**. Attention, le verbe **karnā,** “faire” a une forme spéciale **karke**. Cette structure permet soit simplement de coordonner deux verbes (ici sortir et se précipiter), soit d’indiquer que la première action est antérieure, ou bien précise la manière ou la cause par rapport au verbe principal : **mujhe dekhkar,** “en me voyant” dans la phrase 3. La traduction littérale tient compte de ces différences : elle varie donc selon les contextes.

(2) Le **ḍhābā** est un restaurant populaire, souvent une simple échoppe ouverte sur la rue. La nourriture y est simple, bon marché, et l’ambiance conviviale. Vous n’y trouverez pas d’alcool, car en Inde la vente d’alcool est contrôlée et suppose que l’établissement ait la “licence”, donc un standard relativement

Seizième leçon

Boris vint en courant
(Boris / en courant / arriva)

1 – En sortant de la maison je suis allé manger au "dhaba" (restaurant populaire).
(maison / de / étant sorti / je / dhaba / sur / manger / allai)

2 Arrivé là-bas, je me suis assis pour boire un thé et manger une omelette.
(là / étant arrivé / thé / boire / et / omelette / manger / m'assis)

NOTES (suite)

élevé, que ce soit un véritable "restaurant", plus occidentalisé. Mais vous pourrez y prendre le thé et y manger du bétel (**pān♂ khānā**), feuille pliée et fourrée d'ingrédients variés, dont l'effet est légèrement intoxicant. Outre l'omelette de Boris, vous pourrez y déguster le traditionnel **dāl♀**, préparation pimentée à base de lentilles, accompagné de riz, **cāval♂** le **ālū♂ -gobhī♀**, "pommes de terre chou fleur", **maṭar♂-panīr♂**, "petits pois-fromage", et autres **sabzī♀**, "légume". Vous pourrez boire le **lassī♀** (boisson à base de yaourt) et finir votre repas par un **khīr♀**, entremet à base de riz au lait parfumé.

(3) **khāne gayā**, "suis allé manger" : **gayā** est le passé simple de **jānā,** "aller". Il est irrégulier, mais s'accorde régulièrement. Les verbes de mouvement avec un verbe complément (aller manger) se construisent avec l'infinitif à la forme oblique mais sans postposition (**khāne**); de même, les noms qui indiquent la destination avec un verbe de mouvement sont au cas oblique sans postposition (voir leçon 10, note 2, voir aussi phrase 9). Vous voyez là que l'infinitif hindi est un véritable nom. **baiṭhā**, à la phrase 2, "je me suis installé/assis", est construit sur le même modèle : **khāne baiṭhā**, "je me suis installé pour manger".

३ **मुझे देखकर दुकानदार बहुत हँसा ।**
mujhe dekhkar dukāndār♂ bahut hãsā.

४ **पता नहीं क्यों... मेरी समझ में नहीं आया । 4 5**
patā nahī̃ kyõ... merī samajh♀ mẽ nahī̃ āyā.

५ **बस को देखकर मैं उसकी ओर लपका...**
bas ko dekhkar maĩ uskī or♀ lapkā.

६ **दुकानदार बाहर आकर ख़ूब चिल्लाया, पता नहीं क्यों...**
dukāndār bāhar ākar khūb cillāyā, patā nahī̃ kyõ...

७ **अरे ! मैं ऑमलेट और चाय के पैसे देना भूल गया ! 6**
are ! maĩ āmleṭ aur cāy ke paise denā bhūl gayā !

NOTES (suite)

(4) **patā nahī̃ kyõ,** "(je) ne sais pas pourquoi" : expression parallèle à **mālūm nahī̃** (voir leçon 15, note 1), formée d'un élément nominal invariable **patā**♂, et du verbe "être", facultatif à la forme négative.

(5) **āyā**, "vint". Le passé simple des verbes dont le radical se termine par la voyelle -**ā** se forme en introduisant un -**y**- de liaison avant la terminaison -**ā** du masculin singulier. Au féminin et masculin pluriel, ce -**y**- est facultatif dans l'écriture. Si la voyelle est -**o,** -**ī** ou -**e**, le même phénomène se produit, mais

3 En me voyant le patron a bien ri.
(moi-à / voyant / commerçant / beaucoup / rit)
4 Je ne sais pas pourquoi ! Je n'ai pas compris…
(savoir / pas / pourquoi // ma / compréhension / dans / pas / vint)
5 En voyant le bus, j'ai bondi…
(bus / à / voyant / je / sa / direction / bondis)
6 Le patron est sorti et il s'est mis à crier, je ne sais pas pourquoi…
(commerçant / dehors / venant / beaucoup / cria / savoir / pas / pourquoi)
7 Ah, oui ! J'ai oublié de payer le thé et l'omelette.
(oh // je / omelette / et / thé / de / argent / donner / oublier allai)

NOTES (suite)

certains verbes ont quelques irrégularités, comme le verbe **honā**, "être", qui a pour forme au passé simple **huā, huī, hue**. Vous verrez les autres irrégularités, peu nombreuses, dans la leçon de révision.

(6) **paise denā bhūl gayā**, "j'ai oublié de donner l'argent". le verbe **bhūlnā**, "oublier" se construit avec un infinitif au cas direct (comme **cāhnā**). Il est presque toujours associé au verbe **jānā**, qui ne se traduit pas : vous verrez ces structures, très employées et idiomatiques, un peu plus tard.

८ ख़ैर... कूदकर चलती बस में चढ़ा । 7

k͟hair... kūdkar caltī bas[9] mẽ caṛhā.

९ और यह लो ! यहाँ उतरकर सीधा तुम्हारे घर पहुँचा ।

aur ye lo ! yahā̃ utarkar sīdhā tumhāre ghar pahũcā.

१०–अब यह बताइए, आप स्वेटर उलटा पहनकर क्यों पधारे ? 8

ab ye batāie, āp sveṭar ulṭā pahankar kyõ padhāre ?

११–हे भगवान, आज का दिन सचमुच बड़ा मनहूस निकला !

he bhagvān, āj kā din sacmuc baṛā manhūs niklā !

NOTES (suite)

(7) **caltī bas mẽ,** "dans le bus en marche" (littéralement "allant"). **caltī** est le participe présent de **calnā** "aller/avancer". Ici on a une postposition bien que ce soit un verbe de mouvement, car le sens n'est pas "*au* bus" mais "*dans* le bus", **caltī gāṛī mẽ,** "dans le train en marche".

EXERCICES

अनुवाद कीजिए
anuvād kījie

१. सुबह उठकर बोरिस अक्सर स्वेटर उलटा पहनता है ।
subah uṭhkar boris aksar sveṭar ulṭā pahantā hai.

8 Enfin… d'un saut, je suis monté dans le bus en marche.
(enfin / en sautant / marchant / bus / dans / montai)

9 Et voilà ! Je suis descendu là et je suis arrivé directement chez toi.
(et / ceci / tiens // ici / descendant / directement / ta / maison / arrivai)

10 – Et maintenant, expliquez-moi pourquoi Monsieur a fait son apparition avec son pull à l'envers ?
(maintenant / ceci / expliquez / vous / pull / à l'envers / portant / pourquoi / apparûtes)

11 – Mon Dieu ! Décidément, la journée se révèle bien néfaste aujourd'hui !
(O / Dieu // aujourd'hui / de / jour / vraiment / très / néfaste / se révéla)

NOTES (suite)

(8) **padhārnā**, "apparaître, pénétrer", est un mot recherché (sanscrit). Son emploi ici est ironique. L'expression ordinaire est **andar ānā.** ("venir dans" : "entrer"). Le niveau de langue, élevé, correspond à celui de **taśrīf lānā**, "donnez-vous la peine d'entrer", dans le registre arabo-persan, que vous avez vu à la leçon 8.

२. **घर से निकलकर वह ढाबे पर गया ।**
ghar se nikalkar vo ḍhābe par gayā.

३. **बोरिस को देखकर लोग काफ़ी हँसे ।**
boris ko dekhkar log kāfī hãse.

४. **चाय पीकर वह बस की ओर लपका ।**
cāy pīkar vo bas kī or lapkā.

५. दुकानदार उठकर बाहर आया।
dukāndār uṭhkar bāhar āyā.

६. बोरिस को बस में देखकर वह पंजाबी में कुछ बोला।
boris ko bas mẽ dekhkar vo pañjābī mẽ kuch bolā.

७. बस से उतरकर बोरिस निशा के घर पहुँचा।
bas se utarkar boris niśā ke ghar pahũcā.

८. बच्चा चलती बस के पास गिरा।
baccā caltī bas ke pās girā.

९. यह मनहूस चाय बनाकर कौन लाया ?
ye manhūs cāy banākar kaun lāyā ?

वाक्य पूरे कीजिए
vākya pūre kījie

1. *En entendant ses propos, les gens ont bien ri.*

   उसकी बातें ——— लोग काफ़ी ——— ।
   uskī bātẽ ------ log kāfī ---- .

2. *Il n'a pas oublié de manger et de boire mais il a oublié de payer.*

   वह खाना-पीना नहीं ——— लेकिन पैसे ——— भूल ——— ।
   vo khānā-pīnā nahī̃ ----- lekin paise ---- bhūl ---- .

3. *En voyant le directeur, Raisahab s'est levé et il est allé le voir (rencontrer).*

   डायरेक्टर को ——— रायसाहब ——— और उनसे मिलने ——— ।
   ḍāyrekṭar ko ------- rāysāhab ---- aur unse milne --- .

१०. वह लड़की रात को खिड़की से निकलकर कहाँ गई ?
vo laṛkī rāt ko khiṛkī se nikalkar kahā̃ gaī ?

Traduisez

1 Le matin après s'être levé, Boris met souvent son pull à l'envers. 2 En sortant de chez lui (de la maison), il est allé au dhaba. 3 En voyant Boris, les gens ont bien ri. 4 Après avoir bu le thé, il a bondi en direction du bus. 5 Le patron s'est levé et est sorti. 6 En voyant Boris dans le bus, il a dit quelque chose en panjabi. 7 Après être descendu du bus, Boris est arrivé chez Nisha. 8 Le petit garçon est tombé près du bus en marche. 9 Qui a préparé ce maudit (néfaste) thé et l'a apporté ? 10 Où est allée cette fille la nuit, après être sortie par la fenêtre ?

4. *Après avoir mangé (et bu), nous sommes sortis à neuf heures moins le quart.*
—— ——— हम लोग ——— — बजे घर से ——— ।
--- ----- ham log ----- --- baje ghar se ----- .
5. *Le chat (**billī**, f) est entré d'un saut (en sautant) et en voyant Boris [il] s'est enfui.*
बिल्ली ——— आई और बोरिस को ——— ——— ।
billī ------ āī aur boris ko ------- ----- .
6. *Le train du matin a daigné (faisant faveur) arriver à deux heures de l'après-midi.*
सुबह की गाड़ी मेहरबानी कर— दोपहर के — —— ——— ।
subah kī gāṛī meharbānī kar-- dopahar ke -- ---- ------.

7. *Après avoir joué aux cartes, les employés sont partis boire le thé.*

ताश ——— कर्मचारी चाय ——— ——— ।

tāś ------- karmcārī cāy ---- --- .

8. *Puis, après avoir travaillé un petit peu, ils sont partis chiquer (manger) du bétel.*

फिर, ज़रा-सा काम ——— वे पान ——— चले ——— ।

phir, zarā sa kām ----- ve pān ----- cale --- .

9. *Le vendeur de bétel a dit, en criant, quelque chose en bhojpuri.*

पानवाला ——— भोजपुरी में कुछ ——— ।

pānvālā -------- bhojpurī mẽ kuch ---- .

10. *Après avoir écouté le commentaire du [match de] cricket à la radio, ils sont rentrés à la maison.*

रेडियो पर क्रिकेट की कामेन्ट्री ——— वे घर ——— ——— ।

reḍiyo par kriketị kī kāmenṭrī ------ ve ghar ---- --- .

Exercice d'écriture

झ, ध, ड, ड़

jha, dha, ḍa, ṛa

A. Lisez

1. **समझना** comprendre

Les mots manquants

१. – – सुनकर – – हँसे ।
- - sunkar - - hãse.

२. – – – – भूला – – देना – गया ।
- - - - bhūlā - - denā - gayā.

३. – – देखकर – उठे – – – गए ।
- - dekhkar - uṭhe - - - gae.

४. खा पीकर – – पौने नौ – – – निकले ।
khā pīkar - - paune nau - - - nikle.

५. – कूदकर – – – – देखकर भागी ।
- kūdkar - - - - dekhkar bhāgī .

६. – – – – – के – – दो बजे पहुँची ।
- - - - - ke - - do baje pahũcī.

७. – खेलकर – – पीने गए ।
- khelkar - - pīne gae.

८. –, – – – करके – – खाने – गए ।
-, - - - karke - - khāne - gae.

९. – चिल्लाकर – – – बोला ।
- cillākar - - - bolā.

१०. – – – – – सुनकर – – लौट गए ।
- - - - - sunkar - - lauṭ gae.

2. अध्यापक enseignant
3. लड़की fille
4. डाकू brigand
5. धर्म religion, devoir

B. Ecrivez

1. **laṛkā** garçon
2. **mujhe** à moi
3. **idhar-udhar** par-ci par-là
4. **reḍiyo** radio
5. **jhagṛā** dispute, bagarre

पाठ सत्रह
pāṭh satrah

नाम ग़लत छपा है !
nām galat chapā hai !

१– रायसाहब, मेरा भाई कल शाम पैरिस से पहुँचा है । 1 2
rāysāhab, merā bhāī kal śām pairis se pahũcā hai.

NOTES

(1) **kal śām**, "hier soir", notez que lorsque **śām** est précédé d'un mot qui le détermine, le **ko** qui d'ordinaire le suit disparaît (aussi : **usī śām,** "ce soir-là").

(2) **vo pahũcā hai**, "il est arrivé". C'est le passé composé (action passée définie, mais dont l'incidence ou l'effet se prolonge jusqu'au présent, comme en français, et comme le "present perfect" anglais "he has come"). On le forme en hindi avec le participe passé (semblable au passé simple sauf au féminin pluriel) et l'auxiliaire "être" au présent à la personne corres-

Corrigé

A. 1. **samajhnā** 2. **adhyāpak** 3. **laṛkī**
4. **ḍākū** 5. **dharm**

B. 1. **लड़का** 2. **मुझे** 3. **इधर-उधर**
4. **रेडियो** 5. **झगड़ा**

Dix-septième leçon

Le nom est mal imprimé !
(nom / faux / est imprimé)

1 – Raisahab, mon frère est arrivé de Paris hier soir.
(Raisahab / mon / frère / hier / soir / Paris / de / est arrivé)

जी हाँ, कुछ पत्रिकाओं में मेरे पहले उपन्यास की आलोचनाएँ छपी हैं।

NOTES (suite)

pondante – attention donc à la différence au féminin pluriel : **ve pahũcĩ,** “elles arrivèrent”, mais **ve pahũcī** (sans nasalisation) **hãĩ**, “elles sont arrivées”.

२– मुझे मालूम है । आज सवेरे ही उससे मिला भी हूँ । 3 4 5

mujhe mālūm hai. āj savere hī usse milā bhī hū̃.

३ वह तुम्हारे लिए बड़ी अच्छी ख़बर लाया है, न ? 6 7

vo tumhāre lie baṛī acchī k͟habar♀ lāyā hai, na ?

४– जी हाँ । कुछ पत्रिकाओं में मेरे पहले उपन्यास की आलोचनाएँ छपी हैं । 8

jī hā̃. kuch patrikāõ♀ mẽ mere pahale upanyās♂ kī ālocnāẽ♀ chapī haĩ.

NOTES (suite)

(3) **mujhe mālūm hai**, "je sais". Vous connaissez cette expression signifiant "savoir". Le sujet logique est au cas oblique avec la postposition **ko** (**mujhe = mujhko**). Cette construction est très fréquente en hindi avec les verbes qui expriment une action non volontaire.

(4) **savere**, "le matin", est le cas oblique (souvent employé avec une valeur adverbiale en hindi) de **saverā**, qui a le même sens que **subah**. Pour dire "ce matin", on emploie, non le démonstratif, mais **āj** ("aujourd'hui") **subah**. **us subah** signifie "ce matin-là".

(5) **maĩ usse milā hū̃**, "je l'ai rencontré". **milnā**, "rencontrer", est intransitif en hindi et se construit avec la postposition **se**, comme de nombreux verbes indiquant une relation. Il est au passé composé (première personne de l'auxiliaire "être"). Comme le présent, nous l'indiquons dans la traduction littérale sous la forme d'une seule unité, où peuvent d'ailleurs s'insérer

2– Je suis au courant. En plus, je l'ai même rencontré ce matin.
(moi-à / savoir / est // aujourd'hui / matin / même / avec lui / ai aussi rencontré)

3 Il t'a apporté une très bonne nouvelle, n'est-ce pas ?
(il / toi / pour / très / bonne / nouvelle / a apporté / non)

4– Oui, certaines revues ont publié des critiques de mon premier roman.
(oui // certaines / revues / dans / mon / premier / roman / de / critiques / sont imprimées)

NOTES (suite)

la négation et un nombre limité de particules (**hī, to, bhī**). Vous souvenez-vous des autres temps ? Que signifient **maĩ miltā hū̃, maĩ mil rahā hū̃, maĩ milū̃gā** ? Si vous n'avez pas reconnu le présent général, le présent actualisé, le futur, c'est que vous avez besoin de faire un petit tour en arrière (leçon 5, leçon 9, leçon 10 respectivement).

(6) **tumhāre lie,** "pour toi". "Apporter" ne se construit pas avec "à" (**ko**) comme en français, mais avec "pour". Rafraîchissez-vous la mémoire : **mere lie,** "pour moi", **uske lie,** "pour lui/elle", **hamāre lie,** "pour nous", **unke lie,** "pour eux/elles".

(7) **lāyā hai**, "a apporté". Bien que le verbe soit transitif, sa construction au passé composé ne présente aucune différence par rapport à celle d'un verbe intransitif. Mais c'est une exception ! Avant la leçon 24, évitez d'employer les autres verbes transitifs aux passé simple et passé composé.

(8) **ālocnāẽ chapī haĩ**, "des critiques ont été publiées". Vous reconnaissez le féminin pluriel des noms féminins en **-ā** (généralement issus du sanscrit), et le passé composé correspondant, avec la nasalisation seulement sur l'auxiliaire **haĩ**.

५ निधन-सूचना के कालम के क़रीब ! 9
nidhan♂-sūcnā♀ ke kālam♂ ke qarīb !

६- कुछ अख़बारों में तुम्हारी तस्वीर भी छपी है । 10
kuch akhbārõ♀ mẽ tumhārī tasvīr♀ bhī chapī hai.

७ - एक भारतीय पत्रिका में भी कुछ आया है ।
ek bhāratīy patrikā♀ mẽ bhī kuch āyā hai.

८- लेकिन वहाँ तुम्हारा नाम निशा सेमेनिया- को नहीं, निशा सिंघानिया छपा है !
lekin vahā̃ tumhārā nām niśā semeniāko nahī̃, niśā siṅghāniā chapā hai !

९- अब जाकर तुम पूरी तरह भारतीय बनी हो ! 11 12
ab jākar tum pūrī tarah bhāratīy banī ho !

NOTES (suite)

(9) **nidhan-sūcnā kā kālam**, "la rubrique nécrologique", du nom **nidhan**♂, "trépas". Le mot le plus courant pour désigner la mort est **mrityu**♀, et son synonyme plus ourdouisé, **maut**♀. Mais vu les tabous sur le référent, on a tendance à s'exprimer par périphrases (comme en français, "il a passé, est décédé", etc.) ; on dira par exemple **uskā dehānt ho gayā**, littéralement "la fin (**ant**♂) de son corps (**deh**♀) fut".

(10) **kuch**, "quelque(s)", "quelque chose". L'indéfini **kuch** peut être adjectif (**kuch akhbārõ mẽ**, "dans quelques/certains

5 A côté de la rubrique nécrologique !
(mort-annonce / de / rubrique / de / près)

6– Certains journaux ont même publié ta photo.
(certains / journaux / dans / ta / photo / aussi / est imprimée)

7– Il y a même quelque chose dans une revue indienne.
(une / indienne / revue / dans / aussi / quelque chose / est venu)

8– Mais là, tu ne t'appelles pas Nisha Semeniako mais Nisha Singhania…
(mais / là / ton / nom / Nisha / Semeniako / pas / Nisha / Singhania / est imprimé)

9– Enfin on a réussi à faire de toi une vraie Indienne !
(maintenant / étant allé / tu / complète / façon / indienne / es devenue)

NOTES (suite)

journaux", ou pronom (**kuch āyā hai**, "quelque chose est venu"). Il peut aussi être adverbe : **rāysāhab kuch bīmār haĩ,** "Raisahab est un peu malade". Et souvenez-vous : avec la négation il signifie "rien" (**kuch nahī̃**).

(11) **ab jākar**, littéralement "maintenant étant allé" : expression idiomatique signifiant "enfin". **ab jākar vo mātrāẽ samjhā hai,** "enfin il a compris les matra (notation des voyelles après consonnes)". Avec **tab**, "alors" au lieu de **ab**, "maintenant", l'expression porte sur le passé : **tab jākar upanyās chapā**, "alors enfin le roman parut". Vous connaissez aussi **āk͟hir**, "enfin", "finalement".

(12) **banī ho**, "tu es devenue". Passé composé du verbe **bannā**, "être fait, se faire", employé idiomatiquement avec un adjectif au sens de "devenir". **phir bhī āp mahān lekhak bane haĩ,** "pourtant, vous êtes devenu un grand écrivain".

EXERCICES

अनुवाद कीजिए
anuvād kījie

१. आज सवेरे ही मैं जाकर मिनिस्टर साहब से मिला हूँ। आप भी पहले मिले हैं।
āj savere hī maĩ jākar miniṣṭar sāhab se milā hū̃. āp bhī pahale mile haĩ.

२. जल्दी ही वे हमारे इंस्टिट्यूट के लिए अच्छी ख़बर लेकर आएँगे।
jaldī hī ve hamāre insṭiṭyūṭ ke lie acchī khabar lekar āẽge.

३. अरे, तुम्हें मालूम नहीं ? कांग्रेस सरकार आज ही गिरी है।
are, tumhẽ mālūm nahī̃ ? kāṅgres sarkār āj hī girī hai.

४. वह कई बार सिंगापुर गया है और वहाँ से तरह-तरह की चीज़ें लाया है।
vo kaī bār siṅgāpur gayā hai aur vahā̃ se tarah-tarah kī cīzẽ lāyā hai.

५. अंग्रेज़ी अख़बारों में यह ख़बर छपी है लेकिन हिन्दी अख़बारों में कुछ नहीं आया।
aṅgrezī akhbārõ mẽ ye khabar chapī hai lekin hindī akhbārõ mẽ kuch nahī̃ āyā.

६. ये अख़बार कल शाम लंदन से पहुँचे हैं।
ye akhbār kal śām landan se pahũce haĩ.

७. पंडितजी, क्या आपको मालूम है कि "टाइम्स" में आपकी तस्वीर छपी है ?
paṇḍit jī, kyā āpko mālūm hai ki ṭāims mẽ āpkī tasvīr chapī hai ?

८. **लेकिन... तस्वीर आलोचना से काफ़ी दूर, निधन-सूचना के कालम में छप गई है !**
lekin... tasvīr ālocnā se kāfī dūr, nidhan-sūcnā ke kālam mẽ chap gaī hai !

९. **यह तो आप मेरे लिए बहुत अच्छी ख़बर नहीं लाए हैं।**
ye to āp mere lie bahut acchī khabar nahī̃ lāe haĩ.

१०. **या फिर... मालूम नहीं... शायद अब जाकर मैं पूरी तरह महान बना हूँ !**
yā phir... mālūm nahī̃... śāyad ab jākar maĩ pūrī tarah mahān banā hū̃ !

Traduisez

1 Je suis allé rencontrer monsieur le ministre ce matin même. Vous aussi [l'] avez déjà (auparavant) rencontré. 2 Il viendra bientôt avec (en portant) une bonne nouvelle pour notre institut. 3 Eh ! tu ne sais pas ? Le gouvernement [du] Congrès est tombé aujourd'hui même. 4 Il est allé plusieurs fois à Singapour, et en a ramené toutes sortes de choses. 5 Dans les journaux anglais cette nouvelle est parue (est imprimée) mais il n'y a rien (rien n'est venu) dans les journaux hindi. 6 Ces journaux sont arrivés hier soir de Londres. 7 Pandit ji, est-ce que vous savez que votre photo est parue dans le Times ? 8 Mais... la photo a été imprimée (est imprimé-allée) assez loin de la critique, dans la colonne de la rubrique nécrologique ! 9 [Avec] ça, vous ne m'avez pas apporté une très bonne nouvelle. 10 Ou plutôt... Je ne sais pas... Peut-être que c'est seulement maintenant que j'ai parfaitement atteint la gloire (je suis devenu glorieux) !

वाक्य पूरे कीजिए
vākya pūre kījie

1. *Dans ce film, Saeed Jaffery joue le rôle (est devenu) d'un noble (nabab, navab) et Shabana Azmi (est devenue) sa dame.*

   इस फ़िल्म में सईद जाफ़री ——— —— हैं और शबाना आज़मी उनकी बेगम ——— —— ।

   is film mẽ saīd jāfrī ----- ---- hãĩ aur śabānā āzmī unkī begam ---- --- .

2. *Regardez, votre thé et vos jalébis sont arrivés. Qu'elles sont bien préparées, les jalébis !*

   देखिए, आपकी चाय और जलेबियाँ ——— —— । जलेबियाँ ——— अच्छी ——— —— !

   dekhie, āpkī cāy aur jalebiyā̃ -- --- . jalebiyā̃ ----- acchī ---- --- !

3. *Ils sont encore allés voir ce maudit film-là (néfaste). Il passe (marche) au Regal.*

   वे फिर उसी ——— फ़िल्म को ——— —— हैं। रीगल सिनेमा में ——— ——— —— ।

   ve phir usī ------ film ko ------ --- hãĩ. rīgal sinemā mẽ --- ---- --- .

4. *Beaucoup de filles aussi sont montées sur l'Himalaya.*

   बहुत-सी लड़कियाँ भी हिमालय पर ——— —— ।

   bahut sī laṛkiyā̃ bhī himālay par ----- --- .

5. *Plusieurs fois, je suis tombé en glissant dans la salle de bains.*

   मैं कई बार गुसलख़ाने में ——— ——— हूँ।

   mãĩ kaī bār gusal<u>kh</u>āne mẽ --------- ---- hū̃.

6. *Nous (m) n'avons pas beaucoup parlé hindi cette semaine.*

   हम लोग इस हफ़्ते ज़्यादा हिन्दी नहीं ——— —— ।

   ham log is hafte zyādā hindī nahī̃ ---- --- .

7. *Votre ami (honorifique) est arrivé très tard la nuit dernière. Il ne s'est pas encore levé.*

आपके दोस्त कल रात बहुत देर से ——— — ।
अभी ——— नहीं — ।

āpke dost kal rāt bahut der se ------ --- . abhī ---- nahī̃ --- .

8. *Est-ce que vous vous êtes [déjà] assis sur cette chaise-là ?*

क्या आप उस कुरसी पर ——— — ?

kyā āp us kursī par ------ --- ?

9. *Oui, je suis rentré après avoir passé toute la journée assis dessus (sur celle-ci).*

जी हाँ, मैं दिन भर उसी पर ——— ——— हूँ ।

jī hā̃, maĩ din bhar usī par -------- ----- hū̃.

10. *Qu'est-ce qu'on a ri cette année en regardant les films de Charlie Chaplin !*

चारली चैपलिन की फ़िल्में ——— हम इस साल कितना ——— — !

cārlī caiplin kī filmẽ ------- ham is sāl kitnā ---- --- !

Les mots manquants

१. **– – – – – नवाब बने – – – – – – बनी हैं ।**
- - - - - navāb bane - - - - - - banī haĩ.

२. **–, – – – – आई हैं । – कितनी – बनी हैं !**
-, - - - - āī haĩ. - kitnī - banī haĩ !

३. **– – – मनहूस – – देखने गए – ! – – – चल रही है ।**
- - - manhūs - - dekhne gae - ! - - - cal rahī hai.

४. **– – – – – – चढ़ी हैं ।**
- - - - - - caṛhī haĩ.

५. **– – – – – फिसलकर गिरा – ।**
- - - - - phisalkar girā - .

६. **– – – – – – – बोले हैं ।**
- - - - - - - bole haĩ.

७. – – – – – – – – पहुँचे हैं। – उठे – हैं।
- - - - - - - pahũce hãĩ. - uṭhe - hãĩ.

८. – – – – – – बैठे हैं ?
- - - - - baiṭhe hãĩ ?

Exercice d'écriture

उ, ऊ, ट, छ
u, ū, ṭa, cha

A. Lisez

1. **उर्दू** ourdou
2. **छोटी** petite
3. **लखनऊ** Lucknow
4. **टमाटर** tomate
5. **ऊँचा** haut

NOTES PERSONNELLES

९. – –, – – – – – – बैठकर लौटा – ।
- -, - - - - - baiṭhkar lauṭā - .

१०. – – – – – देखकर – – – – – हँसे हैं !
- - - - dekhkar - - - - hãse hãĩ !

B. Ecrivez

1. **ūpar** en haut
2. **ulṭā** à l'envers
3. **choṭā** petit
4. **ṭūṭnā** se briser
5. **choṛie** laissez

Corrigé

A. 1. **urdū** 2. **choṭī** 3. **lakhnaū** 4. **ṭamāṭar** 5. **ū̃cā**

B. 1. **ऊपर** 2. **उलटा** 3. **छोटा** 4. **टूटना** 5. **छोड़िये**

NOTES PERSONNELLES

पाठ अठारह
pāṭh aṭhārah

इस देश की चमक वापस लाए थे
is deś kī camak vāpas lāe the

१– यह बताओ, निशा, तुम्हारा यह हिन्दुस्तानी नाम आख़िर कहाँ से आया ? 1

ye batāo, niśā, tumhārā ye hindustānī nām āk͟hir kahā̃ se āyā ?

२– तुम नहीं जानते, बोरिस, कि मेरे पिताजी काफ़ी जाने-माने फ़ोटोग्राफ़र हैं ? 2

tum nahī̃ jānte, boris, ki mere pitājī kāfī jāne-māne foṭogrāfar haĩ ?

३ वे भारत आए थे... कई बार... और इस देश में काफ़ी घूमे-फिरे थे । 3

ve bhārat āe the... kaī bār... aur is deś mẽ kāfī ghūme-phire the.

NOTES

(1) **hindustānī**, ou **bhāratīy**, "indien". Encore un exemple de choix entre le vocabulaire d'origine respectivement persane et sanscrite. **hindustān** désignait originellement la région qui s'étend autour du fleuve Indus jusqu'au delta du Gange, alors que **bhārat** (nom actuel de l'Inde) a une origine mythologique : fils de Dushyanta et de Shakuntala (ancêtres des Pandavas, héros du "Mahabharata"), Bharata aurait conquis le pays des Dasyu et donné son nom à l'Inde. Par contre, c'est un autre personnage de l'Inde védique, le sage Bharata, qui a codifié les règles du théâtre et surtout de la danse classique

Dix-huitième leçon

Il avait rapporté l'éclat de ce pays
(ce / pays / de / éclat / retour / avait rapporté)

1– Dis-moi, Nisha, ton prénom indien, d'où vient-il (est-il venu), enfin... ?
(ceci / dis / Nisha / ton / ce / indien / nom / enfin / d'où / vint)

2– Tu ne sais pas, Boris, que mon père est un photographe assez connu ?
(tu / pas / sais / Boris / que / mon / père / assez / connu-reconnu / photographe / est)

3 Il était venu en Inde... plusieurs fois... et s'était pas mal baladé dans le pays.
(il / Inde / était venu // plusieurs / fois // et / ce / pays / dans / assez / s'était promené-tourné)

NOTES (suite)

Bharata-natyam. Les trois syllabes de son nom viendraient respectivement de : **bhāva**, "émotion", **rāga**, "raga" et **tāla**, "rythme".

(2) **jāne-māne**, "connu-reconnu", **duniyā♂-bhar mẽ jāne-māne**, "connu dans le monde entier". Le hindi aime les doublets, ou mots à écho (voir phrase 3, **ghume-phire the,** "s'était promené-tourné"). On peut aussi employer un adjectif simple, **prasiddh** (origine sanscrite) ou **maśhūr** (origine arabo-persane), voire l'anglais "famous". Notez l'absence du verbe "être" (**ho**) due à la négation au présent général.

(3) **ve āe the**, "il était venu" (le pluriel est honorifique). C'est le plus-que-parfait, qui se forme comme le passé composé, mais avec la forme de l'imparfait du verbe "être" au lieu du présent. Cet imparfait est **thā** (masculin singulier), **thī** (féminin singulier), **the** (masculin pluriel), **thī̃** (féminin pluriel) : autrement dit, il présente des terminaisons de type adjectival.

४ आह ! कैसी-कैसी तस्वीरें वापस लाए
थे... क़िलों, खंडहरों और मंदिरों की । 4
āh ! kaisī-kaisī tasvīrẽ vāpas lāe the...
qilõ, khaṇḍaharõ aur mandirõ kī.

५ अँधेरी रात में कैसी अनोखी तस्वीरें
निकली थीं !
ãdherī rāt mẽ kaisī anokhī tasvīrẽ niklī
thī̃ !

६ इसी नैशिक तकनीक की वजह से
उनका नाम "भूतनाथ" पड़ा था ! 5
isī naiśik taknīk kī vajah se unkā nām
"bhūtnāth" paṛā thā !

NOTES (suite)

(4) **kaisī-kaisī,** littéralement "quelles-quelles". Le redoublement ici sert à indiquer la multiplicité des référents, en l'occurrence les photos (valeur énumérative). Autre exemple : **is galī mẽ kaise-kaise log rahte hãĩ,** "quelle faune bizarre habite cette rue" (littéralement "quelles-quelles sortes de gens"). **kaisā** est l'interrogatif/exclamatif (**aisā** est la forme assertive qui correspond à "tel", "ainsi").

(5) **naiśik**, "nocturne". Sur le nom **niśā**, "nuit" (mot tatsam correspondant au plus courant **rāt**) on peut former l'adjectif correspondant, en ajoutant le suffixe **-ik**, "relatif à". "Bhootnath", comme **naṭarāja**, "roi de la danse" (danse de la création et la ré-création du monde), est une des nombreuses appellations de Shiva, artiste par excellence ! Dans sa main

4 Ah, quelles photos magnifiques il avait ramenées : forteresses, ruines, temples...
(ah // quelles-quelles / photos / retour / avait rapporté // forteresses / ruines / et / temples / de)

5 Quelles images étranges avaient surgi de la nuit obscure !
(obscure / nuit / de / quelles / étranges / images / avaient surgi)

6 C'est à cause de cette technique nocturne qu'on l'avait surnommé "Bhootnath", le Seigneur des fantômes !
(cette-même / technique / à cause de / son / nom / fantôme-seigneur / était tombé)

NOTES (suite)

gauche supérieure il tient une flamme (de la Connaissance), et avec la droite, rythme le temps avec son tambour. Quant à ses deux autres mains, l'une fait le geste de l'absence de crainte (droite), l'autre montre le sol (gauche).

७ बस, मेरा नाम भी ऐसी ही किसी चमकती रात से निकला था ! निशा... यानी रात ! 6 7

bas, merā nām bhī aisī hī kisī camaktī rāt se niklā thā ! niśā... yānī rāt !

NOTES (suite)

(6) **kisī camaktī rāt se**, "de quelque nuit brillante". **kisī** est la forme oblique (à cause de la postposition qui gouverne le groupe nominal) de **koī**, adjectif indéfini (quelque, un certain). **koī** et **kisī** peuvent bien entendu être aussi des pronoms (comme les déterminants en général en hindi) : **koī hai ?**, "il y a quelqu'un ?", **kisī ko bulāo**, "appelle quelqu'un". Ne confondez pas **kisī** avec **kis** (leçon 4, note 7) qui est la forme oblique de l'interrogatif **kaun**, ou la forme oblique supplétive pour

EXERCICES

अनुवाद कीजिए
anuvād kījie

१. अरे ! अभी-अभी तुम्हारी माँ आई थीं ।
are ! abhī-abhī tumhārī mā̃ āī thī̃.

२. मैं भी दिसंबर में हिन्दुस्तान में काफ़ी घूमा-फिरा था ।
mãi bhī disambar mẽ hindustān mẽ kāfī ghūmā-phirā thā.

३. उनकी बहन केरल से बहुत सारे मसाले लाई थी ।
unkī bahan keral se bahut sāre masāle lāī thī.

४. आप तो उस फ़िल्म में महाराजा बने थे, न ?
āp to us film mẽ mahārājā bane the, na ?

7 Et voilà, mon nom aussi est né de quelque nuit brillante du même genre ! “Nisha”, c’est-à-dire “Nuit” !
(voilà / mon / nom / aussi / telle / même / quelque / brillante / nuit / de / était sorti // Nisha / c’est-à-dire / nuit)

NOTES (suite)

kyā adjectival : **merā dost kiske yahā̃ calā gayā**, “chez qui est parti mon ami ?” (**dost**♀ veut dire “ami”, et **calā jānā** veut dire “partir”). **merā kurtā**♀ **kis almārī**♂ **mẽ hai** ?, “dans quelle armoire est ma kurta ?”

(7) Notez qu’ici le plus-que-parfait **niklā thā** correspond plus à un passé composé (“est sorti”) qu’à un véritable plus-que-parfait (“était sorti”) en français. Le cas est assez fréquent en hindi.

५. मालूम नहीं कल की दावत में कौन–कौन आया था।
mālūm nahī̃ kal kī dāvat mẽ kaun-kaun āyā thā.

६. तस्वीरें तो सभी बहुत सुन्दर छपी थीं।
tasvīrẽ to sabhī bahut sundar chapī thī̃.

७. दस बजे भी महाराज की आँख नहीं खुली थी !
das baje bhī mahārāj kī ā̃kh nahī̃ khulī thī !

८. मुन्नी का भाई बाहर बैठा था।
munnī kā bhāī bāhar baiṭhā thā.

९. वह बच्चा भी एक बार खिड़की से गिरा था।
vo baccā bhī ek bār khiṛkī se girā tha.

१०. इनके बच्चे भी लाहौर में हुए थे।
inke bacce bhī lāhaur mẽ hue the.

Traduisez

1 Eh bien ! ta mère est passée à l'instant (était venue tout de suite). 2 Moi aussi je m'étais pas mal baladé en Inde en décembre. 3 Sa soeur avait [r]apporté du Kérala des quantités d' (beaucoup tous) épices. 4 Vous, vous aviez joué (aviez été fait) le Maharaja dans ce film, n'est-ce pas ? 5 [Je] ne sais combien de monde (qui-qui)

वाक्य पूरे कीजिए
vākya pūre kījie

1. *Je n'avais pas compris les propos du rickshaw-vala.*
   मैं रिक्शावाले की बात —— —— था ।
   maĩ rikśāvāle kī bāt ---- ------ thā.
2. *Les employés étaient assis dehors avec des cartes [à jouer].*
   कर्मचारी —— लेकर बाहर —— थे ।
   karamcārī --- lekar bāhar ------ the.
3. *Au "college", on lui avait donné le nom de "Junior".*
   कॉलेज में —— नाम "जूनियर" —— था ।
   kālej mẽ ---- nām "jūniyar" ---- thā.
4. *Hier, quelqu'un était venu d'Allahabad, pour toi.*
   कल तुम्हारे लिए इलाहाबाद — कोई —— — ।
   kal tumhāre lie ilāhābād -- koī --- --- .
5. *Dans le bus, il était assis juste derrière moi.*
   बस — वह मेरे पीछे ही —— — ।
   bas -- vo mere pīche hī ------ --- .
6. *Raisahab, dimanche, vous étiez allés au cinéma avec les enfants, n'est-ce pas ?*
   रायसाहब, रविवार को —— बच्चों के साथ सि-नेमा —— —, न ?
   rāysāhab, ravivār ko -- baccõ ke sāth sinemā --- ---, na ?

était venu au dîner (invitation) d'hier soir. 6 Les photos étaient toutes très bien sorties (étaient très belles imprimées). 7 Même à dix heures les yeux de Monseigneur (maharaj) ne s'étaient pas encore ouverts. 8 Le frère de Munni était assis dehors. 9 Ce garçon aussi était tombé une fois de la fenêtre. 10 Ses enfants aussi étaient nés (avaient été) à Lahore.

7. *Il y a quelques jours, vous aviez ramené une kurta (tunique indienne) de Lucknow.*

कुछ दिन पहले आप लखनऊ — एक कुरता ——— —— ।

kuch din pahale āp lakhnaū -- ek kurtā --- --- .

8. *Oui, en fait, j'étais allé à Lucknow rien que pour les kurtas.*

हाँ, मैं तो कुरतों — ——— ही लखनऊ ——— — ।

hā̃, maĩ to kurtõ -- --- hī lakhnaū --- --- .

9. *Mais hier vos jalebis étaient merveilleusement bien préparées !*

कल तो आपकी जलेबियाँ बहुत अच्छी ——— —!

kal to āpkī jalebiyā̃ bahut acchī ---- --- !

10. *Sais-tu combien d'années auparavant, moi aussi, je m'étais baladé dans ce même parc ?*

मालूम है कितने साल ——— मैं भी —— पार्क में घूमा-फिरा — ?

mālūm hai kitne sāl ------ maĩ bhī --- pārk mẽ ghūmā-phirā --- ?

Les mots manquants

१. - - - - नहीं समझा - ।
- - - - nahī̃ samjha - .

२. - ताश - - बैठे - ।
- tāś - - baiṭhe - .

३. - - उसका - - पड़ा - ।
- - uskā - - paṛā - .

४. - - - - से - आया था ।
- - - - se - āyā thā.

५. - में - - - - बैठा था ।
- mẽ - - - - baiṭhā thā.

Exercice d'écriture

घ, ठ, ढ, ढ़

gha, ṭha, ḍha, ṛha

A. Lisez

1. **घूमना** se promener
2. **ढाबा** restaurant populaire
3. **उठिये** levez-vous
4. **पढ़ाई** études
5. **चढ़ो** monte

B. Ecrivez

1. **ṭhīk hai** d'accord
2. **ghar** maison
3. **ḍhāī** deux et demie
4. **baṛhiyā** superbe
5. **caṛhie** montez

६. –, – – आप – – – – गए थे, – ?
-, - - āp - - - - gae the, - ?

७. – – – – – से – – लाए थे।
- - - - - se - - lāe the.

८. –,– – – के लिए – – गया था।
-, - - - ke lie - - gayā thā.

९. – – – – – – बनी थीं !
- - - - - - banī thĩ !

१०. – – – – पहले – – इसी – – – – था ?
- - - - pahale - - isī - - - - thā ?

Corrigé

A. 1. **ghūmnā** 2. **ḍhābā** 3. **uṭhie** 4. **paṛhāī** 5. **caṛho**

B. 1. **ठीक है** 2. **घर** 3. **ढाई** 4. **बढ़िया** 5. **चढ़िए**

Vous maîtrisez déjà passé simple, passé composé et plus-que-parfait, outre bien sûr le futur et les deux présents. Déjà vous vous apercevez que l'aspect est aussi important que le temps en hindi : le fait que l'action soit représentée comme en train de se dérouler ou non entraîne le changement de forme verbale. Les trois temps du passé que vous venez d'apprendre sont tous formés sur la base de la forme "perfective" (aspect accompli) qui est la forme du passé simple : cette analogie formelle, qui correspond à une analogie aspectuelle, car les trois temps sont des accomplis, les distingue de l'imparfait, auquel vous allez maintenant faire face. Si vous maîtrisez bien l'aspect en hindi, le plus gros est fait, pour ce qui est des verbes.

पाठ उन्नीस
pāṭh unnīs

मैं वहाँ क्या-क्या करता था !
maĩ vahā̃ kyā-kyā kartā thā !

१– क्या आप जानते हैं कि पहले मैं राजस्थान में रहता था ? 1
kyā āp jānte haĩ ki pahale maĩ rājasthān mẽ rahtā thā ?

२– अच्छा ? आप वहाँ क्या काम करते थे ? 2
acchā ? āp vahā̃ kyā kām karte the ?

NOTES

(1) **maĩ rahtā thā,** "je restais", "j'habitais". Vous voici capable de vous exprimer à l'imparfait ! Vous êtes déjà familiarisé avec le participe **rahtā (-ī/-e)** qui sert à former le présent général (leçon 5) : **choṭū bahut kām kartā hai,** "Chotu travaille beaucoup", et en mettant l'auxiliaire "être" au passé, on obtient l'imparfait général : **choṭū bahut kām kartā thā**, "chotu travaillait beaucoup". L'imparfait du verbe "être" (**thā/thī/the/thī̃**) est aussi la forme qui sert à composer le plus-que-parfait (leçon 18). Attention : de même que le présent général contraste avec le présent actualisé, de même l'imparfait général contraste avec l'imparfait actualisé (voir leçon suivante). **us vaqt vo filmī gāne kī tarz banā rahā thā**, "il composait (était en train de composer) à ce moment-là un air de film", **vo filmī gānõ kī tarz banātā thā**, "il composait (était compositeur) des airs de films" (**tarz**♀ signifie "air musical"). **vaqt**♂ est le terme ourdou signifiant "temps", "moment",

Dix-neuvième leçon

Tout ce que je faisais là-bas !
(je / là / quoi-quoi / faisais)

1 – Est-ce que vous savez que, dans le temps, je vivais au Rajasthan ?
(est-ce que / vous / savez / que / auparavant / je / Rajasthan / dans / habitais)
2 – Ah bon ? Que faisiez-vous là-bas ?
(ah bon // vous / là-bas / quel / travail / faisiez)

मैं विदेशी पर्यटकों को राजस्थान की सैर कराता था ।

NOTES (suite)

"époque". Le terme correspondant hindi est **samay**♂. Observez le même constraste au présent : **vo bol likh rahā hai,** "il écrit les paroles" (en ce moment), mais **vo bol likhtā hai,** "il écrit (de façon régulière) les paroles" : il est parolier.

(2) **āp kyā kām karte the ?,** "quel travail faisiez-vous ?". Notez la place de **kyā** (en position initiale, la phrase aurait le sens "est-ce que vous travailliez ?"). Notez aussi la forme de l'imparfait masculin pluriel. Si **āp** désignait un féminin, on aurait la forme : **kartī thī̃** (nasalisation sur le dernier élément verbal).

३– मैं विदेशी पर्यटकों को राजस्थान की सैर कराता था। 3

mãĩ videśī paryaṭakõ♂ ko rājasthān kī sair♀ karātā thā.

४ अक्सर हम लोग महलों या क़िलों में ही रहते थे।

aksar ham log mahalõ♂ yā qilõ mẽ hī rahte the.

५– जहाँ पहले राजा-महाराजा रहते थे, वही महल आज होटल हैं क्या ? 4

jahā̃ pahale rājā-mahārājā rahte the, vahī mahal āj hoṭal hãĩ kyā ?

६– जी हाँ। दस-पंद्रह दिन तक इसी तरह हम कोच में चलते थे। 5

jī hā̃. das-pandrah din tak isī tarah ham koc mẽ calte the.

NOTES (suite)

(3) **karānā,** "faire faire" (à quelqu'un : **kisī ko**). Vous voyez qu'il suffit d'ajouter la voyelle **-ā** au radical d'un verbe pour lui ajouter en même temps un sens "causatif" : c'est-à-dire qu'à partir d'un verbe transitif (**karnā**, "faire", **sunnā**, "entendre/écouter", **paṛhnā**, "lire") on obtient un verbe causatif (**karānā**, "faire faire", **sunānā**, "faire entendre = raconter", **paṛhānā**, "enseigner"), ou à partir d'un verbe intransitif (**calnā**, "marcher", **ghūmnā**, "se promener") on obtient un verbe transitif (**calāna**, "faire marcher, conduire", **ghumānā**, "promener" quelqu'un ou un chien, **kisī ko/kutte♂ ko**). Attention, parfois la transformation entraîne quelques modifi-

3 – Je promenais les touristes étrangers au Rajasthan.
(je / étrangers / touristes / à / Rajasthan / de / promenade / faisais faire)

4 Souvent on logeait même dans des palais ou des forteresses.
(souvent / nous / gens / palais / ou / forteresses / dans / même / habitions)

5 – C'est vrai que ces mêmes palais où vivaient les rajahs et les maharajahs sont aujourd'hui des hôtels ?
(là-où / avant / rajah-maharajahs / habitaient / ces-mêmes / palais / aujourd'hui / hôtels / sont / est-ce que)

6 – Oui. Pendant dix ou quinze jours, nous nous déplacions ainsi, en autocar.
(oui // dix-quinze / jours / jusqu'à / cette-même / façon / nous / autocar / en / avancions)

NOTES (suite)

cations supplémentaires, notamment dans les voyelles du radical, ou parfois dans les consonnes.

(4) **jahā̃**, "où" (pronom relatif). Ne le confondez pas avec l'interrogatif **kahā̃** ("où"). Il est souvent repris dans la proposition principale par l'adverbe de lieu **vahā̃** : **jahā̃ ye aurat[9] jāegī vahā̃ maĩ jaū̃gī**, "j'irai où ira cette femme", **jahā̃ cāh, vahā̃ rāh,** "là où (il y a) volonté, là est la voie", c'est-à-dire "vouloir c'est pouvoir". Parfois la reprise est à la forme emphatique **vahī̃** : **jahā̃ dhobī vahī̃ uskā gadhā**, "là où est le blanchisseur, là-même est son âne" (suivre quelqu'un comme un chien). Mais ici la proposition principale ne présente pas de reprise adverbiale : **vahī mahal**, "ces mêmes palais" (sans nasalisation) est la forme emphatique du déterminant **ve**.

(5) **das-pandrah**, "dix-quinze". **das-bārah**, "dix-douze", **do-cār**, "deux-quatre" (français : "deux ou trois"). Pour marquer l'approximation le hindi peut aussi ajouter "**ek**" après le nombre : **bīs ek**, "une vingtaine", **das ek**, "une dizaine".

७ कभी पुराने क़िलों में घूमते थे, कभी बाज़ारों में, कभी ऊँटों पर तो कभी हाथी पे। 6

kabhī purāne qilõ mẽ ghūmte the, kabhī bāzārõ mẽ, kabhī ū̃ṭõ♂ par to kabhī hāthī♂ pe.

८ कभी हम लोक-संगीत सुनते थे तो कभी कठपुतली के खेल वग़ैरह देखते थे।

kabhī ham lok-saṅgīt sunte the to kabhī kaṭhputlī♀ ke khel♂ vagairah dekhte the.

९ अक्सर बीच-बीच में क़ालीन, ज़ेवर, ऐंटीक आदि ख़रीदते थे। 7

aksar bīc-bīc mẽ qālīn♂, zevar♂, aiṇṭīk♂ ādi kharīdte the.

१० दुकानदार मेरी बहुत ख़ातिर करते थे, क्योंकि मैं ही तो उनके लिए शिकार पकड़कर लाता था! 8

dukāndār merī bahut khātir♀ karte the, kyõki maĩ hī to unke lie śikār♂ pakaṛkar lātā thā !

NOTES (suite)

(6) **kabhī...kabhī...to kabhī**, "parfois…, parfois…, et parfois…". Notez que le dernier élément de l'énumération qui comporte la répétition de "**kabhī**" est introduit par **to**. **par** et **pe** sont des variantes, la dernière propre à l'oral. Pour clore une énumération, on peut dire **ādi** (sanscrit), ou **vagairāh** (arabo-persan), "etc.".

7 Tantôt on se promenait dans de vieilles forteresses, tantôt dans les bazars, tantôt à dos de chameau, tantôt sur des éléphants !
(une fois / vieux forts / dans / promenions / une fois / bazars / dans / une fois / chameaux / sur / to / une fois / éléphant / sur)

8 Tantôt on écoutait de la musique folklorique, tantôt on regardait les marionnettes, etc.
(une fois / nous / folk-musique / écoutions / to / une fois / marionnette / de / jeux / etc. / regardions)

9 Souvent on s'interrompait pour acheter des tapis, des bijoux et des antiquités…
(souvent / milieu-milieu / dans / tapis / bijoux / antiquités / etc. / achetions)

10 Les commerçants me traitaient comme un roi parce que c'était moi qui leur rabattais le gibier !
(commerçants / mon / très / bon-accueil / faisaient / parce que / moi-même / to / eux / pour / gibier / attrapant / ramenais)

NOTES (suite)

(7) **bīc-bīc mẽ,** "au milieu", "à intervalles". Le redoublement ici (littéralement "milieu-milieu dans") est grammaticalisé, et sert à fabriquer des locutions adverbiales. Voir aussi **kabhī-kabhī**, "de temps en temps, parfois", que vous connaissez, **bār-bār** (littéralement "fois-fois"), "souvent".

(8) **merī k͟hātir karte the,** "me faisaient fête/me recevaient bien". **k͟hātir karnā,** littéralement "faire accueil", est une locution verbale, et son complément s'exprime en hindi comme si c'était le complément du nom **k͟hātir** (origine arabo-persane). De même "accueillir" se dit **svāgat karnā** (littéralement "faire accueil", origine sanscrite) et son complément est à la forme non du COD mais du complément de nom : **ve mantrī kā svāgat karẽge,** "ils accueilleront le ministre".

NOTES (suite)

(9) L'Etat du Rajasthan, entre le Goujarat et le Panjab, à la frontière du Pakistan, est un des plus touristiques de l'Inde. Son nom signifie "le pays (**sthān**, "lieu") des princes (**rājā**)", et il est vrai que le moindre des paysans y a des allures royales, avec son turban coloré et la fierté de son port. Ses nombreux châteaux et citadelles fortifiés (**mahal**, **qilā**) évoquent son histoire, notamment à Amber, près de Jaipur, Bikaner, Jodhpur, Chittorgarh, et Jaisalmer. Les Rajpouts, "fils de rois", clan guerrier, qui constituent un important substrat de la population locale, sont des envahisseurs relativement tardifs d'origine mal connue, mais qui par la suite se sont intégrés à la société hindoue en s'identifiant à la seconde caste (kshatriya), tout en perpétuant leurs propres valeurs guerrières et leur culte de l'honneur. La coutume du sati, en vertu de laquelle les femmes se suicident à la mort de leur mari en se jetant sur son bûcher funéraire, a surtout été vivace au Rajasthan. Bien qu'abolie officiellement par les Anglais en 1860, elle subsiste encore, associée à la supériorité des valeurs traditionnelles hindouistes.

EXERCICES

अनुवाद कीजिए
anuvād kījie

१. उन्नीस सौ अड़सठ (१९६८) में हम लोग बंबई में रहते थे।
unnīs sau aṛsaṭh (1968) mẽ ham log bambaī mẽ rahte the.

२. हम बच्चे थे, दिन भर सड़कों पर क्रिकेट खेलते थे।
ham bacce the, din bhar saṛkõ par kriketạ khelte the.

३. शकुंतला छोटी थी, फिर भी बस से जाती थी।
śakuntalā choṭī thī, phir bhī bas se jatī thī.

L'artisanat traditionnel du Rajasthan est très varié et réputé à juste titre : tissus, coussins et tentures ornés de petits miroirs incrustés dans les broderies, marionnettes (**kaṭhputlī**), bijoux et pierres semi-précieuses, peintures et miniatures peintes sur soie. La capitale de l'Etat, Jaipur, la ville rose, avec son palais des Vents (**havā♀ mahal♂**) et son observatoire (Jantar Mantar), est la ville la plus récente, conçue au XVIIIe siècle par Jai Singh, prince astronome, sur un plan carré qui contraste avec la prolifération anarchique des autres cités indiennes. Jaisalmer au contraire, cité de grès jaune aux confins du désert du Thar, est celle qui évoque le plus nostalgiquement les splendeurs révolues d'un passé féodal ; la richesse de la décoration de ses "havélis", anciennes demeures des marchands opulents du Marwar, et la majesté imposante des remparts, contrastent avec la dégradation de ce patrimoine historique et la pauvreté générale de la région, dont la survie dépend aujourd'hui d'une agriculture problématique, aux limites du désert, et du tourisme.

४. **बीकानेर के बाज़ार में बैठकर नवाब राजस्थानी औरतों को देखता था।**
bīkāner ke bāzār mẽ baiṭhkar navāb rājasthānī aurtõ ko dekhtā thā.

५. **बड़े लड़के कुछ पत्रिकाएँ पढ़ते थे लेकिन मुझे नहीं दिखाते थे।**
baṛe laṛke kuch patrikāẽ paṛhte the lekin mujhe nahī̃ dikhāte the.

६. **पहले आप लोग देश भर में घूमते थे और बच्चों को भी घुमाते थे।**
pahale āp log deś bhar mẽ ghūmte the aur baccõ ko bhī ghūmate the.

७. **मैं ख़ूब चलता था और दोस्तों को भी चलाता था !**
maĩ khūb caltā thā aur dostõ ko bhī calāta thā !

८. विदेशी छात्र तो छोटू के साथ जलेबियाँ वग़ैरह भी बनाते थे !
videśī chātr to choṭū ke sāth jalebiyā̃ vagairah bhī banāte the !

९. गांधीजी केवल बकरी का दूध पीते थे, बकरी खाते नहीं थे !
gāndhījī keval bakrī kā dūdh pīte the, bakrī khāte nahī̃ the !

१०. जोधपुर में तो आप ख़ूब लस्सी पीती थीं।
jodhpur mẽ to āp khūb lassī pītī thī̃.

वाक्य पूरे कीजिए
vākya pūre kījie

1. *Jusqu'en 1944, ils habitaient Birchwood Road à Lahore.*
   १९४४ तक वे लाहौर में बर्चवुड रोड पर ——— —।
   1944 tak ve lāhaur mẽ barcvuḍ roḍ par ----- --- .
2. *Parfois, les étudiants communistes discutaient (faisaient dispute) toute la nuit.*
   कभी-कभी कम्युनिस्ट छात्र रात भर बहस ——— —।
   kabhī-kabhī kamyunisṭ chātr rāt bhar bahas ----- --- .
3. *A Delhi, Raisahab nous faisait travailler (exercer) le hindi.*
   दिल्ली में रायसाहब हमको हिन्दी का अभ्यास ——— —।
   dillī mẽ rāysāhab hamko hindī kā abhyās ------ --- .

Traduisez

1 En mille neuf cent soixante-huit, nous habitions à Bombay. 2 Nous étions enfants, toute la journée [nous] jouions au cricket dans les rues. 3 Shakuntala était petite, pourtant (alors aussi) [elle] prenait (allait par) [le] bus. 4 Installé (s'étant assis) dans le bazar de Bikaner, Navab regardait les femmes rajasthanaises. 5 Les grands garçons lisaient quelques revues, mais ne me [les] montraient pas. 6 Auparavant, vous vous promeniez dans tout le pays, et promeniez aussi [vos] enfants. 7 Je marchais beaucoup, et je promenais aussi mes amis ! 8 Les étudiants étrangers préparaient même des jalebis et autres (etc.) avec Chotu ! 9 Gandhi ji buvait seulement le lait de[s] chèvre[s], [il] ne mangeait pas de chèvre ! 10 A Jodhpur, vous buviez pas mal de lassi.

4. *Moi, j'écoutais (f) toute la journée les informations (nouvelles) en ourdou et en hindi à la radio.*

मैं दिन भर रेडियो पर उर्दू और हिन्दी में ख़बरें/समाचार ——— — ।

mā̃ī din bhar reḍiyo par urdū aur hindī mẽ <u>kh</u>abrẽ/samācār ----- --- .

5. *Et toi aussi, mettant la radio tôt le matin, tu nous faisais écouter les chansons de films.*

और तुम भी सुबह–सुबह रेडियो लगाकर हमें फ़िल्मों के गाने ——— — ।

aur tum bhī subah-subah reḍiyo lagākar hamẽ filmõ ke gāne ------ --- .

6. *Comme elles étaient belles, les chansons des vieux films !*

पुरानी फ़िल्मों के गाने कितने सुन्दर ——— — !

purānī filmõ ke gāne kitne sundar ---- --- !

7. *Oui, à cette époque-là, Sahir Ludhianvi, Kaifi Azmi et Shakeel Badayuni écrivaient les paroles des chansons !*

हाँ, उस वक़्त साहिर लुधियानवी, कैफ़ी आज़मी और शकील बदायूनी गानों के बोल ——— — !

hā̃, us vaqt sāhir ludhiyānvī, kaifī āzmī aur śakīl badāyūnī gānõ ke bol ------ --- !

8. *Et Naushad, Sachin Dev, Khayyam, Madan Mohan, etc. en composaient (faisaient) les airs !*

और नौशाद, सचिन देव, ख़य्याम, मदन मोहन वग़ैरह उनकी तर्ज़ ——— — !

aur nauśād, sacin dev, khayyām, madan mohan vagairah unkī tarz ------ --- !

9. *Comme elles chantaient bien, Geeta Dutt, Suraya et Lata !*

गीता दत्त, सुरैया और लता कितना सुन्दर ——— — !

gītā datt, surayyā aur latā kitnā sundar ---- --- !

10. *Talat Mahmood et Hemant Kumar aussi chantaient très bien.*

तलत महमूद और हेमन्त कुमार भी बहुत अच्छा ——— — ।

talat mahmūd aur hemant kumār bhī bahut acchā ---- --- .

Exercice d'écriture

ण, ष, क्ष, ज्ञ

ṇa, ṣa, kṣa, gya

Les mots manquants

१. – – – – – – – – – रहते थे।
- - - - - - - - - rahte the

२. – – – – – – – – करते थे।
- - - - - - - - karte the.

३. – – – – – – – – कराते थे।
- - - - - - - - karāte the.

४. – – – – – – – – – – – – सुनती थी।
- - - - - - - - - - - - suntī thī.

५. – – – – – – – – – – – – – सुनाते थे।
- - - - - - - - - - - - - sunāte the.

६. – – – – – – – होते थे !
- - - - - - - hote the !

७. –, – – – –, – –, – – – – – – – लिखते थे !
-, - - - -, - -, - - - - - - - likhte the !

८. – –,– –,–, – – – – – – बनाते थे !
- -, - - , - , - - - - - banāte the !

९. – –, – – – – – – गाती थीं !
- -, - - - - - - - gātī thī̃ !

१०. – – – – – – – – – गाते थे।
- - - - - - - - - gāte the.

.▼.▼.▼.▼.▼.

A. Lisez

1. **गणेश** Ganesh (divinité hindoue)
2. **भाषा** langue
3. **शिक्षा** éducation
4. **ज्ञान** savoir, connaissance
5. **लक्षण** indice(s)

B. Ecrivez

1. **lakṣmī** Lakshmi (déesse de la prospérité)
2. **uṣā** l'aurore
3. **sādhāraṇ** ordinaire
4. **āgyā** ordre, consigne
5. **bhāṣaṇ** discours

पाठ बीस
pāṭh bīs

उनको बहुत कुछ आता था !
unko bahut kuch ātā thā !

१– रायसाहब, क्या इन विदेशी टूरिस्टों को कभी हिन्दी आती थी ? 1
rāysāhab, kyā in videśī ṭūrisṭõ ko kabhī hindī ātī thī ?

NOTES

(1) **in ṭūrisṭõ ko hindī ātī thī,** "ces touristes connaissaient le hindi". Littéralement : "le hindi venait à ces touristes". Cette construction du verbe **ānā**, "venir" (qui prend le sens de "connaître") est proche de celle de **mālūm honā, patā honā,** que vous connaissez. Le sujet logique est à la forme oblique + **ko**, et le verbe s'accorde avec l'autre nom (ici **hindī,** féminin singulier). C'est la construction, dite "indirecte", typique des verbes qui n'expriment pas une action volontaire. **jānnā,** "savoir", en revanche, a comme sujet grammatical le sujet logique (**ye ṭūrisṭ hindī jānte the**) : comme quoi tout n'est pas logique

Corrigé

A. 1. **gaṇeś** 2. **bhāṣā** 3. **śikṣā** 4. **gyān** 5. **lakṣaṇ**

B. 1. **लक्ष्मी** 2. **उषा** 3. **साधारण** 4. **आज्ञा** 5. **भाषण**

Vingtième leçon

Ils en savaient, des choses !
(eux-à / savoir / beaucoup quelque chose / venait)

1 – Raisahab, est-ce que parfois ces touristes étrangers connaissaient le hindi ?
(Raisahab / est-ce que / ces / étrangers / touristes / à / parfois / hindi / venait)

NOTES (suite)

dans la langue. "Il a été heureux" se dira **usko khuśī huī** (construction indirecte avec le nom **khuśī**♀, "bonheur") ou bien **vo khuś huā** (construction adjectivale, **kuś**, "heureux"). "Il a été malheureux", **usko dukh huā** (construction indirecte avec le nom **dukh**♂, "malheur"). (**kisī ko**) **garmī lagnā**, **ṭhaṇḍ lagnā**, "avoir chaud", "avoir froid" : **mujhko ṭhaṇḍ lag rahī hai**, "j'ai froid". Par contre, **garmī honā**, **ṭhaṇḍ honā** signifie "faire chaud", "faire froid" : **āj bahut garmī hai**, "il fait très chaud aujourd'hui". **bhūkh**♀ **lagnā,** "avoir faim", **pyās**♀ **lagnā,** "avoir soif".

२– नहीं, आप जैसे विद्वानों से मैं पहले कभी नहीं मिला था ! 2

nahī̃, āp jaise vidvānõ♂ se maĩ pahale kabhī nahī̃ milā thā !

३ हाँ, कभी-कभी उनको हिन्दी में दिलचस्पी होती थी। 3

hā̃, kabhī-kabhī unko hindī mẽ dilcaspī♀ hotī thī.

४ ख़ास तौर से बहुत-से विदेशियों को हिन्दी की नागरी लिपि बहुत पसंद थी। 4

khās taur se bahut se videśiyõ♂ ko hindī kī nāgarī lipi♀ bahut pasand thī.

५ हिन्दी फ़िल्मों के गीत भी अक्सर उन्हें अच्छे लगते थे।

hindī filmõ ke gīt♂ bhī aksar unhẽ acche lagte the.

NOTES (suite)

(2) **āp jaise vidvān,** "des savants tels que vous". **āp** est ici simplement à la forme oblique, mais **maĩ, tum** et **vo** sont à la forme possessive (**mere jaise,** "tel que moi", **uske jaise,** "tels que lui". On peut aussi dire **āp kī tarah vidvān,** "des savants de votre espèce".

(3) **unko dilcaspī hotī thī,** "ils s'intéressaient, ils avaient de l'intérêt" ; **dilcaspī** signifie "intérêt", et l'adjectif correspon-

2 – Non, je n'avais jamais rencontré de "savants" comme vous auparavant !
(non / vous / tels / savants / avec / je / avant / jamais / avais rencontré)

3 Certes, de temps en temps ils s'intéressaient à la langue hindi.
(oui / parfois / eux-à / hindi / dans / intérêt / était)

4 En particulier beaucoup d'étrangers aimaient bien l'écriture nagari du hindi.
(particulier / façon / de / beaucoup-intensif / étrangers / à / hindi / de / nagari / écriture / goût / était)

5 Souvent aussi les chansons de films hindi leur plaisaient.
(hindi / films / de / chansons / aussi / souvent / eux-à / bon / semblaient)

NOTES (suite)

dant est **dilcasp,** "intéressant". C'est la même construction "indirecte" qu'à la note 1, le sujet logique est à la forme oblique + **ko**. Ce à quoi on s'intéresse se construit avec la postposition **mẽ** (comme en anglais, "to be interested in"). La forme **hotī thī**, forme renforcée du verbe "être", au lieu de **thī**, forme simple, traduit la constance et la généralité de cet intérêt, représenté donc comme non passager, non contingent. Mais "avoir de l'amour/de l'affection pour quelqu'un", autre expression qui entre dans une construction "indirecte", requiert pour l'objet d'amour la postposition **se** : **navābrāy ko śivānī se prem**♂**/pyār**♂ **ho gayā hai**, "Navabrai est tombé amoureux de Shivani" (littéralement "à Navabrai de Shivani l'amour est advenu").

(4) "Plaire", **pasand honā,** est aussi à la construction "indirecte", ainsi que son synonyme **acchā lagnā**, littéralement "sembler bon". Le verbe bien sûr ne s'accorde pas avec le sujet logique (à la forme + **ko** : **videśiyõ ko, unhẽ**) mais avec l'autre nom.

६ सुन-सुनकर झूमते थे और कभी-कभी फ़िल्मी गाने गाते भी थे । 5 6

sun-sunkar jhūmte the aur kabhī-kabhī filmī gāne gāte bhī the.

७ कुछ टूरिस्टों को देखकर तो लोगों को बड़ी हँसी आती थी ।

kuch ṭūrisṭõ ko dekhkar to logõ ko baṛī hãsī♀ ātī thī.

८ हाँ, लेकिन कुछ विदेशियों को भारतीय समाज और इतिहास के बारे में बहुत कुछ मालूम था ।

hā̃, lekin kuch videśiyõ ko bhāratīy samāj♂ aur itihās♂ ke bāre mẽ bahut kuch mālūm thā.

९ पहले से ख़ूब पढ़कर आते थे । कुछ मूर्ख भी होते थे...

pahale se <u>kh</u>ūb paṛhkar āte the. kuch mūrkh bhī hote the...

NOTES (suite)

(5) **sun-sunkar,** "tout en écoutant". C'est l'absolutif (revoyez la leçon 16, note 1 si vous avez oublié !) mais redoublé (on redouble le radical du verbe et non le suffixe). Le redoublement marque ici la stricte concommittance de deux actions. Dans la phrase 9, l'absolutif simple marque simplement l'antériorité de l'action par rapport au verbe principal. Il peut marquer la concommittance avec une nuance causale : **parīkṣā♀ ke savāl♂ sunkar vo ghabrā gayā**, "en entendant les questions de l'examen, il s'affola".

6 Ils se dandinaient en les écoutant et parfois même ils chantaient les chansons de films.
(écoutant-écoutant / se balançaient / et / parfois / de-cinéma / chansons / chantaient / aussi)
7 En voyant certains de ces touristes les gens étaient morts de rire.
(certains / touristes / à / voyant / alors / gens / à / grand / rire / venait)
8 Par contre, certains étrangers connaissaient beaucoup de choses sur la société et l'histoire indiennes.
(oui / mais / certains / étrangers / à / indienne / société / et / histoire / à propos de / beaucoup quelque chose / savoir / était)
9 Ils avaient déjà beaucoup lu avant d'arriver. Certains étaient idiots aussi…
(avant / dès / beaucoup / ayant lu / venaient // certains / sots / aussi / étaient)

NOTES (suite)

(6) Les chansons de films sont très populaires en Inde, et constituent un répertoire que tout le monde connaît et fredonne. C'est même le plus efficace moyen de diffusion de la langue courante dans les régions non hindiphones, bien plus en tout cas que les instituts de hindi qui ont essaimé dans tout le pays depuis la décision d'imposer le hindi comme langue officielle. Un film commercial hindi ("Bombay movie" : vous en découvrirez un dans la leçon 24) comporte au moins six ou huit séquences chantées, où l'action s'arrête et où les acteurs se transforment en chanteurs et danseurs. Les paroles de ces chansons circulent d'ailleurs sous forme de livrets à trois sous et les cassettes surtout en sont vendues à vaste échelle. La plus célèbre des chanteuses spécialisées dans ce domaine, qui double souvent les actrices, est Lata Mangeshkar : elle donne des récitals à l'étranger, comme les grands sitaristes ou vocalistes classiques, et figure dans les "livres de records" pour le nombre de chansons enregistrées.

१० भारतीय खाना टूरिस्टों को बहुत पसंद था। ख़ूब खाते थे।
bhāratīy khānā ṭūrisṭõ ko bahut pasand thā. khūb khāte the.

११ हाँ, बाद में कभी-कभी बेचारों को "टूरिस्टा" हो जाता था ! 7 8
hā̃, bād mẽ kabhī-kabhī becārõ ko "ṭūrisṭā" ho jātā thā !

NOTES (suite)

(7) **bād mẽ**, "après, par la suite". Attention, ici l'adverbe formé sur la base de la locution prépositive **ke bād** ("après") n'est pas **bād** (alors qu'on a **pahale**, "avant, auparavant") mais **bād mẽ**.

EXERCICES

अनुवाद कीजिए
anuvād kījie

१. रायसाहब की माँ को अंग्रेज़ी नहीं आती, केवल हिन्दी आती है।
rāysāhab kī mā̃ ko aṅgrezī nahī̃ ātī, keval hindī ātī hai.

२. आप लोगों को चाय पीना आता है, बनाना क्यों नहीं आता ?
āp logõ ko cāy pīnā ātā hai, banānā kyõ nahī̃ ātā ?

३. उस मूर्ख डाक्टर को सर्जरी में दिलचस्पी तो थी लेकिन उसे कुछ आता नहीं था।
us mūrkh ḍākṭar ko sarjarī mẽ dilcaspī to thī lekin use kuch ātā nahī̃ thā.

10 La nourriture indienne plaisait beaucoup aux touristes. Ils mangeaient bien.
(indien / nourriture / touristes / à / beaucoup / goût / était // beaucoup / mangeaient)

11 C'est vrai que parfois ils attrapaient la "tourista" par la suite, les pauvres !
(oui / après / parfois / pauvres / à / tourista / advenait (être-allait))

NOTES (suite)

(8) **ho jātā thā**, littéralement "devenait", "advenait". Le verbe (qui s'accorde avec **ṭūrisṭā**, à cause de la construction indirecte) est formé sur le radical de **honā**, "être", avec **jānā** conjugué. L'expression a le sens de "devenir". **ye baccā choṭā hai, magar baṛā ho jāegā**, "cet enfant est petit, mais il deviendra grand". Nous y reviendrons.

४. आपको गणेश जी के बारे में यह बात मालूम है ?
āpko gaṇeś jī ke bāre mẽ ye bāt mālūm hai ?

५. गणेश जी को दिन भर खाना अच्छा लगता था, ख़ास तौर से खीर बहुत पसंद थी ।
gaṇeś jī ko din bhar khānā acchā lagtā thā, khās taur se khīr bahut pasand thī.

६. भई, तुम्हारी अंग्रेज़ी सुनकर तो हमें बड़ी हँसी आती है ।
bhaī, tumhārī aṅgrezī sunkar to hamẽ baṛī hãsī ātī hai.

७. डाक्टर साहब, आयुर्वेद के बारे में आपको कुछ मालूम है ?
ḍākṭar sāhab, āyurved ke bāre mẽ āpko kuch mālūm hai ?

८. हरदयाल की बातें सुनकर उन्हें ख़ुशी हुई लेकिन मुझे कुछ दुख हुआ।
hardayāl kī bātẽ sunkar unhẽ khuśī huī lekin mujhe kuch dukh huā.

९. ऑस्ट्रेलिया में हमें दिसंबर में गर्मी लगती थी और जून में ठंड लगती थी।
āsṭreliyā mẽ hamẽ disambar mẽ garmī lagtī thī aur jūn mẽ ṭhanḍ lagtī thī.

१०. मैं फ़ौरन कुछ खाना-पीना चाहता हूँ। मुझे बहुत भूख लगी है और प्यास भी लगी है।
mãĩ fauran kuch khānā-pīnā cāhatā hū̃. mujhe bahut bhūkh lagī hai aur pyās bhī lagī hai.

वाक्य पूरे कीजिए
vākya pūre kījie

1. *Monsieur sait conduire une voiture, il ne sait pas faire du vélo.*

साहब को कार ——— ——— है, साइकिल चलाना नहीं ———।

sāhab ko kār ------ --- hai, sāikil calānā nahī̃ --- .

2. *A l'examen, je ne savais pas répondre à six questions sur les huit.*

परीक्षा में ——— आठ सवालों में से छः सवाल ——— ——— ———।

parīkṣa mẽ ----- āṭh savālõ mẽ se che savāl ---- --- -- .

3. *Il était tombé amoureux d'une fille italienne. Par la suite, il a eu beaucoup de peine.*

——— एक इटालियन लड़की से प्रेम हो गया ———। बाद में उसे बड़ा ——— ———।

--- ek iṭāliyan laṛkī se prem ho gayā --- . bād mẽ use baṛā ---- --- .

Traduisez

1 La mère de Raisahab ne connaît pas l'anglais, elle connaît seulement le hindi. 2 Vous savez boire le thé, pourquoi [vous] ne savez pas le faire ? 3 Certes cet imbécile de docteur s'intéressait à la chirurgie, mais il n'[y] connaissait rien. 4 Est-ce que vous savez cela à propos de Ganesh ji ? 5 Ganesh ji aimait manger à longueur de journée, le khir [lui] plaisait particulièrement. 6 Nous avons très envie de rire (grand rire nous vient) en entendant ton anglais. 7 Monsieur le docteur, savez-vous quelque chose sur l'Ayurvéda ? 8 En entendant les paroles de Hardayal ils ont été heureux, mais moi j'ai eu un peu de peine. 9 En Australie, nous avions chaud en décembre et avions froid en juin. 10 Je voudrais (veux) manger et boire quelque chose tout de suite. J'ai très faim et [j'] ai aussi soif.

कुछ टूरिस्टों को देखकर तो लोगों को बड़ी हँसी आती थी

4. *Vous étiez venu en Inde avant, mais vous ne connaissiez pas le hindi.*

आप पहले भी भारत —— — लेकिन ——
हिन्दी नहीं —— — ।

āp pahale bhī bhārat -- --- lekin ---- hindī nahī̃ --- --- .

5. *En regardant Charlie Chaplin, ils ont ri et ils ont pleuré.*

चारली चैपलिन को ——— उन्हें हँसी भी ——— और दुख भी ——— ।

cārlī caiplin ko ------- unhẽ hãsī bhī -- aur dukh bhī --- .

6. *Nous aimons bien l'écriture du hindi et l'écriture de l'ourdou nous plaît aussi.*

——— हिन्दी की लिपि अच्छी ——— —— और उर्दू की लिपि भी ——— —— ।

---- hindī kī lipi acchī ----- --- aur urdū kī lipi bhī ------ --- .

7. *Les sots de leur genre n'aiment pas les propos des savants comme vous.*

इनके जैसे मूर्खों को ——— ——— विद्वानों की बातें अच्छी नहीं ——— ।

inke jaise mūrkhõ ko ---- ----- vidvānõ kī bātẽ acchī nahī̃ ----- .

8. *Cela les intéressait aussi d'apprendre des langues étrangères, en particulier l'anglais.*

विदेशी भाषाएँ सीखने —— भी ——— दिलचस्पी थी, ——— ——— —— अंग्रेज़ी ।

videśī bhāṣāẽ sīkhne -- bhī ---- dilcaspī thī, ---- ---- -- aṅgrezī.

9. *Ils sont venus en ayant lu dès le début, ils ne sont pas sots comme toi !*

वे ——— —— पढ़कर ——— ——, तुम्हारी तरह ——— ——— —— !

ve ------ -- paṛhkar -- ---, tumhārī tarah ----- ---- --- !

10. Il se promenait dans le monde entier et il était tombé amoureux d'une fille dans chaque pays.

वह दुनिया भर में ——— — और हर देश में
—— एक लड़की से प्रेम — ——— था।

vo duniyā bhar mẽ ------ --- aur har deś mẽ --- ek larkī se prem -- ---- thā.

Les mots manquants

१. – – – चलाना आता –, – – – आता।
- - - calānā ātā -, - - - ātā.

२. – – मुझे – – – – – – – नहीं आते थे।
- - mujhe - - - - - - nahī̃ āte the.

३. उसे – – – – – – – – था, – – – – दुख हुआ।
use - - - - - - - thā, - - - - dukh huā.

४. – – – – आए थे – आपको – – आती थी।
- - - - āe the - āpko - - ātī thī.

५. – – – देखकर – – – आई – – – हुआ।
- - - dekhkar - - - āī - - - huā.

६. हमें/हमको – – – – लगती है – – – – – – पसंद है।
hamẽ/hamko - - - - lagtī hai - - - - - pasand hai.

७. – – – – आपके जैसे – – – – – – लगतीं।
- - - - āpke jaise - - - - - lagtī̃.

८. – – – में – उनको/उन्हें – –, ख़ास तौर से –।
- - - mẽ - unko/unhẽ - -, khās taur se - .

९. – पहले से – आए हैं, – – मूर्ख नहीं हैं !
- pahale se - āe haĩ, - - mūrkh nahī̃ haĩ !

१०. – – – – घूमता था – – – – उसे/उसको – – – – हो गया –।
- - - - ghūmtā thā - - - - use/usko - - - - ho gayā - .

Exercice d'écriture

त्र, ट्र, ड्र, रु

tra, ṭra, ḍra, ru

A. Lisez

1. पत्र lettre, journal
2. ट्रैफ़िक circulation, trafic
3. ड्रामा théâtre
4. रुपया roupie, argent
5. रुद्र coléreux (aspect terrible de Shiva)

Vingt et unième leçon

Révisions

1. Les temps du verbe

Vous avez vu dans cette section beaucoup de temps nouveaux. Voici les paradigmes des diverses conjugaisons que vous avez vues, suivis de quelques exemples où vous pourrez observer les emplois de ces divers temps les uns par rapport aux autres.

1.1 Le passé simple se forme en ajoutant au radical du verbe les terminaisons -**ā** (ms), -**e** (mp), -**ī** (fs), -**ī̃** (fp) : revoyez la leçon 15. Le verbe **calnā,** "marcher, partir, aller", par exemple fait :

B. Ecrivez

1. **patrikā** revue
2. **ḍrāivar** chauffeur
3. **ṭraikṭar** tracteur
4. **cārulatā** (nom d'une fleur)
5. **kṣatriya** caste guerrière

Corrigé

A. 1. **patr** 2. **ṭraifik** 3. **ḍrāmā** 4. **rupayā** 5. **rudr(a)**

B. 1. **पत्रिका** 2. **ड्राइवर** 3. **ट्रैक्टर** 4. **चारुलता** 5. **क्षत्रिय**

mãĩ calā/calī, "je marchai"
(**tū calā/calī**, "tu marchas")
vo calā/calī, "il/elle marcha"
tum cale/calī̃, "tu marchas"
ham cale/calī̃, "nous marchâmes"
āp cale/calī̃, "vous marchâtes"
ve cale/calī̃, "ils/elles marchèrent"

Vous noterez que toutes les personnes du singulier ont la même forme, et toutes celles du pluriel (y compris **tum**) ont la même forme : il n'y a pas de variation en fonction des personnes mais seulement du genre et du nombre. Attention à la nasalisation du **-ī̃** au féminin pluriel. Contrairement au français oral, le passé simple en hindi parlé est très employé. La traduction utilise, quand il s'agit d'un contexte parlé, la forme courante en français oral (passé composé), mais le mot-à-mot conserve le passé simple.

Quand le radical se termine par une voyelle, au masculin singulier un /**y**/ euphonique s'ajoute avant le -**ā** de la terminaison : **āyā (āe, āī, āī̃),** "vint" ; **soyā** (**soe, soī, soī̃**), "dormit".

Quelques verbes présentent des irrégularités qui vous rappelleront celles de l'impératif : **piyā**, où le **ī** long radical s'abrège, (**pie, pī, pī̃**), "but", **kiyā** (**kie, kī, kī̃),** "fit", **liyā**, avec disparition de la voyelle radicale, (**lie, lī, lī̃),** "prit", **diyā** (**die, dī, dī̃),** "donna". **Jānā**, "aller" est vraiment irrégulier au passé simple : **gayā,** "alla" (**gae, gaī, gaī̃**).

1.2 Le passé composé se forme en ajoutant au participe passé (ou plus exactement accompli) l'auxiliaire "être" au présent : comme en français ! Ce participe passé a presque la même forme que le passé simple, sauf au féminin pluriel (pas de nasalisation sur le -**ī**), c'est-à-dire qu'il présente des désinences d'adjectif (revoyez la leçon 17) :

maĩ calā/calī hū̃,	"j'ai marché"
(**tū calā/calī hai**,	"tu as marché")
vo calā/calī hai,	"il/elle a marché"
ham cale/calī haĩ,	"nous avons/vous avez marché"
āp cale/calī haĩ,	"vous avez marché"
ve cale/calī haĩ,	"ils /elles ont marché"

1.3 Le plus-que-parfait , que vous avez vu leçon

18, se forme comme le passé composé mais au lieu d'utiliser le présent de l'auxiliaire "être" on utilise l'imparfait (comme en français encore !). L'imparfait du verbe "être" se forme sur un radical différent (**th**-) auquel s'ajoutent les terminaisons -**ā** (ms), -**e** (mp), -**ī** (fs), -**ī̃** (fp). Les formes ne varient donc qu'en fonction du genre et du nombre.

mãĩ calā thā/calī thī, "j'avais marché"
(**tū calā thā/calī thī**), "tu avais marché"
vo calā thā/calī thī, "il/elle avait marché"
tum cale the/calī thī̃, "tu avais marché"
ham cale the/calī thī̃, "nous avions marché"
āp cale the/calī thī̃, "vous aviez marché"
ve cale the/calī thī̃, "ils/elles avaient marché"

Notez bien qu'au féminin pluriel seul **thī̃,** élément proprement verbal, prend la nasalisation, alors que le participe, élément de nature adjectivale, ne la prend pas.

Ces trois temps (passé simple, passé composé, plus-que-parfait) ont en commun de correspondre au même aspect, accompli (le passé simple serait en toute rigueur plus justement nommé le parfait, terme qui souligne la valeur d'aspect et non de temps. Nous conservons une appellation plus familière, car la plupart des emplois correspondent à un passé simple) : l'action est représentée comme un tout fini, et non pas dans son déroulement. Ce trait est très important en hindi, vous n'allez pas tarder à le mesurer (leçon 24). Il s'oppose à l'aspect imperfectif, propre par exemple à l'imparfait (comme son nom l'indique !). Observez la différence dans les deux phrases suivantes, la première au parfait, la seconde à l'imparfait : **pichle sāl boris keval ek-do bār klās gayā,** "l'année dernière, Boris n'alla qu'une ou deux fois en cours". **pichle sāl boris roz (kabhī-kabhī) klās jātā thā,** "l'année dernière, Boris allait tous les jours (ou de temps en temps) en cours". Vous voyez que l'un n'est pas plus passé que l'autre (on reste donc dans le même temps), mais l'aspect diffère.

1.4 L'imparfait général, qui, comme le présent général, est réservé aux actions habituelles et contraste avec un imparfait actualisé, se forme sur le même modèle que le présent général, l'auxiliaire "être" étant au passé et non au présent :

mãĩ caltā thā/caltī thī,	"je marchais"
(tū caltā thā/caltī thī,	"tu marchais")
vo caltā thā/caltī thī,	"il/elle marchait"
tum calte the/caltī thĩ,	"tu marchais"
ham calte the/caltī thĩ,	"nous marchions"
āp calte the/caltī thĩ,	"vous marchiez"
ve calte the/caltī thĩ,	"ils/elles marchaient"

1.5 Valeur et emploi de ces quatre temps du passé

ve roz kālej jātī thĩ. ek din, ve bacpan kī ek sahelī se milī̃ : ye sahelī pahale usī skūl gaī thī... "elles allaient tous les jours au collège. Un jour elles rencontrèrent une amie d'enfance. Cette amie était allée à la même école..."

vo amrīkā gayā, "il alla en Amérique" (traduit par un passé composé en français oral "il est allé en Amérique"), mais

vo amrīkā gayā hai, "il est allé en Amérique" (et il y est encore).

vo bāzār gayā, phir ghar vāpas āyā, “il alla au marché et rentra à la maison”.
vo bāzār gayā hai, “il est allé au marché” (pour expliquer, par exemple, l’absence de quelqu’un à la maison).

2. L’absolutif ou forme en -**kar** (leçon 16, note 1)
Quand on coordonne deux verbes (donc deux actions) dont le sujet est commun, on peut utiliser pour la première action cette forme invariable, constituée du radical simple et du suffixe -**kar** (-**ke** parfois dans le hindi parlé) : **vo bāzār jākar phal k͟harīdegā,** “il ira au marché et achètera des fruits”.
Cette structure est très employée en hindi, et permet de marquer des relations variées entre les deux actions coordonnées : antériorité de la première, causalité, manière, un peu comme le gérondif français. Exemple : **ham log khākar āe haĩ,** “nous sommes venus après avoir mangé” (nous avons mangé avant de venir) (antériorité), **vo zyādā mirc khākar bīmār ho gayā,** “il a été malade pour avoir mangé trop de piment” (cause), **vo hãskar bolā,** “il dit en riant” (manière).
Attention : **karnā,** “faire”, n’a pas pour absolutif *__karkar__ mais **karke**.

3. Le causatif et le factitif (leçon 19, note 3)
A partir d’un verbe transitif (**karnā,** “faire”, **sunnā,** “entendre/écouter”) on peut former un verbe causatif, en ajoutant au radical la voyelle -**ā** (**karānā,** “faire faire”, **sunānā**, “faire entendre = raconter”). Un simple suffixe remplace donc notre périphrase française “faire (faire)”. Ainsi, **paṛhnā,** “lire/étudier”, **paṛhānā**, “faire étudier, enseigner”,

samajhnā, “comprendre”, **samjhānā**, “faire comprendre, convaincre” ; **sīkhnā,** “apprendre/étudier”; **sikhānā,** “faire apprendre/enseigner”. Vous voyez que l’addition du -**ā** causatif s’accompagne dans ce dernier exemple d’un changement de la voyelle radicale (**ī** > **i**).

A partir d’un verbe intransitif (**calnā,** “marcher”, **ghūmnā,** “se promener”, **jalnā**, “brûler”, intransitif) on obtient de la même façon un verbe transitif (**calānā**, “faire marcher, conduire”, **ghumānā**, “promener” quelqu’un ou un chien, **jalānā**, “brûler”, “faire brûler”, transitif). Attention, il peut arriver que la voyelle radicale seule soit modifiée : **nikalnā**, “sortir”, **nikalna**, “faire sortir” ; **dikhnā**, “être visible/apparaître”, **dekhnā**, “voir” ; **ruknā**, “s’arrêter/être arrêté”, **roknā**, “arrêter” ; **bītnā**, “s’écouler/passer”, **bitānā**, “passer” (transitif).

Et là encore, parfois la transformation entraîne quelques modifications supplémentaires, non seulement dans les voyelles du radical, mais parfois dans les consonnes : **ṭūṭnā**, “être cassé, se casser”, **toṛnā**, “casser” ; **chūṭnā**, “partir, être libéré/lâché”, **choṛnā** , “faire partir, lâcher”. Vous les verrez progressivement.

4. La phrase intransitive à construction dite “indirecte”

Avec le verbe **ānā** quand il a le sens de “connaître”, la personne sujet de l’état (celui qui connaît) est à la forme oblique et le verbe s’accorde avec l’autre terme : **us laṛke ko hindī ātī hai,** “ce garçon-là connaît le hindi”. La locution verbale

mālūm honā, “savoir”, se construit de la même manière : **usko ye bāt mālūm hai ?**, “est-ce qu’il/elle sait cela ?”. En fait, un très grand nombre de verbes (ou locutions verbales) qui ne correspondent pas à des actions volontaires, mais plutôt à des états ou actes involontaires, prennent cette construction : prédicats de sensation, de connaissance, de sentiment, verbes psychologiques, etc. Ce qui est pour vous un sujet, à cause du français (j’ai soif, j’ai peur, je sais, je trouve, etc.) est en hindi à la forme oblique + **ko**. Une construction analogue existe aussi en français, mais elle reste marginale : “ceci me plaît”, où “me” correspond au sujet qui fait l’expérience de l’émotion, ou encore “il me faut” (par contre “j’aime”, “j’ai besoin” auront un sujet “normal”). Vous avez aussi vu “s’intéresser” : **mujhe isme dilcaspī nahī̃ hai**, “je ne m’intéresse pas à cela / cela ne m’intéresse pas”. **un ṭūristõ ko ṭūrisṭā huā**, “ces touristes ont eu la tourista”. **ye film mujhe bahut pasand āī**, “ce film m’a beaucoup plu /j’ai beaucoup aimé ce film”. **ye nīlī kamīz tumko kaisī lagtī hai ?** “comment te semble cette chemise bleue ? / comment trouves-tu cette chemise bleue ?” De même, “avoir peur (de)”, (**se**) **ḍar lagnā**, “avoir du souci” **cintā honā**, **pareśānī honā** (**cintā** est d’origine sanskrite, **pareśānī** d’origine arabo-persane) entrent dans des constructions indirectes.

5. Postpositions et adverbes

La plupart des postpositions ont un adverbe qui leur correspond : la postposition a la forme composée (avec **ke**) et l’adverbe la forme simple. Ainsi **ke pās**, “près de”, **pās**, “près” ; **ke sāmne**, “en face de", **sāmne**, "en face", **ke pīche**, "derrière", **pīche**, "derrière", **ke nīce**, "sous", **nīce**, "dessous, en bas", **ke ūpar**, "au-dessus de", **ūpar**, "en haut, au-dessus", **ke bāhar**, "à l'extérieur de, hors de", **bāhar**, "dehors", etc. Attention : à **pahale**, "avant", correspond N + **se pahale**, "avant" + N, et non **ke pahale**. D'autres postpositions comme **kī vajah♀ se** (arabo-persan) ou son doublet d'origine sanscrite **ke kāraṇ♂**, "à cause de", n'ont pas de forme adverbiale correspondante. Notez la différence de construction pour ces deux dernières postpositions : **śor♂ kī vajah se** ou **śor ke kāraṇ**, "à cause du bruit".

6. Le moment du jour, l'heure

Les divisions du jour sont approximativement les suivantes : **subah**, "le matin", va du lever du jour au déjeûner, **dopahar**, "l'après-midi", de 13 heures à 17 heures, **śām**, "le soir", de 17 à 20 heures, puis **rāt**, "la nuit".

subah, "le matin", complément de temps, se construit sans postposition, alors que **śām**, "le soir", et **rāt**, "l'après-midi", se construisent avec la postposition **ko** : **vo sām ko āegā**, "il viendra le soir" ; **rāt ko bāriś♀ huī,** "la nuit, il a plu" ; **subah, maĩ jaldī uṭhtī hū̃**, "le matin, je me lève tôt". Bien sûr, si ces expressions sont sujet, elles sont à la forme directe (sans postposition) : **rāt gahrī thī,** "la nuit était profonde". Il en va de même avec les jours de la semaine, suivis de la postposition **ko** quand ils jouent un rôle de complément de temps, et les mois (termes empruntés à l'anglais) suivis de la postposition **mẽ** quand ils jouent un rôle de complément de temps :

itvār ko, maĩ der se uṭhtī hũ, "le dimanche je fais la grasse matinée (je dors tard)" ; mais **āj itvār hai,** "aujourd'hui c'est dimanche" ; **maĩ disambar mẽ bhārat jāũgā,** "j'irai en Inde en décembre", mais **farvarī sab se choṭā mahīnā hai,** "février est le mois le plus court".

Notez les jours de la semaine : **somvār**, "lundi", **maṅgalvār**, "mardi", **budhvār**, "mercredi", **guruvār / brihaspativār**, "jeudi", **śukrvār**, "vendredi", **śanivār**, "samedi", **itvār / ravivār**, "dimanche".

On exprime la date (**tārīkh**[f]) en utilisant la postposition **ko** pour le jour, **mẽ** pour le mois : **rāysāhab pā̃c tārīkh ko āẽge,** "Raisahab viendra le cinq", **ve somvār ko āẽge,** "il viendra lundi", **ve jūn mẽ āẽge,** "il viendra en juin".

On exprime l'heure qu'il est en indiquant le chiffre suivi de **baje**, "heures", (ou **bajā**, "heure", pour le chiffre 1). Voir leçon 15 notes 2 et 4. **ek bajā hai**, "il est une heure". **cār baje haĩ**, "il est quatre heures".

Si la mention de l'heure joue le rôle d'un complément (circonstanciel) de temps dans la phrase, elle est à la forme oblique sans postposition : **vo ek baje / cār baje niklā**, "il est sorti à une heure / quatre heures".

On peut préciser comme en français le moment du jour. Exemple : **subah ke das baje,** "dix heures du matin", **rāt ke das baje,** "dix heures du soir", **śām**

ke pā̃c baje, "cinq heures du soir".
savā, "et quart", s'ajoute au chiffre : **savā do baje haĩ**, "il est deux heures et quart". Mais **paune** "trois quarts", se calcule en ajoutant 3/4 au chiffre inférieur : **paune cār baje haĩ**, "il est quatre heures moins le quart" (**paun**, "midi quarante-cinq", soit 1 moins un quart).

पाठ बाईस
pāṭh bāīs

लोग बाहर लटक रहे थे !
log bāhar laṭak rahe the !

१– **हे भगवान... कल मैं शहर में ऑटो-रिक्शा से नहीं, बस से चली !** 1
he bhagvān... kal maĩ śahar mẽ āṭo-rikśā se nahī̃, bas se calī !

२ **अभी तक मेरा सर चकरा रहा है !** 2
abhī tak merā sar° cakrā rahā hai !

NOTES

(1) **āṭorikśā se,** "en auto-rikshaw", **bas se,** "en bus". La postposition **mẽ** peut se substituer à **se** sans différence de sens notable (**bas mẽ**). En revanche, s'il s'agit d'un vélo, on aura le choix entre **sāikil se,** "par bicyclette", et **sāikil par,** "sur la bicyclette", mais non **mẽ**, "dans".

Attention, il y a deux formes spéciales : pour "un et demi", **ḍeṛh**, et pour "deux et demi", **ḍhāī**.

"Dix heures moins cinq (minutes)" : **das bajne mẽ pā̃c minaṭ**.
"Dix heures cinq (minutes)", **das bajkar pā̃c minaṭ.**

Vingt-deuxième leçon

Les gens étaient suspendus à l'extérieur ! (gens / dehors / étaient suspendus-actuel)

1 – Mon Dieu, hier en ville, je n'ai pas pris l'auto-rickshaw mais le bus !
(O / Dieu / hier / je / ville / en / auto-rickshaw / par / pas / bus / en / allai)
2 La tête m'en tourne encore !
(maintenant / jusqu'à / ma / tête / tourne-actuel)

NOTES (suite)

(2) **abhī tak,** "jusqu'à maintenant (même)", "encore". **tak** a le sens, spatial ou temporel, de "jusqu'à". **vo āj tak mujhse milne nahī̃ āyā,** "il n'est pas encore venu me voir", **janvarī tak nāṭak♂ chap jāegā,** "la pièce sera imprimée d'ici janvier". **darvāze♂ tak jāo,** "va jusqu'à la porte".

३ ड्राइवर ख़तरनाक तरीक़े से चला रहा था। 3
ḍrāivar khatarnāk tarīqe♂ se calā rahā thā.

४ झटके दे-देकर ब्रेक लगा रहा था। 4
jhaṭke♂ de-dekar brek♂ lagā rahā thā.

५ मुसाफ़िर इधर-उधर गिर रहे थे।
musāfir♂ idhar-udhar gir rahe the.

६ कंडक्टर पीछे की सीट पर ऊँघ रहा था। 5
kaṇḍakṭar pīche kī sīṭ par ū̃gh rahā thā.

७ और धीरे-धीरे टिकट काट रहा था।
aur dhīre-dhīre ṭikaṭ kāṭ rahā thā.

८ कुछ लोग दरवाज़े के बाहर लटक रहे थे!
kuch log darvāze♂ ke bāhar laṭak rahe the !

NOTES (suite)

(3) **calā rahā thā,** "conduisait". Il s'agit de l'imparfait actualisé. Il a la même valeur aspectuelle que le présent actualisé (action représentée dans le cours de son développement) mais bien sûr une valeur temporelle passée. Ce qui vous explique qu'il soit formé sur le même modèle que le présent, mais que le dernier élément verbal, l'auxiliaire "être", soit au passé et non au présent. Ce temps contraste avec l'imparfait général : ici, **ḍrāivar khatarnāk tarīqe se calātā thā** signifierait "le conducteur conduisait (d'ordinaire, à cette époque en général, tout le temps, etc.) dangeureusement".

3 Le chauffeur conduisait de façon dangeureuse.
(chauffeur / dangeureuse / façon / avec / conduisait)
4 Il freinait tout le temps en donnant des à-coups.
(heurts / donnant-donnant / frein / appliquait-actuel)
5 Les passagers trébuchaient dans tous les sens.
(voyageurs / par-ci par-là / tombaient-actuel)
6 Le contrôleur somnolait assis sur le siège du fond.
(contrôleur / derrière / de / siège / sur / somnolait-actuel)
7 Et poinçonnait lentement les tickets.
(et / lentement-lentement / tickets / coupait-actuel)
8 Certaines personnes étaient suspendues à l'extérieur, (accrochées) à la porte !
(certains / gens / porte / à l'extérieur de / pendaient-actuel)

NOTES (suite)

(4) **jhaṭke de-dekar,** "avec des heurts répétés" ; sur la valeur de l'absolutif redoublé, voir leçon 20, note 5.

(5) **kaṇḍakṭar,** "le contrôleur". Comme dans les bus londoniens, il existe, outre le chauffeur, un "conductor" chargé de vendre les billets aux passagers (qui montent toujours à l'arrière), de contrôler les arrêts et les démarrages. A Delhi, la majorité des chauffeurs et des contrôleurs se recrutent dans les familles paysannes de l'Haryana voisin. Les habitants de Bombay, ville réputée plus urbaine et "civilisée", ne manquent jamais une occasion de dénigrer les manières grossières des employés de la DTC (Delhi Transport Corporation), notamment leur habitude de se caler sur un siège spécial au lieu d'évoluer dans le bus, de faire à main nue de petits trous minutieux dans les billets (sans poinçonneuse), de s'adresser aux passagers en employant le "**tū**" intime, etc.

९ हर मोड़ पर बस शराबी की तरह झूम रही थी । 6

har moṛ° par bas śarābī° kī tarah jhūm rahī thī.

१० अब तो मैं एक साइकिल ख़रीदूँगी और उसी पर चलूँगी ।

ab to maĩ ek sāikil kharīdū̃gī aur usī par calū̃gī.

११ मगर इन मनहूस बसों में कभी नहीं चढ़ूँगी ! 7

magar in manhūs basõ mẽ kabhī nahĩ caṛhū̃gī !

NOTES (suite)

(6) **śarābī,** littéralement "ivrogne", "alcoolique" (adjectif, et nom). Le mot est formé sur **śarāb**♀, "alcool".

(7) Malgré la récente autorisation, pour les femmes, de monter par la portière avant (mais les billets ne se vendent qu'au siège du "conductor" !) les difficultés et bousculades restent dissuasives, si toutefois on a les ressources de s'offrir un moyen de transport personnel. Outre la bousculade, les femmes sont en effet souvent l'objet de "harcèlement" ("eve teasing") dans les bus urbains. La situation des transports en commun à Delhi, mais aussi à Bombay, est assez terrible : spectaculaire pour l'observateur, elle peut être dramatique pour l'utilisateur, et les accidents mortels ne sont pas rares. En effet les bus municipaux, toujours bondés à l'extérieur comme à l'intérieur, ont la fâcheuse habitude de ne jamais vraiment s'arrêter aux stations. La descente et surtout la montée sont donc des opérations périlleuses. En outre, la masse des voyageurs qui attendent aux

9 A chaque tournant le bus tanguait comme un alcoolique.
(chaque / tournant / sur / bus / alcoolique / de / façon / se balançait-actuel)

10 Eh bien, maintenant, je vais m'acheter une bicyclette, et je me déplacerai avec.
(maintenant / to / je / une / bicyclette / achèterai / et / celle-ci même / sur / irai)

11 Mais je ne monterai jamais plus dans ces autobus diaboliques !
(mais / ces / néfastes / bus / dans / jamais / monterai)

NOTES (suite)

arrêts a tendance à occuper une bonne partie de la chaussée – souvent sans trottoirs – ce qui multiplie les risques d'accidents, vu la joyeuse anarchie du trafic urbain. Malgré tout, il y a beaucoup moins de catastrophes qu'on n'imaginerait, et il faut absolument faire l'expérience des transports en commun au moins une fois quand vous visitez la ville : **māhaul kitnā mazedār hai** !

EXERCICES

अनुवाद कीजिए
anuvād kījie

१. कल शहर में क्या तमाशा हो रहा था !
kal śahar mẽ kyā tamāśā ho rahā thā !

२. बहुत सी बकरियाँ सड़क पर चल रही थीं ।
bahut sī bakriyā̃ saṛak par cal rahī thī̃.

३. उनके पीछे एक आदमी रेडियो लेकर जा रहा था ।
unke pīche ek ādmī reḍiyo lekar jā rahā thā.

४. कुछ लड़के बकरियों को सलाद दे रहे थे ।
kuch laṛke bakriyõ ko salād de rahe the.

५. पीछे एक बस धीरे-धीरे आ रही थी ।
pīche ek bas dhīre-dhīre ā rahī thī.

६. कुछ बकरियाँ इधर-उधर भाग रही थीं ।
kuch bakriyā̃ idhar-udhar bhāg rahī thī̃.

७. कुछ लोग चलती बस पर चढ़ रहे थे ।
kuch log caltī bas par caṛh rahe the.

८. कुछ मुसाफ़िर नीचे उतर रहे थे ।
kuch musāfir nīce utar rahe the.

९. मैं किताबों की दुकान से तमाशा देख रही थी ।
maĩ kitābõ kī dukān se tamāśā dekh rahī thī.

१०. देख-देखकर मुझे हँसी आ रही थी ।
dekh-dekhkar mujhe hãsī ā rahī thī.

Traduisez

1 Hier quel spectacle (était) en ville ! 2 Nombre de (beaucoup-intensif) chèvres se déplaçaient sur la chaussée. 3 Derrière elles allait un homme avec (en portant) une radio. 4 Quelques garçons donnaient de la salade aux chèvres. 5 Derrière, un bus arrivait lentement. 6 Quelques chèvres couraient à droite et à gauche (se précipitaient par-ci par-là). 7 Quelques personnes grimpaient dans le bus en marche. 8 Quelques voyageurs descendaient (en bas). 9 Je regardais le spectacle depuis la librairie (magasin de livres). 10 En voyant cela le rire me prenait (venait).

वाक्य पूरे कीजिए
vākya pūre kījie

1. *Raisahab, que se passait-il dans la classe de hindi aujourd'hui ?*
   रायसाहब, आज हिन्दी की क्लास में —— हो —— —— ?
   rāysāhab, āj hindī kī klās mẽ --- ho ---- --- ?
2. *Garçons et filles couraient dans tous les sens !*
   लड़के और ——— इधर ——— ——— रहे —— !
   laṛke aur ------- idhar ----- ---- rahe --- !
3. *Certains autres élèves, montés sur les tables, chantaient.*
   कुछ और छात्र, मेज़ों —— —— कर गाना गा —— —— ।
   kuch aur chātr, mezõ --- ---- kar gānā gā ---- --- .
4. *Un des élèves faisait marcher (sonner) une grande radio.*
   एक छात्र बड़ा-सा रेडियो बजा ——— —— ।
   ek chātr baṛā-sā reḍiyo bajā ---- --- .

5. *Ils étaient tous en train de faire des bêtises !*
वे सब इतनी शैतानी —— —— —— !
ve sab itnī śaitānī --- ---- --- !

6. *Et vous aussi... avec eux, faisiez du bruit !*
और —— —— उनके साथ शोर —— —— —— !
aur -- --- unke sāth śor --- ---- --- !

7. *Mais dites, pourquoi vous faisiez tout cela ?*
लेकिन बताइए, आप लोग यह —— क्यों —— —— —— ?
lekin batāie, āp log ye --- kyõ --- ---- --- ?

8. *Monsieur le Directeur, on jouait une pièce en hindi.*
डायरेक्टर ——, हम —— का नाटक खेल —— —— ।
ḍāyrekṭar -----, ham ----- kā nāṭak <u>kh</u>el ---- --- .

9. *Ah, bon ! Je regardais tout cela du bureau...*
ओह, —— ! मैं दफ़्तर —— यह —— कुछ देख —— —— ।
oh, ----- ! mãĩ daftar -- ye --- kuch dekh ---- --- .

10. *En vous regardant, j'avais vraiment peur !*
आप लोगों —— देखकर मुझे सचमुच डर लग —— —— !
āp logõ -- dekhkar mujhe sacmuc ḍar lag ---- -- !

Exercice d'écriture

क्य, ख्य, ख़्म, ग्य, घ्न, च्छ
kya, khya, <u>kh</u>ma, gya, ghna, ccha

Les mots manquants

१. –, – – – – – – क्या – रहा था ?
-, - - - - - kyā - rahā thā ?

२. – – लड़कियाँ – उधर भाग – थे !
- - laṛkiyā̃ - udhar bhāg - the !

३. – – – – पर चढ़ – – – रहे थे ।
- - - - par caṛh - - - rahe the.

४. – – – – – – – रहा था ।
- - - - - - rahā thā.

५. – – – – कर रहे थे !
- - - - kar rahe the !

६. – आप भी – – – कर रहे थे !
- āp bhī - - - kar rahe the !

७. – –, – – – सब – कर रहे थे ?
- -, - - - sab - kar rahe the ?

८. – साहब, – हिन्दी – – – रहे थे ।
- sāhab, - hindī - - - rahe the.

९. – अच्छा ! – – से – सब – – रहा था ।
- acchā ! - - se - sab - - rahā thā.

१०. – – को – – – – – – रहा था !
- - ko - - - - - rahā thā !

Lisez

1. वाक्य phrase
2. मुख्य principal
3. ज़ख़्म blessure
4. भाग्य destin
5. कृतघ्न ingrat
6. अच्छा bon

Ecrivez

1. **kyā** quoi
2. **khyāti** notoriété, gloire
3. **ta<u>kh</u>t** lit dur, trône
4. **gyārah** onze
5. **vighn** obstruction
6. **macchar** moustique

पाठ तेइस
pāṭh teis

सजे हुए घोड़े पर घबराते हुए
saje hue ghoṛe par ghabrāte hue

१– लगता है कि दिल्ली में आजकल शादी का मौसम चल रहा है ! 1

lagtā hai ki dillī mẽ ājkal śādī♀ kā mausam♂ cal rahā hai !

२ यह लो, इधर बाज़ार से गुज़रती हुई बारात कितनी मज़ेदार लग रही है ! 2

ye lo, idhar bāzār se guzartī huī bārāt♀ kitnī mazedār lag rahī hai !

NOTES

(1) **cal rahā hai,** littéralement “va, marche”. Le verbe a souvent le sens de “être en cours”, “être”. **ye ḍres <u>kh</u>ūb cal rahā hai,** “ce vêtement est très à la mode”.

(2) **guzartī huī bārāt,** “la procession qui passe”. **guzartī** est le participe présent du verbe **guzarnā**, participe dont vous connaissez la forme depuis que vous l’employez pour former

Corrigé

A. 1. **vākya** 2. **mukhya** 3. **zakhm** 4. **bhāgya** 5. **kritaghn(a)** 6. **acchā**

B. 1. **क्या** 2. **ख्याति** 3. **तख़्त** 4. **ग्यारह** 5. **विघ्न** 6. **मच्छर**

Vingt-troisième leçon

Sur un cheval paré, en tremblant...
(décoré / cheval / sur / s'inquiétant)

1 – Il semble qu'en ce moment c'est la saison des mariages à Delhi !
(semble / que / Delhi / dans / en ce moment / mariage / de / saison / marche-actuel)

2 Tiens, voilà ! Qu'est-ce qu'elle est drôle, la procession de mariage qui passe dans le bazar !
(ceci / tiens // ici / bazar / par / passant / procession / combien / amusante / semble-actuel)

NOTES (suite)

le présent général. En réalité il a une valeur d'aspect inaccompli, ou imperfectif, c'est-à-dire en train de se dérouler, plutôt que de présent, mais il correspond à peu près au participe présent français "passant". Remarquez qu'en hindi il est très souvent utilisé là où le français emploierait une proposition relative. "L'homme qui parle" : **boltā huā ādmī**. Placé avant le nom qu'il modifie, il se comporte comme un adjectif (il s'accorde, ici, au féminin qui est le genre de **bārāt**) et il est souvent accompagné du participe du verbe "être" **huā,** "étant", qui s'accorde aussi (**huī, hue**), et joue un peu un rôle de "renforcement", bien que cela n'introduise souvent aucune différence de sens. C'est pourquoi il n'est pas traduit dans la traduction littérale.

३– किधर ? – उधर देखो !
-kidhar ? -udhar dekho !

४ आगे-आगे बैंडवाले ज़ोर-ज़ोर से बैंड बजाते हुए जा रहे हैं । 3
āge-āge bãĩḍvāle zor-zor se bãĩḍ♂ bajāte hue jā rahe hãĩ.

५ उनके पीछे कुछ युवक नाचते-गाते हुए, या उछलते हुए आ रहे हैं ।
unke pīche kuch yuvak♂ nācte-gāte hue, yā uchalte hue ā rahe hãĩ.

६ सजे हुए घोड़े पर... या शायद सजी हुई घोड़ी पर... दूल्हा बैठा है । 4
saje hue ghoṛe♂ par...yā śāyad sajī huī ghoṛī♀ par... dūlhā♂ baiṭhā hai.

NOTES (suite)

(3) Au contraire de la phrase précédente, le participe n'est pas placé avant le nom, mais après. Il a alors la forme invariable en -**e** (cas oblique), ainsi que **hue** qui l'accompagne souvent, et le sens d'un gérondif, "en jouant" (c'est-à-dire une valeur adverbiale, qui modifie le verbe principal).

(4) **saje hue ghoṛe par,** "sur un cheval paré". Encore un participe, employé comme un adjectif (c'est-à-dire placé avant le nom et accordé avec celui-ci), mais cette fois il s'agit du participe passé. Comme vous le voyez par le sens, il a une valeur accomplie, et cette différence se traduit par la forme, très semblable au passé simple hindi. Attention, le féminin pluriel ne comporte pas la nasalisation comme au passé simple (il varie comme un adjectif, c'est-à-dire -**ā**/-**ī**/-**e**). **ve baiṭhī̃,** "elles s'assirent". **baiṭhī (huī) laṛkiyā̃, "**les jeunes filles assises". Il est

3 – Où ? – Regarde par là !
(où // regarde par là)

4 Le groupe des musiciens marche en tête, en jouant à fond la caisse !
(devant-devant / ceux de l'orchestre / fort-fort / orchestre / jouant / vont-actuel)

5 Derrière eux quelques jeunes arrivent en dansant et en chantant, ou en sautillant.
(eux / derrière / quelques / jeunes / dansant-chantant / ou / sautillant / viennent-actuel)

6 Sur un cheval paré... ou peut-être sur une jument parée... est assis le marié.
(paré / cheval / sur // ou / peut-être / parée / jument / sur // marié / est assis)

NOTES (suite)

comme le participe présent très souvent "renforcé" par la forme **huā/hue/huī,** participe du verbe "être". La tradition veut que le marié vienne chercher sa future sur une jument, suivi d'une procession nombreuse et bruyante (orchestre, danseurs). Vous pouvez difficilement passer quelque temps en Inde sans voir passer une procession de mariage, spécialement en hiver, où la fraîcheur se prête aux festivités et aux déploiements d'élégance (quant au jour précis de la cérémonie, il est fixé par l'astrologue, en fonction des horoscopes des deux futurs). La musique est en générale tonitruante, dans le style des musiques de cirque ; l'orchestre joue aussi fréquemment des musiques de films en vogue. C'est le cortège du fiancé qui vient chercher sa future sur une jument, avec souvent un petit garçon (dit parfois **pūt mahārāj**, "fils prince"), symbole auspicieux de souhait d'une progéniture mâle. Devant et derrière le fiancé, paré comme vous le voyez dans la leçon, les hommes de la procession occupent toute la rue, en dansant de façon plutôt dégingandée et très démonstrative, coutume d'origine panjabi, tandis que les femmes conservent un comportement effacé. Que se passera-t-il une fois le cortège parvenu au domicile de la fiancée, elle aussi parée des pieds à la tête et vêtue d'un sari rutilant toujours rouge ? Le plus souvent elle pleure (**vo rotī**

७ वह सामने देख रहा है, या फिर देखने की कोशिश कर रहा है ! 5 6

vo sāmne dekh rahā hai, yā phir dekhne kī kośiś kar rahā hai !

८ लोग फ़ुटपाथ पर खड़े–खड़े तमाशा देख रहे हैं ।

log fuṭpāth par khaṛe-khaṛe tamāśā♂ dekh rahe hãi.

९ दूल्हा साफ़ा–सेहरा पहने दुल्हन को लाने जा रहा है । 7 8

dūlhā sāfā♂-sehrā♂ pahane dulhan♀ ko lāne jā rahā hai.

NOTES (suite)

hai), car elle va devoir quitter sa famille pour aller vivre dans la famille de son mari, où elle sera souvent, en tant que nouvelle belle-fille (**bahū♀**), chargée de besognes domestiques ingrates, et durement menée par sa belle-mère (**sās♀**). Si la dot (**dahej♂**) est estimée insuffisante, ou si la totalité des présents n'a pu être livrée le jour du mariage, elle aura en outre à subir diverses pressions, pouvant aller jusqu'aux sévices les plus odieux, chantage visant à faire payer la belle-famille. Quant à la suite de la cérémonie, le rituel proprement dit, vous le connaîtrez dans quelques leçons...

(5) **sāmne,** "en face, devant" s'oppose à **pīche**, "derrière". Souvenez-vous que de nombreux adverbes en hindi ont la forme de postposition correspondante sans **ke** (**ghar ke sāmne** "devant la maison", **uske pīche**, "derrière lui").

(6) **dekhne kī kośiś kar rahā hai**, "il essaie de regarder". **vo hāth lagāne kī kośiś kar rahā hai**, "il essaie de toucher (mettre la main, hāth♂)". "Essayer, tenter" correspond non à

7 Il regarde devant lui, ou plutôt essaie de regarder !
il / en face / regarde-actuel / ou / plutôt / regarder / de / effort / fait-actuel)
8 Les gens, debout sur le trottoir, regardent le spectacle.
(gens / trottoir / sur / debout-debout / spectacle / regardent-actuel)
9 Le marié, portant son turban et son sehra (voile de fleurs) va chercher la mariée.
(marié / turban-sehra / ayant mis / la mariée / à / ramener / va-actuel)

NOTES (suite)

un verbe simple en hindi, mais à une locution verbale formée d'un nom (**kośiś♀,** "effort") et d'un verbe. Vous en avez déjà vu plusieurs : **kām karnā,** "travailler", **k̲h̲ātir karnā,** "fêter", "accueillir", **svāgat karnā** "accueillir". Comme dans ce dernier exemple, le complément d'objet du français devient en hindi un complément de nom, introduit par **kī** puisque **kośiś** est féminin. Il faut préciser qu'avec le véritable attirail qui décore le fiancé, il a toutes les peines du monde à y voir !

(7) **pahane**, "vêtu de", "ayant mis" donc "portant". Bien qu'on puisse traduire par "portant" – car en français "je porte" peut exprimer le résultat accompli de l'action "mettre un habit" –, il s'agit du participe passé (ou perfectif). Ici il est placé après le nom, c'est donc un emploi adverbial, à la forme invariable en **-e**. Vous voyez qu'ici la forme **hue** est absente, elle l'est aussi dans la phrase 9, et le sens n'est pas sensiblement différent. **muskurātī huī laṛkī ṭokrī liye jā rahī hai,** "la jeune fille souriante avance, portant un panier" (**ṭokrī♀**, "petit panier", **ṭokrā♂**, "panier plus gros").

(8) **dulhan ko,** "la fiancée". Le nom est suivi de la postposition **ko** car il s'agit d'une personne, et en outre bien définie ! Voir leçon 15, note 3. De même on dira : **rām ko bulāo,** "appelle Ram", **maĩ is laṛke ko dekh rahā hū̃,** "je regarde ce garçon".

१०–बहुत–से आदमी सिर पर जलती हुई लालटेनें रखे साथ–साथ चल रहे हैं।
bahut-se ādmī sir par jaltī huī lālṭenẽ? ra-khe sāth-sāth cal rahe haĩ.

EXERCICES

अनुवाद कीजिए
anuvād kījie

१. उछलते–कूदते हुए लड़के कितने मूर्ख लग रहे हैं, न ?
uchalte-kūdte hue laṛke kitne mūrkh lag rahe haĩ, na ?

२. तुम वॉकमैन सुनते हुए सड़क के बीच में चल रहे थे !
tum vākmain sunte hue saṛak ke bīc mẽ cal rahe the !

३. पीछे एक बस भोंपू बजाती हुई धीरे–धीरे आ रही थी।
pīche ek bas bhõpū bajātī huī dhīre-dhīre ā rahī thī.

४. सजी हुई दुल्हन घर में बैठी हुई थी।
sajī huī dulhan ghar mẽ baiṭhī huī thī.

५. खड़ी–खड़ी क्या देख रही हो ? कुछ बोलो भी !
khaṛī-khaṛī kyā dekh rahī ho ? kuch bolo bhī !

६. साइकिल पर बैठे हुए लड़के हँसते–गाते हुए जा रहे थे।
sāikil par baiṭhe hue laṛke hãste-gāte hue jā rahe the.

10– Beaucoup d'hommes les accompagnent en portant sur la tête des lanternes allumées. (beaucoup-intensif / hommes / tête / sur / allumées / lanternes / ayant posé / avec-avec / marchent-actuel)

आगे-आगे बैंडवाले ज़ोर-ज़ोर से बैंड बजाते हुए जा रहे हैं।

७. इतनी गर्मी में आप कोट पहने और शॉल लिए आ रही हैं !
itnī garmī mẽ āp koṭ pahane aur śāl lie ā rahī hãī !

८. वह रुकी हुई घड़ी को हाथ में रखे चावल पका रहा है।
vo rukī huī ghaṛī ko hāth mẽ rakhe cāval pakā rahā hai.

९. हँसती हुई एक लड़की सबको जले हुए समोसे दे रही थी !
hãstī huī ek laṛkī sabko jale hue samose de rahī thī !

१०. लगता है कि अब जैसलमेर में फ़्रांसीसी काफ़ी चल रही है !
lagtā hai ki ab jaisalmer mẽ frānsīsī kāfī cal rahī hai !

Traduisez

1 Comme les garçons qui sautent (en sautant) ont l'air bêtes, n'est-ce pas ? 2 Tu marchais au milieu de la rue, en écoutant [ton] walkman. 3 Derrière, un bus arrivait

वाक्य पूरे कीजिए
vākya pūre kījie

1. *Il est venu en courant et [il] est monté dans un bus en marche.*

   वह ——— —— आया और ——— —— बस में चढ़ गया ।

   vo ------ --- āyā aur ----- --- bas mẽ caṛh gayā.

2. *Elles sont arrivées en chantant et se sont assises dans le bus en stationnement (debout).*

   वे ——— —— ——— और ——— —— बस में —— गईं ।

   ve ---- --- ------ aur ----- --- bas mẽ ----- gaī̃.

3. *Les vendeurs de légumes et de fruits attendent (sont debout) avec des paniers posés sur la tête.*

   सब्ज़ीवाले और फलवाले सिर पर टोकरियाँ ——— —— —— — ।

   sabzīvāle aur phalvāle sir par ṭokriyā̃ ------- ----- --- --- .

lentement en klaxonnant (en faisant sonner sa sirène). 4 La jeune fiancée parée était assise à la maison. 5 Que regardes-tu, debout ? Dis quelque chose (aussi) ! 6 Les garçons (assis) sur [leur] bicyclette avançaient (allaient) en riant et en chantant. 7 Par cette chaleur vous arrivez avec (ayant mis) un manteau et (ayant pris) un châle ! 8 Tenant (ayant posé) sa montre arrêtée dans la main, il fait cuire le riz. 9 Une jeune fille donnait à tous des samosas brûlés en riant ! 10 Il semble que maintenant le français soit assez répandu (marche assez) à Jaisalmer !

4. *En criant très fort, ils essaient de monter dans le train.*
ज़ोर-ज़ोर से ——— —— वे गाड़ी में ——
की कोशिश कर रहे हैं ।
zor-zor se ------- --- ve gāṛī mẽ ------ kī kośiś kar rahe haĩ.
5. *En prenant femme et enfants avec lui, il va voir un film en vélo.*
बीबी-बच्चों को साथ ——— वह साइकिल पर
फ़िल्म ——— जा रहा है ।
bībī-baccõ ko sāth ----- vo sāikil par film ------ jā rahā hai.
6. *Ne parlez pas en mangeant !*
——— —— मत बोलिए !
----- --- mat bolie !
7. *Assis toute la journée au magasin, en train de confectionner des jalebis, ils ont grossi (sont devenus gros).*
दुकान पर दिन भर ——— ———, जलेबियाँ
——— ——— वे मोटे हो गए हैं ।
dukān par din bhar ------ ------, jalebiyā̃ ------ ------ ve moṭe ho gae haĩ.

8. *(Etant) si grand, tu as l'air idiot de pleurer (en pleurant).*
इतने बड़े होकर तुम ——— —— मूर्ख लग रहे हो।
itne baṛe hokar tum ---- --- mūrkh lag rahe ho.

9. *Le temps passé ne revient pas, le temps qui passe ne s'arrête jamais.*
——— हुआ वक़्त लौटकर नहीं आता, ——— हुआ वक़्त कभी रुकता नहीं।
----- huā vaqt lauṭkar nahī̃ ātā, ------- huā vaqt kabhī ruktā nahī̃.

10. *Elle fut très contente en voyant les images imprimées. En souriant, elle dit : "bravo !".*
——— —— तस्वीरों को देखकर वह बहुत ख़ुश ——। मुस्कुराती —— बोली : "वाह !"
----- --- tasvīrõ ko dekhkar vo bahut khuś --- . muskurātī --- bolī : "vāh !"

Exercice d'écriture

ज्य, ट्य, ण्ड, त्म, त्त, थ्य, ध्य

jya, ṭya, ṇḍa, tma, tta, thya, dhya

A. Lisez

1. राज्य règne
2. नाट्यकला art dramatique

Les mots manquants

१. – दौड़ता/भागता हुआ – – चलती हुई – – – – ।
- daurṭā/bhāgtā huā - - caltī huī - - - - .

२. – गाती हुई पहुँचीं – खड़ी हुई – – बैठ – ।
- gātī huī pahũcĩ - kharī huī - - baiṭh - .

३. – – – – – – रखकर खड़े हुए हैं
- - - - - - rakhkar khaṛe hue haĩ.

४. – – – चिल्लाते हुए – – – चढ़ने – – – – – – ।
- - - cillāte hue - - - caṛhne - - - - - .

५. – – – – लेकर – – – – देखने – – – ।
- - - - lekar - - - - dekhne - - - .

६. खाते हुए – – !
khāte hue - - !

७. – – – – बैठे-बैठे, – बनाते-बनाते – – – – – – ।
- - - - baiṭhe-baiṭhe, - banāte-banāte - - - - - .

८. – – – – रोते हुए – – – – – ।
- - - - rote hue - - - - .

९. गुज़रा – – – – – –, गुज़रता – – – – – – ।
guzrā - - - - -, guzartā - - - - - .

१०. छपी हुई – – – – – – – हुई । – हुई – – !
chapī huī - - - - - - huī. - huī - - !

3. **ठण्डा** froid

4. **आत्मा** âme

5. **पत्ता** feuille

6. **स्वास्थ्य** santé

7. **मध्य** du centre (région etc.)

B. Ecrivez

1. **zyādā**	plus, trop
2. **nāṭyaśāstra**	dramaturgie
3. **maṇḍap**	pavillon
4. **ādhyātm**	spiritualité
5. **gattā**	carton
6. **mithyā**	mensonge
7. **dhyān**	concentration

पाठ चौबीस
pāṭh caubīs

हमने बंबई वाली फ़िल्म देखी !
hamne bambaī vālī film dekhī !

१– रायसाहब, इतवार को हमने एक हिन्दी फ़िल्म देखी । 1
rāysāhab, itvār ko hamne ek hindī film dekhī.

२– कौनसी फ़िल्म ?
kaunsī film ?

NOTES

(1) Cette phrase est au passé simple, qui représente un aspect perfectif ou accompli, et le verbe a un complément d'objet direct. Observez ce qui se passe : le "sujet", qui en fait est agent et non sujet grammatical, se met à la forme oblique avec la postposition **ne**, réservée à cet usage et dite "cas ergatif" (de la racine grecque **erg,** "faire, travailler"), et le verbe s'accorde

Corrigé

A. 1. **rājya** 2. **nāṭyakalā** 3. **ṭhaṇḍā** 4. **ātmā** 5. **pattā** 6. **svāsthya** 7. **madhya**

B. 1. **ज़्यादा** 2. **नाट्यशास्त्र** 3. **मण्डप** 4. **आध्यात्म** 5. **गत्ता** 6. **मिथ्या** 7. **ध्यान**

Vingt-quatrième leçon

Nous avons vu un film de "Bollywood" ! (nous / Bombay-vala / film / avons vu)

1 – Raisahab, nous avons vu un film hindi dimanche dernier.
(Raisahab / dimanche / à / nous-erg / un / hindi / film / vîmes)

2 – Quel film ?

NOTES (suite)

avec "l'objet" film. Comme celui-ci est féminin en hindi, on a la forme **dekhī**. Accorder le verbe, s'il est au passé simple, ou passé composé ou plus-que-parfait, avec son complément d'objet, voilà qui peut vous surprendre et va vous demander un effort au début. Beaucoup de langues ont cette construction "ergative". Cela deviendra vite un automatisme ! En attendant, la traduction mot-à-mot vous rappelle la présence du cas ergatif (**ne** : -erg). Dans quelques leçons, quand vous serez habitués à la structure, nous en ferons l'économie.

३– "हिसाब–किताब", अमिताभ बच्चन वाली । 2
"hisāb♂-kitāb♀", amitābh baccan vālī.

४ एक दृश्य में नायक ने छत से कूदकर गाड़ी पकड़ी ही थी कि... 3
ek driśya♂ mẽ nāyak♂ ne chat♀ se kūdkar gāṛī pakṛī hī thī ki...

५– खलनायक ने ऊपर से भारी पत्थर फेंका और बेचारे की टाँग तोड़ दी । 4 5
khalnāyak♂ ne ūpar se bhārī patthar♂ phẽkā aur becāre kī ṭãg♀ toṛ dī.

६ गुंडों ने नायिका के साथ भी काफ़ी मार–पीट की ।
guṇḍõ♂ ne nāyikā♀ ke sāth bhī kāfī mār-pīṭ♀ kī.

NOTES (suite)

(2) Notez la correspondance : à la question en **kaunsā** ("lequel ?") fait écho la réponse en -**vālā** ("celui de"). Il s'agit de sélectionner un élément dans un ensemble. La question est donc plus précise qu'avec **kyā** (**kyā film dekhī,** "quel film avez vous vu ?"). **pyāzvālā salād lāo**, "apporte la salade à l'oignon" (**pyāz**♂, "oignon"). Vous voyez que -**vālā** s'accorde avec le nom qu'il précise, même si celui-ci est sous-entendu. On trouve ce suffixe aussi avec des adjectifs : **harī sāṛī,** "le sari vert", **harī vālī,** "le vert".

(3) **pakṛī hī thī ki,** "il avait à peine attrapé le train que...". **hī** a ici le sens de "juste", "à peine", sens proche de sa valeur ordinaire, d'emphase restrictive. (**mãĩ hī**, "moi-même", "moi

3 – "Comptes à régler"... un film d'Amitabh Bacchan.
(comptes-livre // Amitabh Bacchan / vala)

4 Dans une des scènes, le héros venait juste de sauter du toit pour attraper le train quand....
(une / scène / dans / héros-erg / toit / de / ayant sauté / train / avait juste attrapé / que)

5 – Le méchant a lancé une grosse pierre d'en haut et lui a cassé la jambe, au malheureux.
(anti-héros-erg / en haut / de / lourde / pierre / lança / et / pauvre / de / jambe / casser-donna)

6 Les voyous ont pas mal abîmé l'héroïne aussi.
(voyous-erg / héroïne / avec / aussi / assez / passage à tabac / firent)

NOTES (suite)

seul"). Notez que le verbe s'accorde non avec l'agent (**nāyak ne** "le héros") mais avec le COD **gāṛī**, féminin, "train".

(4) **khalnāyak**, "le méchant" (littéralement "le mauvais héros, l'anti-héros"). Mot formé sur **nāyak**, "héros". **nāyikā**, "héroïne", est aussi dérivé de **nāyak**. De même, sur **adhyāpak**, "professeur", **adhyāpikā**, avec le suffixe -**ikā** de féminin.

(5) **toṛ dī**, littéralement "casser-donna". Le verbe principal, qui donne le sens, sous la forme du radical simple, est suivi d'un verbe difficile à traduire et qui a dans une certaine mesure perdu son sens, un peu comme un auxiliaire ; il indique que l'action est orientée vers l'objet. On appelle la construction "verbe composé" et le second verbe "vecteur" ou "explicateur", comme son rôle est seulement de spécifier l'orientation de l'action. C'est lui qui, comme les auxiliaires, porte les marques de temps et d'accord, ici le passé simple accordé avec le COD, puisque la phrase est ergative. **denā** est un explicateur courant pour les verbes transitifs (phrases 7, 8, 10).

७– अंत में हीरो ने लंबी छलांग लगाई और सब के छक्के छुड़ा दिए । 6

ant mẽ hīro ne lambī chalāṅg♀ lagāī aur sab ke chakke♂ chuṛā die.

८ उसने नायिका के हाथ–पाँव खोल दिए । 7

usne nāyikā ke hāth♂-pā̃v♂ khol die.

९ देखने वालों ने ख़ूब तालियाँ पीटीं और सीटियाँ बजाईं । 8

dekhne vālõ ne khūb tāliyā̃♀ pīṭī̃ aur sīṭiyā̃♀ bajāī̃.

१०–लेकिन... बदमाशों ने तो हीरो की टाँग तोड़ दी थी ? उसने यह सब कैसे किया ?

lekin... badmāśõ ne to hīro kī ṭā̃g toṛ dī thī ? usne ye sab kaise kiyā ?

NOTES (suite)

(6) **chakke chuṛānā,** "faire perdre conscience" (littéralement "arracher les forces vitales"). L'expression est idiomatique. **chakkā** est aussi le nom d'un coup qui vaut 6 points au cricket (jeu très populaire en Inde).

(7) **usne** : les pronoms aussi prennent la forme oblique avec le marqueur ergatif **ne**. Mais il y a une exception : je (**mãine**, et non ***mujhne**).

(8) **dekhne vālõ ne. dekhne vālā** désigne "le spectateur", littéralement "le regardeur". Vous retrouvez le même suffixe

7– A la fin le héros a fait un grand saut et les a tous mis K.O.
(fin / dans / héros-erg / long / saut / plaça / et / tous / de / coup / lâcher-donna)

8 Il a détaché les mains et les pieds de l'héroïne.
(il-erg / héroïne / de / mains-pieds / ouvrir-donna)

9 Les spectateurs ont applaudi et sifflé comme des fous !
(spectateurs-erg / beaucoup / applaudissements / frappèrent / et / sifflements / firent résonner)

10– Mais.... Les voyous avaient cassé la jambe du héros ! Comment a-t-il pu faire tout cela ?
(mais // voyous-erg / mais / héros / de / jambe / avaient casser-donné // il-erg / ceci / tout / comment / fit)

हमने एक
हिन्दी फ़िल्म देखी –
अमिताभ बच्चन वाली।

NOTES (suite)

-**vālā** que vous avez vu plus haut (note 2), mais ajouté à un verbe. Son sens dans ce cas est à peu près analogue au "-eur" français qui désigne le nom d'agent, celui qui fait. Il se construit avec l'infinitif à la forme oblique. De même le nom auquel s'ajoute -**vālā** est à la forme oblique (**kapṛevālā**, "celui du tissu", "le vendeur de tissu"). Ici le nom dans sa totalité (on peut l'écrire en un seul mot **dekhnevālā**) se met au cas ergatif, donc à la forme oblique du pluriel, devant **ne**.

११–रायसाहब, लगता है आपने बम्बई की हिन्दी फ़िल्म कभी नहीं देखी । 9
rāysāhab, lagtā hai āpne bambaī kī hindī film kabhī nahī̃ dekhī.

NOTES (suite)

(9) L'Inde, premier producteur de films du monde, a notamment la spécialité de ces films commerciaux dont il est question dans la leçon, et dont l'appellation ("Bollywood") vient des studios de Bombay, d'où ils sortent presque tous. Très populaires en Inde, ils correspondent encore à la description qu'en donnait dans les années soixante-dix le célèbre cinéaste bengali Satyajit Ray : "Les ingrédients du film hindi moyen sont bien connus : la couleur (l'Eastmancolor de préférence), les chansons (six ou sept), chantées par des voix que l'on connaît et auxquelles on peut se fier, des danses exécutées par une personne seule ou tout un groupe (mais plus elles sont frénétiques et mieux cela vaut), une méchante fille, une bonne fille, un méchant garçon, un bon garçon, une histoire d'amour (mais pas de baiser), des larmes, de grands éclats de rire, des bagarres, des poursuites, du mélodrame ; des personnages qui

EXERCICES

अनुवाद कीजिए
anuvād kījie

१. आज इन छात्रों ने एक दिलचस्प फ़िल्म देखी ।
āj in chātrõ ne ek dilcasp film dekhī.

२. नायक ने ऊपर से कूदकर लखनऊ वाली गाड़ी पकड़ी ।
nāyak ne ūpar se kūdkar lakhnaū vālī gāṛī pakṛī.

३. खलनायक ने बेचारे नायक की टाँग तोड़ दी ।
khalnāyak ne becāre nāyak kī ṭā̃g toṛ dī.

11 – Raisahab, manifestement vous n'avez jamais vu un film hindi de Bombay.
(Raisahab / semble / que / vous-erg / Bombay / de / hindi / film / jamais / vîtes)

NOTES (suite)

existent dans un vide absolu ; des demeures qui n'ont jamais existé en dehors du plateau ; des extérieurs filmés à Kulu, Manali, Ooty (stations touristiques de montagne) dans le Cachemire, à Londres, Paris, Hongkong et Tokyo"... Le jugement est sévère, et si vous avez l'occasion de voir les films de Guru Dutt, ou ceux où joue l'acteur Raj Kapoor, qui ont marqué la grande époque du film hindi, vous leur trouverez sûrement des qualités. Les films, plus récents, où joue Amitabh Bacchan, la star qui a indéniablement dominé les années quatre-vingt, sont plus proches de la description canonique de Satyajit Ray, qui lui-même a créé un cinéma différent, mieux connu en occident (il n'est pas le seul ; des réalisateurs comme Ritwik Ghatak, Mriṇal Sen, Mani Kaul, Kumar Shahani, Buddhadeb Dasgupta, Ketan Mehta, etc. se sont aussi démarqués des canons stéréotypés du film grand public).

४. नायक ने फिर भी लंबी छलाँग लगाई ।
nāyak ne phir bhī lambī chalā̃g lagāī.

५. ड्राइवर ने स्कूटर तो चलाया लेकिन मीटर नहीं चलाया ।
ḍrāivar ne skūṭar to calāyā lekin mīṭar nahī̃ calāyā.

६. मुन्नी ने बंटू के ऊपर किताब फेंकी और मार-पीट की ।
munnī ne banṭū ke ūpar kitāb phẽkī aur mār-pīṭ kī.

७. कंडक्टर ने सीटी बजाई और ड्राइवर ने बस रोकी ।
kaṇḍakṭar ne sīṭī bajāī aur ḍrāivar ne bas rokī.

८. खेल देखनेवालों ने तालियाँ पीटीं और सीटियाँ बजाईं।
khel dekhnevālõ ne tāliyā̃ pīṭī̃ aur sīṭiyā̃ bajāī̃.

९. मैंने टमाटर वाला सलाद बनाया और प्याज़ वाले पकौड़े भी खाए।
mãine ṭamāṭar vālā salād banāyā aur pyāz vāle pakauṛe bhī khāe.

१०. आज तुमने बहुत शैतानी की : दो गिलास तोड़े और तीन खिड़कियाँ तोड़ीं।
āj tumne bahut śaitānī kī : do gilās toṛe aur tīn khiṛkiyā̃ toṛī̃.

वाक्य पूरे कीजिए
vākya pūre kījie

1. *Le héros a fait un grand saut et a attrapé deux gangsters.*

नायक ने लंबी छलाँग ——— और दो बदमाश ——— ।
nāyak ne lambī chalā̃g ----- aur do badmāś ----- .

2. *Amitabh a fait du bon travail dans ce film.*

अमिताभ —— इस फ़िल्म में अच्छा काम ——— ।
amitābh -- is film mẽ acchā kām ---- .

3. *Aujourd'hui ils ont bien joué aux cartes et ils ont bu du thé.*

आज ——— ख़ूब ताश ——— और चाय —— ।
āj ------ <u>kh</u>ūb tāś ----- aur cāy -- .

4. *Toute la journée, le pauvre héros n'a rien mangé.*

दिनभर बेचारे नायक —— कुछ ——— ——— ।
dinbhar becāre nāyak -- kuch ---- ----- .

Traduisez

1 Aujourd'hui ces élèves (-ci) ont vu (virent) un film intéressant. 2 Le héros, sautant d'en haut, a attrapé le train de Lucknow. 3 Le méchant a cassé la jambe du pauvre héros. 4 Le héros a pourtant fait un grand bond. 5 Le chauffeur a bien mis en marche le scooter, mais n'a pas mis (en marche) le compteur. 6 Munni a jeté un livre sur Bantu et [l']a frappé. 7 Le conducteur a sifflé et le chauffeur a arrêté le bus. 8 Ceux qui regardaient le match ont applaudi et sifflé. 9 J'ai préparé une salade de tomates, et aussi mangé des pakauras à l'oignon. 10 Aujourd'hui tu as fait beaucoup de bêtises : [tu] as cassé deux verres et cassé trois vitres (fenêtres).

5. *A la fin, l'héroïne a regardé par la fenêtre et a chanté une chanson.*

अंत में नायिका ने ——— से ——— और एक गाना ——— ।

ant mẽ nāyikā ne ------ se ----- aur ek gānā ---- .

6. *Il a jeté le vieux journal et il a acheté le nouveau (journal).*

उसने पुराना अख़बार ——— ——— और नया अख़बार ख़रीद लिया ।

usne purānā a<u>kh</u>bār ---- ---- aur nayā a<u>kh</u>bār <u>kh</u>arīd liyā.

7. *Munni aussi est venue là et nous a appris du hindi .*

मुन्नी —— भी वहाँ आकर हमें हिन्दी ——— ।

munnī -- bhī vahā̃ ākar hamẽ hindī ------ .

8. *Nous avons pris un auto-rickshaw et nous avons acheté du thé à Daryaganj, des épices aussi.*

हमने आटोरिक्शा ——— और दरियागंज जाकर चाय ——— । मसाले भी ——— ।

hamne āṭorikśā ---- aur dariyāgañj jākar cāy ------- . masāle bhī ------- .

9. *Ils ont regardé la télé, écouté les chansons mais ils n'ont pas lu de livres.*

——— टीवी ——, गाने ——, लेकिन किताबें नहीं —— ।

------ ṭīvī -----, gāne ----, lekin kitābẽ nahī̃ ----- .

10. *Il a vu un film de Hitchcock et il a eu très peur.*

——— हिचकॉक की फ़िल्म ——— और बहुत ——— ।

---- hickāk kī film ----- aur bahut -------- .

Les mots manquants

१. – – – – लगाई – – – पकड़े ।

- - - - lagāī - - - pakṛe.

२. – ने – – – – – – किया ।

- ne - - - - - kiyā.

Exercice d'écriture

द्द, द्य, द्ध, न्द्र, द्व, न्न [ou न्न], फ़्र

dda, dya, ddha, ndra, dva, nna, fra

A. Lisez

1. गद्दा matelas
2. वाद्य instrument de musique
3. बुद्धि esprit, intelligence
4. इन्द्र Indra, roi des dieux
5. द्वारा par (au moyen de)

३. – इन्होंने – – खेले – – पी।
- inhõne - - khele - - pī.

४. – – – ने – नहीं खाया।
- - - ne - nahī̃ khāyā.

५. – – – – खिड़की – देखा – – – गाया।
- - - - khiṛkī - dekhā - - - gāyā.

६. – – – फेंक दिया – – – – – –।
- - - phẽk diyā - - - - - .

७. – ने – – – – – – सिखाई।
- ne - - - - - sikhāī.

८. – – लिया – – – – ख़रीदी। – – ख़रीदे।
- - liyā - - - - kharīdī. - - kharīde.

९. उन्होंने – देखा, – सुने – – – पढ़ीं।
unhõne - dekhā, - sune - - - paṛhī̃.

१०. उसने – – – देखी – – घबराया।
usne - - - dekhī - - ghabrāyā.

6. **चुन्नी** écharpe en mousseline
7. **फ़्रांस** France

B. Ecrivez

1. **bhaddā** de mauvais goût
2. **vidyā** le savoir
3. **buddha** Bouddha
4. **candra** lune
5. **dvīp** île
6. **munnī** Munni
7. **frānsīsī** français

Corrigé

A. 1. **gaddā** 2. **vādya** 3. **buddhi** 4. **indra**
5. **dvārā** 6. **cunnī** 7. **frāns**

B. 1. **भद्दा** 2. **विद्या** 3. **बुद्ध** 4. **चंद्र**
5. **द्वीप** 6. **मुन्नी** 7. **फ़्रांसीसी**

Vous venez de passer victorieusement la plus grosse difficulté de la syntaxe du hindi : cette

पाठ पच्चीस
pāṭh paccīs

आपने कभी ऐसी लड़की को देखा है ?
āpne kabhī aisī laṛkī को dekhā hai ?

१– वाह ! एक "सुंदर ब्राह्मण कन्या" है, रंग दूधिया और कॉनवेंट में पढ़ी हुई...
आपने कभी ऐसी नफ़ीस लड़की को देखा है ? 1

vāh ! ek "sundar brāhmaṇ kanyā♀" hai,
raṅg♂ dūdhiyā aur kānvenṭ mẽ paṛhī huī.
āpne kabhī aisī nafīs laṛkī ko dekhā hai ?

NOTES

(1) Les annonces matrimoniales, outre les intermédiaires traditionnels, marieurs et marieuses, jouent un grand rôle dans l'organisation des "mariages arrangés", qui restent le type de mariage dominant. Dans cette phrase à l'aspect perfectif, vous constatez que le verbe ne s'accorde pas avec son "objet direct". C'est que celui-ci n'est pas "direct" en hindi puisqu'il

structure "ergative", où le verbe s'accorde avec son objet. Si vous avez bien compris le mécanisme, il ne vous reste plus qu'à vous familiariser avec cet "étrange" système d'accord : l'habitude vous y aidera. Pour le moment, écoutez, et reconnaissez les terminaisons. D'ailleurs, après les exercices que vous venez de faire, la construction n'est déjà peut-être plus si étrange ? Bientôt elle vous sera familière.

Vingt-cinquième leçon

Avez-vous déjà vu une fille pareille ?
(vous / une fois / telle / fille / à / avez vu)

1 – Oh, là là ! "Belle jeune fille brahmane, teint de lait, éducation au couvent..." Avez-vous déjà vu aussi délicieuse jeune fille ?
(ah // une / belle / brahmane / vierge / est // couleur / laiteuse / et / couvent / dans / éduquée // vous / déjà / telle / délectable / fille / à / avez vu)

NOTES (suite)

est suivi de la postposition **ko**, qui indique que le COD est une personne (ou parfois un objet défini spécifique, voir leçon 15, note 3 et leçon 23, note 8). Dans ce cas, le verbe ne s'accorde pas non plus avec l'agent (ici au masculin pluriel) mais prend invariablement la terminaison **-ā** (ms). De même : **baccõ ne jalebiyā̃ dekhī̃**, "les enfants virent des jalebis" (objet direct non marqué) mais **baccõ ne in laṛkiyõ ko dekhā**, "les enfants virent ces jeunes filles" (objet marqué par la postposition **ko**). Un "truc" pour vous aider à mémoriser ces règles d'accord : un verbe en hindi ne s'accorde qu'avec un nom (ou pronom) à la forme directe, jamais avec un nom à la forme oblique.

२ बोरिस को ज़रूर पसंद आएगी... लेकिन बेचारा ब्राह्मण नहीं है, बस... 2

boris ko zarūr pasand āegī... lekin becārā brāhmaṇ nahī̃ hai, bas...

३– निशा रानी, तुम केवल मेरा ही मज़ाक़ क्यों उड़ाती हो ? 3

niśā rānī, tum keval merā hī mazāq♂ kyõ uṛātī ho ?

४– तुम्हें छेड़ना ही मुझे अच्छा लगता है, क्या करूँ ? 4 5

tumhẽ cheṛnā hī mujhe acchā lagtā hai, kyā karū̃ ?

NOTES (suite)

(2) **boris ko pasand āegī**, "elle plaira à Boris". Vous reconnaissez la construction indirecte (sujet logique exprimé avec **ko**, verbe accordé avec l'autre terme). **pasand honā**, "plaire", que vous avez dejà vu (leçon 20 note 1 et leçon 21) correspond à un aspect plus habituel. **pasand ānā** correspond à un aspect plus ponctuel, et s'emploiera donc de préférence lors d'un premier contact, de la découverte de la chose. Ainsi **mujhe ām**♂, **pakauṛe**♂ **aur cāṭ**♀ **pasand haĩ,** "j'aime les mangues, les pakauras et le tchat", **mujhe ārām**♂ **karnā pasand hai**, "j'aime me reposer" (littéralement j'aime faire tranquillité), en général, mais **mujhe ye film pasand āī**, "ce film m'a plu".

(3) (**kisī kā**) **mazāq uṛānā** signifie "se moquer de (quelqu'un)". Locution verbale formée sur le nom **mazāq** "plaisanterie", et construite avec un complément de nom correspondant au COI français. **mazāq karnā** veut dire "plaisanter".

2 Elle plaira sûrement à Boris... seulement voilà, il n'est pas brahmane, le pauvre...
(Boris / à / sûrement / goût / viendra // mais / pauvre / brahmane / pas / est / c'est tout)

3 – Nisha ma vieille, pourquoi tu te moques uniquement de moi ?
(Nisha / reine / tu / seulement / ma / juste / moquerie / pourquoi / fais voler)

4 – Il n'y a que toi que j'aime taquiner, que veux-tu que j'y fasse ?
(toi-à / taquiner / seulement / moi-à / bon / semble / quoi / je fasse)

NOTES (suite)

(4) **tumhẽ cheṛnā**, "te taquiner" (avec objet marqué par la postposition **ko** puisqu'il s'agit d'une personne) est un groupe à l'infinitif, sujet de **mujhe acchā lagtā hai**, "me semble bon/me plaît". Ce dernier verbe est construit "indirectement" avec son sujet à la forme oblique + **ko**.

(5) **kyā karũ ?,** "que faire ?", "que ferais-je ?". C'est le subjonctif, employé en hindi pour indiquer une incertitude, parfois un souhait, une requête polie (phrase 5). Comme en français, on le trouve plus souvent dans des propositions subordonnées que dans des phrases indépendantes. On le forme en ajoutant au radical les terminaisons **-ũ**, **-o**, **-e** (pour **maĩ, tum, vo/tū**) et **-ẽ** pour les trois personnes du pluriel (**āp, ham, ve**). Vous venez peut-être de penser aux terminaisons du futur, qui comportent aussi ces unités : une manière simple pour vous de former le subjonctif est donc d'enlever les **-gā/-gī/-ge** du futur (**maĩ jaũgā**, "j'irai", **maĩ jaũ**, "que j'aille", **ve jāẽge**, "ils iront", **ve jāẽ,** "qu'ils aillent"). **kūṛā̆ kahā̃ phẽkũ ?,** "où jeter (pourrais-je jeter) les ordures ?".

५– अब हम ज़रा अख़बार छोड़ें और मेन्यू देखें। कुछ खा–पी लें। [6]

ab ham zarā a<u>kh</u>bār choṛẽ aur menyū dekhẽ. kuch khā pī lẽ.

६ संगीत भी है ! मैंने कल लता को सुना था। अब रफ़ी को सुन लीजिए।

saṅgīt♂ bhī hai ! mãine kal latā ko sunā thā. ab rafī ko sun lījie.

७ – अरे, सुनिए ! पहले हमें एक–एक गिलास ठंडा पानी चाहिए। जल्दी !

are, sunie ! pahale hamẽ ek-ek gilās♂ ṭhaṇḍā pānī cāhie. jaldī !

८– अभी लीजिए, मेमसाहब ! और क्या–क्या लाऊँ ?

abhī lījie, memsāhab♀ ! aur kyā-kyā lāū̃ ?

NOTES (suite)

(6) **khā-pī lẽ**, "mangeons-buvons quelque chose" (prenons quelque chose). Le subjonctif (première personne du pluriel, le sujet **ham** "nous" étant sous-entendu) a ici une valeur d'exhortation, d'où la traduction par l'impératif. Notez que la terminaison verbale se reporte sur l'explicateur : on a le verbe "prendre" après **khānā et pīnā** "manger", "boire", parce que l'action est orientée vers le sujet, qui en "prend" le bénéfice. De même, on aurait pu avoir **dekh lẽ** (voir-prenons). De même **sun lījie** (phrase 6), mais **sunā dījie** ("racontez", car l'action est orientée vers l'auditeur et non le sujet qui raconte). L'emploi de ces verbes composés est très idiomatique et n'obéit pas à des règles strictes. Il faut s'en imprégner (quelques règles cependant vous sont données dans la leçon de révision). Dans la

5 – Maintenant, on pourrait peut-être laisser ce journal et regarder le menu ? Et nous restaurer un peu !
(maintenant / nous / un peu / journal / (qu'on) laisse / et / menu / (qu'on) regarde // quelque chose / (qu'on) manger-boire prenne)

6 Il y a de la musique, en plus ! Hier j'ai écouté Lata [Mangeshkar], aujourd'hui, écoutez [Mohammed] Rafi !
(musique / aussi / est // je / hier / Lata / à / avais écouté // maintenant / Rafi / à / écouter prenez)

7 – Eh, s'il vous plaît ! Tout d'abord, nous voudrions un verre d'eau fraîche. Vite !
(euh / écoutez // d'abord / nous-à / un-un / verre / froide / eau / faut // vite)

8 – Tout de suite, madame ! Qu'est-ce que je vous apporte d'autre ?
(tout de suite / prenez / madame // autre / quoi-quoi / apporte)

NOTES (suite)

traduction mot-à-mot, les deux verbes sont indiqués comme une unité, entre barres obliques.

९– भई, मुझे तो आपका वही नफ़ीस मुर्ग़ मखनी चाहिए । 7 8
bhaī, mujhe to āpkā vahī nafīs murg[८] makhnī cāhie.

१० बोरिस ने भुनी हुई मूंगफली खा ली है । इसे कुछ नहीं चाहिए ।
boris ne bhunī huī mūṅgphalī[९] khā lī hai. ise kuch nahī̃ cāhie.

११– भाईसाहब, आपने कभी ऐसी लड़की को देखा है ?
bhāīsāhab, āpne kabhī aisī laṛkī ko dekhā hai ?

NOTES (suite)

(7) **mujhe cāhie** : **cāhie**, "il faut" est invariable, son sujet logique est à la forme oblique + **ko** (**mujhe** = **mujh ko**, **use** = **usko** dans la phrase 10). La construction est comparable au français "il *lui* faut"...

EXERCICES

अनुवाद कीजिए
anuvād kījie

1. क्या आपने कभी गीता दत्त को देखा है ? उनको सुना है ?
kyā āpne kabhī gītā datt ko dekhā hai ? unko sunā hai ?

9 – Eh bien, moi, je voudrais votre délectable poulet au beurre.
(frère / moi-à / to / votre / ce-même / délectable / poulet / beurré / faut)

10 Boris, lui, a mangé des cacahuètes grillées. Il ne voudra rien.
(Boris / grillées / cacahuètes / a manger pris // lui-à / quelque chose / pas / faut)

11 – Monsieur, vous avez déjà vu une fille pareille ?
(grand frère / vous / déjà / pareille / fille / à / avez vu)

NOTES (suite)

(8) **nafīs murg makhnī**, "délicieux poulet makhni" (de **makkhan**♂, "beurre"). Il s'agit d'une préparation à base de poulet "tandoori" – vous voyez que tout le monde n'est pas végétarien – dont la richesse de la sauce fait le charme. Le poulet tandoori (de **tandūr**♂, "four en argile"), est un poulet mariné pendant de longues heures dans un yaourt délicatement épicé, mais cuit en une quinzaine de minutes dans un four très chaud. La chaleur accumulée dans ce four en argile est telle que le poulet saisi garde toute sa saveur. Ces plats, introduits en Inde par les musulmans venant du nord-ouest depuis l'époque médiévale (et réinterprêtés sur place, bien sûr !) se mangent typiquement avec des galettes, **tandūrī roṭī**♀, ou **nān**♀, cuites dans le même four, collées sur les parois.

२. लड़के ने जल्दी-जल्दी अपनी बकरियों को बुलाया ।
laṛke ne jaldī-jaldī apnī bakriyõ ko bulāyā.

३. मुझे मालूम है कि आपको मीठा पसंद है । मेरा हलवा आपको पसंद आया ?
mujhe mālūm hai ki āpko mīṭhā pasand hai. merā halvā āpko pasand āyā ?

४. ज़रा यहाँ बैठें। अख़बार पढ़ लें। मैट्रिमोनियल देखें !
zarā yahā̃ baiṭhẽ. akhbār paṛh lẽ. maiṭrimoniyal dekhẽ !

५. आइए अब ज़रा हिन्दी का काम करें। कुछ लिखूँ या ज़ोर-ज़ोर से पढ़ूँ ?
āie ab zarā hindī kā kām karẽ. kuch likhū̃ yā zor-zor se paṛhū̃ ?

६. कृपया बीड़ी-सिगरेट न पिएँ, कूड़ा न फेंकें, इस बस को साफ़ रखें।
kripayā bīṛī-sigreṭ na piẽ, kūṛā na phẽkẽ, is bas ko sāf rakhẽ.

७. नाटक के लिए हमें एक लड़का चाहिए और दो लड़कियाँ चाहिएं।
nāṭak ke lie hamẽ ek laṛkā cāhie aur do laṛkiyā̃ cāhiẽ.

८. देख लीजिए और सोच लीजिए। आपको और कुछ चाहिए ?
dekh līјie aur soc līјie. āpko aur kuch cāhie ?

९. नहीं, मैंने देख लिया है और सोच भी लिया है। कुछ नहीं चाहिए।
nahī̃, maĩne dekh liyā hai aur soc bhī liyā hai. kuch nahī̃ cāhie.

वाक्य पूरे कीजिए
vākya pūre kījie

1. *La belle-mère a immédiatement appelé sa belle-fille et l'a grondée.*

सास — तुरन्त —— बहू — —— और डाँटा।
sās -- turant ---- bahū -- ------ aur ḍā̃ṭā.

१०. आप लोगों को फ़िल्म देखना पसंद है। टीवी चलाऊँ या वीडियो कैसेट लाऊँ ?... या सिनेमा चलें ?
āp logõ ko film dekhnā pasand hai. ṭī-vī calāū̃ yā vīḍiyo kaiseṭ lāū̃ ?...yā sinemā calẽ ?

Traduisez

1 Est-ce que vous avez déjà vu Geeta Dutt ? Est-ce que vous l'avez entendue ? 2 Le garçon a appelé ses chèvres en toute hâte. 3 Je sais que vous aimez le sucré. Est-ce que mon halwa vous plaît (a plu) ? 4 Asseyons-nous un peu ici. Lisons le journal. Regardons les annonces matrimoniales ! 5 Venez, maintenant faisons donc notre devoir (travail) de hindi. J'écris quelque chose, ou je lis à haute voix (fort-fort) ? 6 S'il vous plaît, ne fumez pas de cigarettes [ni de] bidi. Ne jetez pas d'ordures, gardez ce bus propre. 7 Pour la pièce il nous faut un garçon et il nous faut deux filles. 8 Regardez, et réfléchissez : il vous faut autre chose ? 9 Non, j'ai [bien] regardé et [j']ai réfléchi aussi. Il ne [me] faut rien. 10 Vous aimez regarder [des] film[s]. Je mets la TV en marche, ou j'apporte une cassette video ?... ou on va au cinéma ?

2. *Aujourd'hui, Nisha a encore embêté le pauvre Boris.*
आज निशा ने फिर से बेचारे बोरिस — —— ।
āj niśā ne phir se becāre boris -- ----- .

3. *L'autre jour, Boris aussi a pas mal embêté Nisha.*
उस दिन बोरिस ने भी निशा — काफ़ी —— ।
us din boris ne bhī niśā -- kāfī ----- .

4. *Le garçon a couru et a attrapé ses chèvres.*
—— ने भागकर —— बकरियों — —— ।
----- ne bhāgkar ---- bakriyõ -- ----- .

5. *Delhi est votre ville. Gardez-la propre.*
दिल्ली आपका —— है । —— साफ़ —— ।
dillī āpkā ----- hai. --- sāf ----- .

6. *Ils avaient aimé le Ladakh. Ils aimeront également le Tibet.*
—— लद्दाख़ पसंद —— —— । तिब्बत भी —— —— ।
---- laddā<u>kh</u> pasand --- --- . tibbat bhī ------ ---- .

7. *Eh ! Laissons tomber l'idée (parole) du cinéma. Regardons tranquillement la télé.*
अरे, सिनेमा की बात —— और आराम से टीवी —— ।
are, sinemā kī bāt ---- aur ārām se ṭī-vī ----- .

8. *Qu'est-ce que vous voudrez demain ? Pensez-y et dites moi.*
—— कल क्या-क्या —— होगा ? सोच —— और मुझे बता —— ।
---- kal kyā-kyā ----- hogā ? soc ----- aur mujhe batā ----- .

9. *Ils ont vu la fille. Ils veulent absolument cette fille pour leur fils.*
—— लड़की — देख —— है । — अपने बेटे — —— वही लड़की —— —— ।
------ laṛkī -- dekh ---- hai. -- apne beṭe -- --- vahī laṛkī ----- --- .

10. *Reposez-vous. Asseyez-vous un peu, mangez quelque chose, buvez quelque chose et écoutez de la musique.*
आप आराम ——— । ज़रा बैठें, कुछ ——— , कुछ ——— , ज़रा संगीत ——— ।
āp ārām ----- . zarā baiṭhẽ, kuch ----, kuch ---, zarā saṅgīt ---- .

Les mots manquants

१. **– ने – अपनी – को बुलाया – – ।**
- ne - apnī - ko bulāyā - - .

२. **– – – – – – – – को छेड़ा ।**
- - - - - - - ko cheṛā.

३. **– – – – – – – को – छेड़ा ।**
- - - - - - ko - cheṛā.

४. **लड़के – – अपनी – को पकड़ा ।**
laṛke - - apnī - ko pakṛā.

५. **– – शहर – । इसे/इसको – रखें ।**
- - śahar -. ise/isko - rakhẽ.

६. **उन्हें/उनको – – आया था । – – पसंद आएगा ।**
unhẽ/unko - - āyā thā. - - pasand āegā.

७. **– – – – छोड़ें – – – – देखें ।**
- - - - choṛẽ - - - - dekhẽ.

८. **आपको – – – चाहिए – ? – लीजिए – – – दीजिए ।**
āpko - - - cāhie - ? - lījie - - - dījie.

९. **उन्होंने – को – लिया – । वे – – के लिए – – चाहते हैं ।**
unhõne - ko - liyā -. ve - - ke lie - - cāhate haĩ.

१०. **– – कीजिए/करें । – –, – खाएँ, – पिएँ, – – सुनें ।**
- - kījie/karẽ. - -, - khāẽ, - piẽ, - - sunẽ.

Exercice d'écriture

प्य, प्त, ब्ब, ब्त, भ्य, म्य
pya, pta, bba, bta, bhya, mya

A. Lisez

1. **प्यास** soif
2. **समाप्त** terminé
3. **मुहब्बत** amour
4. **फब्ती** remarque cinglante
5. **सभ्यता** civilisation
6. **ग्राम्य** "du village", rural

पाठ छब्बीस
pāṭh chabbīs

अपने-अपने प्रॉब्लम !
apne-apne prāblam !

१- अब आप लोग ज़रा मेन्यू की तरफ़ ध्यान दें... 1

ab āp log zarā menyū kī taraf♀ dhyān♂ dẽ...

NOTES

(1) **āp dhyān dẽ**, "que vous donniez attention". Le subjonctif a valeur d'exhortation, et est très employé dans les formules de politesse (voir leçon 25). C'est un des équivalents du "s'il

B. Ecrivez

1. **pyār** amour
2. **lupt** caché
3. **ḍibbā** boîte
4. **zabt** confisqué
5. **abhyās** exercice
6. **ramya** séduisant

Corrigé

A. 1. **pyās** 2. **samāpt** 3. **muhabbat** 4. **phabtī** 5. **sabhyatā** 6. **grāmya**

B. 1. **प्यार** 2. **लुप्त** 3. **डिब्बा** 4. **ज़ब्त** 5. **अभ्यास** 6. **रम्य**

Vingt-sixième leçon

A chacun son problème !
(ses-ses / problèmes)

1 – Maintenant, si vous vous occupiez un peu du menu ?
(maintenant / vous / gens / un peu / menu / du côté de / attention / que vous donniez)

NOTES (suite)

vous plaît" français, ou de certains conditionnels "pourriez-vous", etc. **kī taraf**, littéralement "en direction de", donc "vers". Le doublet d'origine sanscrite est **kī or**.

२ यह सब क्या है, भाई ? कोरमा, मुर्ग़–मखनी, दोप्याज़ा, बादाम पसंदा... ? 2

ye sab kyā hai, bhāī ? kormā♂, murg♂-makhnī, dopyāzā♂, bādām♀ pasandā♂... ?

३ अच्छा, इस "रौग़न जोश" के बारे में कुछ बताएँ । क्या–क्या होता है, इसमें ?

acchā, is "raugan jośʺ ke bāre mẽ kuch batāẽ. kyā-kyā hotā hai, ismẽ ?

४– बकरे का गोश्त है । इसमें तरह–तरह के मसाले पड़ते हैं । 3

bakre kā gośt hai. ismẽ tarah-tarah ke masāle paṛte hãĩ.

५ जैसे, इलायची, लौंग, तेजपत्ता, दालचीनी, ज़ीरा, धनिया, काली मिर्च...ख़ूब सारा घी, प्याज़, लहसुन, अदरक... और हाँ, लाल मिर्च । 4

jaise, ilāycī♀, lauṅg♀, tejpattā♂, dālcīnī♀, zīrā♂, dhaniyā♂, kālī mirc♀...khūb sārā ghī♂, pyāz♂, lahsun♂, adrak♀... aur hã, lāl mirc.

NOTES (suite)

(2) **kormā, makhnī, bādām pasandā** : Plats à base de viande, dans une sauce épicée : il n'y a pas que du piment rouge ! Il y a aussi les saveurs raffinées et variées des épices que vous avez vues au bazar avec Boris et Nisha. Mais pour vous faire

2 Mais qu'est-ce que c'est que tout ça ? "korma", "murgh makhni", "dopiaza", "badam pasanda"... ?
(ceci / tout / quoi / est / frère // korma / murgh makhni / dopiaza / badam pasanda)
3 Bon, expliquez-moi un peu ce "rogan josh". Qu'est-ce qu'il y a dedans ?
(bon // ce / rogan josh / à propos / quelque chose / expliquez (dites) // quoi-quoi / est / ceci-dans)
4–C'est du mouton. On y met toutes sortes d'épices.
(bouc / de / viande / est // ceci / dans / sortes-sortes / de / épices / tombent)
5 Par exemple, cardamome, clou de girofle, feuille de laurier, cannelle, cumin, graines de coriandre, poivre...beaucoup de ghee, des oignons, de l'ail, du gingembre.. ah, oui, du piment rouge.

NOTES (suite)

une idée précise de ces mets, le mieux est d'aller faire un tour dans le passage Brady, près de la gare du Nord à Paris, où vous trouverez de petits restaurants indiens bon marché.

(3) **paṛte haĩ**, littéralement. "ils tombent". Ce verbe est employé métaphoriquement dans de nombreuses expressions indiquant en général que quelque chose advient, ou se trouve, se met (voir français, "le 10 tombe un mercredi"). **is halve mẽ ilāycī nahĩ paṛtī**, "on ne met pas de cardamome dans ce halwa"). **śimlā mẽ baraf paṛtī hai**, "il neige à Simla". Dans le contexte, pour "mettre des épices", on emploie aussi souvent **ḍālnā : aur masālā ḍāl do**, "mets davantage d'épices".

(4) **hā̃**, "ah oui", "et aussi", quand on se souvient d'un élément nouveau.

६– ओफ़ ओह ! फिर वही लाल मिर्च । यह तो बड़ी मुश्किल है, भाई । मैं फिर अपना पेट ख़राब नहीं करना चाहता । 5 6

off oh ! phir vahī lāl mirc. ye to baṛī muśkil♀ hai, bhāī. mãī phir apnā peṭ♂ <u>kh</u>arāb nahī̃ karnā cāhtā.

७ – अरे, नो प्राबलम ! आप अपने लिए मिर्च कम करा लीजिए । इसमें कौनसी बड़ी बात है ? 7 8

are, no prāblam ! āp apne lie mirc kam karā lījie. ismẽ kaunsī baṛī bāt hai ?

NOTES (suite)

(5) **apnā peṭ**, "mon ventre". Mais vous voyez qu'au lieu de "**merā peṭ**", forme que vous attendriez probablement, on dit **apnā peṭ. apnā** est la forme adjectivale du possessif employée quand le possesseur renvoie au sujet principal de la proposition. Au lieu des possessifs que vous connaissez (**merā, uskā, āpkā, tumhārī, unke**, etc.) on emploie le réfléchi **apnā**. Il reste à la même forme quels que soient le genre et le nombre du possédant, mais il s'accorde, comme un adjectif, avec le nom possédé : **vo apnī bahan se bāt kar rahā hai**, "il parle à sa soeur" (littéralement "il fait parole" : encore une locution verbale). **apnā sāmān**♂ **le āo**, "apporte tes affaires".

(6) **<u>kh</u>arāb karnā**, "abîmer", "détraquer", est une locution verbale formée à partir de l'adjectif "mauvais", "abîmé", auquel s'ajoute le verbe "faire" / "rendre". Si on ajoute à l'adjectif le verbe **honā**, "être", la locution verbale ainsi formée a un sens "passif", non actif : **<u>kh</u>arāb honā**, "être abîmé/détraqué".

6 – Mince ! Encore ce piment rouge ! Ça, c'est pas drôle. Je ne veux pas encore me détraquer les intestins !
(oh là là // encore / ce-même / rouge / piment // ceci / to / grande / difficulté / est / frère // je / encore / mon / ventre / mauvais / pas / faire / veux)

7 – Oh, pas de problème ! Faites mettre moins de piment pour vous. Ce n'est pas une affaire !
(oh / pas / problème // vous / vous / pour / piment / moins / faire-faire prenez // ceci-dans / quelle / grande / affaire / est)

NOTES (suite)

(7) **no prāblam,** "pas de problème". Le mot hindi correspondant est soit **samasyā**♀ (origine sanscrite), soit **taklīf**♀ (origine arabo-persane), plus courant. Les expressions anglaises abondent dans le hindi urbain. Il faudra s'y faire. Si vous êtes touristes, vous aurez des chances d'entendre cette expression plus fréquemment qu'aucune autre (sauf peut-être "want hotel ?"), toutes sortes de vendeurs vous abordant pour vous proposer divers objets et services, et prêts à toutes les compromissions au cas où vous verriez le moindre "problème".

(8) **apne lie**, "pour vous", littéralement "pour soi". Quand un pronom renvoie au sujet du verbe conjugué de la proposition, il doit prendre la forme réfléchie en hindi (anglais Xself). Cette forme est invariable quels que soient le genre et la personne : **maĩ apne lie kām kar rahā hū̃**, "je travaille pour moi", et **āp apne lie kām kar rahe haĩ**, "vous travaillez pour vous". Une forme pronominale signifie obligatoirement qu'il s'agit d'une personne autre que le sujet : **vo uske lie kām kar rahā hai**, "il travaille pour lui = pour celui-là". Le sujet peut d'ailleurs être à la forme oblique : **mujhe apne lie jagah cāhie,** "je voudrais une place pour moi".

८– बड़ी मेहरबानी होगी... ठीक है, मेरे लिए रौग़न जोश ही चलेगा, बिना मिर्च के, प्लीज़। अरे, इसी बीच शोरबा ठंडा हो गया... 9 10

barī meharbānī♀ hogī. ṭhīk hai, mere lie raug̲an jóś hī calegā, binā mirc ke, plīz. are, isī bīc śorbā♂ ṭhaṇḍā ho gayā...

९– रायसाहब, आप कुछ नहीं बोले अभी तक। आपको मौक़ा ही नहीं मिलता। 11

rāysāhab, āp kuch nahī̃ bole abhī tak. āpko mauqā♂ hī nahī̃ miltā.

१०–बात यह है कि मैं शाकाहारी हूँ...मेरी तबीयत ठीक नहीं है।

bāt ye hai ki mãĩ śākāhārī hū̃...merī tabīyat♀ ṭhīk nahī̃ hai.

११ मैं तो सिर्फ़ दही–चावल खाऊँगा। बाद में, थोड़ी–सी खीर खा लूँगा।

mãĩ to sirf dahī♂-cāval♂ khāū̃gā. bād mẽ, thoṛī-sī khīr♀ khā lū̃gā.

NOTES (suite)

(9) **baṛī meharbānī hogī**, littéralement “grande reconnaissance sera”, “je vous en serai très reconnaissant”. Prononcée devant un **karamcārī** (“employé”) destiné à vous rendre la vie difficile, cette expression peut vous ouvrir magiquement les portes. Préparez-vous en tout cas psychologiquement – et sereinement – pour la paperasserie indienne. Le yoga est là pour ça.

8– Je vous en serais très reconnaissant... Alors d'accord, pour moi un "rogan josh", ça ira très bien, sans piment, s'il vous plaît. Oh, entre-temps, la soupe a refroidi...
(grande / miséricorde / sera // bien / est / moi / pour / rogan josh / juste / ira / sans piment / s'il vous plaît // oh / ceci-même / au milieu / chorba / froide / devint)

9– Raisahab, vous n'avez rien dit encore. Vous n'en avez même pas l'occasion... !
(Raisahab / vous / quelque chose / pas / dites / maintenant / jusqu'à // vous-à / occasion / même / pas / se trouve)

10– Le problème est que... je suis végétarien. Je ne me sens pas bien.
(chose / ceci / est / que / je / végétarien / suis // mon / humeur / bien / pas / est)

11 Je ne mangerai que du riz au yaourt. Après je prendrai un peu de kheer.
(je / to / seulement / yaourt-riz / mangerai // après / un peu / kheer / manger prendrai)

NOTES (suite)

(10) **ṭhaṇḍā ho gayā hai**, "a refroidi", littéralement "froid est devenu". **ho jānā**, "devenir", littéralement "être-aller", est le verbe composé qui sert à représenter un changement, notamment d'état. Avec un adjectif, il correspond assez bien au suffixe verbal "-ir" français qui sert à dériver des verbes de changement d'état à partir d'adjectifs : grandir (**baṛā ho jānā**), jaunir (**pīlā ho jānā**) etc.

(11) **āp kuch nahĩ bole**, "vous n'avez rien dit, pas parlé". Le verbe est bien transitif (COD **kuch nahĩ,** "rien") et à un aspect accompli ou perfectif. Cependant il n'entraîne pas la structure ergative, comme on pourrait l'attendre : c'est une exception ! Il y en a quelques-unes (peu : "oublier", **bhūlnā**, "apporter", **lānā**, "comprendre", **samajhnā**). **boris apnī cābī♀ nahĩ bhūlā**, "Boris n'a pas oublié sa clef", **rāysāhab miṭhāī♀ lāe**, "Raisahab a apporté des sucreries".

EXERCICES

अनुवाद कीजिए
anuvād kījie

१. यह रोग़न जोश ख़राब "हो" नहीं गया है, आपने ख़राब कर दिया है !
ye raugan joś kharāb "ho" nahī̃ gayā hai, āpne kharāb kar diyā hai !

२. इसमें इलायची तो पड़ती है लेकिन हींग बिलकुल नहीं पड़ती ।
ismẽ ilāycī to paṛtī hai lekin hī̃g bilkul nahī̃ paṛtī.

३. बिना बहस के आप मानना नहीं चाहते । अपने मसाले डाल देते हैं, तरह-तरह के !
binā bahas ke āp mānnā nahī̃ cāhate. apne masāle ḍāl dete haĩ, tarah-tarah ke !

४. और इतनी मिर्च ! क्या आपने केवल अपने लिए बनाया है ?
aur itnī mirc ! kyā āpne keval apne lie banāyā hai ?

५. ठीक है, आप अपना ही पेट ख़राब करें ! मैं तो नहीं खाना चाहती ।
ṭhīk hai, āp apnā hī peṭ kharāb karẽ ! maĩ to nahī̃ khānā cāhtī.

६. मुझे दही-चावल दे दीजिए, मेरे लिए वही चलेगा ।
mujhe dahī-cāval de dījie, mere lie vahī calegā.

७. ओफ़ ओह ! खा लो, न ! तुम्हें खाने का मौक़ा ही नहीं मिलता ।
of oh ! khā lo, na ! tumhẽ khāne kā mauqa hī nahī̃ miltā.

८. बात यह है कि आप पंजाबी हैं और मैं गुजराती हूँ ।
bāt ye hai ki āp pañjābī haĩ aur maĩ gujarātī hū̃.

९. चलिए, अब आप अपना मिर्च वाला रोग़न जोश खा लीजिए ।
calie, ab āp apnā mirc vālā raugan joś khā lījie.

१०. मैं अपने मीठे आलू खा लूँगी । दोनों अपना-अपना खाना खाएँगे !
maĩ apne mīṭhe ālū khā lū̃gī. donõ apnā-apnā khānā khāẽge !

Traduisez

1 Ce rogan josh ne s'est pas gâté [tout seul], c'est vous qui l'avez gâté ! 2 On y met bien de la cardamome mais surtout pas d'asafétida. 3 Vous ne voulez rien (pas) accepter sans discussion. Vous mettez vos épices comme cela vous chante (sorte-sorte de). 4 Et tout ce (tant de) piment ! Est-ce que vous [l']avez préparé seulement pour vous ? 5 D'accord, vous pouvez vous détraquer l'estomac. Moi, je ne veux pas [en] manger. 6 Donnez-moi du riz au yaourt, ça ira pour moi. 7 Allez ! manges-en ! Tu n'as jamais l'occasion d'en manger. 8 Le problème, c'est que vous êtes panjabi et que moi, je suis goujarati. 9 Allez, mangez votre rogan josh pimenté maintenant. 10 Moi, je vais manger mes pommes de terre sucrées. Chacun de nous deux mangera sa propre nourriture !

वाक्य पूरे कीजिए
vākya pūre kījie

1. *Maintenant, si vous regardiez un peu la chorba ? [Elle] s'est complètement refroidi[e] !*
   अब आप लोग ज़रा ——— की तरफ़ ——— । बिलकुल ——— हो गया है !
   ab āp log zarā ----- kī taraf ----- . bilkul ------ ho gayā hai !
2. *D'accord, on met (il tombe) du beurre dans le murgh makhni, mais je ne veux pas en mettre beaucoup.*
   ठीक है, मुर्ग़ मखनी में मक्खन ——— है, ——— मैं ज़्यादा नहीं डालना ——— ।
   ṭhīk hai, murg makhnī mẽ makkhan ----- hai, ----- mãĩ zyādā nahī̃ ḍālnā ------ .
3. *Allez, mangez votre poulet tandoori maintenant, et moi, je mangerai mon riz au yaourt.*
   चलिए, अब आप ——— मुर्ग़ तंदूरी —— लीजिए और मैं ——— दही-चावल खा ——— ।
   calie, ab āp ---- murg tandūrī --- lījie aur mãĩ ---- dahī-cāval khā ---- .
4. *Je veux de la place seulement pour moi-même et mon enfant. Une seule couchette (m) ira très bien.*
   मुझे केवल ——— ——— और ——— बच्चे —— —— जगह चाहिए। एक ही स्लीपर ——— ।
   mujhe keval ---- --- aur ---- bacce -- --- jagah cāhie. ek hī slīpar ------ .
5. *Vous avez acheté un ballon de foot pour votre fils, et de quoi (affaire de) cuisiner pour votre fille !*
   आपने ——— बेटे —— ——— तो फ़ुटबाल ख़रीदी है, और बेटी —— ——— खाना पकाने का सामान!
   āpne ---- beṭe -- --- to fuṭbāl[9] kharīdī hai, aur beṭī -- --- khānā pakāne kā sāmān !

6. *Notre fille travaille beaucoup à la maison, mais [notre] fils ne veut rien faire.*

हमारी बेटी घर में ख़ूब ——— ——— है, लेकिन बेटा कुछ नहीं ——— ——— ।

hamārī beṭī ghar mẽ khūb --- ----- hai, lekin beṭā kuch nahī̃ ----- ----- .

7. *Le problème est que vous avez fait de votre fils un grand seigneur.*

बात यह है कि ——— ने ——— बेटे को लाट–साहब बना दिया है ।

bāt ye hai ki -- ne ---- beṭe ko lāṭsāhab banā diyā hai.

8. *Au bazar il mange n'importe quoi (sorte-sorte de choses) et il se détraque l'estomac.*

बाज़ार में वह ——— ——— की चीज़ें खाता है और ——— पेट ख़राब कर लेता है ।

bāzār mẽ vo ----- ----- kī cīzẽ khātā hai aur ---- peṭ kharāb kar letā hai.

9. *Il explique aux patrons des dhabas : on ne met pas telle chose dans tel plat, telle autre chose dans tel autre plat...*

ढाबेवालों —— समझाता है : इसमें यह नहीं ———, उसमें —— नहीं पड़ता...

ḍhābevālõ -- samjhātā hai : ismẽ ye nahī̃ -----, usmẽ -- nahī̃ paṛtā...

10. *Et votre fille n'a jamais l'occasion de sortir de chez elle !*

और ——— बेटी को ——— घर से बाहर निकलने का ——— ही नहीं ——— !

aur ---- beṭī ko ---- ghar se bāhar nikalne kā ----- hī nahī̃ ----- !

Les mots manquants

१. **– – – – शोरबे – – देखें । – ठंडा – – – !**

- - - - śorbe - - dekhẽ. - ṭhaṇḍā - - - !

२. – –, – – – – पड़ता –, लेकिन – – – – चाहता ।
- - , - - - - paṛtā -, lekin - - - - cāhtā.

३. –, – – अपना – – खा – – – अपना – – – लूँगी ।
-, - - apnā - - khā - - - apnā - - - lū̃gī.

४. – – अपने लिए – अपने – के लिए – – । – – – चलेगा ।
- - apne lie - apne - ke lie - - . - - - calegā.

५. – अपने – के लिए – – – –, – – के लिए – – – – !
- apne - ke lie - - - -, - - ke lie - - - - !

६. – – – – – काम करती –, – – – – करना चाहता ।
- - - - - kām kartī -, - - - - karnā cāhtā.

Exercice d'écriture

म्ह, र्य, र्र, ल्ल, ल्य, व्व,

mha, rya, rra, lla, lya, vva

A. Lisez

1. तुम्हारा ton, tien
2. आर्य noble
3. जुर्रत culot
4. दिल्ली Delhi
5. मूल्य valeur
6. क़व्वाली qawwali (style de chant)

B. Ecrivez

1. **unhẽ** à eux
2. **sūrya** soleil
3. **gurrānā** grogner
4. **mullā** moullah, prêtre
5. **atulya** incomparable
6. **havvā** Eve

७. – – – – आप – अपने – – – – – – – ।
- - - - āp - apne - - - - - - .

८. – – – तरह तरह – – – – – अपना – – – – – ।
- - - tarah tarah - - - - - apnā - - - - - .

९. – को – – : – – – पड़ता, – वह – – …
- ko - - : - - - paṛtā, - vo - - ...

१०. – आपकी – – अपने – – – – – मौक़ा – – मिलता !
- āpkī - - apne - - - - - mauqā - - miltā !

Corrigé

A. 1. **tumhārā** 2. **ārya** 3. **jurrat** 4. **dillī**
5. **mūlya** 6. **qavvālī**

B. 1. **उन्हें** 2. **सूर्य** 3. **गुर्राना** 4. **मुल्ला**
5. **अतुल्य** 6. **हव्वा**

Vous voilà désormais complètement tiré d'affaire. Quand on peut commander un repas pareil, que reste-t-il à craindre ? Et vous voyez, en Inde, on mange aussi de la viande ! Le végétarisme strict (ni poisson ni œuf) est lié au respect de l'orthodoxie religieuse, et aux habitudes ancestrales, dont s'éloignent de plus en plus la bourgeoisie occidentalisée et les classes aisées. D'autre part, les musulmans, qui constituent une minorité importante en Inde (plus d'un dixième), ont toujours consommé de la viande, à l'exception bien entendu du porc. Donc ne craignez pas de mourir de faim à Delhi, même si vous êtes carnivore. Mais la nourriture végétarienne est tellement savoureuse que vous changerez peut-être vos habitudes. Cela vous préparera au voyage, car dans les villages hindous vous n'aurez guère le choix.

पाठ सत्ताईस
pāṭh sattāīs

सबसे बढ़िया कमीज़ !
sabse baṛhiyā kamīz !

१– हाँ, तो बताइए जनाब, कौनसी कमीज़ अच्छी लगी ? 1 2

hā̃, to batāie janāb, kaunsī kamīz acchī lagī ?

२– वह सफ़ेद वाली इस रंगबिरंगी से ज़्यादा अच्छी है । 3

vo safed vālī is raṅgbiraṅgī se zyādā acchī hai.

NOTES

(1) **batāie**, "dites/racontez". C'est ici l'équivalent de "**kahie**". Mais "dire quelque chose" se construira différemment selon le verbe utilisé. **kahnā**, "dire", demande la postposition **se** (comme **bāt karnā**, "parler") et **batānā**, la postposition **ko**. Quant à **bolnā**, (postposition **se**) il a le sens de parler (une langue, fort...), émettre une parole (**bol**♂), et s'emploie souvent sans complément. Exemples : **mãine tumse kahā ki**..., "je t'ai dit que..." ; **boris sītā se bāt kar rahā hai**, "Boris parle (bavarde) avec Sita" ; **boris ne mujhko ye batāyā**, "Boris m'a raconté ceci" ; **bhārat me log (mujhse) hindī bolte hãi,** "En Inde, les gens (me) parlent hindi".

(2) **acchī lagī**, "vous plaît", "aimez-vous". Notez l'emploi du passé simple (littéralement "vous a semblé bon"), qui correspond à l'aspect, plutôt qu'à un temps passé. **acchā lagnā** est synonyme de **pasand honā /ānā** (voir leçon 25, note 2 sur **pasand āegī**).

(3) **is raṅgbiraṅgī se zyādā acchī hai**, "est plus belle que la bariolée". **raṅgbiraṅgī**, "colorée", est formé sur la base de **raṅg** "couleur", et utilisé ici comme nom (comme en français

Vingt-septième leçon

La plus belle chemise !
(tous-de / belle / chemise)

1 – Eh bien alors, mon vieux, quelle chemise tu préfères ?
(oui / alors / dites / monsieur // quelle / chemise / bonne / sembla)

2 – La blanche, là, est mieux que cette bariolée.
(cette / blanche-vala / cette / bariolée / que / plus / bonne / est)

मेरा दर्ज़ी
तुम्हारे दर्ज़ी से
ज़्यादा अमीर
है...

NOTES (suite)

"la bariolée"). La phrase est comparative : vous voyez que "plus que" se dit **se (zyādā)**, littéralement "de plus". Mais attention à l'ordre des mots : d'abord le comparé, ensuite le comparant (au cas oblique à cause de la postposition), ensuite **se zyādā** et l'adjectif. "Boris est plus grand que Ramu" : **boris rāmū se (zyādā) lambā hai. zyādā** peut être supprimé avant l'adjectif. "Mon tailleur est plus riche que ton tailleur", **merā darzī tumhāre darzī se (zyādā) amīr hai** : la forme oblique, même si elle ne se voit pas sur le nom, est apparente sur le possessif. **boris us laṛke se zyādā moṭā hai**, "Boris est plus gros que ce garçon-là". "Encore plus" se dit **se bhī** : **niśā rāysāhab se bhī tez hai**, "Nisha est encore plus maligne que Raisahab". **mere jūte tumhāre jūtõ se saste haĩ**, "mes chaussures sont meilleur marché que les tiennes" (**sastā** veut dire "bon marché" et s'oppose à **mahãgā**, "cher").

३– अरे नहीं, तुमने ठीक से पहनकर इसे नहीं देखा। मेरे ख़याल से तो यही सबसे बढ़िया है। 4 5

are nahī̃, tumne ṭhīk-se pahankar ise nahī̃ dekhā. mere khayāl♂ se to yahī sabse baṛhiyā hai.

४ सफ़ेद कमीज़ें तो तुम्हारे पास पहले से हैं, कल भी सफ़ेद ही पहनी थी। 6

safed kamīzẽ to tumhāre pās pahale se hãi, kal bhī safed hī pahanī thī.

५ इसको पहनोगे तो हीरो लगोगे। दिल्ली की लड़कियाँ "बोरिस, बोरिस" चिल्ला-ती हुई आएँगी। 7

isko pahanoge to hīro lagoge. dillī kī laṛkiyã "boris, boris" cillātī huī āẽgī.

NOTES (suite)

(4) **ise nahī̃ dekhā : ise (= isko)** est l'objet "marqué" (c'est-à-dire avec la postposition **ko**), car il est bien particulier et défini dans l'esprit du locuteur, même s'il s'agit d'un objet inanimé et non d'une personne. Vous constatez que le verbe dans ce cas ne s'accorde plus avec lui (voir leçon 25, note 1).

(5) **sab se baṛhiyā**, "la plus magnifique". L'adjectif **baṛhiyā** est invariable : il garde la forme **-iyā** au masculin et au féminin. Le superlatif se forme avec **sab se**, "de tous/toutes" précédant l'adjectif. "Boris est le plus grand", **boris sab se lambā hai**. Que signifie **merā darzī sab se amīr hai** ? ("mon tailleur est le plus riche"). "Le plus riche du monde", **duniyā me sab se amīr**.

3 – Mais non ! Tu ne l'as pas portée pour la voir comme il faut. Moi je crois que c'est plutôt celle-ci qui est la plus belle.
(eh / non // tu / bien / ayant porté / elle-à / pas / regardé // mon / idée / par / to / celle-ci même / tous-de / superbe / est)

4 Des chemises blanches, tu en as déjà. Hier aussi tu en portais une blanche.
(blanches / chemises / to / de-toi / près / avant / dès / sont // hier / aussi / blanche / juste / avais mis)

5 Si tu portes celle-ci, tu ressembleras à une star ! Les filles de Delhi se précipiteront en hurlant "Boris ! Boris !"
(celle-ci-à / porteras / donc / star / sembleras // Delhi / de / filles / Boris / Boris / criant / viendront)

NOTES (suite)

(6) **tumhāre pās hai**, "tu as", littéralement "près de toi/chez toi est". La possession, quand il s'agit d'objets, s'exprime avec le verbe "être" et la locution prépositive **ke pās**. **mere pās ek gāṛī hai**, "J'ai une voiture". **hamāre pās ek kuttā hai**, "nous avons un chien". Vous le devinez, le verbe "avoir" n'existe pas en hindi. Ce qui bien entendu n'empêche pas le hindiphone d'exprimer cette idée ! Mais autrement. Vous verrez plus tard la manière d'"avoir" des frères et soeurs, deux jambes, du courage, avoir mal, avoir cinquante ans, etc., c'est-à-dire autre chose que des objets matériels.

(7) Vous souvenez-vous des participes ? Sinon revenez à la leçon 23. L'emploi **cillātī huī** est adverbial : "en criant" (voir leçon 23, note 2). C'est le même emploi dans la phrase 7, **muskurāte,** "en souriant". Mais notez ici la forme **cillātī huī,** adjectivale donc accordée avec le nom "filles", même si le participe n'a pas une fonction adjectivale : placé après le nom, il fonctionne adverbialement et modifie l'ensemble de la phrase. C'est une question d'usage.

६– अजी रहने दो ! हीरो बनने में फ़िलहाल मुझे कोई दिलचस्पी नहीं है । 8
ajī rahane do ! hīro banne mẽ filhāl mujhe koī dilcaspī nahī̃ hai.

७ कल रायसाहब भी मुस्कुराते हुए पूछेंगे कि यह सर्कस वाली कमीज़ कहाँ से ख़रीदी ।
kal rāysāhab bhī muskurāte hue pūchẽge ki ye sarkas vālī kamīz kahā̃ se kharīdī.

८– तुम सचमुच बड़े बोरिंग आदमी हो ! ख़ैर, जल्दी से कुछ ख़रीद लें और वापस चलें । 9
tum sacmuc baṛe boriṅg ādmī ho ! khair, jaldī se kuch kharīd lẽ aur vāpas calẽ.

NOTES (suite)

(8) **hīro banne mẽ** veut dire littéralement "dans le fait de devenir une star". L'infinitif (**bannā**, "se faire") est un véritable nom en hindi, et il prend notamment la forme oblique devant une postposition. La phrase est exactement parallèle à : **paṛhāī mẽ mujhe dilcaspī nahī̃ hai**, "je ne m'intéresse pas aux

EXERCICES

अनुवाद कीजिए
anuvād kījie

१. मेरा दर्ज़ी तुम्हारे दर्ज़ी से ज़्यादा अमीर है !
merā darzī tumhāre darzī se zyādā amīr hai !

6 – Eh, laisse tomber ! Je n'ai aucune envie, pour le moment, de devenir une star !
(eh / laisse / donne // star / devenir / dans / pour le moment / moi-à / quelque / intérêt / pas / est)

7 Demain, Raisahab aussi me demandera avec un sourire où j'ai pu trouver une pareille chemise de clown.
(demain / Raisahab / aussi / souriant / demandera / que / cette / cirque-vala / chemise / où / de / achetai)

8 – Tu es vraiment quelqu'un de pénible ! Enfin, achetons quelque chose rapidement et rentrons.
(tu / vraiment / très / ennuyeux / homme / es // enfin / vite / quelque chose / acheter prenons / et / retour / allons)

NOTES (suite)

études", avec le nom **paṛhāī**, "études". Notez la construction : le sujet "logique" à la forme oblique + **ko**, et l'objet d'intérêt introduit par la postposition **mẽ**, "dans", comme en anglais (to be interested in).

(9) **boring**, "ennuyeux, pénible" (de l'anglais). On dit aussi **nīras**, "ennuyeux" en hindi. **bor karnā**, "ennuyer", "raser", **bor honā**, "s'ennuyer".

२. **मुन्नी अपने भाई से छोटी है लेकिन उससे ज़्यादा बदमाश है ।**
munnī apne bhāī se choṭī hai lekin usse zyādā badmāś hai.

३. निशा और बोरिस अपनी क्लास में सबसे ज़्यादा बोलते हैं।
niśā aur boris apnī klās mẽ sabse zyādā bolte haĩ.

४. बोरिस को सफ़ेद कमीज़ें अच्छी लगती हैं। उसके पास चार-पाँच हैं।
boris ko safed kamīzẽ acchī lagtī haĩ. uske pās cār-pãc haĩ.

५. तुमने इस लड़की को तो देखा है पर सबसे सुंदर वाली को नहीं देखा। मेरे पास उसकी एक तस्वीर है।
tumne is laṛkī ko to dekhā hai par sabse sundar vālī ko nahī̃ dekhā. mere pās uskī ek tasvīr hai.

६. लंदन पैरिस से बड़ा है मगर न्यूयॉर्क उससे भी बड़ा है।
landan pairis se baṛā hai magar nyūyārk usse bhī baṛā hai.

७. इन तीनों नाटकों में से कौन-सा नाटक आपको सबसे दिलचस्प लगा ?
in tīnõ nāṭakõ mẽ se kaun-sā nāṭak āpko sabse dilcasp lagā ?

८. सचमुच तुम्हारे पास दुनिया की सबसे सुंदर साड़ी है !
sacmuc tumhāre pās duniyā kī sabse sundar sāṛī hai !

वाक्य पूरे कीजिए
vākya pūre kījie

1. *Chotu, en souriant, a pris la plus grande jalebi.*

छोटू ने ——— हुए ——— बड़ी जलेबी ले ली।
choṭū ne --------- hue ----- baṛī jalebī le lī.

९. मैंने सबसे बड़े भाई को गाते हुए सुना है। उसके पास सितार भी है।
mãine sabse baṛe bhāī ko gāte hue sunā hai. uske pās sitār bhī hai.

१०. इन जूतों को पहनोगे तो चारली चैपलिन से भी ज़्यादा मज़ेदार लगोगे।
in jūtõ ko pahanoge to cārlī caiplin se bhī zyādā mazedār lagoge.

Traduisez

1 Mon tailleur est plus riche que ton tailleur ! 2 Munni est plus petite que son frère mais [elle] est plus coquine que lui. 3 Dans leur classe, c'est Nisha et Boris qui parlent le plus. 4 Les chemises blanches plaisent bien à Boris : il en a quatre ou cinq. 5 Tu as bien vu cette fille, mais tu n'as pas vu la plus belle. J'ai une photo d'elle. 6 Londres est plus grand que Paris, mais New York est plus grand encore. 7 De ces trois pièces de théâtre, laquelle vous a semblé la plus intéressante ? 8 Vraiment tu as le sari le plus beau du monde ! 9 J'ai entendu chanter le frère aîné (le frère aîné chantant). Il a un sitar aussi. 10 [Si] tu portes ces chaussures, tu auras l'air plus amusant encore que Charlie Chaplin.

2. *Munni lui a jeté son plus grand samosa en criant.*

मुन्नी ने ——— हुए ——— सबसे बड़ा समोसा उस पर फेंका।
munnī ne ------- hue ---- sabse baṛā samosā us par phẽkā.

3. *Munni ne s'intéresse pas trop à manger des samosas.*

मुन्नी को समोसे ——— —— ज़्यादा ———— नहीं है ।

munnī ko samose ----- -- zyādā -------- nahī̃ hai.

4. *C'est manger les jalebis qu'elle aime le plus.*

उसको जलेबियाँ ——— ज़्यादा अच्छा ——— हैं।

usko jalebiyā̃ ----- zyādā acchā ----- hāĩ.

5. *Son frère n'a qu'une seule grande jalebi mais elle, elle en a quatre ou cinq petites.*

उसके भाई —— ——— एक ही बड़ी जलेबी है, लेकिन इसके ——— चार–पाँच ——— जलेबियाँ हैं ।

uske bhāī - - ek hī baṛī jalebī hai lekin iske --- cār-pā̃c ----- jalebiyā̃ hāĩ.

6. *Tu n'as pas de chien méchant (dangereux) par hasard ? - Non, mais j'ai l[a sonnerie d]'alarme la plus dangereuse de Delhi !*

——— पास कोई ख़तरनाक कुत्ता तो नहीं है ? –जी नहीं, लेकिन ——— ——— दिल्ली का ——— ख़तरनाक अलार्म है !

------- pās koī <u>kh</u>atarnāk kuttā to nahī̃ hai ? -jī nahī̃, lekin ---- --- dillī kā ----- <u>kh</u>atarnāk alārm hai !

7. *Oui, cette chemise blanche est la meilleur marché. Mais cette rouge-là est plus sympathique qu'elle !*

हाँ, यह सफ़ेद कमीज़ ——— सस्ती है, लेकिन वह लाल वाली इससे ——— मज़ेदार है !

hā̃, ye safed kamīz ----- sastī hai, lekin vo lāl vālī isse ----- mazedār hai !

8. *D'accord, la rouge est la plus sympathique, mais c'est aussi la plus chère !*

ठीक है, लाल —— सबसे ——— है, मगर वह —— महंगी — है !

ṭhīk hai, lāl ---- sabse ------- hai, magar vo ----- mahaṅgī --- hai !

9. *Si, nous avons des tapis moins chers que celui-là. Celui-là est bien le plus cher, mais il est aussi le plus beau !*

जी हाँ, ——— —— इससे सस्ते क़ालीन हैं। यह वाला ——— महंगा तो है, लेकिन ——— सुन्दर भी है !

jī hā̃, ------ --- isse saste qālīn haĩ. ye vālā ----- mahā̃gā to hai, lekin ----- sundar bhī hai !

10. *Ils possèdent aussi le plus grand magasin de sucreries sur Chandni Chowk.*

उनके —— चाँदनी चौक की ——— बड़ी मिठाई की ——— भी है।

unke --- cā̃dnī cauk kī ----- baṛī miṭhāī kī ----- bhī hai.

Les mots manquants

१. **– – मुस्कुराते – सबसे – – – – ।**
- - muskurāte - sabse - - - - .

२. **– – चिल्लाते – अपना – – – – – – – ।**
- - cillāte - apnā - - - - - - .

३. **– – – खाने में – दिलचस्पी – – ।**
- - - khāne mẽ - dilcaspī - - .

४. **– – खाना – – लगता – ।**
- - khānā - - lagtā - .

५. **– – के पास – – – – – , – – पास – – छोटी – – ।**
- - ke pās - - - - -, - - pās - - choṭī - - .

६. तुम्हारे – – – – – – – – ? – –, – मेरे पास – – सबसे – – – !
tumhāre - - - - - - - ? - -, - mere pās - - sabse - - - !

७. – – – – सबसे – –, – – – – – ज़्यादा – – !
- - - - sabse - -, - - - - - zyādā - - !

८. – –, – वाली – मज़ेदार –, – – सबसे – भी – !
- -, - vālī - mazedār -, - - sabse - bhī - !

Exercice d'écriture

श्य, श्व, ष्य, ष्ट, ह्म, हृ
śya, śva, ṣya, ṣṭa, hma, hri

A. Lisez

1. **श्याम** noir, Krishna
2. **अश्व** cheval
3. **भविष्य** avenir
4. **शिष्ट** poli, cultivé
5. **ब्राह्मण** brahmane
6. **हृदय** coeur

९. – –, हमारे पास – – – – । – – सबसे – – –, – सबसे – – – !

- -, hamāre pās - - - - . - - sabse - - -, - sabse - - - !

१०. – पास – – – सबसे – – – दुकान – – ।

- pās - - - sabse - - - dukān - - .

B. Ecrivez

1. **vaiśya** Vaishya, caste commerçante
2. **viśva** monde, univers
3. **bhāṣya** commentaire, annotation
4. **ruṣṭ** mécontent
5. **brahmā** Brahma
6. **hritkampan** palpitation

Corrigé

A. 1. **śyām** 2. **aśva** 3. **bhaviṣya** 4. **śiṣṭ** 5. **brāhmaṇ** 6. **hriday**

B. 1. **वैश्य** 2. **विश्व** 3. **भाष्य** 4. **रुष्ट** 5. **ब्रह्मा** 6. **हृत्कंपन**

Vingt-huitième leçon

Révisions

1. Le verbe

1.1 L'imparfait actualisé (leçon 22)
Encore un nouveau temps de l'indicatif (le dernier !) : il se forme sur le modèle du présent actualisé, mais avec l'imparfait de l'auxiliaire "être" au lieu du présent :

maĩ cal rahā thā / cal rahī thī,
"je marchais" (j'étais en train de marcher)
(**tū cal rahā thā / cal rahī thī**, "tu marchais")
vo cal rahā thā / cal rahī thī,
"il / elle marchait"
tum cal rahe the / rahī thī̃, "tu marchais"
(ou "vous marchiez" au pluriel)
ham cal rahe the / cal rahī thī̃,
"nous marchions"
ap cal rahe the / cal rahī thī̃, "vous marchiez"
ve cal rahe the / cal rahī thī̃,
"ils ou elles marchaient"

La traduction par "il était en train de marcher/d'aller" permet de distinguer l'imparfait actualisé de l'imparfait général, mais elle est souvent trop insistante. Regardez le contraste entre les deux imparfaits :
vo us din skūl jā rahā thā. usī rāste se roz jātā thā, "Ce jour-là, il allait à l'école. Il prenait tous les jours le même chemin".

1.2 Le subjonctif (voir leçon 25, note 5)

Vous connaissez déjà deux modes : l'impératif et l'indicatif. Voici le subjonctif. Pour vous qui vous souvenez bien du futur (sinon revoyez-le vite avant de lire la suite : leçon 10), aucune difficulté : vous retranchez aux terminaisons du futur le **-gā**, **-gī**, **-ge** final. Ainsi :

maĩ calū̃, "que je marche",
(**tū cale**, "que tu marches"),
vo cale, "qu'il/elle marche"
tum calo, "que tu marches"
("que vous marchiez" au pluriel)
ham calẽ, "que nous marchions"
āp calẽ, "que vous marchiez"
ve calẽ, "qu'ils/elles marchent"

Quant aux usages de ce temps, vous avez surtout rencontré ceux qui servent à atténuer un ordre, ou poser une question de façon plus polie : **maĩ batāū̃ ?**, "je peux dire quelque chose ?" ; **kyā lāū̃ ?**, "qu'apporterais-je, que puis-je apporter ?" ; **calẽ**, "allons" ; **kuch khāẽ**, "mangeons quelque chose".
On trouve aussi le subjonctif dans des propositions subordonnées, comme en français. Il sert d'impératif aux personnes autres que la seconde. En gros, il représente un fait non asserté.

1.3 Les participes
Les deux participes du hindi correspondent à peu près aux participes présent et passé français, mais l'aspect (inaccompli ou imperfectif et accompli ou perfectif) y domine davantage sur le temps. Vous avez vu les formes et les emplois dans la leçon 23,

et pour le participe présent (**caltā**, “marchant”), dès la leçon 5 puisqu’il sert à former le présent général. Notez bien que le participe passé (**baiṭhā**, “assis”) a presque la même forme que le passé simple, mais qu’il ne prend pas de nasalisation au féminin pluriel : **kone♂ mẽ baiṭhī laṛkiyā̃,** “les jeunes filles assises dans le coin”, mais : **laṛkiyā̃ baiṭhī̃**, “les jeunes filles s’assirent”.
Les deux participes sont fréquemment accompagnés du participe du verbe “être” **huā.** Ils sont très fréquemment employés comme adjectif en hindi (placés avant le nom et accordés avec lui) notamment souvent dans des cas où le français emploierait une relative : **boris saṛak se guzartī huī bārāt dekh rahā hai**, “Boris regarde la procession qui passe par la rue”. **baiṭhak♀ mẽ baiṭhe hue log bāt kar rahe haĩ**, “les gens assis dans le salon bavardent”. Mais le participe peut avoir une valeur adverbiale, équivalant à peu près à un gérondif, quand il est placé après le nom et, la plupart du temps, à une forme invariable fléchie (suivie ou non de **hue**) : **khāte hue mat bolo**, “ne parle pas en mangeant”. **laṛkī ne muskurāte hue kahā**, “la fille dit en souriant”.

1.4 Les verbes composés (leçon 24 note 5 et leçon 25 note 6)
Le verbe principal, qui donne le sens, apparaît sous la forme du radical simple, suivi d’un verbe difficile à traduire, qui a dans une certaine mesure perdu son sens, un peu comme un auxiliaire, et qui indique que l’action est orientée soit vers l’objet, soit vers le sujet. Par exemple, dans **vo khā letā hai**, “il mange” (littéralement “il manger-prend”), **cakh**

līјie, "goûtez", le bénéfice de l'action va au sujet, alors que dans **boris ne mujhe batā diyā**, "Boris m'a raconté" (littéralement "Boris-erg m'a raconter-donné"), l'action est plutôt dirigée vers le complément. Dans le cas de verbes intransitifs, le verbe principal est le plus souvent suivi de **jānā**, "aller" : **kursī gir gaī**, "la chaise est tombée" ; **ā jāo**, "viens" ; **boris is taklīf se bac gayā,** "Boris a évité (échappé à) ce problème". La combinaison **ho jānā** (être aller) a le sens de "devenir". On appelle ce type de construction "verbe composé" et le second verbe "vecteur" ou "explicateur", comme son rôle est seulement de spécifier l'orientation de l'action. C'est lui qui, comme les auxiliaires, porte les marques de temps et d'accord. L'emploi de ces "explicateurs" est très fréquent et très idiomatique, et ne correspond pas à des règles véritables. Laissez-vous imprégner de ces expressions à mesure que vous les rencontrez. Sachez toutefois que certains contextes excluent la combinaison verbe composé : avec **saknā**, **pānā**, "pouvoir", **rahnā** (auxiliaire d'actualisation), à l'absolutif, avec **lagnā/cuknā**, "commencer à / finir de", on ne trouve jamais d'explicateur. On le trouve plus rarement avec la négation, etc.

2. Structure de la phrase : la construction "ergative"

2.1 Vous voilà parvenu au coeur des difficultés de la syntaxe du hindi, et vous voyez que vous les surmontez. Revoyez les leçons 24 et 25, texte et notes. Quand une phrase hindi contient un verbe transitif (V+COD) et qu'elle est à l'aspect accompli ou

“perfectif”, c’est-à-dire au passé simple, passé composé, ou plus-que-parfait, le verbe s’accorde avec l’“objet”, et le “sujet”, c’est-à-dire l’agent qui fait l’action, se met à la forme oblique suivie de la postposition spéciale **ne** (généralement en un seul mot, mais pas toujours). Si le COD est au masculin singulier, on aura donc un verbe en -**ā** (ou -**ā hai**, ou -**ā thā**), et s’il est du féminin singulier, en **ī** (ou -**ī hai,** ou -**ī thī**). Et s’il est du féminin pluriel, en -**ī̃**, ou -**ī hãĩ**, ou -**ī thī̃**. Voyez :
mãĩne do kursiyā̃ dekhī̃, “je vis deux chaises” (**dekhī hãĩ, dekhī thī̃**, “j’ai vu”, “j’avais vu”).
C’est-à-dire que la nasalisation du pluriel ne se rencontre que sur l’élément final du verbe (sur l’élément unique au passé simple, mais sur **hãĩ** ou **thī̃** aux autres temps).

2.2 Quelques exceptions
Le verbe **bolnā**, (parler), même s’il a un COD du type **hindī bolnā**, “parler hindi”, ne prend pas la structure ergative. **bhūlnā**, “oublier” et **lānā** “apporter” non plus, ni les composés **le jānā**, “apporter emmener”, **le ānā**, “emporter amener”. **samajhnā**, “comprendre” a les deux constructions. Inversement, un petit nombre d’intransitifs (éternuer, tousser) prennent le **ne** ergatif sur leur sujet, et ne s’accordent pas. Vous les verrez plus tard.
Exemples : **boris apnī kitāb le āyā**, “Boris a apporté son livre” (bien que **kitāb** soit féminin).
śivānī apne bacce ko skūl le gaī, “Shivani a emmené son fils à l’école”.

Remarque : si le verbe principal transitif est suivi d’un explicateur intransitif (combinaison assez peu courante), la phrase n'est jamais ergative. **usne pānī piyā**, "il but de l'eau", mais **vo pānī pī gayā**, "il but l'eau (d'un trait)".

3. L'objet marqué par la postposition ko

Si le COD d'un verbe transitif est une personne, à plus forte raison un nom propre, il sera suivi de la postposition **ko**, comme en espagnol on dit "quiero a mi madre", "j'aime ma mère". Mais il peut arriver aussi qu'on trouve ce **ko** marqueur d'objet avec des noms d'objets, inanimés donc, si ces derniers sont particulièrement définis, spécifiés par le contexte ou la situation : **isko mẽz par rakho**, "pose-le sur la table". Dans ce cas, si le verbe est à l'aspect accompli, il ne s'accorde avec rien : ni avec le sujet, qui garde sa forme oblique et le **ne** ergatif, ni avec l'objet, et on aura la terminaison invariable **-ā**. Revoyez en particulier les notes suivantes : leçon 23 note 8, leçon 25 note 1, leçon 27 note 4.

Exemples : **badmāśõ ne is laṛkī ko burī tarah mārā**, "les voyous ont beaucoup frappé cette jeune fille" (l'ont bien amochée) ; **kyā tumne dūsrī chātrāõ ko dekha ?** "as-tu vu les autres étudiantes ?"

4. Le réfléchi

Revoyez les notes 5 et 8 de la leçon 26. Quand un pronom (moi, lui, toi, eux, nous, etc.) ou un adjectif possessif (mon, ton, son, leur, notre, etc.) renvoie au sujet du verbe principal de la proposition en hindi, il est obligatoirement remplacé par la forme unique (**apnā**) du réfléchi :

maĩ apnā kām jaldī karũgā aur uske bād apne

yahā̃ vāpas lauṭū̃gā, “je ferai rapidement mon travail, après quoi je rentrerai chez moi”, où le premier **apnā** (possessif) se substitue à l’adjectif possessif **merā**, et le second au pronom **merā**. **vo uskā kām karnā nahī̃ cāhtā**, “il ne veut pas faire son travail” (le travail d’un autre), mais **vo apnā kām karnā nahī̃ cāhtā**, “il ne veut pas faire son (propre) travail”.
Le pronom réfléchi (**apne** suivi de la postposition requise par le contexte) a parfois une forme renforcée, **apne āp**, qui correspond à peu près à l’emphatique français “-même” (moi-même, lui-même). **boris śīśe mẽ apne ko dekh rahā hai**, “Boris se regarde dans la glace”, **boris śīśe mẽ apne āp ko dekh rahā hai**, “Boris se regarde lui-même dans la glace”. **vo apne se pūch rahā hai**, “il se demande”, **vo apne āp se pūch rahā hai**, “il se demande à lui-même”.

5. Le comparatif (leçon 27, note 3) et le superlatif

Il se forme en hindi à l’aide de la postposition **se**

Ça y est ! Vous avez franchi aujourd’hui une étape très importante dans votre apprentissage du hindi avec Assimil : vous avez terminé vingt-huit leçons sur cinquante-cinq, donc la moitié des leçons ! Comme nous l’avons dit dans l’introduction, vous allez amorcer ce que nous appelons la “deuxième vague”. Tout en continuant (avec la vingt-neuvième leçon) l’assimilation intuitive plutôt passive, fondée sur l’écoute, la lecture, la compréhension et la répétition, vous reprendrez de

(marquant principalement l'origine) simplement suivie de l'adjectif, et précédée du comparant: **merā bhāī tum se lambā hai**, "mon frère est plus grand que toi". On peut faire précéder l'adjectif de **zyādā** (ou **adhik**) "plus, beaucoup" mais la valeur comparative est marquée même en l'absence de **zyādā. kyā hindī bhāṣā frānsīsī bhāṣā se zyādā muśkil hai ?** "est-ce que la langue hindi est plus difficile que la langue française ?". Si vous pensez que non, vous pouvez répondre : **hindī frānsīsī se kam muśkil hai**, "le hindi est moins difficile que le français". "Moins que" correspond donc à **se kam.**
Le superlatif relatif se forme simplement en ajoutant "de tous" (**sabse**) : **vo parivār♂ mẽ sabse lambā hai**, "c'est le plus grand de la famille". **navāb merā sabse acchā mitr hai**, "Navab est mon meilleur ami". **un bacciyõ mẽ se sabse śaitān munnī hai**, "la plus coquine de (parmi) ces fillettes est Munni".

nouveau la première leçon du livre pour passer à la phase active. C'est-à-dire que vous allez parler hindi à partir du support français. Dans la première leçon, regardez la version française à droite en cachant la page de gauche, et reproduisez le dialogue en hindi ! Avec l'assimilation de vingt-huit leçons derrière vous (et le soutien éventuel de la traduction mot-à-mot) vous verrez que ce n'est pas la mer à boire... Faites ensuite les exercices de traduction à l'envers : traduisez le français en

hindi. C'est maintenant que vos compétences cachées vont se réveiller, ranimées par l'effort indispensable de production linguistique après la phase de la consommation et la digestion ! De même, en faisant la leçon trente, vous allez refaire parallèlement la deuxième leçon, puis la troisième avec la leçon trente et un, et ainsi de suite jusqu'au

पाठ उनतीस

भारत में अब कुछ भी हो सकता है...

१– अगले महीने मेरी भतीजी♀ कविता की शादी♀ हो रही है...

२ लड़का और लड़की♀ दोनों एक दूसरे को दो–तीन बार♀ देख चुके हैं और सगाई♀ हो चुकी है । 1 2

NOTES

(1) **ek dūsre ko**, "l'un l'autre". C'est l'expression normale de la réciprocité en hindi, mais on peut aussi dire **āpas mẽ**, "réciproquement, mutuellement". **āpas mẽ** est invariable, alors que la postposition varie en fonction du verbe après **ek dūsre : ye laṛkiyā̃ ek dūsre se nafrat♀ kartī haĩ**, "ces jeunes filles se détestent les unes les autres" (voir phrase 5). La postposition **ko** indique ici que le complément d'objet est humain (et défini).
Dans la leçon 23, nous avions laissé la procession à la porte du domicile de la fiancée dans un vacarme impressionnant. Le fiancé est tout d'abord fêté par les parents de la fiancée à la porte (**dvārpūjā♀**). La mère de la fiancée lui fait l'**ārtī♀** (elle fait tourner autour de lui des lampes allumées). Mais la cérémonie cruciale est celle des sept tours, **sapta-padī** ou (**sāt**) **phere** (voir leçon 30, note 5), à la suite du **pāni-grahaṇ** par le-

jour où vous ferez à la fois la vingt-septième leçon (en deuxième vague, active) et la cinquante-cinquième (première vague, passive). Après avoir terminé la dernière leçon (avec la vingt-septième), il vous restera à continuer la deuxième vague seule pour la deuxième moitié du livre.

Vingt-neuvième leçon

En Inde, tout peut arriver…
(Inde / dans / maintenant / n'importe quoi / être / peut)

1 – Le mois prochain ma nièce Kavita se marie ...
(prochain / mois / ma / nièce / Kavita / de / mariage / est-actuel)

2 Le garçon et la fille se sont déjà vus deux ou trois fois et les fiançailles ont déjà eu lieu.
(garçon / et / fille / les deux / l'un / l'autre / à / deux-trois / fois / voir / ont fini / et / fiançaille / être / a fini)

NOTES (suite)

quel le fiancé "accepte la main" en lisant une prière en sanscrit et en prenant la main de la fiancée dans la sienne. La cérémonie est conduite par un ou plusieurs pandits, qui alimentent le feu et récitent les prières en sanscrit.

(2) **dekh cuke haĩ**, "ils ont déjà regardé" ; **ho cukī hai**, "a déjà été", "a déjà eu lieu". Pour indiquer qu'une action est déjà terminée, a eu lieu (qu'elle est donc à l'aspect terminatif en quelque sorte), le hindi se sert, non d'un adverbe comme le français, mais d'un auxiliaire toujours conjugué à un temps de l'accompli (passé simple, passé composé, plus-que-parfait), et construit sur le radical du verbe principal : **maĩ vahā̃ jā cukī hū̃**, "j'y suis (déjà) allé".

३– तो क्या अब शादी से पहले लड़का–लड़की खुले–आम मिल सकते हैं ? 3

४ मैंने तो समझा था कि यह नहीं हो सकता !

५– हाँ, पुराने ज़माने° में दूल्हा°–दुल्हन° शादी से पहले एक दूसरे का चेहरा° भी नहीं देख पाते थे ! 4 5

६ आपने पुरानी फ़िल्मों° में नहीं देखा ? दूल्हा अपनी दुल्हन का घूँघट° उठाकर कितना चकित और प्रसन्न हो जाता है ! 6

NOTES (suite)

(3) **mil sakte haĩ**, “peuvent se rencontrer”. “Pouvoir” se traduit en hindi par un auxiliaire, **saknā**, construit sur le radical du verbe principal. Attention, il n’est pas compatible avec les formes actualisées (présent ou imparfait actualisés). **maĩ ye śabd° likh saktī hũ**, “je peux écrire ces mots” (même si c’est le temps de l’énonciation).

(4) **ve... nahī̃ dekh pāte the**, “ils ne pouvaient pas se voir”. Vous constatez qu’ici “pouvoir” se dit, non pas **saknā**, mais **pānā**. Le sens véritable de **pānā** est du type “arriver à”, “parvenir/réussir à”, bien qu’il traduise aussi une partie des sens de “pouvoir” français. Il est surtout fréquent en contexte négatif (phrases 5 et 10) et dans les interrogations. **log nahī̃ bol pāte** signifie dans le contexte qu’“ils n’arrivent pas à en placer une”, alors que **nahī̃ bol sakte** signifierait qu’“ils ne peuvent / savent pas parler”.

3 – Alors, comme ça, maintenant, le jeune homme et la jeune fille peuvent se rencontrer ouvertement avant le mariage !
(alors / est-ce que / maintenant / mariage / avant / garçon-fille / ouvertement / se rencontrer / peuvent)

4 Moi je croyais que c'était impossible !
(je / to / avais compris / que / ceci / pas / être / peut)

5 – Oui, dans le temps les mariés n'arrivaient même pas à s'apercevoir l'un l'autre avant le mariage !
(oui / vieille / époque / dans / marié-mariée / mariage / avant / l'un / l'autre / de / visage / même / pas / voir / pouvaient)

6 Vous n'avez pas vu dans les vieux films ? A quel point le marié est surpris et ravi quand il soulève le voile de la mariée ?
(vous / vieux / films / dans / pas / vîtes // marié / sa / mariée / de / voile / levant / combien / surpris / et / heureux / devient (être-va))

NOTES (suite)

(5) La tradition veut que les mariés ne se voient que le jour de leur mariage. Ce sont les parents du garçon qui vont voir les futurs beaux-parents et la fille, et les familles qui arrangent le mariage, après consultation de l'entourage et de l'astrologue. D'où les frissons au lever du voile, l'émotion, la joie et le "suspense" que vous content les phrases 6 et 10.

(6) Souvenez-vous que l'absolutif (**uṭhākar, dekhkar**) est très pratique pour coordonner deux actions, établissant soit une relation "manière-verbe principal", soit une relation antériorité / cause-verbe principal.

७ मगर अब तो भारत में कुछ भी हो सकता है... 7

८– रायसाहब, शादी के दिन आपको देखकर आपकी पत्नी[१] भी काफ़ी चकित हुई थीं, क्या ? 6

९– ह ! ह ! ह ! अरे बिलकुल नहीं ! शिवानी तो कॉलेज में मुझे देख-देखकर पहले ही बोर हो चुकी थी ! 8

१० इसलिए हम लोग शादी के दिन सस्पेंस का मज़ा नहीं ले पाए ! 9

NOTES (suite)

(7) **kuch bhī**, "n'importe quoi, quoi que ce soit", expression que vous avez déjà rencontrée à la leçon 8. La particule **bhī** a ici une valeur indéfinie et généralisante. Voir aussi **jahā̃ bhī**, "n'importe où que, où que ce soit que" (généralement suivi d'un subjonctif), **jo bhī**, "qui que ce soit qui".

(8) **pahle hī bor ho cukī thī**, "était déjà ennuyée", "en avait déjà assez". L'expression **bor honā** est dérivée de l'anglais "to get bored", "s'ennuyer", et se substitue ici au verbe hindi **ūbnā**, "s'ennuyer". On peut souligner l'aspect "terminatif" en ajoutant **pahle hī**, "déjà" à la construction normale avec **cuknā**. Notez que l'absolutif redoublé (**dekh-dekhkar**, "voyant-voyant") joue ici le rôle de cause par rapport à la conséquence exprimée par le verbe principal, à condition que ce dernier ait le sens d'une transformation d'état.

7 Mais maintenant, tout peut arriver en Inde ...
(mais / maintenant / to / Inde / dans / n'importe quoi / être / peut)

8 – Raisahab, le jour de votre mariage, votre femme aussi a été plutôt surprise en vous voyant, hein ?
(Raisahab / mariage / de / jour / vous-à / voyant / votre / femme / aussi / pas mal / saisie / avait été / est-ce que)

9 – Ha ! Ha ! Ha ! Eh bien, pas du tout ! En ce qui concerne Shivani, elle en avait déjà marre de me voir tous les jours à la fac !
(ha / ha / ha // eh / absolument / pas / Shivani / to / collège (faculté) / dans / moi-à / voyant-voyant / avant / même / lasse / être / avait fini)

10 Donc, le jour du mariage, nous n'avons pas pu profiter du suspense !
(donc / nous / gens / mariage / de / jour / suspense / de / plaisir / pas / prendre / pûmes)

यह लड़की एक भारतीय से शादी कर चुकी है
लेकिन उसे अभी तक वीज़ा नहीं मिल पाया !

NOTES (suite)

(9) Notez que **pānā** ne prend pas la construction ergative aux divers temps accomplis (passé simple, composé, etc.). Il en va de même pour **saknā**.

EXERCICES

अनुवाद कीजिए

१. शादी के बाद बहुत बड़ी दावत हो रही है। बोरिस भी वहाँ जा रहा है।
२. वह खाने का मेन्यू देख चुका है और बावर्ची से मिल चुका है।
३. क्या शादी से पहले अन्दर जाकर वह कुछ खा सकता है ?
४. बाद में बहुत से लोग मेज़ों के सामने खड़े होंगे और वह ठीक से नहीं खा पाएगा।
५. निशा और बोरिस दिनभर बोल सकते हैं। दूसरे लोग बीच में नहीं बोल पाते।
६. बोरिस ने समझा था कि बावर्ची से कहकर वह सबसे पहले खा सकेगा, लेकिन नहीं खा पाया।
७. मैं काफ़ी पहले स्टेशन पहुँच चुकी थी, मगर ट्रेन में नहीं चढ़ पाई।
८. हो सकता है कि आपकी रिज़र्व सीट पर दो–चार आदमी पहले ही बैठ चुके हों।

वाक्य पूरे कीजिए

1. *La semaine prochaine, je (m) vais en Inde. Je peux comprendre le hindi mais [je] n'arrive pas à bien le parler.*

——— हफ़्ते में भारत —— ——— ——। मैं हिन्दी ——— ——— —— मगर ठीक से —— ——— ———।

९. मैं रोग़न जोश खा सकता हूँ मगर मिर्च वाला नहीं खा पाता ।

१०. बोरिस जी, आप काफ़ी खा चुके हैं । अब मैं आपके लिए और कुछ नहीं ला सकता ।

Traduisez

1 Après le mariage il y a une très grande fête (invitation). Boris aussi y va. 2 Il a déjà regardé le menu du repas et a déjà rencontré le cuisinier. 3 Peut-il entrer et (en entrant) manger quelque chose avant le mariage ? 4 Après, beaucoup de gens seront debout devant les tables et il ne réussira pas à manger correctement. 5 Nisha et Boris peuvent parler toute la journée. Les autres n'arrivent pas à en placer une (à parler au milieu). 6 Boris avait cru qu'il pourrait manger le premier (de tous) en parlant au cuisinier, mais [il] ne parvint pas à manger. 7 J'étais arrivé à la gare à l'avance (avant), mais [je] n'ai pas réussi à monter dans le train. 8 Il est possible que deux ou trois personnes soient déjà installées sur votre siège réservé. 9 Je peux manger du rogan josh mais je n'arrive pas à le manger pimenté. 10 Boris ji, vous avez déjà assez mangé. Maintenant je ne peux plus rien vous apporter.

2. *J'[y] suis déjà allée plusieurs fois mais [je] n'ai pas pu aller partout.*

मैं पहले भी कई —— जा ——— —— मगर सब जगह नहीं —— ——— ।

3. *Cette fille s'est déjà mariée à un Indien mais elle n'a pas encore pu obtenir un visa !*

यह लड़की एक भारतीय से शादी कर ——— —— लेकिन उसे अभी तक वीज़ा —— मिल ——— !

4. *Quoi ! C'est parce que je suis photographe que je ne peux pas obtenir un visa rapidement (je suis photographe, c'est pourquoi...) ?*

क्या ? मैं फ़ोटोग्राफ़र हूँ इसलिए —— वीज़ा जल्दी नहीं —— ——— ?

5. *Aucun employé n'a pu me dire quoi que ce soit à propos de mon dossier.*

मेरी फ़ाइल के बारे में कोई ——— मुझे —— —— बता —— ।

6. *Ce qui peut arriver en Inde, personne ne peut rien dire à ce propos.*

भारत में क्या हो —— —, इसके —— — कोई —— —— कह —— ।

7. *Nous n'arrivons même pas à comprendre ce qui s'est déjà passé (qu'est-ce qui a déjà été). Comment pouvons-nous vous dire ce qui va se passer (qu'est-ce qui sera) à l'avenir ?*

हम यही नहीं ——— — रहे — कि क्या हो —— — । हम आपको —— बता —— — कि आगे —— —— ?

8. *En voyant le visage des employés, j'avais (f) déjà compris : ils ne pourront rien faire.*

——— का चेहरा देखकर मैं पहले ही —— —— — : वे —— —— कर —— ।

9. *Le garçon et la fille se sont lassés l'un de l'autre après les fiançailles. Ce mariage ne peut pas avoir lieu (être) maintenant.*

—— के बाद लड़का-लड़की — —— से बोर — —— हैं । अब — —— नहीं हो सकती ।

10. *Chaque année nous obtenons des billets, mais il se peut qu'on ne puisse pas venir l'année prochaine.*
हर साल हमें टिकट ——— — लेकिन हो ——— — कि ——— ——— हम न — ——— ।

Les mots manquants

१. अगले - - - जा रहा हूँ। - - समझ सकता हूँ - - - बोल नहीं पाता।
२. - - - - बार - चुकी हूँ - - - - जा सकी।
३. - - - - - - - - चुकी है - - - - - - नहीं - पाया!
४. - ? - - - - - मुझे/मुझको - - - मिल सकता ?
५. - - - - - - - कर्मचारी - कुछ नहीं - पाया।
६. - - - - सकता है, - बारे में - कुछ नहीं - सकता।
७. - - - समझ पा - हैं - - - चुका है। - - कैसे - सकते हैं - - क्या होगा ?
८. कर्मचारियों - - - - - - - समझ चुकी थी, - कुछ नहीं - पाएँगे।
९. सगाई - - - - एक दूसरे - - हो चुके - । - यह शादी - - - ।
१०. - - - - मिलते हैं - - सकता है - अगले साल - - आ पाएँ।

Deuxième vague : première leçon

पाठ तीस

एक दूल्हा जो आइ.ए.एस था

१– आपको याद♀ है ? हमने अपनी सहेली♀ रुक्मिणी के यहाँ एक हिन्दू विवाह♂ देखा था। 1 2

२ आँगन♂ के बीच में एक सुन्दर-सा मंडप♂ था जो ख़ास तौर से शादी के लिए बना था। 3 4

NOTES

(1) **āpko yād hai**, "vous vous souvenez". Vous n'avez pas oublié la construction "indirecte" (leçon 20) pour l'expression des états, physiques et psychiques. Si vous substituez au verbe "être" le verbe **rakhnā**, "poser", l'expression devient transitive et dénote une intention contrôlée de la part du sujet : **tum yād rakho**, "souviens-toi". Si vous substituez au verbe "être" le verbe "rester" (**rahnā**), vous ajoutez l'aspect duratif : **āpko yād rahegī**, "vous vous souviendrez" au sens "cela vous restera en mémoire". De même la substitution de **ho jānā**, "devenir", à **honā**, "être", marquera l'entrée dans l'état vue comme un processus dynamique : **usko sardard ho gayā**, "il a attrapé un mal de tête".

(2) **vivāh**♂, "mariage", terme d'origine sanscrite. Vous avez déjà vu **śādī**♀ dans ce sens. Et il y a encore **byāh**♂ (arabo-persan). Le vocabulaire hindi, du fait de son hérédité complexe, est très riche : vous disposez aussi d'au moins trois mots pour dire la "femme" : **aurat**♀ (ourdou), **mahilā**♀ (neutre), et **strī**♀ (hindi sanscritisé). Cette richesse peut créer un certain découragement, mais c'est aussi une manière commode d'adapter sa parole aux contextes situationnels : le sanscrit sera plus formel, l'ourdou plus conversationnel, indépendamment bien entendu de l'appartenance religieuse de vos interlocuteurs. Lors du ma-

Trentième leçon

Un marié qui était I.A.S...
(un / marié / qui / I.A.S. / était)

1 – Vous vous rappelez ? Nous avions assisté à un mariage hindou chez notre amie Rukmini.
(vous-à / souvenir / est // nous / notre / amie / Rukmini / de / chez / un / hindou / mariage / avions vu)

2 Au milieu de la cour il y avait un très beau mandapa qui avait été érigé spécialement pour le mariage.
(cour / au milieu de / un / beau-très / mandapa / était / qui / spécialement / mariage / pour / avait été fait)

NOTES (suite)

riage hindou aussi bien que musulman, les femmes se font décorer les mains (**hāth**♂) de dessins au henné (**mehndī**♀).

(3) **sundar-sā**, "très beau", "bien joli". Souvenez-vous de ce suffixe, qui après les adjectifs dimensionnels (**baṛā**, "grand", **choṭā**, "petit", **lambā**, "long", **cauṛā**, "large") et certains adjectifs subjectifs (**acchā**, "bon", **mīṭhā**, "doux, gentil", **sundar**, "beau", **pyārā**, "gentil, joli"), est un intensif (voir phrase 4), après les adjectifs de couleur, un approximatif. Ici il ajoute une nuance d'affectivité intensive : "bien joli", "très beau". Le **maṇḍap** est formé de quatre piliers généralement faits de matières végétales (bananier, bambou), recouvert d'un tissu et décoré de fleurs, de feuilles et de branches.

(4) **jo** est le pronom relatif, à la forme directe ("qui/que"). Cette forme vaut pour le singulier, le pluriel, le masculin et le féminin. Notez qu'ici la relative est construite sur le modèle du français ou de l'anglais : elle suit son antécédent, ici un indéfini ("un mandapa"), comme à la phrase 4 ("un jeune homme"), et dans la phrase 3 un nom propre (le dieu Agni).

३– मंडप के नीचे अग्नि देवता♂ थे जो विवाह की रस्म♀ के साक्षी♂ थे। 4 5

४– बीच में मोटा–सा एक युवक♂ सजा–धजा बैठा था जो दूल्हा ही हो सकता था... 4

५ हालाँकि लड़का काफ़ी बदसूरत था, फिर भी सभी अपनी बेटी के लिए उसी को चाहते थे, क्योंकि वह आइ.ए एस. अफ़सर♂ था। 6 7

६ पिछले दिनों जब वह धनबाद में डी.एम. था तब काफ़ी पैसा बना चुका था।

NOTES (suite)

(5) Notez le pluriel (honorifique) employé pour le dieu Agni. Le feu sacré est le véritable témoin du mariage : l'acte par lequel est consommée la cérémonie consiste à faire sept fois le tour (**pherā**) du feu en prenant par la droite, un noeud liant les vêtements du marié à ceux de la mariée, pendant que le prêtre officiant (**paṇḍit**♂) récite des prières en sanscrit et jette une offrande de beurre clarifié (**ghī**♀) dans le feu : ce sont les "sept pas" évoqués plus loin.

(6) **hālā̃ki ... phir bhī**, "bien que.... (cependant)". La proposition concessive, ou d'opposition, est introduite par **hālā̃ki**, est le plus souvent à l'indicatif (à la différence du français) et est souvent reprise dans la principale par un "corrélatif" comme "pourtant" (**phir bhī**), "mais" (**par**, **lekin**, **magar**) : **hālā̃ki bacce bahut śor**♀ **macāte haĩ, magar unkī mā̃ unko nahī̃ ḍā̃ṭtī**, "bien que les enfants fassent trop de bruit, leur mère ne les gronde pas". Ce phénomène de corrélation est très répandu dans la syntaxe hindi, et peut paraître redondant à des apprenants francophones. Voir dans la phrase 6 **jab... tab,** "quand... alors".

3 – Sous le mandapa se trouvait le dieu Agni (le feu sacré) qui était témoin de la cérémonie du mariage.
(mandapa / sous / Agni / dieu / était / qui / mariage / de / cérémonie / de / témoin / était)

4 – Au milieu était assis un jeune homme bien gras et tout paré qui ne pouvait être que le marié...
(milieu / dans / gros-très / un / jeune homme / paré-décoré / était assis / qui / marié / seulement / être / pouvait)

5 Quoique le garçon soit laid comme un pou, tout le monde le voulait pour gendre, parce que c'était un fonctionnaire de l'I.A.S.
(quoique / garçon / assez / laid / était / pourtant / tous / leur / fille / pour / celui-là même / à / voulaient / parce que / il / I.A.S. / fonctionnaire / était)

6 Du temps où il était préfet à Dhanbad dernièrement, il avait amassé une belle fortune... !
(derniers / jours / quand / il / Dhanbad / dans / Deputy Magistrate / était / alors / pas mal / argent / faire / avait fini)

NOTES (suite)

(7) Le prestige des grands concours d'Etat, notamment IAS (Indian Administrative Service), explique le choix du marié, alors même que l'apparence physique joue traditionnellement un rôle important. Etre IAS signifie dans les mentalités avoir un travail et un statut social recommandables : la phrase 6 vous éclaire sur ces avantages, essentiellement faits de dessous de table ! Notez l'usage fréquent des abréviations (DM : District Magistrate, à peu près un préfet). Notez aussi l'emploi du réfléchi, renvoyant au sujet dans sa proposition.

७ सप्तपदी♀ की क्रिया♀ हुई जिसमें दोनों अग्नि की परिक्रमा♀ करते हैं। 8

८– यही सबसे महत्त्वपूर्ण क्रिया है, जिसके बाद दोनों शत–प्रतिशत पति♂–पत्नी♀ हो जाते हैं!

९– बोरिस, तैयार रहना! ऐसे भी ससुर♂ हैं जिनके लिए तुम्हारी शक्ल♀ और अक़्ल♀ से ज़्यादा तुम्हारी जेब महत्त्वपूर्ण है। 9

NOTES (suite)

(8) **jismẽ**, "dans lequel". Voici la forme oblique du relatif (valant comme **jo** pour les deux genres), quand il est suivi d'une postposition. L'ordre de la relative est là encore semblable au français : on a affaire à une relative "explicative", qui ne fait qu'apporter une information complémentaire, et s'isole volontiers par des virgules (en français plus qu'en hindi, où la ponctuation intérieure est plus rare). **naukar♂ patīle♂ mez par rakh rahe the, jinse k͟huśbū ā rahī thī**, "les domestiques posaient des marmites sur la table d'où venait une bonne odeur." Voir **jiske bād**, "après lequel", relative apportant également une précision complémentaire.

EXERCICES

अनुवाद कीजिए

१. मंडप के नीचे एक मोटा–सा पंडित बैठा था जो ज़ोर–ज़ोर से संस्कृत♀ में कुछ सुना रहा था।

7 Il y a eu le rite des sept pas, dans lequel les deux fiancés tournent autour du feu sacré.
(sept pas / de / cérémonie / fut / qui / dans / les deux / fiancés / Agni / de / révolution / font)
8 – C'est le rite le plus important, après lequel tous deux deviennent cent pour cent mari et femme !
(ceci-même / tous de / important / rite / est / qui / après / les deux / cent-pour-cent / mari-femme / deviennent (être-vont))
9 – Boris, prépare-toi ! Il rôde des beaux-pères pour qui ton portefeuille compte plus que ton physique ou ta cervelle !
(Boris / prêt / reste // tels / aussi / beaux-pères / sont / qui / pour / ton / visage / et / intelligence / que / plus / ta / poche / importante / est)

NOTES (suite)

(9) **aise bhī sasur haĩ jinke lie**, "il y a aussi des beaux-parents tels pour qui...", "il y a des beaux-parents pour qui...". La forme oblique au pluriel est **jin**. De même : **aisī aurtõ ko jāntā hũ jinko baccõ mẽ koī dilcaspī nahĩ hai**, "je connais des femmes (telles) qui ne s'intéressent pas aux enfants". **aurat**♀ signifie "femme" et a pour doublets **strī**♀ (sanscrit) et **mahilā**♀. Bien que la relative fasse partie intégrante du sens (sans elle la phrase n'a pas de sens), ici elle est construite, comme en français, après son antécédent, le nom accompagné de **aisā**, "tel". Vous verrez à la leçon suivante qu'il n'en est pas toujours ainsi dans le cas des relatives de ce type. Notez que **jin + ne** donne **jinhõne**.

२. आँगन में बहुत सारी लड़कियाँ बैठी थीं जो रात भर शादी के गीत गा रही थीं ।
३. शादी में दो राजस्थानी औरतें आई थीं जिन्होंने सभी लड़कियों के हाथों पर मेंहदी लगाई ।

४. पंडित जी के पास बहुत-सा घी था जिसको वे "स्वाहा ! स्वाहा !" कहते हुए अग्नि में डाल रहे थे।
५. हालाँकि लड़के के पास पहले ही काफ़ी पैसा आ चुका था, फिर भी लड़कीवालों ने उसे और भी दहेज दिया।
६. जब लड़की ने अपने दूल्हे की जेब देखी तब वह भी काफ़ी खुश हुई।
७. जब उसने अपने पति की शक्ल और अक़्ल को देखा तब उसे ज़रा दुख हुआ।
८. हालाँकि दुल्हन ख़ूबसूरत है, बाद में वह दिन भर ताश खेलेगी और मोटी हो जाएगी।
९. रोज़ वह ऐसी सहेलियों के साथ पकौड़े और चाट खाएगी जिनका और कोई काम नहीं।
१०. जब सभी सहेलियाँ बड़े-बड़े होटलों में ब्रिज खेलेंगी तब काफ़ी शोर होगा।

Traduisez

1 Sous le mandap était assis un pandit gras (très gros) qui récitait quelque chose en sanscrit [en parlant] très

वाक्य पूरे कीजिए

1. *A côté de la table du repas, il y avait deux grosses dames qui s'étaient bien parées pour le mariage.*

   खाने की मेज़ के पास दो मोटी-मोटी औरतें खड़ी थीं — शादी — —— ख़ूब सजी-धजी थीं।

2. *Elle regardaient avec attention les domestiques qui mettaient lentement la table.*

   वे ध्यान से उन नौकरों को देख रही थीं — धीरे-धीरे मेज़ पर खाना लगा —— —।

fort. 2 Dans la cour étaient assises de nombreuses filles qui chantaient toute la nuit des chants de mariage. 3 Deux femmes rajasthanaises étaient venues au mariage, qui ont mis du mehndi sur les mains de toutes les filles. 4 Auprès du pandit, il y avait beaucoup de ghi qu'il jetait dans le feu en disant "svaha ! svaha !". 5 Bien que le garçon ait déjà reçu pas mal d'argent (assez d'argent soit déjà venu auprès du garçon), la famille de la fille lui donna encore davantage de dot. 6 Quand la fille vit la fortune (poche) de son marié, elle aussi fut plutôt heureuse. 7 Quand elle vit l'apparence physique et l'esprit de son époux, elle fut plutôt malheureuse. 8 Bien que la fiancée soit belle, par la suite elle jouera aux cartes à longueur de jour et engraissera. 9 Tous les jours elle mangera des pakoras et du "tchat" avec des amies qui n'ont rien d'autre à faire (dont aucun autre travail n'est). 10 Quand toutes les amies joueront au bridge dans les grands hôtels, il y aura pas mal de bruit.

फिर सबसे महत्त्वपूर्ण
क्रिया हुई जिसमें
दोनों अग्नि की
परिक्रमा करते हैं ।

3. *Les domestiques ont d'abord posé les grandes marmites [à partir] desquelles montait un parfum de "murgh makhni".*

________ ___ पहले बड़े-बड़े पतीले रखे ________

मुर्ग़ मखनी की ________ आ रही थी ।

4. *Le pandit Makhanlal, qui avait fait la cuisine, criait maintenant sur les domestiques.*

पंडित माखनलाल, ——— खाना पकाया था, अब ——— पर चिल्ला रहे थे।

5. *Près du mandapa, il y avait un grand nombre d'enfants qui couraient dans tous les sens et qui n'avaient aucun intérêt pour le sanscrit.*

मंडप के पास बहुत-से बच्चे थे — इधर-उधर ——— ——— — और ——— संस्कृत में कोई दिलचस्पी नहीं थी।

6. *Quand les serviteurs eurent fini de mettre la table convenablement, tout le monde se précipita vers la nourriture.*

——— नौकर सब कुछ ठीक से मेज़ पर लगा चुके थे, ——— सभी लोग ——— की ओर लपके।

7. *Quoique les gens fussent déjà bien gros, [ils] ont tous mangé des quantités énormes de nourriture au ghi (beurre clarifié).*

——— लोग पहले से काफ़ी मोटे-मोटे थे फिर भी सबने ख़ूब घी-मक्खन वाला खाना ———।

8. *Les gens pour qui on n'a pas apporté le halwa (le halwa n'est pas venu) une deuxième fois ont été bien malheureux (à eux assez malheur fut).*

वे लोग ——— लिए दूसरी बार हलवा नहीं आया उन्हें काफ़ी दुख हुआ।

9. *Raisahab est resté du côté de la table sur laquelle était posée la nourriture végétarienne.*
रायसाहब उसी मेज़ के पास रहे ——— ——— शाकाहारी खाना रखा था।

10. *Le malheureux était arrivé dans une soirée (invitation) dont l'ambiance ne lui plaisait pas particulièrement.*
बेचारे एसी दावत में पहुँच गए थे ——— माहौल उन्हें ख़ास पसन्द नहीं था।

Les mots manquants

१. - - - - - - - - - - - - - जो - के लिए - - - - ।
२. - - - - - - - - - - - जो - - - - - - - रहे थे।
३. नौकरों ने - - - - - जिनसे - - - ख़ुशबू - - - ।
४. - -, जिन्होंने - - -, - नौकरों - - - - - ।
५. - - - - - - - जो - - दौड़ रहे थे - जिनको - - - - - - - ।
६. जब - - - - - - - - - - - - -, तब - - खाने - - - ।
७. हालाँकि - - - - - - - - - - - - - - - - - - - खाया।
८. - - जिनके - - - - - - - - - - - - ।
९. - - - - - - जिस पर - - - - ।
१०. - - - - - - - - जिसका - - - - - - - ।

Deuxième vague : deuxième leçon

पाठ इकतीस

जो मंज़िलें अभी नहीं आईं

१– यह तस्वीर देखिए और बताइए ! जो लड़का इस कुरसी पर बैठा है वह कौन है ? 1

२ जो सूटवाले और मूछोंवाले साहब बीच में खड़े हैं वे उसके पिता पंडित मोतीलाल हैं... 2

NOTES

(1) Voici une construction relative différente, et que la dernière note vous annonçait : les formes directe et oblique du relatif sont les mêmes (phrases 2, 3, 4 et 5), mais l'ordre est différent. Le relatif précède le nom qu'il complète (c'est pourquoi on a du mal à appeler ce nom un "antécédent" !) et la proposition relative précède la principale, qui elle-même reprend le nom par le pronom de rappel **vo,** "il". C'est ainsi que se construisent la plupart des relatives "déterminatives", ou "restrictives" (jamais disjointes du nom par une pause orale ou écrite en français, apportant au sens du nom une restriction fondamentale pour le sens de la phrase). **jo baccā bāhar khel rahā hai, vo merā choṭā bhāī hai**, "le garçon qui joue dehors est mon petit frère". **jo tasvīr dīvār♀ par lagī huī hai, vo bahut bhaddī hai**, "l'image qui est accrochée au mur est très moche". Dans le mot-à-mot, nous adoptons la transcription de **jo** par "qui" ou "lequel" selon que le nom est animé ou non.

(2) **sūṭvāle**, "au/en costume" (angl. "suit"), **mūchõvāle** "à moustaches". Le suffixe **-vālā,** quand il suit un nom, indique une relation, parfois très vague, entre le nom principal (ici **sāhab**, "monsieur") et le terme suffixé, toujours à la forme oblique (**mūchõ**-). La relation ici correspond à la possession, ou à l'identification. De même, **lahãgevālī laṛkī**, "la jeune fille au **lahãgā**♂" (jupe typique du Rajasthan). **vāskaṭvāle**

Trente et unième leçon

Les lendemains qui n'ont pas encore chanté
(qui / paliers / encore / pas / vinrent)

1 – Regardez cette photo et dites-moi ! Le jeune garçon qui est assis sur cette chaise, qui est-ce ?
(cette / photo / regardez / et / dites // qui / garçon / cette / chaise / sur / est assis / il / qui / est)

2 Le monsieur moustachu en complet-cravate qui est debout là au centre est son père, le pandit Motilal...
(qui / complet-vala / et / moustache-vala / monsieur / milieu / dans / debout / est / il / son / père / pandit / Motilal / est)

NOTES (suite)

sāhab, "le monsieur en waistcoat". Mais dans **cāyvālā**, "le préposé au thé", il s'agit de "celui qui s'occupe de", et d'une simple relation d'identification dans **laṛkīvāle**, "ceux (du côté) de la fille", donc "les parents de la fille", par opposition à **laṛkevāle**, "ceux du côté du garçon".

३ जिस महिला♀ ने कानों♂ में कश्मीरी अटहरू♂ पहने हुए हैं वह स्वरूपरानी हैं... 3 4

४– बस, मैं समझ गई ! जिस बच्चे को यहाँ अंग्रेज़♂ बनाया हुआ है उसका नाम जवाहरलाल नेहरू है ! 5

५– जिन संस्थाओं♀ में जवाहर को शिक्षा♀ मिली उनमें ब्रिटिश राज♂ की होनेवाली "एलीट♀" बनती थी । 6

६ पिता मोतीलाल इलाहाबाद के बहुत रईस वकील♂ थे और कांग्रेस♀ के नेता♂ भी । 7

NOTES (suite)

(3) **jis mahilā ne**, "la femme qui" au cas ergatif : n'oubliez pas que l'ensemble du groupe agent se met au cas oblique avec **ne**, d'où **jis** (et non **jo**).

(4) **pahane hue haĩ**, "porte", littéralement "est ayant mis". Notez l'emploi du **hue** (participe du verbe **honā**), qui ajoute à la forme simple du passé composé, **pahane haĩ**, une valeur d'état résultant. De même **vo amrīkā gayā hai**, ou **vo amrīkā gayā huā hai**, "il est allé en Amérique" (et il y est toujours). De même aussi dans la phrase suivante, **banāyā huā hai**, forme "renforcée" de **banāyā hai**, "ont fait/tranformé".

(5) **banānā** a ici le sens de "transformer", littéralement "faire" : **maĩ tumko acchā laṛkā banāũgā**, "je ferai (de) toi un bon garçon". Notez que la construction ergative, quand l'agent n'est pas exprimé, correspond à notre indéfini "on". **is laṛke**

3 La dame qui porte des parures d'oreilles cachemiri est Swaruprani...
(qui / femme / oreilles / dans / cachemiri / parures / a mis / elle / Swaruprani / est)

4 – Arrêtez ! J'ai compris ! Le garçon qu'on a transformé là en petit Anglais, il s'appelle Jawaharlal Nehru !
(assez // je / comprendre allai // qui / enfant / à / ici / Anglais / a fait / son / nom / Jawaharlal Nehru / est)

5 – La future élite de l'Empire britannique se formait dans les institutions dans lesquelles Jawaharlal a fait ses études.
(lesquelles / institutions / dans / Jawaharlal / à / éducation / fut obtenue (trouvée) / celles-là dans / britannique / règne / de / future (être-vala) / élite / se faisait)

6 Son père, Motilal, était un très riche avocat d'Allahabad ainsi qu'un leader du Congrès.
(père / Motilal / Allahabad / de / très / riche / avocat / était / et / Congrès / de / leader / aussi)

NOTES (suite)

ko aṅgrez banāyā hai, "(ils/on) a fait de ce garçon un Anglais".

(6) **javāharlāl ko śikṣā milī**, "Jawaharlal a reçu (son) éducation". La structure "indirecte" vous est familière depuis la leçon 20, note 1, et la leçon 21 (révisions). Sinon, retournez-y quelques instants.

(7) Le parti du Congrès est le parti qui a dominé la politique indienne depuis l'Indépendance, à un bref intermède près en 1977, d'abord sous la direction de Nehru, puis de sa fille Indira Gandhi, assassinée en 1984, puis du fils de cette dernière, Rajiv Gandhi, assassiné en 1990. Le phénomène "dynastique" aidant, il a souvent pris des allures de parti dictatorial.

७ उन्होंने बेटे♂ को विलायत♀ भेजा ताकि वह भी बहुत बड़ा वकील बने। 8 9

८ मगर हाय ! जवाहरलाल तो केम्ब्रिज जाकर सोशलिस्ट♂ बन गया ! 9

९ कितने-कितने सपने♂... जवाहरलाल का समाजवाद♂, महात्मा गांधी का रामराज्य♂, कम्युनिस्टों♂ का इनक़लाब♂, जनसंघियों♂ का हिन्दू राष्ट्र♂ और न जाने क्या-क्या ! 10

NOTES (suite)

(8) **tāki vo bhī vakīl bane**, "afin qu'il devienne avocat". La proposition de but se construit au subjonctif en hindi comme en français, et **tāki** correspond à "pour que, afin que".

(9) **vakīl bane, sośalisṭ ban gayā,** "qu'il devînt avocat", "il devint socialiste". **bannā,** "être fait, se faire", est employé au sens de "devenir", notamment quand on indique une profession (voir en français "se faire avocat"). On aurait pu aussi dire **sośalisṭ ho gae**, "il devint socialiste", ce qui n'est pas strictement parlant une profession !

(10) **samājvād** est formé sur **samāj**♂, "société" auquel on suffixe -**vād**, "-isme". "**Rāmrājya**" est le nom du règne de **Rām**, héros épique du célèbre Ramayana, et modèle à la fois moral, religieux et politique du conducteur de peuples ; c'est une sorte de synonyme de l'âge d'or dans l'imaginaire indien.

7 Il a envoyé son fils en Angleterre pour que lui aussi devienne un grand avocat.
(il / fils / à / Angleterre / envoya / pour que / il / aussi / très / grand / avocat / devienne)

8 Mais hélas ! A Cambridge, Jawaharlal est devenu socialiste !
(mais / hélas / Jawaharlal / to / Cambridge / étant allé / socialiste / se-fit alla)

9 Que de rêves ! Le socialisme de Nehru, le "Ramrajya" du Mahatma Gandhi, la Révolution des Communistes, la "Nation Hindoue" des Jansanghis et Dieu sait quoi encore !
(combien-combien / rêves // Jawaharlal / de / socialisme / Mahatma / Gandhi / de / Ramrajya / communistes / de / révolution / Jansanghis / de / hindou / nation / et / pas / sache / quoi-quoi)

NOTES (suite)

inqalāb, "révolution", mot arabo-persan, a sa contrepartie en hindi "**krānti**[?]". (**krāntikārī,** "les révolutionnaires"). **jansangh**, littéralement le parti du peuple (**jan**, "peuple"), donne par dérivation **jansaṅghī**, "(homme) du parti Jansangh". L'histoire des partis politiques dans l'Inde indépendante est complexe; le parti Jansangh en particulier a disparu de la scène politique, donnant naissance entre autres au Bharatiya Janta Party (BJP, **bhājpā**, "parti du peuple indien"), dont le profil aujourd'hui est davantage celui d'un parti de droite, plus ou moins lié au fondamentalisme hindouiste, que celui d'un parti populaire classique.

१० १९४७ में जिस वक़्त॰ पंडित नेहरू ने कहा कि हिन्दुस्तान आज़ादी॰ की सुबह॰ में जाग रहा है, उसी वक़्त एक शायर ने कहा : 11

११ "यह वह सहर॰ तो नहीं इंतज़ार॰ था जिसका..." 12

NOTES (suite)

(11) **jis vaqt...usī vaqt**, "au moment où... à ce moment même", "au moment précis où". Notez l'emphatique **hī**, sous forme amalgamée à celle du pronom **us** dans **usī**. 1947 est la date de la déclaration d'indépendance de l'Inde. Mais sa constitution, la plus longue du monde, qui en fait une république démocratique et laïque, ne date que de 1950.

(12) Ce poète, d'une grande renommée en Inde du Nord, au Pakistan et au Bengladesh, était Faiz Ahmad "Faiz"(1911-84). Pour citer Naomi Lazard qui l'a traduit en anglais, "... A la suite de la Partition, il s'est trouvé pakistanais, mais son

EXERCICES

अनुवाद कीजिए

१. जो साहब पान की दुकान पर खड़े होकर बहस कर रहे हैं वे नवाबराय ही हैं, न ?

२. जिस फ्रांसीसी लड़की ने राजस्थानी लहँगा पहना हुआ था वही निशा थी क्या ?

३. जिस रूसी लड़के ने अपनी जवाहर-कट वास्कट में लाल गुलाब लगाया हुआ है वह बोरिस ही हो सकता है।

10 En 1947, au moment où le pandit Nehru a dit que l'Inde se réveillait à l'aube de la liberté, un poète disait ceci :
(1947 / dans / lequel / moment / pandit / Nehru / dit / que / Inde / liberté / de / matin / dans / se réveille-actuel / ce même / moment / un / poète / dit)

11 "Ce n'est pas l'aube que nous avions tant attendue…"
(ceci / cette / aube / to / pas / attente / était / de laquelle)

NOTES (suite)

peuple est le peuple de toute l'Inde, du Pakistan, de tout le sous-continent. Qui s'y connaît le moins du monde en poésie dans cette vaste région connaît Faiz.". On lit couramment la poésie de Faiz en version nagari en Inde, et il y a des traductions en anglais (de Victor Kiernan, Daud Kamal, Agha Shahid Ali, et Naomi Lazard). Depuis le 19e siècle, avec Wali, Mir, Ghalib, Zauq, Iqbal et bien d'autres, l'ourdou a témoigné d'une grande créativité poétique, dont malheureusement les traductions sont encore rares en France.

४. जिस शास्त्रीय संगीत को हेरमान सुनता है उसे सुनकर बोरिस बोर हो जाता है ।

५. जिन फ़िल्मी गानों को बोरिस अपने टेपरिकॉर्डर पर बजाता है उन्हें सुनकर हेरमान को सरदर्द हो जाता है ।

६. जो बातें मैंने तुम्हें कल समझाई थीं, क्या वे तुम्हें याद रहेंगी ?

७. जिस काम के लिए हम यहाँ आए थे उसे तो हम कर ही नहीं पाए ।

८. जो–जो कर्मचारी दफ़्तर में ताश खेल रहे थे उनको डायरेक्टर साहब ने बुलाया है।
९. जिन्हें अपनी भाषा ही ठीक से नहीं आती वे विदेशी भाषा में क्या लिख पाएँगे ?
१०. जिसने रवि शंकर को कभी नहीं सुना वह सितार को कैसे समझ सकता है ?

Traduisez

1 Le monsieur qui est en train de discuter, debout, à (sur) la boutique de bétel, est bien Navabrai ? 2 La jeune fille française qui avait mis un lahanga rajasthanais, c'était bien Nisha, non ? 3 Le jeune homme russe qui a mis (placé) une rose rouge à son gilet coupe jawahar ne

वाक्य पूरे कीजिए

1. *La voiture qui passe comme une flèche en klaxonnant est une Maruti.*

   —— कार हॉर्न° बजाते हुए भाग रही है —— मारुति[१] है।

2. *Ma future belle-fille portera les mêmes parures d'oreilles que moi je porte.*

   —— अटहरू मैंने ———— ——— हैं, उन्हीं को मेरी ————— बहू भी पहनेगी।

3. *Est-ce que tous les tableaux que vous avez accrochés (fixés) sur ce mur sont de Mohammad Yasin Sahab ?*

   ——— ————— को आपने इस दीवार पर ————— ———— है, वे सभी मोहम्मद यासीन साहब की हैं, क्या ?

peut être que Boris. 4 Boris s'ennuie en écoutant la musique classique qu'écoute Hermann. 5 Hermann attrape un mal de tête en écoutant les chansons de film que Boris passe (fait sonner) sur son magnétophone. 6 Te souviendras-tu des choses que je t'ai expliquées hier ? 7 Nous n'avons pas réussi à faire le travail pour lequel nous étions venus ici. 8 Monsieur le directeur a convoqué (appelé) chacun (qui-qui) des employés de bureau qui jouaient aux cartes au bureau. 9 Que pourront bien écrire dans une langue étrangère ceux qui ne connaissent même pas bien leur langue ? 10 Comment donc celui qui n'a jamais écouté Ravi Shankar peut-il comprendre le sitar ?

4. *A l'époque où le pandit Motilal était avocat, leur maison à Allahabad, "Anand Bhavan", brillait même dans la nuit obscure !*

—— ——— पंडित मोतीलाल वकील थे, ——
——— इलाहाबाद में उनका घर "आनन्द भवन"
———— ——— में भी ———— — !

5. *Oui, Munni, le philosophe allemand moustachu dont la photo est imprimée ici est Nietzsche, et c'est bien lui qui a écrit ce livre.*

हाँ, मुन्नी, ——— ———— जर्मन फ़िलॉसफ़र
की तस्वीर यहाँ ——— ——— है, वही नीत्शे हैं
और उन्हीं ने यह किताब लिखी है।

6. *Dieu sait ce qu'Hermann est en train d'apprendre à cette petite fille ! Il lui donne les mêmes livres qu'il lit !*

हेरमान इस छोटी-सी लड़की को न ——— ———
—— सिखा रहा है ! —— किताबें पढ़ता है, ———
किताबें मुन्नी को देता है !

7. *Boris, tu as mis (porté) un chapeau "Gandhi" sur la tête, pourtant tu as l'air d'un voyou !*

बोरिस, तुमने सिर पर गाँधी–टोपी ——— ——— है, फिर भी तुम बदमाश ही लग रहे हो !

8. *Ah bon ! Et le lahanga rajasthanais que tu portes, dedans, tu as toujours l'air d'une riche étrangère !*

अच्छा ! और तुमने जो राजस्थानी लहँगा ——— ——— है, उसमें भी तुम विलायती ——— ही ——— ——— —— !

9. *Est-ce que le Dr. Lohia faisait partie des socialistes qui ont plus tard quitté le [parti du] Congrès ?*

——— सोशलिस्टों ने बाद में कॉंग्रेस को ——— दिया, ——— में डाक्टर लोहिया भी थे, क्या ?

10. *Monsieur le directeur a aussi convoqué l'employé à qui le lahanga de Nisha avait un peu trop plu !*

——— कर्मचारी को निशा का लहँगा बहुत ज़्यादा ——— ——— ——, ——— भी डायरेक्टर साहब ने बुलाया है !

NOTES PERSONNELLES

Les mots manquants

१. जो – – – – – – – – वह – – ।

२. जो – – पहने हुए – – – – होनेवाली – – – ।

३. जिन तस्वीरों – – – – – लगाया हुआ –, – – – – – – – – – ?

४. जिस वक़्त – – – –, उस वक़्त – – – – – – – अँधेरी रात – – चमकता था !

५. –, –, जिन मूछोंवाले – – – – – छपी हुई –, – – – – – – – – – – – ।

६. – – – – – – – जाने क्या-क्या – – – ! जो – – –, वही – – – – – – !

७. –, – – – – – – पहनी हुई –, – – – – – – – – – !

८. – ! – – – – – – पहना हुआ –, – – – – रईस – लग रही हो !

९. जिन – – – – – – – छोड़ –, उन– – – – – – – – ?

१०. जिस – – – – – – – – पसंद आया था, उसे – – – – – – – !

Deuxième vague : troisième leçon

NOTES PERSONNELLES

पाठ बत्तीस

देखते रहिए... 1

१– रायसाहब, तो क्या आज़ादी के बाद अलग-अलग गुट♂ आपस में लड़ते रहे ? 1 2

२– और क्या ? गाँधीजी "गाँव गाँव"♂ करते रहे और नेहरूजी "विज्ञान"♂ "तकनॉलॉजी"♀ जपते रहे । 3

३ बेचारी कम्युनिस्ट पार्टी♀ स्तालिन का मुँह♂ ताकती रही, संसद♀ और इन्क़लाब♂ के बीच झूलती रही !

NOTES

(1) **dekhte rahie**, "voyons voir, attendez voir" : traduction approximative de l'aspect "duratif" qui marque (ici à l'impératif) une insistance sur la continuité de l'action. Dans la phrase 1, **laṛte rahe**, "ne cessèrent de se battre, se battirent continuellement", c'est le passé simple du verbe **laṛnā**, "se battre", mais auquel se superpose l'aspect "duratif", qui met l'accent sur la durée de l'action (ce que le français exprime par des adverbes tels que "toujours", "sans trêve", "sans cesse", "sans répit", etc., ou des périphrases comme "ne faire que, ne cesser de" etc.). Il se construit avec le participe présent du verbe principal (**laṛte**) accordé en genre et en nombre avec le sujet, suivi du verbe **rahnā**, littéralement "rester", normalement conjugué.

(2) **āpas mẽ**, "entre eux". Synonyme de **ek dūsre se**, "les uns les autres", **laṛnā**, "se battre", se construisant avec la postposition **se**. **jab unkā paricay♂ ho jāegā, donõ āpas mẽ milte rahẽge**, "quand ils se connaîtront un peu (connaissance deviendra), ils se verront tout le temps".

Trente-deuxième leçon

Attendez voir
(regardant restez)

1 – Raisahab, après l'indépendance alors, les différentes factions ont continué à se battre entre elles ?
(Raisahab / alors / est-ce que / indépendance / après / différentes-différentes / factions / mutuellement / se battant restèrent)

2 – Et comment, qu'elles ont continué ! Gandhi-ji a continué à crier "les villages ! les villages !", et Nehru à réciter la formule sacrée de la science et de la technologie...
(et / quoi // Gandhi-ji / village / village / faisant resta / et / Nehru-ji / science / technologie / répétant-pieusement resta)

3 Le malheureux Parti Communiste a gardé les yeux fixés sur Staline et continué à hésiter entre Parlement et Révolution !
(malheureux / communiste / parti / Staline / de / visage / scrutant resta / parlement / et / révolution / au milieu / se balancer continua)

NOTES (suite)

(3) **karte rahe** est l'aspect duratif (voir note 1) du passé simple de "faire", ici au sens de "dire" (voir en français "Ah, *fit*-il d'un ton excédé"). **japte rahe**, au même temps-aspect, est un emploi ironique d'un verbe ordinairement utilisé pour la récitation de prières et de "mantra". Le pluriel est obligatoire avec un sujet suivi de la particule honorifique (mais aussi simplement avec des noms aussi prestigieux, même non suivis de -**jī** !). **pairis mẽ bhī āp śarab se bacte rahe !**, "même à Paris, vous avez continué à éviter l'alcool !" **jī hā̃, maĩ apnī patnī kī salāh**ˀ **māntā rahā**," oui, j'ai continué à obéir aux conseils de ma femme".

४ काँग्रेस के नेता♂ मिनिस्टर–गवर्नर बनते रहे और सरकारी अफ़सर अपनी जेबें भरते रहे । 4

५ पैसेवाले और ताक़तवाले घी–शक्कर खाते रहे और ग़रीब आदमी सूखी रोटी♀ का मुँह♂ ताकता रहा । 5

६ गाँधीजी कुछ देर♀ हताश होकर बैठे रहे और कहते रहे कि देश लोभ♂ के दलदल♂ में डूब रहा है । 6

NOTES (suite)

(4) "Congress", "minister", "governer", "officer", sont autant de mots anglais qui jalonnent le vocabulaire politique (et technologique, économique, scientifique, en général) indien. Voir aussi "socialist" (dont l'équivalent existe : **samājvādī**), "communist", "élite" : vous avez aussi rencontré dans la leçon précédente d'autres exemples du même phénomène.

(5) **ghī-śakkar khānā** est une expression imagée de l'opulence, "se gorger (de beurre clarifié et de sucre)". Ces deux aliments sont particulièrement appréciés. De plus, le **ghī** joue un rôle important dans le rite sacrificiel et plus généralement dans toute cérémonie. **sūkhī roṭī** au contraire, "le pain sec", est l'image typiquement retenue pour décrire la pauvreté. Littéralement "les pauvres contemplèrent le visage du pain sec", c'est-à-dire restèrent à regarder le pain sec, "convoitaient même le pain sec", symbole du manque. Le temps est le passé simple, mais l'aspect duratif correspond souvent mieux à une traduction par un imparfait en français, si l'on ne veut pas alourdir le texte par un trop explicite "continua", "continuèrent".

4 Les dirigeants du Congrès ont continué à devenir ministres et gouverneurs, et les fonctionnaires à se remplir les poches.
(congrès / de / dirigeants / ministres / gouverneurs / devenant restèrent / et / gouvernementaux / officiers / leurs / poches / remplissant restèrent)

5 Les riches et les puissants ont continué à vivre dans l'opulence et le pauvre citoyen à borner ses rêves au pain sec.
(argent-vala / et / pouvoir-vala / beurre clarifié-sucre / mangeant restèrent / et / pauvre / homme / sec / pain / de / visage / contemplant resta)

6 Pendant un certain temps Gandhi-ji, consterné, est resté désemparé, à répéter que le pays se noyait dans le bourbier de la cupidité.
(Gandhi-ji / quelque / temps / abattu / étant / assis / resta / et / disant resta / que / pays / convoitise / de / marécage / dans / se noyant reste-actuel)

NOTES (suite)

(6) **baiṭhe rahe**, littéralement "resta assis/immobile", donc "demeura". **baiṭhnā** a souvent le sens de "rester là, sans bouger". Ne confondez pas cet usage de **rahnā**, "demeurer", avec participe passé à valeur accomplie, et l'aspect duratif (ce dernier est toujours construit sur le participe présent : **ve mahilāõ kī sīṭ par baiṭhte rahe**, "ils continuèrent à s'asseoir sur les sièges réservés aux femmes" (malgré l'interdiction, par exemple).

७ उनकी बात किसी ने न सुनी और फिर तो उनकी हत्या♀ ही हो गई। 7 8

८– रायसाहब, भारत की जनता♀ क्या उल्लू♂ बनी रहेगी और बदमाश ही राज♂ करते रहेंगे ? 9

९– देखते रहिए... मैं पहले आपसे कह चुका हूँ : भारत में कुछ भी हो सकता है ! 10

NOTES (suite)

(7) **kisī ne na sunī**, “personne n’entendit”. Remarquez l’accord du verbe au passé simple avec l’objet **bāt**, “parole”, et la forme oblique de “personne” : **kisī (ne) na/nahī̃**, correspondant à la forme directe **koī nahī̃.**

(8) **unkī hatyā ho gaī**, littéralement “son assassinat a été”, “il a été assassiné / on l’a assassiné”. (**kisī kī**) **hatyā karnā** veut dire “assassiner (quelqu’un)”, littéralement “faire assassinat de”, et (**kisī kī) hatyā honā**, “être assassiné”. La locution verbale, dont le premier élément est un nom féminin, a un sens transitif avec le verbe **karnā,** “faire”, et intransitif avec le verbe **honā,** “être”.

(9) **ullū banī rahegī**, “demeurera (fait) hibou”. L’expression idiomatique **ullū bannā** signifie “être le dindon de la farce”. **bannā**, au participe accompli, a ici le sens de “être (devenu) dans tel état” et le verbe **rahegī** a le sens (normal) de “demeurera/restera”. Notez que **jantā**, “peuple”, est féminin. Une grande partie de la littérature contemporaine, et notamment du théâtre d’avant-garde, très critique, illustre les thèmes de cette leçon : dans le discrédit où est tombée la classe politique (dont la presse révèle d’ailleurs très ouvertement les exactions), les revendications sociales passent par d’autres créneaux, et la dérision des partis, qu’ils soient au pouvoir ou dans l’opposition, alimente une production parodique importante et virulente. Si

7 Personne ne l'a écouté, et bien entendu il a finalement été assassiné.
(son / propos / quelqu'un / pas / écouté / et / ensuite / to / son / assassinat / même / devint (être alla)

8 – Raisahab, est-ce que le peuple indien continuera à se laisser tourner en bourrique et les escrocs à faire la loi ?
(Raisahab / Inde / de / peuple / est-ce que / hibou / étant-fait restera / et / escrocs / seulement / règne / faisant resteront)

9 – Attendez voir... Je vous l'ai déjà dit une fois - En Inde, tout peut arriver !
(regardant restez // je / avant / vous-à / dire / ai fini // Inde / dans / n'importe quoi / être / peut)

धीरे-धीरे, बिना बातचीत के, दोनों के बीच
परिचय-सा हो गया

NOTES (suite)

vous allez en Inde, ne manquez pas d'assister à une représentation théâtrale dans un petit théâtre amateur (on joue souvent dans les collèges, sur la place des villages), ou un auditorium public.

(10) **kuch bhī ho saktā hai**, "tout peut arriver", "il peut se passer n'importe quoi" : vous a-t-on déjà dit… dans la leçon qui porte ce titre.

Vous dominez désormais la plupart des structures élémentaires de la langue hindi, dont vous venez d'aborder les aspects verbaux secondaires. Bravo de ne pas vous être découragé. Vous vous êtes en même temps de plus en plus familiarisé avec l'histoire de l'Inde et sa culture. Cette leçon vous fait découvrir certains aspects de la politique contemporaine : ce qu'on appelle le communalisme ou factionalisme, c'est-à-dire les tensions entre groupes religieux et culturels, entre Sikhs et hindouistes, musulmans et hindouistes etc., est certes un facteur important de la politique (récemment exacerbé), mais il ne doit pas faire oublier que la culture indienne même a toujours intégré plus qu'opposé ses diverses composantes. C'est particulièrement vrai des rapports entre islam et hindouisme, reflétés par le vocabulaire même dans ses deux courants (**dhārā**♀) *et le mot même signifiant "langue" :* **bhāṣā**♀ *(sanscrit),* **zabān**♀ *(arabo-persan). Vous*

EXERCICES

अनुवाद कीजिए

१. मुसलमान भारत छोड़कर पाकिस्तान जाते रहे और हिन्दू आते रहे।
२. कई भारतीय उर्दू और फ़ारसी से बचते रहे और पाकिस्तानी हिन्दी और संस्कृत से दूर होते रहे।
३. फिर भी बहुत-से लेखक हिन्दी और उर्दू की धाराओं को घुलाते-मिलाते रहे।
४. पाकिस्तान के लोग हिन्दी फ़िल्में देखते रहे और भारत में भी लोग ग़ुलाम अली और मेहदी हसन को सुनते रहे।

êtes maintenant accoutumé à ces nombreux doublets qui font aujourd'hui encore la saveur de la littérature, où les écrivains (**lekhak**♂) *les mêlent* (**milānā**) *et les fondent* (**ghulānā**) *en un seul idiome. Cela est vrai aussi des traditions architecturales, parfois étonnamment synthétiques, comme à Ahmedabad : les temples* (**mandir**♂) *empruntent aux mosquées* (**masjid**♀) *et les mosquées aux temples. Cela est vrai encore de la musique hindoustani classique* (**śāstrīya**), *qui avec la tradition vocale du Dhrupad par exemple crée une véritable fusion entre sources hindoues et persanes, ou de la musique semi-classique* (**khayāl**♂, **ṭhumrī**♀), *ou encore de la musique de film et de ses airs* (**gāne**, *hindi*) ; **nagme**♂, *arabo-persan*). **donõ dhārāẽ ghulmilkar** (*ou* **mil-julkar**) **ek ho gaī haĩ**, *"les deux courants, en se mêlant, n'en forment qu'un". Ce qui vous renvoie à ce cliché, banal mais fondé, de l'Inde "une et multiple".*

५. हिन्दुस्तानी पाकिस्तान टेलिविज़न के नाटक देखते रहे और वीडियो पर उनको रिकार्ड करते रहे !
६. बड़े ग़ुलाम अली ख़ाँ कृष्ण भक्ति के गीत गाते रहे, बेगम अख़्तर ब्रजभाषा में ठुमरियाँ गाती रहीं ।
७. उस्ताद फ़ैय्याज़ुद्दीन और ज़हीरुद्दीन डागर ध्रुपद संगीत गाते रहे ।
८. राही मासूम रज़ा और अब्दुल बिस्मिल्ला जैसे लेखक मिली-जुली हिन्दी-उर्दू में लिखते रहे ।
९. मगर भारतीय रेडियो, टीवी और सरकारी काम-काज की हिन्दी संस्कृत बनती रही !

१०. हाँ, हिन्दी फ़िल्मों के डायलाग और गाने हमेशा हिन्दी और उर्दू को एक ही ज़बान मानते रहे !

Traduisez

1 Les musulmans ont continué à partir au Pakistan, quittant l'Inde, et les hindous à venir [en Inde]. 2 Bien des Indiens ont continué à éviter l'ourdou et le persan, et les Pakistanais à s'éloigner (être loin) du hindi et du sanscrit. 3 Pourtant, de nombreux écrivains ne cessèrent de mêler les deux courants hindi et ourdou. 4 Les gens du Pakistan ont continué à regarder des films hindi, et même en Inde les gens ont continué à écouter Ghulam Ali et Mehdi Hassan. 5 Les Indiens ont continué à regar-

वाक्य पूरे कीजिए

1. *Un jour à Bengali Market, Boris resta à contempler le visage d'une jolie fille indienne.*

   एक दिन बंगाली मार्केट में बोरिस एक सुन्दर-सी हिन्दुस्तानी लड़की का मुँह ताकता —— ।

2. *Mais la fille continua à discuter avec ses parents et à manger son "tchat".*

   मगर लड़की —— मम्मी-पापा के साथ ही बात करती —— और —— चाट —— —— ।

3. *Pourtant Boris décida qu'il continuerait d'aller à Bengali Market le soir et tenterait de la rencontrer.*

   फिर भी, बोरिस ने फ़ैसला किया कि वह —— —— बंगाली मार्केट —— —— और उससे मिलने की कोशिश करता —— ।

der les pièces de théâtre pakistanaises télévisées et à les enregistrer (record faire) sur la vidéo. 6 Bare Ghulam Ali Khan a continué à chanter la musique de la bhakti (dévotion) krishnaïte, et Begam Akhtar à chanter des thumri en langue braj. 7 Ustad (maître) Faiyazuddin et Zahiruddin Dagar ont continué à chanter la musique dhrupad. 8 Des écrivains comme Rahi Masoom Raza et Abdul Bismilla ont continué à écrire dans un hindi mêlé d'ourdou. 9 Mais le hindi de la radio, de la TV et des échanges (travail) officiels a continué à se sanscritiser (à se faire sanscrit) ! 10 Par contre (oui), les dialogues et les chansons des films hindi ont continué à considérer (accepter) le hindi et l'ourdou [comme] une seule langue !

4. *La fille aussi continua à venir, tantôt pour manger du "tchat", tantôt pour boire des jus de fruits, et continua à contempler l'état du pauvre Boris.*

   लड़की भी कभी चाट खाने, —— फ़्रूट-जूस पीने —— —— और बेचारे बोरिस की हालत देखती —— ।

5. *Un jour en classe, Raisahab continua à parler à Boris et lui, assis près de la fenêtre, continua à réfléchir (penser quelque chose).*

   एक दिन क्लास में रायसाहब बोरिस से बात —— —— और वह खिड़की के पास बैठा-बैठा कुछ —— —— ।

6. *Petit à petit, sans se parler (sans conversation), une familiarité s'instaura (devint) entre les deux .*
धीरे-धीरे, बिना बातचीत के, दोनों के बीच परिचय-सा होता ——— ।
7. *Le jour où la fille ne vint pas, Boris resta là (assis), complètement abattu.*
जिस दिन वह लड़की नहीं आई —— दिन बोरिस हताश होकर ——— ——— ।
8. *Il continua à réfléchir : sa vie s'enfonçait-elle dans le bourbier de la convoitise ?*
वह ——— ——— : क्या उसकी ज़िन्दगी लोभ के ——— में डूब रही है ?
9 *Par moments Nisha continuait à lui donner aussi des conseils et des encouragements !*
बीच-बीच में निशा उसे सलाह ——— ——— और ——— भी ——— ——— !
10. *Attendez voir ! Boris ne restera pas à attendre (assis) ainsi trop longtemps ! Tout peut arriver à Bengali Market cette semaine !*
——— ———! बोरिस ज़्यादा देर इस तरह नहीं ——— ———! बंगाली मार्केट में इस हफ़्ते कुछ भी — ——— —!

NOTES PERSONNELLES

Les mots manquants

१. – – – – – – – – – – – – – – – रहा।

२. – – अपने – – – – – – – – रही – अपनी – खाती रही।

३. – –, – – – – – – – शाम को – – जाता रहेगा – – – – – – रहेगा।

४. – – – – – –, कभी – – – आती रही – – – – – – रही।

५. – – – – – – – – – – करते रहे – – – – – – – – – सोचता रहा।

६. – – – – – – – – – – – – – रहा।

७. – – – – – – – उस – – – – बैठा रहा।

८. – सोचता रहा: – – – – – – दलदल – – – – ?

९. – – – – – – – देती रही – बढ़ावा – देती रही !

१०. देखते रहिए ! – – – – – – – बैठा रहेगा ! – – – – – – – हो सकता है !

Deuxième vague : quatrième leçon

NOTES PERSONNELLES

पाठ तैंतीस

करें या करवाएँ ? 1

१– क्या बात है ? डायरेक्टर साहब दिन-ब-दिन मोटे होते जा रहे हैं। 2

२– और नहीं तो क्या ! दिनभर मक्खियाँ[१] मारते रहते हैं और ख़ाक[२] छानते रहते हैं ! 3

३ कोई भी काम अपने आप तो करते नहीं, सब कुछ दूसरों से करवाते हैं... 4 5

NOTES

(1) Le subjonctif, dans une phrase indépendante, sert à atténuer l'assertion. Revoyez la leçon 25, note 5. Ce sens est conforme au contexte, où on émet simplement une hypothèse alternative, de probabilité égale. L'infinitif français a parfois ce type de valeur : **kyā karẽ**, "que faire ?"

(2) **moṭe hote jā rahe haĩ**, "grossit de plus en plus". Encore un aspect nouveau ! **moṭā honā** veut dire "être gros", **moṭā ho jānā**, "devenir gros : grossir". En ajoutant au participe présent (ici **hote**, de **honā**) le verbe **jānā** conjugué (ici au présent actualisé), on obtient un aspect à la fois duratif et actualisé : l'action augmente d'intensité en même temps qu'elle dure. N'oubliez pas que l'emploi de l'explicateur dans des combinaisons de verbes composés (comme **ho jānā**) n'est pas possible avec les formes actualisées : le passage à la forme en **-tā jā rahā hai** est alors une solution...

(3) **makkhiyā̃ mārnā**, "tuer les mouches", **k͟hāk chānnā**, " tamiser la poussière", sont des expressions imagées de la paresse (ou de l'art du farniente). Elles sont du même niveau de style que le français "se tourner les pouces", "rester les doigts de pied en éventail", "se la couler douce"...

Trente-troisième leçon

Faire ou faire faire ?
(fassions / ou / fassions faire)

1 – Qu'est-ce qui se passe ? Monsieur le directeur ne cesse de grossir de jour en jour...
(quelle / chose / est // directeur / sahab / jour-après-jour / gros / étant / va-actuel)

2 – Qu'est-ce que tu veux ! Il passe la journée à se la couler douce et à se tourner les pouces !
(et / pas / alors / quoi // jour-entier / mouches / tuant reste / et / poussière / tamisant reste)

3 Il n'y a pas une seule tâche qu'il fasse tout seul, il fait tout faire par les autres...
(quelconque / travail / lui-même / to / fait / pas / tout / autres / par / fait faire)

NOTES (suite)

(4) **apne āp** (invariable), “soi-même, tout seul, de lui-même” s'adjoint au sujet sur lequel il fait porter l'emphase (souvent restrictive mais pas toujours). Vous trouvez dans les phrases 4 et 5 deux équivalents, respectivement d'origine arabo-persane (**k̲h̲ud**) et sanscrite (**svayam**), également invariables.

(5) **dūsrõ se karvāte hãĩ**, “font faire par les autres”. Cette action s'oppose à la précédente, d'une part par le contraste soi-même/les autres, d'autre part par la forme du verbe : sur le même radical **kar-** “faire”, le suffixe **-vā** permet d'indiquer que l'action est causée par un agent extérieur : celui-ci est introduit par la postposition **se**. Notez que la forme **karānā**, qui existe parallèlement (voir leçon 19, note 3), a aussi le sens de “faire faire”. En principe le suffixe **-vā** est corrollaire de l'agent secondaire introduit par **se** : **dā̃t♂ nikal gayā**, “la dent est partie/tombée” ; **ḍenṭisṭ♂ ne dā̃t nikāl diyā**, “le dentiste a enlevé la dent” ; **usne ḍenṭisṭ se dā̃t nikalvā diyā**, “il s'est fait enlever la dent par le dentiste”.

४ अपनी अटैची तक ख़ुद नहीं उठाते,
चपरासी से उठवाते हैं ! 6

५ चिट्ठियाँ भी स्वयं नहीं लिख पाते,
सेक्रेटरी से लिखवाते हैं।

६ अरे, कई बार शोध-छात्रों से लेख
लिखवाकर अपने नाम से छपवाए हैं ! 7

७ इतनी-सी मारुति कार भी अपने आप
नहीं चला सकते, ड्राइवर से चलवाते
हैं। 8 9

NOTES (suite)

(6) **uṭhāte, uṭhvāte,** "soulèvent", "font soulever". Ici les deux suffixes -**ā** et -**vā** sont clairement distincts : le premier transforme un verbe intransitif en transitif (voir leçon 19, note 3), le second transforme ce dernier, déjà transitif, en "double" transitif ou causatif avec agent secondaire. **chapvānā** et **calvānā,** dans les phrases 6 et 7, constituent aussi le troisième terme d'une série intransitif - transitif - causatif à agent secondaire. **calnā**, "marcher", **calānā**, "faire marcher : conduire", **calvānā**, "faire conduire". **chapnā**, "être imprimé", **chāpnā**, "imprimer", **chapvānā**, "faire imprimer" (par quelqu'un d'autre). Notez qu'avec la dérivation en -**vā**, la voyelle radicale s'abrège le plus souvent, lorsqu'elle était allongée par la dérivation en -**ā**. Il y a aussi des modifications dans certaines consonnes (**pilvānā**, "faire donner à boire", de **pīnā**, "boire" et **pilānā**, "faire boire"). Ainsi **dhulvānā**, "faire laver" de **dhonā**, "laver".

(7) **apne nām se**, "en son nom", "sous son nom". La postposition **se,** dans cette expression figée, n'indique bien sûr pas l'agent secondaire.

(8) **itnī-sī**, littéralement "si grande", a dans le contexte le sens de "si petite". Voir **itnī-sī bāt**, littéralement "une si grande affaire", au sens de "peu de chose", "pas grand chose", "trois

4 Il ne porte même pas son attaché-case lui-même, il le fait porter par un planton !
(son / attaché-case / jusqu'à / lui-même / pas / soulève / planton / par / fait soulever)

5 Même les lettres, il ne peut pas les écrire tout seul, il les fait écrire par la secrétaire.
(lettres / même / lui-même / pas / écrire / peut / secrétaire / par / fait écrire)

6 Eh ! Plusieurs fois il a fait écrire des articles par les étudiants-chercheurs pour les faire publier sous son nom !
(eh / plusieurs / fois / recherche-étudiants / par / articles / ayant fait écrire / son / nom / en / a fait imprimer)

7 Même une petite Maruti, il n'est pas capable de la conduire tout seul, il la fait conduire par un chauffeur !
(si grande-intensif / Maruti / voiture / même / lui-même / pas / conduire / peut / chauffeur / par / fait conduire)

NOTES (suite)

fois rien". **itne-se cūhe♂ se tum ḍartī ho** !, "tu as peur d'une si petite souris !"

(9) La Maruti, petite voiture datant des années 83-84, réalisée en collaboration avec Suzuki, a vite concurrencé l'Ambassador, la voiture alors la plus répandue en Inde (sur un modèle anglais des années 50), très robuste mais très lourde, et la Fiat (ou "Premier Padmini"). Le succès de Maruti a surtout été son prix et sa maniabilité (alors que les autres modèles étaient relativement prohibitifs), qui en ont fait la voiture de la classe moyenne, justement en train de se constituer au moment où le régime économique se libéralisait, à la fin des années Indira Gandhi (1984) et sous Rajiv Gandhi (1984-89). Avoir une Maruti est donc devenu un signe d'aisance économique et de modernisme, en même temps que les qualités techniques du véhicule ont permis aux conducteurs de créer un véritable style de conduite, audacieux voire brutal et agressif.

८ डाक्टर झटका ने उनसे कहा है कि फ़ौरन सिगरेट पीना बंद करें और कसरत करना शुरू करें। 10

९– उनसे कहना चाहिए कि सिगरेट किसी दूसरे से पिलवा लें, ख़ुद तंबाकू से बचें !

१०–फिर तो वे कसरत भी ख़ुद नहीं करेंगे, किसी नौकर से ही करवाएँगे !

NOTES (suite)

(10) **band karnā** et **śurū karnā** signifient respectivement "arrêter/finir de" et "commencer à". Ce sont des locutions verbales formées d'un élément invariable (**band**) ou nominal (**śurū**) et d'un verbe (**karnā**, "faire"). Tous deux se construisent avec un infinitif à la forme directe : **bāt karnā band karo**, "arrête de parler", **aur paṛhnā śurū karo**, "et commence à étudier".

EXERCICES

अनुवाद कीजिए

१. हमारी दादी अपनी चिट्ठियाँ स्वयं नहीं पढ़ सकतीं, दूसरों से पढ़वाती हैं।
२. मैं उस बदमाश को ख़ुद तो नहीं पीट सकता मगर दूसरे बदमाशों से पिटवाऊँगा।
३. ये साहब तो मक्खियाँ भी ख़ुद नहीं मारते, अपने नौकरों से मरवाते हैं।
४. हाँ, अपने आप ख़ाक भी नहीं छानते, बेचारे शोध-छात्रों से छनवाते हैं।

8 Le docteur Secousse lui a dit de s'arrêter immédiatement de fumer et de se mettre à faire de l'exercice !
(docteur / Secousse / lui-à / a dit / que / tout de suite / cigarette / boire / arrêt / fasse / et / exercice / faire / commencement / fasse)

9 – Il faudrait lui dire de faire fumer ses cigarettes par quelqu'un d'autre, et d'éviter lui-même le tabac !
(lui-à / dire / faut / que / cigarette / quelqu'un / autre / par / faire boire prenne / lui-même / tabac / de / se sauve)

10 – Eh bien, dans ce cas-là, même les exercices physiques, il ne les fera pas lui-même, il les fera faire par un domestique !
(ensuite / alors / il / exercice / même / lui-même / pas / fera / quelque / domestique / par / même / fera faire)

५. आप अपनी पत्रिका यहीं क्यों नहीं छापते ? कभी सिंगापुर में तो कभी हांग कांग में छपवाते हैं !
६. सुनील अपने सारे कपड़े धोबी से धुलवाता है लेकिन अपनी अमरीकन जीन्स अपने हाथों से धोता है ।
७. पापा, आप ख़ुद तो दिन भर बियर पीते रहते हैं, और हम लोगों को ठंडा पानी पिलवाते हैं ।
८. मैनेजर साहब बड़े अफ़सरों को स्कॉच व्हिस्की पिलवाते हैं और दूसरों को "मेड इन इंडिया" !
९. आप इस डेंटिस्ट से दाँत निकलवाना चाहते हैं ? दाँत ही नहीं, वह आपके सारे पैसे भी निकाल लेगा !

१०. आप दिल्ली में मेट्रो बनाना चाहते हैं ! जब बड़े अफ़सरों, लीडरों और पैसेवालों के पास कारें हैं, तब वे मेट्रो क्यों बनवाएँगे ?

Traduisez

1 Notre grand-mère ne peut pas lire elle-même ses lettres, elle les fait lire par les autres. 2 Je ne peux certes pas moi-même passer une râclée (battre) à ces voyous, mais je la leur ferai passer par d'autres voyous. 3 Ce monsieur ne se roule même pas les pouces (ne tue pas les mouches) lui-même, il les fait rouler par ses domestiques. 4 Oui, il ne se met pas les doigts de pied en éventail (tamise la poussière) tout seul, il le fait faire par les malheureux étudiants chercheurs. 5 Pourquoi n'imprimez-vous pas votre revue ici-même ? Vous la faites imprimer tantôt à Singapour tantôt à Hong Kong. 6 Sunil fait laver tous ses habits par le blanchisseur, mais il lave de ses mains son jean américain. 7 Papa, vous-même vous buvez de la bière à longueur de journée et vous nous faites donner de l'eau froide à nous autres. 8 Monsieur le manager donne à boire du scotch aux fonctionnaires importants, et aux autres du "made in India" ! 9 Vous voulez vous faire enlever la dent par ce dentiste ? Il vous enlèvera non seulement [votre] dent, mais aussi tout votre argent ! 10 Vous voulez construire un métro à Delhi ! Quand les fonctionnaires importants, les chefs et les riches ont des voitures, pourquoi (alors) feraient (font)-ils construire un métro ?

वाक्य पूरे कीजिए

1. *Que faire ? Les gens s'ennuient, mais monsieur le ministre continue à parler.*

   क्या —— ? लोग बोर हो रहे हैं, मगर मिनिस्टर साहब ———— ——— ———— —— ।

2. *Ramlal, faut-il que je fasse tout moi-même ? Je n'arrête pas de te [le] dire, et toi, tu ne fais que fumer (boire) bidi sur bidi !*

रामलाल, क्या सारा काम मैं अपने आप ही _____? मैं तुमसे _____ ____ _____ __ और तुम बीड़ी पर बीड़ी _____ ____ _____ __ !

3. *Quand monsieur le directeur était jeune, il marchait pas mal. Il faisait (conduisait) aussi du vélo. Maintenant, il fait conduire une Maruti par un chauffeur !*

डायरेक्टर साहब जब युवक थे तब काफ़ी _____ थे। साइकिल भी _____ __। अब ड्राइवर से मारुति _____ __ !

4. *Qu'est-ce que tu veux ? Tous les romans se publient (s'impriment) sous son nom. Les gens d'Allahabad les éditent (impriment). Maintenant, il va les faire publier à Delhi aussi.*

और नहीं तो क्या ? सारे उपन्यास इन्हीं के नाम से _____ __। इलाहाबाद वाले _____ __। अब दिल्ली में भी _____।

5. *Qu'est-ce qu'il y a, Nisha ? Une petite souris comme ça, tu n'as pas pu la tuer toi-même ! Tu veux la faire tuer par moi !... attends, je fais appeler Chotu tout de suite...*
क्या बात है निशा ? एक छोटा-सा चूहा भी तुम ख़ुद नहीं ——— पाई ! मुझसे ———— चाहती हो ? ...रुको, मैं अभी छोटू को ———— —...

6. *Les parents de Munni boivent eux-mêmes du thé, mais font boire du lait à Munni. Aux élèves, souvent ils donnent (font boire) du "thé spécial".*
मुन्नी के माता-पिता ख़ुद तो चाय ——— — लेकिन मुन्नी को दूध ———— —। छात्रों को अकसर "स्पेशल चाय" ———— —।

7. *Maître Tailleur est mon gourou. En ce moment il me fait tailler (couper) les poches. Dans quelques jours [il] me fera couper des cous...*
दर्ज़ी मास्टर मेरे गुरु हैं। आजकल मुझसे जेबें कटवा ——— —। कुछ दिनों में गले ————...

8. *Ce chien ne veut pas sortir de cette pièce. Sortez-le vite, ou bien faites-le sortir par quelqu'un !*
यह कुत्ता इस कमरे से नहीं ———— ————। जल्दी ———— इसको, या फिर किसी से ———— !

9. *Boris, aujourd'hui j'ai fait tout le travail moi-même : j'ai fait la lessive (lavé les habits), la cuisine (préparé le repas), j'ai fait le thé...*
बोरिस, मैंने आज सारा काम अपने आप किया : कपड़े ———, खाना ————, चाय ————...

10. Vraiment tu es le dindon de la farce (hibou) ! Moi, j'ai tout fait faire par les autres ! Le linge, je l'ai fait laver par le dhobi, la cuisine, je l'ai fait faire par la mère de Munni, et même le thé, je l'ai fait faire par Chotu.

वाक़ई उल्लू हो तुम ! मैंने तो सब कुछ ——— —— ——— ! कपड़े धोबी से ———, खाना मुन्नी की माँ से ———, और चाय भी छोटू से ही ——— ।

Les mots manquants

१. – करें ? – – – – –, – – – बोलते जा रहे हैं ।

२. –, – – – – – – – – करूँ ? – – कहता जा रहा हूँ – – – – – पीते जा रहे हो !

३. – – – – – – – – चलते थे । – – चलाते थे । – – – – चलवाते हैं !

४. – – – – ? – – – – – – – छपते हैं । – – छापते हैं । – – – – छपवाएँगे ।

५. – – – – ? – – – – – – – – मार – ! – मरवाना – – ? ... –, – – – – बुलवाता हूँ ।

६. – – – – – – – – पीते हैं – – – – पिलाते हैं । – – – – – पिलवाते हैं ।

७. – – – – – – । – – – – रहे हैं । – – – – कटवाएँगे...

८. – – – – – – – निकलना चाहता । – निकालो –, – – – – निकलवाओ !

९. –, – – – – – – – – : – धोए, – पकाया/बनाया, – बनाई...

१०. – – – – ! – – – – दूसरों से करवाया ! – – – धुलवाए, – – – – – बनवाया, – – – – – – बनवाई ।

Deuxième vague : cinquième leçon

Leçon 33

पाठ चौंतीस

सुनते ही मचलने लगेगा

१– निशा जी, कल शाम जब मैं अपने घर लौटा तो मेरी पत्नी शिवानी ने एक शि-कायत[१] की... 1 2

२ काफ़ी नाराज़ होने लगी और कहने लगी कि मैंने अभी तक उसे अपने छात्रों से नहीं मिलवाया। 3 4

NOTES

(1) **kal śām**, “hier soir”. Vous avez noté que contrairement à **śām ko**, “le soir”, le groupe n’est pas suivi de la postposition propre à **śām**. C’est le même cas que pour **usī śām**, “ce soir-là”, où le terme “soir” est déterminé aussi.

(2) **merī patnī**, “ma femme”, et non **apnī**, avec le réfléchi, parce que dans la proposition, le possesseur n’est pas le sujet (**maĩ**, “je”, n’est sujet que dans l’autre proposition).

(3) **nārāz hone lagī**, “se mit à être en colère”, **kahne lagī**, “se mit à dire”. L’aspect “inceptif”, c’est-à-dire où on met en évidence le début de l’action, ou l’entrée dans l’état, correspond à une forme grammaticalisée en hindi : au verbe principal à la forme de l’infinitif oblique (-**ne**), on ajoute l’auxiliaire **lagnā** normalement conjugué. Vous voyez qu’au passé simple il ne prend pas la structure ergative (alors qu’on dirait : **usne kahā**). Faites attention aussi à ne pas l’employer avec la négation, ni aux formes actualisées, de même que **cuknā**, qui est un peu le symétrique de **lagnā** (mais se construit différemment).

(4) **milvāyā**, “fis (ai fait) rencontrer”. Le verbe est dérivé de (**kisī se**) **milnā** “rencontrer” (quelqu’un). Littéralement “je t’ai fait rencontrer les élèves”, donc “je t’ai présentée aux élèves”.

Trente-quatrième leçon

Dès qu'il entendra cela, il s'impatientera (entendant / juste / s'impatienter / se mettra)

1 – Nisha-ji, hier soir quand je suis rentré chez moi, ma femme Shivani s'est plainte... (Nisha-ji / hier / soir / quand / je / ma / maison / retournai / alors / ma / femme / Shivani / une / plainte / fit)

2 Elle s'est mise à rouspéter, à dire que je ne lui avais pas encore présenté mes élèves. (assez / mécontente / être / se mit / et / dire / se mit / que / je / maintenant / jusqu'à / elle-à / mes / élèves / avec / pas / fis rencontrer)

NOTES (suite)

La forme intermédiaire **milānā (milnā +-ā),** "faire rencontrer" existe bien, mais a le sens de "mélanger" (**dūdhvālā dūdh me bahut pānī milātā hai**, "le laitier mélange beaucoup d'eau au lait", pour faire plus de bénéfice !). Vous voyez que tout n'est pas absolument prévisible et mathématique : êtes-vous déçu, ou soulagé, que ce ne soit pas tout à fait le jeu d'échecs ?

३ आपकी नाटक♂ वाली तस्वीरें♀ देखते ही वह मचलने लगी थी और तुरन्त आप लोगों से मिलना चाहती थी । 5 6

४ कल यह सुनते ही कि दिवाली♀ की छुट्टियों♀ में सभी विदेशी छात्र यहीं रहेंगे, उसने फ़ैसला♂ कर लिया । 7 8

५ आप सब दिवाली का भोजन♂ हमारे यहाँ करेंगे । आतिशबाज़ी♀ करेंगे और दिवाली हमारे साथ ही मनाएँगे ।

NOTES (suite)

(5) **dekhte hī**, “dès qu’elle vit”, “à la vue de”. Le participe présent à la forme oblique (en **-e**) suivi de la particule **hī**, “à peine”, “seulement”, “juste”, a le sens de “dès que + verbe”. De même **ye sunte hī**, “dès qu’il entendit”. Dans cet emploi le participe n’est jamais accompagné de **hue**. Dans la traduction littérale, nous avons traduit **hī** par “à peine”, pour que vous puissiez le distinguer de ses autres emplois (“seulement”, “même”, particule emphatique). **mujhe dekhte hī vo merā galā♂ dabāne lagā !** , “dès qu’il me vit, il se mit à me serrer la gorge”.

(6) **macalne lagī thī**, “s’était mise à s’impatienter”. C’est un plus-que-parfait, mais vous voyez qu’il représente un événement simplement passé (et accompli) par rapport au présent, (et non pas passé par rapport à un autre événement passé) et correspond donc au passé simple (passé composé dans le code oral du français).

(7) **yahī̃**, “ici-même” (**yahā̃**, “ici”). A ne pas confondre avec **yahī** (sans nasalisation), “celui-ci même”, “ce même”.

(8) La fête (**tyauhār♂**) de Divali, qui tombe au début de l’hiver (fin octobre en général) est surtout populaire pour ses illumi-

3 Dès qu'elle a vu vos photos de la pièce de théâtre, l'impatience l'a prise, elle voulait vous voir tout de suite !
(vos / pièce de théâtre / vala / photos / voyant / à peine / elle / s'impatienter / s'était mise / et / tout de suite / vous / gens / avec / rencontrer / voulait)

4 Hier, dès qu'elle a appris que tous les étudiants étrangers restaient là pendant les vacances de Divali, elle a pris la décision…
(hier / ceci / entendant / à peine / que / Divali / de / vacances / dans / tous / étrangers / étudiants / ici-même / resteront / elle / décision / faire prit)

5 Vous allez tous prendre le repas de Divali chez nous. Vous allez faire des feux d'artifice et fêter Divali avec nous.
(vous / tous / Divali / de / repas / nous / chez / ferez // feux d'artifice / ferez / et / Divali / nous / avec / juste / fêterez)

NOTES (suite)

nations : chaque maison allume sur sa terrasse, devant la porte, des petites lampes à huile "diya" vendues dans un récipient en terre (**miṭṭī**) cuite. On fait aussi un ménage complet pour que la maison soit impeccablement propre (**sāf-suthrā**) et souvent on blanchit les murs (**dīvār♀ kī safedī karnā**). Elle commémore en fait le retour d'exil de Rama, Sita et Lakshman à Ayodhya, après leur victoire sur le démon Ravana. La ville d'Ayodhya avait été fastueusement décorée pour ce retour, symbolique du triomphe du bien sur le mal : vous comprenez les lumières ! Aussi populaire pour les explosions de pétards, qui durent plusieurs nuits, cette fête est aussi associée à un culte de la prospérité (la déesse Lakshmi). Elle est même devenue la fête des riches marchands (**seṭh♂**) et des gens influents à qui tout le monde porte des présents !

६– वाह ! नेकी° और पूछ–पूछ° ! ऐसी बातें सुनते ही बोरिस के मुँह से तो लार° टपकने लगती है । 9

७ उसके साथ कोई ज़बरदस्ती° करने की ज़रूरत° नहीं है । सुनते ही निकलने के लिए तैयार हो जाएगा ।

८ आपको याद° नहीं ? उस शादी में, यह देखते हुए भी कि पंडित माखनलाल नाराज़ होने लगे हैं, कैसे खाता जा रहा था ! 10

९– हमारे यहाँ तो शाकाहारी भोजन ही मिलेगा । मांसाहारियों° का बहुमत° होने पर भी यह नियम° नहीं बदल सकता ! 11

NOTES (suite)

(9) La phrase est idiomatique, et elliptique : “(vous voulez faire) une bonne action, et vous demandez !”. Le mot est dérivé de l’adjectif **nek**, “généreux, vertueux, bon”, qui a un sens moral, alors que **śarīf**, de sens très proche (origine arabo-persane) a un sens plus social (**śarīf log**, “les gens bien”). **bhārat mẽ śarīf ghar kī beṭiyā̃ ḍhūmrapān° nahī̃ kartī̃ !**, “en Inde les filles des familles respectables ne fument pas !”.

(10) **dekhte hue bhī**, “bien qu’il ait vu”. La concession (ou opposition) se traduit par la particule **bhī** (“aussi”, mais aussi “même, “malgré”) complétant le participe présent généralement accompagné de **hue**. De même, **cāhte hue bhī**, “bien qu’il le veuille”, “malgré son désir”.

6– Ah ! Inutile de demander la permission pour une bonne action ! Dès qu'il entend une chose de ce genre, Boris en a l'eau à la bouche... ça dégouline !
(ah // bonne action / et / demande-demande // tels / propos / entendant / à peine / Boris / de / bouche / de / to / salive / dégoutter / se met)

7 Avec lui on n'aura pas besoin d'insister. Dès qu'il entend ça, il va se préparer pour sortir.
(lui / avec / aucune / pression / faire / de / besoin / pas / est // entendant / à peine / sortir / pour / prêt / être ira (deviendra))

8 Vous ne vous rappelez pas ? A ce mariage, il avait pourtant bien vu que le pandit Makhanlal s'était mis en colère, mais qu'est-ce qu'il se gavait !
(vous-à / souvenir / pas // ce / mariage / dans / ceci / voyant / même / que / pandit / Makhanlal / mécontent / devenir / s'est mis / comment / mangeant allait-actuel)

9– Chez nous, vous n'aurez droit qu'à de la nourriture végétarienne. Même dans le cas où il y aurait une majorité carnivore, cette règle ne peut guère être modifiée !
(nous / chez / mais / végétarienne / nourriture / seulement / sera obtenue // viande-mangeurs / de / majorité / être / sur / même / cette / règle / pas / changer / peut)

NOTES (suite)

(11) **bahumat hone par bhī**, "bien qu'il y ait une majorité", est une autre manière de représenter la concession : l'infinitif oblique suivi de la postposition **par**, "sur", et toujours la particule **bhī**. De même **ye jānne par bhī** (phrase 10), "bien que sachant ceci".

१०–घबराइए मत ! यह जानने पर भी बोरिस का संकल्प॰ ढीला नहीं पड़ सकता ! 11

EXERCICES

अनुवाद कीजिए

१. दीवाली अभी काफ़ी दूर होने पर भी इन लोगों ने रात भर आतिशबाज़ी करने का फ़ैसला कर लिया है !
२. आतिशबाज़ी का शोर सुनते ही बेचारा टौमी खाट के नीचे घुसकर बैठ गया।
३. बहुत समझाने पर भी, दिवाली की मिठाइयाँ दिखाने पर भी, वह बाहर नहीं निकला।
४. सब का त्यौहार होते हुए भी दिवाली सेठों, लीडरों और अफ़सरों का त्यौहार बन गई है !
५. एक सेठजी मिठाइयों और फलों का टोकरा उठाए हुए इंडियन एयरलाइन्ज़ के डायरेक्टर के घर की ओर जाने लगे।
६. मगर यह सुनते ही कि डायरेक्टर साहब पिछले हफ़्ते रिटायर हो चुके हैं, सेठजी अपना टोकरा लेकर वापस लौट गए।
७. दीवाली के आते ही सभी लोग अपने घरों की ख़ूब सफ़ाई करने लगते हैं।
८. दीवारें इतनी सफ़ेद होने पर भी गुप्ता जी फिर से उनकी सफ़ेदी कराने लगे हैं।
९. जो घर साफ़-सुथरे और सजे-धजे होते हैं, लक्ष्मी जी उन्हीं घरों में पधारना पसंद करती हैं।

10 – Ne vous inquiétez pas ! Même à cette nouvelle, la détermination de Boris ne peut fléchir ! (inquiétez-vous / pas // ceci / apprendre / sur / même / Boris / de / détermination / relâchée / pas / tomber / peut)

१०. अरे, मिसेज़ गुप्ता, आपका यह सजा–धजा घर देखते ही लक्ष्मी जी मारुति में बैठकर आ जाएँगी !

Traduisez

1 Bien que Divali soit encore loin, ces gens ont décidé de faire des feux d'artifice toute la nuit ! 2 Dès qu'il entendit le bruit des feux d'artifice, le malheureux Tommy se glissa (entra) sous le lit et alla se coucher. 3 Bien qu'on l'ait beaucoup poussé (persuadé), bien qu'on lui ait montré les confiseries de Divali, il ne sortit pas. 4 Bien que Divali soit la fête de tous, c'est devenu [en fait] la fête des fonctionnaires importants et des chefs. 5 Un marchand (seth) se mit en route pour (se mit à partir vers) la maison du directeur d'Indian Airlines avec (ayant soulevé) un panier de fruits et de confiseries. 6 Mais dès qu'il entendit [dire] que monsieur le directeur avait pris sa retraite la semaine dernière, le marchand repartit avec (prenant) son panier. 7 Dès l'arrivée de Divali, tout le monde se met à nettoyer sa maison de fond en comble (complètement). 8 Bien que les murs soient déjà tout blancs, Gupta-ji les fit de nouveau blanchir. 9 C'est dans les maisons qui sont toutes propres et bien décorées que [la déesse] Lakshmi-ji aime à pénétrer. 10 Dites (eh !), madame Gupta, dès qu'elle verra votre maison toute décorée, Lakshmi-ji viendra en (étant assise dans) Maruti !

वाक्य पूरे कीजिए

1. *La nuit du mariage, Navabrai a levé le voile de Shivani et tous deux se sont mis à rire !*

   शादी — —— नवाबराय ने शिवानी का घूँघट ——— और दोनों ज़ोर-ज़ोर से ——— ——— !

2. *Dès qu'ils ont eu mangé, les gens venus dans la procession de mariage se sont mis à se plaindre de maux de ventre.*

   बारात में आए हुए लोग भोजन करते ही पेटदर्द की ——— ——— ——— ।

3. *Monsieur le Directeur, dès qu'il pleut (dès que la pluie est), l'eau se met à dégouliner dans les chambres ! Malgré tant de plaintes (l'avoir dit tant de fois), vous n'avez rien fait faire.*

   डायरेक्टर साहब, बारिश ——— — कमरों के अंदर पानी ——— ——— — । इतनी बार ——— —— — आपने कुछ नहीं ——— है ।

4. *Pas besoin de dire quoi que se soit ! Dès qu'il la voit, le père de cette fille se met à la gaver (faire manger) de sucreries !*

   कुछ कहने — ——— ही नहीं ! इस लड़की के पापा तो इसे ——— — मिठाई ——— ——— — !

5. *Pourquoi il n'y a pas (vient pas) de bon lait ici ? Votre laitier, il [y] mélange trop d'eau ! Faites-moi le rencontrer, je [lui] parlerai.*

यहाँ अच्छा दूध क्यों नहीं आता ? आपका दूधवाला तो बहुत पानी ——— —— ! मुझे उससे ———, मैं बात करूँगा !

6. *Même si vous lui parlez, c'est le même lait à l'eau qu'on aura (qui viendra) !*

आपके बात ——— ——— —— यही ——— ——— दूध ही आएगा !

7. *Nous avons introduit (fait) la règle contre les fumeurs (règle de fumer) par [voie de] majorité. Maintenant nous n'allons pas en démordre (notre détermination ne peut fléchir).*

धूम्रपान ——— नियम को हम लोगों ने ——— से बनाया है। अब हमारा ——— ढीला नहीं ——— ——— !

8. *On dirait que ces employés ont décidé de fêter chaque fête du pays. A quoi bon venir au bureau ?*

——— —— इन कर्मचारियों ने देश के हर ——— को ——— का ——— कर लिया है ! दफ़्तर आने की क्या ——— है ?

9. *Tout en sachant que Raisahab est végétarien, les élèves n'arrêtent pas d'aller chez "Karim" avec lui !*

यह ——— ——— —— कि रायसाहब ——— हैं, छात्र उन्हें लेकर "करीम" के यहाँ ——— ——— —— !

10. *Malgré toutes les décorations (étant décoré), le marié m'avait plutôt l'air d'un voyou !*

इतना सजा–धजा ——— हुए भी वह दूल्हा मुझे तो बदमाश ही ——— ——— —— !

Les mots manquants

१. – की रात – – – – – – उठाया – – – – – – हँसने लगे !

२. – – – – – – – – – – – – शिकायत करने लगे ।

३. – –, – होते ही – – – – टपकने लगता है । – – कहने पर भी – – – करवाया – ।

४. – – की ज़रूरत – – ! – – – – – – – देखते ही – खिलाने लगते हैं !

५. – – – – – – – ? – – – – – – मिलाता है ! – – मिलवाइए, – – – !

Trente-cinquième leçon

Révisions

1. Les propositions relatives

1.1 Pronom relatif

Il a la même forme aux cas directs (sujet, objet non marqué) : **jo** pour le singulier (masculin et féminin), et pour le pluriel (masculin et féminin), “qui/que”. En revanche, aux cas obliques, la forme du singulier **jis** diffère de la forme du pluriel **jin**. Comme pour les formes nominales, les formes obliques (**jis, jin**) s’emploient avec une postposition, même si cette postposition est la marque du cas ergatif, **ne**. Notez que les formes suivies de **ko** ont deux variantes comme les autres pronoms : **jise/jisko ; jinhẽ/jinko**.

Il faut souligner que le “pronom” relatif (tel que

६. – – करने पर भी – पानी वाला – – – !
७. – वाले – – – – – – बहुमत – –
–! – – संकल्प – – पड़ सकता !
८. लगता है – – – – – – – त्यौहार – मनाने – फ़ैसला – – –
! – – – – ज़रूरत – ?
९. – जानते हुए भी – – शाकाहारी –, – – – – – – – जाते
रहते हैं !
१०. – – – होते – – – – – – – – – – लग रहा था !

Deuxième vague : sixième leçon

vous l'avez vu par exemple à la leçon 30) est très souvent employé comme une sorte d'adjectif, c'est-à-dire suivi du nom sur lequel il porte (en français "lequel" peut être aussi bien pronom qu'adjectif relatif : "hier j'ai vu Paul lequel m'a dit..." "j'ai vu Paul, lequel Paul m'a dit..."). **jo** n'est donc pas exactement comparable à qui/que, qui en français *remplace* toujours le nom.

1.2 La proposition relative : ordre des termes et fonctions

Vous avez vu les deux grands types de relatives séparément : dans la leçon 30, l'ordre qui correspond en gros à celui du français, où **jo** fonctionne bien comme un pronom et où la proposition relative est placée après son antécédent :

mujhe ek maśhūr aikṭar milā, jo mere ghar ke pās rahtā hai
"j'ai rencontré un acteur célèbre, qui habite près de chez moi"

(**jiskā nām amitābh baccan hai**, “qui s’appelle Amitabh Bacchan”)

Chaque fois que la relative apporte une information qui n’est pas absolument nécessaire (on pourrait la supprimer, la mettre entre virgules), – on parle alors de relative “explicative”, ou “appositive” –, c’est cet ordre qu’on a. C’est le cas notamment quand l’antécédent est un nom propre, un indéfini. Mais cet ordre n’est pas exclusivement réservé, en hindi, aux relatives “explicatives” (vous vous familiariserez par la suite avec ses autres emplois).

Par contre, quand la relative fait intégralement partie de la phrase (suppression, virgule ou pause impossibles) et qu’elle donne le sens du nom sur lequel elle porte, l’ordre est différent (leçon 31). La particularité qu’elle apporte au niveau du sens est de restreindre l’extension de ce nom, de le limiter à une sous-classe particulière, d’où son nom “relative restrictive” ou “déterminative”. Par exemple, en français, “les étudiants qui apprennent le hindi s’amusent bien” désigne non pas tout l’ensemble des étudiants, mais une partie seulement, celle qui fait du hindi, les autres pouvant fort bien ne pas s’amuser. La relative ici apporte une information cruciale, c’est elle qui détermine le sens de “étudiants”. Si vous disiez : “les étudiants, qui apprennent le hindi, s’amusent bien”, il s’agirait de tous les étudiants, qui tous s’amusent bien, et tous apprennent le hindi, et la relative apporterait une simple précision facultative. Quand le nom relativisé est au singulier, les deux types ne se distinguent bien entendu pas par la sélection d’un sous-ensemble ; la différence est analogue à celle qui distingue “ce sympathique étudiant (cet étudiant sympathique) fait du chinois" et "cet étudiant, sympathique, fait du chinois", c'est-à-dire à l'opposition entre une fonction de détermination (l'adjectif du premier exemple détermine le nom) et une fonction d'apposition (l'adjectif du second exemple est apposé au nom), d'où le nom de "relative appositive". La relative déterminative en hindi a une construction très spéciale qu'il vous faudra "apprivoiser" (leçon 31) : elle précède la principale, et elle inclut le nom, auquel le relatif ne se substitue pas mais qu'il précède comme un déterminant. Ce nom est ensuite repris dans la principale par **vo** :

jo ādmi parsõ āegā, vo merā sabse acchā dost hai.
"l'homme qui viendra après-demain est mon meilleur ami".
jis laṛke se maĩ bāt kar rahā thā, vo tumhārī bahan kā mitr hai.
"le garçon à qui je parlais est l'ami de ta soeur".
jin ādmiyõ ke bāre mẽ tumne mujhe batāyā, unko maĩ jāntā hū̃.
"je connais les hommes dont tu m'a parlé".

2. Le verbe

Vous n'avez appris aucun nouveau temps (parce que vous les connaissez tous !) mais vous avez enrichi votre panoplie d'aspects considérablement. Les aspects en hindi sont beaucoup plus grammaticalisés qu'en français (formes verbales particulières), il faut bien les maîtriser.

2.1 Le début et la fin de l'action, aspect inceptif et terminatif :

• L'entrée dans une action ou un état ("se mettre à,

commencer à") ou aspect "inceptif", s'exprime en hindi par l'auxiliaire **lagnā**, construit sur l'infinitif oblique du verbe principal : **vo khānā banāne lagā**, "il se mit à préparer la cuisine" ; **bāriś hone lagī thī**, "il avait commencé à pleuvoir".
Notez la possibilité d'utiliser la locution verbale **śurū karnā**, "commencer", construite avec un infinitif au cas direct : **vo kām karnā śurū kar rahā hai**, "il commence à travailler".

• La sortie d'une action ou d'un état, désormais acquis ("finir de", "venir de", d'où le sens "avoir déjà"), ou aspect "terminatif", s'exprime par l'auxiliaire **cuknā**, construit sur le radical simple du verbe principal : **ham log khāna khā cuke hãĩ**, "nous avons fini de manger", "nous avons déjà mangé". **kyā tum amrīka jā cuke ho ?**, "es-tu déjà allé en Amérique ?". **cuknā**, marquant la complétude d'une action terminée, est souvent associé à l'adverbe **pahle hī**, "déjà auparavant" : **jī hā̃, maĩ pahle hī jā cukā hū̃**, "oui, j'[y] suis déjà allé".
Notez la possibilité d'utiliser la locution verbale **k̲h̲atm karnā**, "finir de", construite avec un infinitif direct : **vo kām karnā k̲h̲atm kar rahā hai**, "il finit de travailler".
Remarque : ni **lagnā** ni **cuknā** ne s'emploient à la forme négative, ni avec un verbe composé, ni aux formes actualisées. Ils n'admettent pas la construction ergative aux temps accomplis, même si le verbe principal est transitif. **cuknā** n'est employé qu'aux temps accomplis (passé simple, passé composé, plus-que-parfait).

2.2 Aspects duratif (leçon 32) et progressif-continuatif (leçon 33)

• Pour insister sur la durée ininterrompue de l'action (anglais “keep doing” : “faire sans arrêt, continuer à faire”), on utilise en hindi l’auxiliaire **rahnā** (c’est logique : il signifie “rester”), construit avec le participe présent du verbe principal qui s’accorde en genre et en nombre avec le sujet : **baccī śaitānī kartī rahtī hai, aur mā̃ cillātī rahtī hai,** “la fillette n’arrête pas de faire des bêtises et la mère n’arrête pas de crier”. **davāī♀ pīte raho, sab ṭhīk ho jāegā,** “continue à prendre les médicaments, tout s’arrangera”.

• Si l’insistance sur la durée ininterrompue s’accompagne d’une progression continue de l’action (“de plus en plus”), on met aussi le verbe principal au participe présent, mais suivi cette fois de l’auxiliaire **jānā** au présent actualisé : **peṭrol♂ kī qīmat♀ roz baṛhtī jā rahī hai,** “le prix de l’essence augmente de jour en jour”. On a alors souvent l’adverbe **roz**, “chaque jour”, ou **din-ba-din**, “jour après jour”.

2.3 Les auxiliaires exprimant la modalité “pouvoir” (leçon 29)

Il y en a deux en hindi : **saknā** est celui qui correspond au sens le plus large de “pouvoir” (avoir la possibilité, la capacité), et **pānā,** plus proche du sens “parvenir/réussir à”, presque toujours employé en contexte négatif, marquant une forte impossibilité due à une contrainte extérieure. Ces deux auxiliaires se construisent avec le radical simple du verbe principal, ils n’acceptent pas la construction ergative aux temps accomplis, et **saknā** est incompatible avec le présent actualisé.

kyā tum tair sakte ho ?, “est-ce que tu peux nager ?” (= tu sais, es capable de).

mãĩ vahā̃ tīn baje pahũc sakū̃gā, “je pourrai arriver à trois heures”.
vo apnā kām pūrā nahī̃ kar pāyā, “il n’a pas réussi à finir son travail”.
vo samajh nahī̃ pā rahā thā, “il ne pouvait (ne parvenait pas à) comprendre”.

2.4 Les verbes causatifs à agent secondaire
Quand un verbe signifiant “faire faire” comporte un agent intermédiaire (“par X”), on emploie toujours la forme dérivée en -**vā**, formée à partir du radical, mais avec certaines modifications, éventuellement des voyelles. Par exemple, **bannā,** “être fait/se faire”, **banānā,** “faire”, **banvānā,** “faire faire”, **nikalnā,** “sortir”, **nikālnā,** “faire sortir”, “renvoyer”, **nikalvānā,** “faire renvoyer” ; **sīkhnā,** “étudier”, **sikhānā,** “enseigner” (faire apprendre), **sikhvānā,** “faire enseigner”. **ruknā,** “s’arrêter”, **roknā,** “arrêter”, **rukvānā,** “faire arrêter” ; **dekhnā,** “voir”, **dikhānā,** “faire voir, montrer”, **dikhvānā,** “faire montrer”. Attention, les modifications sont parfois imprévisibles : **khānā,** “manger”, **khilānā,** “faire manger, nourrir”, **khilvānā,** “faire nourrir”, **pīnā,** “boire”, **pilānā,** “faire boire, donner à boire”, **pilvānā,** “faire donner à boire”.
L’agent intermédiaire est exprimé avec la postposition **se : usne ciṭṭhī apne baṛe bhāī se likhvā lī,** “il s’est fait écrire la lettre par son grand frère”.

3. Propositions subordonnées de but et de concession

• *Le but,* dans une proposition à verbe fini, s’exprime par la conjonction **tāki,** “pour que, afin que” toujours suivie du subjonctif (leçon 31, note 8).

vo roz jhāṛū♂ **lagātā hai tāki kamrā sāf rahe**, “il passe tous les jours le balai pour que la pièce reste propre”.

maĩ kuch hindī paṛh rahī hũ, tāki bhāratīy logõ se bāt kar sakũ, “j’apprends un peu de hindi pour pouvoir parler aux Indiens”.

Si le sujet du verbe subordonné est le même que le sujet principal, comme c’est le cas dans le dernier exemple, on peut employer un infinitif de but (suivi de la postposition **ke lie,** “pour”) : **maĩ bhāratīy logõ se bāt karne ke lie hindī paṛh rahā hũ,** “j’étudie le hindi pour parler aux Indiens”.

• *La concession ou opposition* s’exprime par une proposition introduite par **hālā̃ki** “bien que, quoique”, toujours suivie de l’indicatif (à la différence du français !) et reprise par **par**, **lekin**, **phir bhī**, “mais, pourtant”, dans la principale (leçon 30, note 6) : **hālā̃nki boris bahut khātā hai, phir bhī uskā vazan**♂ **kam rahtā hai,** “bien que Boris mange beaucoup, son poids reste faible (il ne pèse pas beaucoup)”. Si les deux verbes ont le même sujet, on peut exprimer l’opposition par un infinitif suivi de **par bhī**, “malgré”, ou par un participe présent à la forme oblique (+**hue**) suivi de **bhī** (leçon 34, notes 10 et 11) : **bahut cāval khāne par bhī, boris bilkul dublā-patlā hai / bahut cāval khāte hue bhī, boris ekdam patlā hai**, “bien que mangeant beaucoup de riz, Boris est tout à fait mince”.

Deuxième vague : septième leçon

पाठ छत्तीस

क्या-क्या करना पड़ेगा ?

१- नास्तासिया, तुम्हें इतनी अच्छी उर्दू♀ कैसे आती है ? क्या प्राग में बैठे-बैठे ही सीख ली ? 1 2

२- अरे नहीं। साल♂ भर वहाँ उर्दू पढ़ने के बाद सोचा कि अब मुझे हिन्दुस्तान जाना चाहिए। 3

३ मैं लखनऊ में एक साल शकील साहब के यहाँ काट चुकी हूँ। बड़े शरीफ़ लोग हैं। 4

NOTES

(1) **tumhẽ urdū ātī hai**, "tu connais l'ourdou", donc "tu parles ourdou". Dans la construction "indirecte" (revoir leçon 20, note 1), le verbe "venir" prend le sens de "savoir/connaître", et s'accorde avec l'objet du savoir, jamais avec le sujet "logique".

(2) **baiṭhe-baiṭhe hī**, littéralement "assis-assis juste", "juste en restant" (à Prague). Le participe redoublé employé adverbialement représente une action à valeur de manière ou de cause par rapport au verbe principal : **ve paṛhte-paṛhte thak gae haĩ**, "à force de lire ils se sont fatigués".

(3) **mujhe hindustān jānā cāhie**, "il me faut aller en Inde", "il faut que j'aille en Inde". Vous avez déjà rencontré **cāhie** au sens de "il me faut tel objet" (**mujhe pāni cāhie**, "il me faut de l'eau, je veux de l'eau"). Ici la construction du sujet logique est la même (+**ko**) mais on a un groupe verbal au lieu d'un nom. **cāhie**, invariable, exprime l'obligation générale (notez toutefois qu'il arrive de trouver **cāhiẽ**, avec nasalisation, pour un accord de pluriel). **in samasyāõ♀ kā samādhān♂ karnā**

Trente-sixième leçon

Tout ce qu'il faudra faire !
(quoi-quoi / faire / sera nécessaire)

1 – Nastassia, comment se fait-il que tu connaisses si bien l'ourdou ? Tu l'as appris comme ça, à rester à Prague ?
(Nastassia / toi-à / tellement / bon / ourdou / comment / vient // est-ce que / Prague / dans / assis(e)-assis(e) / juste / apprendre pris)

2 – Bien sûr que non ! Après avoir fait une année d'ourdou là-bas, j'ai estimé qu'il fallait partir en Inde.
(eh / non // année / durant / là-bas / ourdou / apprendre / après / pensai / que / maintenant / moi-à / Inde / aller / faut)

3 J'ai déjà vécu un an à Lucknow avec la famille de Shakil Sahab. Ce sont vraiment des gens bien.
(je / Lucknow / dans / une / année / Shakil / Sahab / de / chez / passer / ai fini // très / respectables / gens / sont)

NOTES (suite)

cāhie, "il faut résoudre ces problèmes" (littéralement "faire la résolution de").

(4) Lucknow est la ville où, dit-on, on parle l'ourdou le plus correct et le plus raffiné de l'Inde : un peu ce que Tours est à la langue française ! C'est à Lucknow que se passe la scène dans *Les joueurs d'échecs* (voir leçon 39 un peu plus loin). Inversement, pour ce qui est du hindi, Delhi a plutôt mauvaise réputation : la raison vous en est expliquée dans les phrases 4 et 5. Comme dans toutes les grandes métropoles, une grande partie de la population est relativement occidentalisée et parle volontiers anglais, parfois par snobisme et désir d'afficher une distinction sociale, liée dans l'imaginaire de la bourgeoisie à la maîtrise de l'anglais.

४– अगले वर्ष♂ मुझे भी ऐसा ही कुछ करना है । किसी हिन्दुस्तानी भाषा को ठीक से सीखने के लिए तो दिल्ली से निकलना पड़ेगा ! 5 6

५ यहाँ तो हर वक़्त लोगों से अंग्रेज़ी बोलनी पड़ती है । किसी से हिन्दी में बात पूछो तो तपाक♂ से अंग्रेज़ी में जवाब♂ देगा ! 7

६– तब तो तुम्हें शकील साहब और अमीना जी से मुलाक़ात♀ करनी चाहिए । मुझे भी उनके लिए कुछ चीज़ें भेजनी थीं...

NOTES (suite)

(5) **mujhe aisā kuch karnā hai**, “je dois faire quelque chose de semblable”, “il faut que je fasse quelque chose comme ça”. Outre **cāhie**, on peut aussi exprimer l’obligation, surtout si elle a une portée future et un caractère plus factuel et ponctuel, par le verbe “être”, dans la même construction (sujet logique +**ko**). **mujhe abhyās karnā hai**, “il faut que je pratique” (littéralement “faire exercice”). **usko ārām karnā thā**, “il devait se reposer”. **honā** est variable en genre, en nombre, et en temps (voir phrase 7).

(6) **nikalnā paṛegā**, “(on) sera obligé de sortir”, “il faudra quitter (Delhi)”. C’est la troisième (et dernière !) manière d’exprimer l’obligation, quand elle est particulièrement forte, et répond à une contrainte extérieure. Le sujet logique est toujours suivi de **ko**, et **paṛnā**, littéralement “tomber”, qui sert d’auxiliaire et se conjugue. Il s’accorde avec le verbe infinitif. **dhūl♀-dhakkaṛ♂ se bacne ke lie dādājī ko dillī se jānā paṛegā**, “pour éviter la chaleur et la poussière il faudra que Papy quitte Delhi”. (**dhūl♀**, “poussière”, et **dhakkaṛ♂**, “vent chaud”).

(7) **aṅgrezī bolnī paṛtī hai**, “(on) est obligé de parler anglais”. Vous voyez que le verbe auquel s’ajoute la modalité d’obliga-

4 – L’année prochaine, il faut que je fasse moi aussi quelque chose du même genre. Pour apprendre une langue indienne convenablement, il est indispensable de sortir de Delhi !
(prochaine / année / moi-à / aussi / pareil / même / quelque chose / faire / est // quelconque / indienne / langue / à / bien / apprendre / pour / to / Delhi / de / partir / sera nécessaire)

5 Ici, on est tout le temps obligé de parler anglais avec les gens. Tu poses une question à quelqu’un en hindi, et à tous les coups il te répond en anglais !
(ici / mais / chaque / moment / gens / aux / anglais / parler / est nécessaire // quelqu’un / à / hindi / en / chose / demandes / alors / vlan / anglais / en / réponse / donnera)

6 – Dans ce cas-là, tu devrais rencontrer Shakil Sahab et Amina-ji. Moi aussi, je devais leur envoyer quelques [petites] choses…
(alors / donc / toi-à / Shakil / Sahab / et / Amina-ji / avec / rencontre / faire / faut // moi-à / aussi / eux / pour / certaines / choses / envoyer / étaient)

NOTES (suite)

tion, s’il est transitif, s’accorde avec son complément : **aṅgrezī** est féminin, on a donc **bolnī** et non **bolnā**. Du coup l’auxiliaire aussi prend la marque du féminin : **paṛtī hai**, alors que dans les exemples précédents il prenait la marque masculin singulier, en accord avec l’infinitif intransitif (-**nā**). On a le même accord dans la phrase 6 (**mulāqāt karnī cāhie**), à la différence près que **cāhie** est invariable, et dans **mujhe cīzẽ bhejnī thī̃**, “je devais envoyer des choses” : **bhejnī thī̃** correspond au féminin pluriel de **cīzẽ** “choses”, et la nasalisation comme d’habitude ne se trouve que sur le dernier élément du verbe conjugué : **dhyān rakhnā**, “faites bien attention” !

७ बस, तुम्हें इसी शनिवार को लखनऊ जाना होगा ! उनसे पूछने की भी ज़रूरत नहीं । उनके घर को मैं अपना ही घर समझती हूँ ! 8 9

८– अरे, गाड़ी♀ में सीट–वीट भी तो लेनी पड़ेगी ! या उसकी भी आवश्यकता♀ नहीं ! खड़े–खड़े ही जाऊँ ?

९– हाँ, यह तो सचमुच सरदर्द♂ है । टूरिस्ट कोटा♂ माँगना पड़ेगा और स्टेशन♂ पर मीठी–मीठी बातें करनी पड़ेंगी ! 10

NOTES (suite)

(8) **pūchne kī zarūrat hai**, “il faut demander”, littéralement “nécessité est de demander”. La construction nominale, avec **zarūrat** (arabo-persan), ou **āvaśyaktā** (sanscrit), “nécessité”, permet aussi d’exprimer l’obligation. Si le sujet est exprimé, il est aussi à la forme “indirecte”. **tumko ye pūchne kī zarūrat nahī̃**, “tu n’as pas besoin de le demander”. **is tarah dhamkī♀ dene kī zarūrat nahī̃ !**, “pas besoin de menacer (donner menace) comme ça !”. **mujhe zyādā tankhāh♀ kī zarūrat nahī̃**, “je n’ai pas besoin d’un gros salaire”.

(9) **unke ghar ko maĩ apnā ghar samajhtī hū̃**, “je considère leur maison comme ma maison”. Notez que **samajhnā**, “comprendre”, prend le sens de “considérer”, “prendre pour”, quand il est accompagné d’un complément (**+ko**) et de son attribut. **maĩ tumko apnā dost samajhtā hū̃**, “je te considère comme mon ami”. **yahā̃ seṭh kārīgarõ♂ aur bunkarõ♂ ko ādmī nahī̃ samajhte**, “les patrons ici ne considèrent pas les artisans et les tisserands comme des hommes”.

7 C'est ça. Il faut que tu partes ce samedi même à Lucknow. Pas besoin de leur demander. Je considère leur maison comme ma propre maison !
(assez / toi-à / ce-même / samedi / à / Lucknow / aller / sera // eux-à / demander / de / même / nécessité / pas // leur / maison / à / je / ma / même / maison / considère)

8 – Eh ! Est-ce qu'il faut réserver une place dans le train ou non ? Ou ça aussi, "pas besoin" ? Tu veux que je voyage debout ?
(eh / train / dans / place-(écho) / aussi / to / prendre / sera nécessaire // ou / de-cela / aussi / besoin / pas // debout-debout / même / aille)

9 – Ah oui, ça, c'est un vrai casse-tête. Il va falloir recourir aux quotas pour touristes [étrangers] et user de flagorneries bien mielleuses à la gare !
(oui / ceci / to / vraiment / mal-de-tête / est // touriste / quota / demander / sera nécessaire / et / gare / sur / sucrées-sucrées / conversations / faire / sera nécessaire)

NOTES (suite)

(10) Les quotas sont des places réservées pour les touristes étrangers dans les trains. La leçon suivante vous montrera pourquoi, devant l'affluence permanente à n'importe quel guichet de gare, le recours aux quotas est si précieux.

EXERCICES

अनुवाद कीजिए

१. मुझे भी लखनऊ जाना चाहिए और हिन्दुस्तानी परिवार के साथ रहना चाहिए।

२. आप लोगों को घर पर पढ़ने का भी अभ्यास करना चाहिए। हिन्दी में ख़बरें सुननी चाहिएँ, टीवी सीरियल° वग़ैरह देखने चाहिएँ।

३. रेमों, तुम्हें अब्दुल बिस्मिल्ला का उपन्यास पढ़ना चाहिए। कुछ और कहानियाँ भी हैं, जो पढ़नी चाहिएँ।

४. अच्छा, तो अब मुझे लायब्रेरी° जाना पड़ेगा और किताबें निकालकर लानी पड़ेंगी ?

५. फिर रेडियो ख़रीदना होगा और वीडियो° देखना होगा !

६. जुलाई–अगस्त में आपको भारत जाना है और हर रोज़ हिन्दी में ही बातें करनी हैं।

७. बनारस में रेशम के काम पर रिसर्च° करनी है, वहाँ लोगों से मिलना है।

८. थोड़ा–बहुत काम तो करना ही होगा, हिन्दी तो ठीक से सीखनी ही पड़ेगी !

९. लेकिन बनारस जाने के लिए इतनी सारी किताबें पढ़ने की क्या ज़रूरत है ?

वाक्य पूरे कीजिए

1. *Sethji, vous ne voulez pas rencontrer les gens (ceux) du syndicat ("union"), mais vous devriez y aller.*

सेठ जी, आप यूनियन° वालों — मिलना नहीं ——— लेकिन आपको जाना ———।

१०. रेमों जी, आपको यहीं आराम करना चाहिए। इतनी गर्मी और धूल-धक्कड़ में हिन्दुस्तान जाने की क्या ज़रूरत है ?

Traduisez

1 Moi aussi je dois aller à Lucknow et [je dois] séjourner avec une famille indienne. 2 Vous devez vous entraîner à étudier aussi à la maison. Il faut écouter les nouvelles en hindi, [il faut] regarder des feuilletons (serial) et autres à la télé. 3 Raimond, il faut que tu lises le roman d'Abdul Bismilla. Il y a aussi d'autres nouvelles qu'il faut lire. 4 Bon, alors je vais être obligé d'aller à la bibliothèque (library) aujourd'hui et [être obligé] de sortir des livres (sortant des livres apporter) ? 5 Il faudra alors (ensuite) acheter une radio et regarder la vidéo ! 6 Vous devez aller en Inde en juillet-août et parler tous les jours hindi. 7 Il faut faire [des] recherche[s] sur le travail de la soie à Bénarès, rencontrer les gens là-bas. 8 Il faudra alors travailler pas mal (peu-beaucoup), il sera nécessaire d'apprendre correctement le hindi. 9 Mais quel besoin y a-t-il de lire tant de (tous) livres pour aller à Bénarès ? 10 Raimond ji, il faut [vous] reposer ici-même. Quel besoin y a-t-il d'aller en Inde avec la (dans une telle) chaleur et la poussière [qu'il y a là-bas] ?

2. *Il faudra convenablement discuter (faire discussion) de ce problème parce qu'il faut trouver (faire) la solution.*

इस समस्या पर ठीक से बहस ——— होगी क्योंकि इसका समाधान ——— है।

3. *Pour trouver (sortir) la solution, vous serez bien obligé de rencontrer ces gens-là.*

समाधान ——— के लिए ——— उन ——— से तो ——— ही ——— ।

4. *D'ici (jusqu'à) la fin du mois, il faut faire faire huit cents saris et [les] envoyer à Londres.*

महीने के अंत ——— आठ सौ साड़ियाँ ——— हैं और लंदन ——— हैं ।

5. *Vous serez bien obligé d'augmenter le salaire des artisans, et vous devriez l'augmenter, d'ailleurs (aussi).*

——— कारीगरों की तनख़ाह तो बढ़ानी ही ———, और ——— भी ——— ।

6. *Les tisserands, comme vous, ont besoin de manger(-boire) et de s'habiller.*

बुनकरों ——— भी आप ही की तरह ——— ——— और पहनने की ——— है ।

7. *Non, d'abord ils auront à retourner dans les ateliers (usines). [Ils] devront reprendre le travail !*

नहीं, पहले उन्हें कारख़ानों पर वापस ——— ——— । काम फिर से शुरू करना ——— ।

8. *Ils ne devraient pas arrêter le travail et lancer (donner) des menaces. Ce n'était vraiment pas la peine (quel besoin ?) de faire des escroqueries comme ça.*

——— काम रोक ——— धमकियाँ नहीं देनी ——— । इस तरह बदमाशी ——— की क्या ——— थी ?

9. *Sethji, pour comprendre qui est escroc et qui [est] vertueux, il faudra[it] comprendre beaucoup de choses !*
सेठ जी, कौन बदमाश है और कौन शरीफ़, इसे ——— के लिए बहुत सी बातें ——— पड़ेंगी !

10. *Je dois partir (aller) maintenant. Quelle que soit la décision que vous voulez prendre (faire), il faudra la prendre vite.*
मुझे अब ——— है। जो भी फ़ैसला आप ——— ——— हैं, वह जल्दी ——— ———।

Les mots manquants

१. –, – – – से – – चाहते – – – चाहिए।
२. – – – – – – करनी – – – – करना –।
३. – निकालने – – आपको – लोगों – – मिलना – पड़ेगा।
४. – – – तक – – – बनानी – – – भेजनी –।
५. आपको – – – – – – पड़ेगी, – बढ़ानी – चाहिए।
६. – को – – – – – खाने-पीने – – – ज़रूरत –।
७. –, – – – – – लौटना/आना होगा। – – – – – पड़ेगा।

८. उनको - -कर - - - चाहिएँ/चाहिए। - - - करने - - ज़रूरत - ?

९. -, - - - - - - -, - समझने - - - - - समझनी - !

१०. - - जाना - । - - - - करना चाहते -, - - करना होगा/पड़ेगा।

Vous avez encore dépassé un cap crucial, avec l'expression de l'obligation, qui cumule les difficultés grammaticales de la structure indirecte (leçon 20) et de la construction ergative (accord avec l'objet, leçon 24). Sans compter les trois manières principales d'exprimer l'obligation (devoir) et les manières secondaires... !

पाठ सैंतीस

सब कुछ किया जाएगा !

१– भाई साहब, क्या लखनऊ का टिकट° भी इसी खिड़की पर बनाया जाता है ? 1

NOTES

(1) **banāyā jātā hai**, "est fabriqué". C'est le passif du verbe **banānā**, "faire, fabriquer". Il se construit avec l'auxiliaire **jānā**, qui s'ajoute au participe passé, et se conjugue à tous les temps. Participe et auxiliaire s'accordent avec le sujet (l'objet de la phrase active correspondante). Sans agent exprimé, le passif hindi est souvent l'équivalent de l'indéfini "on".

Ne vous désespérez pas : s'il est vrai que pour parler un hindi aussi parfait que Nastassia, Nisha, Boris et les autres, il faut* (cāhie) *séjourner en Inde, pour vous débrouiller honorablement vous n'êtes pas absolument obligé* (paṛnā) *de passer cinq ans à Lucknow. La preuve : vous maîtrisez déjà le hindi fondamental. Profitez de la deuxième vague qui vous porte depuis une semaine pour être particulièrement attentif aux intonations, aux sons spécifiques, à la mélodie de la phrase, et pour savourer les registres de langue, repérer l'origine persane ou sanscrite des mots, fixer les formes grammaticales.

Deuxième vague : huitième leçon

Trente-septième leçon

On fera tout !
(tout / quelque chose / fait / sera)

1 – Bhaisahab, est-ce qu'on fait les billets pour Lucknow à ce guichet ?
(Bhaisahab / est-ce que / Lucknow / de / billet / aussi / ce-même / guichet / sur / fait est)

NOTES (suite)

L'agent, rare, est introduit par la postposition (**ke**) **dvārā**, "par". Exemples : **cor♂ pulis♀ ke dvārā pakṛā gayā,** "le voleur a été attrapé par la police". **anuvād♂ bhī kisī kavi♂ ke dvārā kiyā gayā hai**, "la traduction aussi a été faite par un poète".

२– मैडम, जब से कंप्यूटर♂ का राज♂ है, हर काम हर जगह♀ किया जा रहा है ! चाहे इधर आइए, चाहे उधर जाइए । 2 3

३ सीट मिलना मुश्किल है... मगर यह तो बताइए, आपको ऐसी हिन्दी कहाँ सिखाई गई है ? – पैरिस में ! 4

४– तो क्या आपके देश♂ में भी हिन्दी पढ़ी जाती है ?

५– पढ़ी ही क्यों, लिखी जाती है, बोली जाती है...अरे, गाई भी जाती है !

६– यह तो बड़ा नेक काम किया जा रहा है ! थोड़े दिन बाद आप बताएँगी कि वहाँ रेडियो♂ पर हिन्दी बोली जा रही है, 5

NOTES (suite)

(2) **jab se**, “depuis que”, peut être repris par **tab se**, “depuis”, dans la principale.

(3) **kiyā jā rahā hai**, “est fait”. Passif de **karnā** (n’oubliez pas que son participe passé, comme son passé simple, est irrégulier), ici au présent actualisé.

(4) **sikhāī gaī hai**, littéralement “a été enseigné” : passé composé du passif de **sikhānā**, “enseigner”. **ye māḍal♂ pradhān mantrī ko dikhāyā gayā hai**, “ce modèle a été montré au premier ministre”. **in khambõ♂ par jarman balb♂ lagāe gae haĩ**, “on a mis des ampoules allemandes sur ces réverbères-ci”.

2 – Madame, depuis le règne de l'ordinateur, on fait tout partout ! Que vous veniez ici, ou que vous alliez là-bas [c'est pareil].
(madame / depuis que / ordinateur / de / règne / est / chaque / travail / chaque / endroit / fait est-actuel // soit / ici / veniez / soit / là-bas / alliez)

3 C'est difficile de trouver une place... mais dites-moi, où est-ce qu'on vous a appris à parler hindi comme ça ? – A Paris !
(place / trouver / difficile / est // mais / ceci / donc / dites // vous-à / pareil / hindi / où / appris a été // Paris / dans)

4 – Alors, on apprend (lit) le hindi dans votre pays aussi ?
(alors / est-ce que / votre / pays / dans / aussi / hindi / lu est)

5 – Non seulement on le lit, mais on l'écrit, on le parle… eh ! on le chante même !
(lu / seulement / pourquoi // écrit est / parlé est // eh / chanté / aussi / est)

6 – Eh bien ça, c'est vraiment une bonne chose qui se fait. Bientôt vous allez me dire qu'on y parle hindi à la radio...
(ceci / to / très / respectable / travail / fait est-actuel // peu de / jours / après / vous / direz / que / là-bas / radio / sur / hindi / parlé est-actuel)

NOTES (suite)

(5) **baṛā nek kām**, "un très joli travail". Vous savez que **baṛā**, "grand", peut s'employer au sens de "très" devant un adjectif. Voir note 9, leçon 34, pour l'emploi de **nek**.

७ ...हिन्दी कविताएँ♀ लिखी जा रही हैं, उपन्यास छापे जा रहे हैं ! हिन्दी फ़िल्में बनाई जा रही हैं ।

८– भाई साहब, जब बी.बी.सी. में हिन्दी सर्विस♀ को इतने सालों से चलाया गया है, तो यही सब कुछ पैरिस में क्यों नहीं किया जा सकता ? 6 7

९ और... जहाँ तक हिन्दी फ़िल्मों का सवाल♂ है, एक "ईवनिंग इन पैरिस" तो कब की बनाई जा चुकी है ! 8 9

NOTES (suite)

(6) **hindī sarvis ko calāyā gayā hai**, littéralement "un service en hindi a été dirigé". Notez qu'en présence du **ko** qui accompagne le sujet du passif (correspondant à l'objet défini de la phrase transitive correspondante) le verbe a pour terminaison **-ā** : tout se passe comme dans la construction ergative quand le complément d'objet est introduit par la postposition **ko** (voir leçon 25 note 1) : **pulis ne in corõ ko pakṛā hai**, "la police a arrêté ces voleurs", **in corõ ko pakṛā gayā hai**, "ces voleurs ont été arrêtés". **sabhī gāy♀-bhãisõ♀ ko is saṛak♀ se haṭāyā jāegā**, "on refoulera (repoussera) de cette rue toutes les vaches et tous les buffles". Mais, **āj capātiyā̃♀ nahī̃ banāī jāẽgī**, "aujourd'hui, on ne fera pas de chapatis (galettes légères)".

(7) **itne** (**itnā**, **itnī**), "tant", "si nombreux". Notez que le terme hindi est un adjectif, donc variable.

7 Qu'on écrit de la poésie en hindi, qu'on publie des romans ! Qu'on tourne des films en hindi...!
(hindi / poèmes / écrits sont-actuel / romans / publiés sont-actuel // hindi / films / faits sont-actuel)

8 – Bhaisahab, quand on a fait tourner le service hindi à la B.B.C. depuis tant d'années, pourquoi serait-on incapable d'en faire autant à Paris ?
(Bhaisahab / quand / B.B.C. / dans / hindi / service / à / tant / années / depuis / conduit a été / alors / ceci-même / tout / Paris / dans / pourquoi / pas / fait être / peut)

9 Et... en ce qui concerne les films hindi, il y a belle lurette qu'un certain "Evening in Paris" a été fait !
(et / là-où / jusqu'à / hindi / films / de / question / est / un / Evening / in / Paris / to / quand / de / fait est / a fini de)

NOTES (suite)

(8) **jahā̃ tak**, littéralement "jusqu'où", "dans la mesure où" (il est question de), donc ici "en ce qui concerne", "pour ce qui est de". Autre expression : **yahā̃ tak ki**, "à tel point que", "à ce point que". **...yahā̃ tak ki adhikārī**[♂] **bhī haṛtāl**[♀] **par haĩ**, "à tel point que même les cadres sont en grève".

(9) **kab kī**, littéralement "de quand". C'est un emploi de **kī**, "de", fréquent quand le verbe est à un aspect accompli, mais aussi avec le verbe être. Cet usage est comparable au français "date de quand", "est de quand". Voir aussi : **ye tasvīr pahle kī banāī huī hai**, littéralement "ce tableau a été fait d'avant", "ce tableau a été fait antérieurement".

१० मेरे जैसे कुछ और लोग तैयार हो जाएँ तो बाक़ी सब कुछ भी देखा जाएगा ! 10 11

११–यह बात ! अब तो आपके लिए वी.आई.पी कोटा° में से ही सीट निकाली जाएगी ! 12

NOTES (suite)

(10) **mere jaise**, “comme moi”. Le comparant (moi) est à la forme possessive. **tumhāre jaise**, “comme toi”, Mais on dira aussi **āp jaise**, “comme vous” plutôt que **āpke jaise** et **ham logõ jaise**, “comme nous (autres)”, où c’est toujours la forme oblique qui précède **jaise** malgré l’absence de la postposition **ke**.

(11) **to** introduit la proposition principale après une hypothèse (généralement au subjonctif introduite par **yadi**, “si”, que vous verrez bientôt). En l’absence de **yadi**, “si”, qui peut être omis, le sens hypothétique demeure : “si d’autres sont prêts, alors”, “que d’autres soient prêts, et...”. **taiyār**, adjectif, signifie “prêt”, **taiyārī**?, “préparatifs”, **taiyār honā**, “être préparé”, **taiyār ho jānā**, “se préparer”, **taiyār karnā**, “préparer”.

(12) Le réseau ferroviaire indien est remarquable, par son extension et son bon fonctionnement (les retards, compte tenu des distances et de la lenteur qu’on met à les parcourir, sont somme toute acceptables). Il est aussi en conséquence très fréquenté, que ce soit en seconde ou même en première classe, et il faut souvent réserver plusieurs semaines à l’avance pour les parcours les plus demandés sur les grandes lignes. L’informatisation, récemment introduite, a tout de même beaucoup amélioré la situation. Quant à la pratique des quotas ou réservations, elle est répandue dans tous les emplois publics : la Constitution même prévoit que pour certaines catégories de population défavorisées un nombre fixe de places soit réservé

10 Que d'autres personnes comme moi se préparent, et on verra la suite !
(moi / comme / quelques / autres / gens / préparé / deviennent / alors / reste / tout / aussi / vu sera)

11 – Formidable ! Eh bien, dans ce cas-là, c'est dans le quota des V.I.P. (Very Important Persons) que je vais chercher votre place !
(cette / chose // maintenant / to / vous / pour / V.I.P. / quota / dans / de / même / place / sortie sera)

NOTES (suite)

dans les universités et tout emploi public. Ces catégories sont notamment les *Scheduled Castes,* castes enregistrées (c'est-à-dire énumérées dans la constitution) ou hors castes, les *Scheduled Tribes,* ou Tribus enregistrées (il existe de nombreuses populations tribales en Inde), et les "OBC", *Other Backward Castes,* ou autres castes défavorisées. Naturellement, les hautes castes, et en particulier les brahmanes, ressentent assez mal ce qu'ils perçoivent comme un privilège, en particulier lorsque même avec un dossier académique supérieur, ils ne parviennent pas à se faire admettre dans l'université de leur choix. Cette tension, ravivée en 1990 par l'application des recommandations de la Commission Mandal pour étendre les réservations, reste brûlante dans l'Inde contemporaine.

EXERCICES

अनुवाद कीजिए

१. यहाँ रोज़-रोज़ चावल बनाया जाता है, चपाती कभी नहीं बनाई जाती !

२. कनॉट प्लेस और वसन्त कुंज के बीच एक नई बस चलाई जाएगी।

३. शादी का खाना घर पर ही बनाया गया है लेकिन मिठाई बाज़ार से ख़रीदी गई है।

४. क्या दिल्ली में एक दिन मेट्रो[*] बनाया जाएगा ? – इसके बारे में अभी कुछ नहीं कहा जा सकता। देखा जाएगा !

५. बदमाशों के भाग जाने के बाद पुलिस को बुलाया गया और रिपोर्ट[१] लिखवाई गई।

६. उस हॉस्टल में बेचारे विदेशी छात्रों को केवल शाकाहारी भोजन दिया जाता था। वह भी ठीक से नहीं बनाया जाता था।

७. यह काम ठीक से नहीं किया गया है, सारी तैयारियाँ नहीं की गई हैं।

८. प्रधान मंत्री आ रहे हैं इसलिए सड़कों को साफ़ किया जा रहा है, दीवारों पर सफ़ेदी की जा रही है।

वाक्य पूरे कीजिए

1. *Aujourd'hui encore, on mange des samosas en classe et on boit du thé !*

आज फिर क्लास में समोसे ——— —— ——— हैं और चाय —— —— ——— —— !

९. गाय-भैंसों को हटाया जा चुका है, खम्बों पर नए बल्ब लागाए जा रहे हैं।

१०. कर्मचारियों को काफ़ी डाँटा गया है, दो अधिकारियों को सस्पेंड किया जा चुका है।

Traduisez

1 Ici on fait du riz tous les jours, on ne fait jamais de chapati ! 2 Un nouvel autobus sera mis en circulation (sera conduit) entre Connaught Place et Vasant Kunj. 3 Le repas de mariage a été préparé à la maison [même] mais les confiseries ont été achetées au (du) marché. 4 Est-ce qu'on construira un jour un métro à Delhi ? – On ne peut encore rien en (à ce sujet) dire. On verra. 5 Après la fuite des voyous on appela la police et on fit rédiger un rapport (fit écrire). 6 Dans ce foyer (hostel) on ne donnait aux malheureux étudiants étrangers que des repas végétariens. En plus, ils n'étaient pas bien préparés. 7 Ce travail n'a pas été fait correctement, tous les préparatifs n'ont pas été faits. 8 Le premier ministre va venir, c'est pourquoi on nettoie les rues, on blanchit les murs (on fait du blanc sur les murs). 9 On a déjà éloigné les vaches et les buffles, on est en train de poser de nouvelles ampoules (bulb) sur les réverbères. 10 Les employés ont été sévèrement (assez) réprimandés, deux officiels/responsables ont déjà été suspendus (suspend).

2. *On regarde un film hindi et on discute à propos du hindi.*

हिन्दी फ़िल्म —— — —— — और हिन्दी के बारे में बहस — — —— —।

3. *On parle hindi dans tout le pays, que vous alliez à Bombay ou à Hyderabad.*

हिन्दी देश भर में —— —— —, चाहे बंबई जाइए, —— हैदराबाद।

4. *Ah... mais non ! On comprend très peu le hindi au Tamil Nadu, et on ne le parle vraiment pas !*

अरे नहीं जी ! तमिलनाड में हिन्दी बहुत कम ——— ——— ——, और बोली तो बिलकुल नहीं ——— !

5. *Mais c'est sûr (oui), on regarde les films hindi dans tout le pays et on écoute et chante les chansons de ces films aussi partout !*

हाँ, हिन्दी फ़िल्में देश भर में ——— ——— —— और इन ——— के गीत भी सब जगह ——— और ——— ——— —— !

6. *Ah, combien de fois ces chansons de films ont été chantées en Russie, en Chine, en Afrique et dans les pays arabes !*

अरे, ये फ़िल्मी गाने तो रूस, चीन, अफ़्रीका और अरब देशों में ——— बार ——— —— चुके —— !

7. *Nisha, est-ce qu'un jour dans ton pays aussi on fera quelque chose en hindi-ourdou ou non ? Qu'est-ce qui a été fait depuis tant d'années ?*

निशा, क्या ——— देश में भी एक दिन हिन्दी-उर्दू में ——— ——— ——— या नहीं ? ——— सालों से क्या ——— ——— —— ?

8. *Quand est-ce qu'on y comprendra l'importance des langues des autres pays ? Quand seront-elles bien apprises et enseignées ?*

वहाँ दूसरे देशों की ——— के महत्त्व को कब ——— ——— ? वे कब ठीक से ——— और ——— ——— ?

9. *Je ne sais pas... des nouvelles indiennes ont été publiées en traduction française, on a montré pas mal de films...*
मालूम नहीं... कुछ भारतीय कहानियाँ फ़्रांसीसी अनुवाद में ——— जा ——— ——, काफ़ी फ़िल्में ———— —— ——— ——...

10. *Je l'ai déjà dit, Boris : que d'autres personnes comme nous se préparent, et on peut tout faire !*
मैं पहले कह ——— हूँ, बोरिस : ———— ——— और लोग ———— हो जाएँ तो ——— ——— ——— जा ———— —— !

Les mots manquants

१. – – – – – खाए जा रहे – – – पी जा रही है !
२. – – देखी जा रही है – – – – – – की जा रही है।
३. – – – – बोली जाती है, – – –, चाहे – ।
४. – – – ! – – – – – – समझी जाती है, – – – – – – जाती !
५. –, – – – – – – देखी जाती हैं – – फ़िल्मों – – – – – सुने – गाए जाते हैं !
६. –, – – – – – –, –, – – – – – – कितनी/ इतनी – गाए जा – हैं !
७. –, – तुम्हारे – – – – – – – – – कुछ किया जाएगा – – ? इतने – – – किया गया है ?
९. – – – – भाषाओं – – – – समझा जाएगा ? – – – – सीखी – सिखाई जाएँगी ?
९. – – ... – – – – – – – छापी – चुकी हैं, – – दिखाई जा चुकी हैं...
१०. – – – चुकी –, – : हमारे जैसे – – तैयार – – – सब कुछ किया – सकता है !

Deuxième vague : neuvième leçon

पाठ अड़तीस

सब काम करा डाला !

१– देखा, रायसाहब ? रुकावटों[१] के बावजूद मैंने अपना काम करा ही डाला ! 1 2 3

२ कुछ देशों में, जब यह कहा जाता है कि फ़लानी चीज़ संभव नहीं है, तो वह सच-मुच संभव नहीं होती ।

३ मगर भारत में जब किसी चीज़ को असंभव कहा जाता है तब भी यही लगता है कि उसे ज़रूर संभव बनाया जा सकता है ! 4 5 6

NOTES

(1) **ke bāvajūd**, "malgré", "en dépit de". Cette postposition a le même sens que la conjonction **hālā̃ki** (leçon 30, note 6) quand l'expression qu'on veut mettre en opposition est un nom (ou un verbe nominalisé, à l'infinitif) et non une proposition finie contenant un verbe conjugué. De même, **ke bajāy**, "au lieu de", peut se construire avec un nom ou un infinitif au cas oblique : **śaharõ ke bajāy gā̃võ mẽ jāie**, "au lieu [d'aller] dans les villes, allez dans les villages", **paṛhne ke bajāy vo din bhar keltā hai**, "au lieu d'étudier, il passe sa journée à jouer".

(2) **karā ḍālā**, (littéralement "faire faire-jeta") "ai fait faire", mais l'explicateur **ḍālnā** ajoute au verbe **karānā** une nuance de précipitation, d'audace, de brio. La particule emphatique **hī**, qui met en évidence le verbe même, et la valeur perfectivante de l'explicateur, sont rendues dans la traduction par "fini par".

(3) Le mot **kām**, "travail", a ici un sens assez vague. Il désigne souvent une affaire, ou simplement quelque chose à faire : **mere lie ek kām karo**, "fais quelque chose pour moi", "rends-moi un service".

(4) **asambhav**, "impossible", est formé sur l'adjectif **sambhav**, "possible", précédé du préfixe privatif **a**-. De même

Trente-huitième leçon

J'ai fini par faire faire tout !
(tout / travail / faire-faire jetai)

1 – Vous avez vu, Raisahab ? Malgré les obstacles, j'ai quand même fini par tout faire faire.
(vîtes / Raisahab // obstacles / malgré / je / mon / travail / faire-faire / même / jetai)

2 Dans certains pays, quand on dit que telle chose n'est pas possible, elle n'est vraiment pas possible.
(certains / pays / dans / quand / ceci / dit est / que / telle / chose / possible / pas / est / alors / elle / vraiment / possible / pas / est)

3 Mais en Inde, même quand on dit qu'une certaine chose est impossible, on a l'impression que sans doute on peut la rendre possible !
(mais / Inde / dans / quand / certaine / chose / à / impossible / dit est / alors / même / ceci-même / semble / que / celle-là-à / sans doute / possible / rendu est / peut)

NOTES (suite)

sthir, "ferme", **asthir**, "instable". La différence entre **sambhav hai** et **sambhav hotī hai**, "elle est possible", est que la dernière expression représente une possibilité devenue générale et certaine (c'est désormais possible quelles que soient les circonstances). **boris kī zindagī**? **kab tak asthir rahegī, ye kahnā asambhav hai**, "il est impossible de dire jusqu'à quand la vie de Boris restera instable".

(5) **kisī cīz ko asambhav kahā jātā hai**, littéralement "une quelconque chose est dite (être) impossible". Avec un sujet de passif suivi de **ko**, le verbe ne s'accorde pas : notez la terminaison en **-ā** alors que **cīz** est du féminin. Voir leçon 37, note 6.

(6) **use sambhav banāyā jā saktā hai**, "elle peut être rendue/faite possible", "on peut la rendre possible". **banānā** a le sens de "rendre" ("transformer", d'où son emploi particulier de "déguiser" dans la leçon 31).

४ ज़रा सा मज़ाक़ किया और रेलवे का कर्मचारी हँस पड़ा। अचानक उसके दिल° में परोपकार° की भावना° जाग उठी! 7 8

५- मेरी बेटी राधिका की उलटी ही रणनीति° है। तपाक से रो पड़ती है और अपना काम करा लेती है।

६ उसका रोना देखकर कट्टर से कट्टर दफ़्तरशाह° का दिल° भी काँप उठता है, कि "हाय, मार डाला! अब क्या होगा?"
9 10

७ उसके पैरों° पर गिर पड़ते हैं और मिनटों° में जो भी वह चाहती है वह कर डालते हैं।

NOTES (suite)

(7) **hãs paṛā**, "rit" (littéralement "rire-tomba"). L'emploi de **paṛnā** comme "explicateur", après un verbe intransitif, ajoute une nuance de violence incontrôlée, de soudaineté et d'impulsivité. D'où les connotations souvent négatives : **bol paṛtā hai**, "il lâche des incongruités", "parle à tort et à travers".

(8) **jāg uṭhī**, "s'éleva" (littéralement "s'éveiller-se leva"). L'explicateur **uṭhnā** a des emplois analogues à ceux de **paṛnā**, mais comporte des connotations moins brutales et négatives. Voir phrase 6, **kāp uṭhtā hai**, "il est pris d'un tremblement" (incontrôlable) . **jhallā uṭhtā hai**, "pique une colère".

(9) **uskā ronā dekhkar**, littéralement "voyant le pleurer d'elle", "la voyant pleurer, voyant ses larmes". Notez que le

4 J'ai un peu plaisanté, et l'employé des chemins de fer s'est mis à rire. Tout à coup, il a été pris (envahi) d'un sentiment de générosité.
(petit peu / plaisanterie / fis / et / chemin de fer / de / employé / rire tomba // tout à coup / son / coeur / dans / autrui-bien / de / sentiment / s'éveiller leva)

5 – Ma fille Radhika a juste la stratégie opposée. Sans hésiter elle se met tout de suite à pleurer, et elle obtient tout ce qu'elle veut.
(ma / fille / Radhika / de / inverse / juste / stratégie / est // vlan / pleurer tombe / et / son / travail / faire-faire prend)

6 En la voyant pleurer, le (coeur du) bureaucrate le plus endurci est pris d'un tremblement : "Aïe ! C'est la mort ! Qu'est-ce qui va se passer maintenant ?"
(son / pleurer / voyant / endurci / de / endurci / bureaucrate / de / coeur / même / tremble se lève / que / aïe / tuer jeta // maintenant / que / sera)

7 Ils tombent à ses pieds et dans les trois minutes ils exécutent tous ses désirs !
(ses / pieds / sur / tomber tombent / et / minutes / dans / ce que / même / elle / veut / cela / faire jettent)

NOTES (suite)

sujet de l'infinitif, s'il est exprimé et distinct du sujet principal, est accompagné de la postposition **kā**, "de".

(10) **mār ḍālā**, "tua". L'emploi de l'explicateur **ḍālnā** avec **mārnā** "frapper", modifie le verbe dans un sens d'achèvement et de perfection de l'action. **māro,** "frappe", **mār ḍālo**, "tue". Ici, l'expression est imagée et idiomatique (cf. français, "c'est la mort", "je meurs"). Voir à la phrase 9 **toṛ dālẽgī**, "vous briserez sans problème".

८ मेरे बेटे° में यह क़ाबलियत° नहीं है। बीच में उलटा-सीधा कुछ बोल पड़ता है, या झल्ला उठता है। 11

९ लेकिन निशा जी, लगता है कि सामाजिक और राजनैतिक निपुणता° में आप राधिका तो क्या, कौटिल्य° का भी रिकार्ड° तोड़ डालेंगी ! 12

NOTES (suite)

(11) **mere beṭe mẽ nahī̃ hai**, "mon fils n'a pas". Nous reviendrons bientôt sur cette expression de la possession d'une qualité dans une langue qui, comme vous l'avez remarqué, n'a pas de verbe "avoir" (leçon 39).

(12) **kyā** a ici le sens de "que dis-je", "non seulement", après un premier terme, quand il est suivi d'un second terme contrastif. "Vous battrez les records (en anglais dans le texte !), non seulement de Radhika, mais bien de Kautilya". Kautilya, célèbre "politologue" indien, conseiller du roi Chandragupta, est l'auteur d'un traité de politique

EXERCICES

अनुवाद कीजिए

१. काम असंभव था फिर भी मीठी-मीठी बातें करके उसने करा ही डाला !

२. अरे, दो लोगों के लिए तुमने इतना सारा चावल बना डाला !

३. कुछ देशों में, जो काम असंभव होता है उसे सचमुच नहीं किया जा सकता।

8 Mon fils n'a pas ce talent. Il parle à tort et à travers, ou bien il pique une crise.
(mon / fils / dans / ce / talent / pas / est // milieu / dans / inversé-droit / quelque chose / dire tombe / ou / s'irriter se lève)

9 Mais Nisha-ji, on dirait que dans le jeu de l'habileté sociale vous allez battre le record, ne parlons pas de Radhika, mais de Kautilya lui-même !
(mais / Nisha-ji / semble / que / social / et / politique / habileté / dans / vous / Radhika / to / quoi / Kautilya / de / même / record / briser jetterez)

NOTES (suite)

(l'*Arthashastra,* littéralement "traité de l'économie") qui l'a souvent fait comparer à Machiavel. "Kautilya" est d'ailleurs un surnom qui signifie "le retors". D'où la comparaison flatteuse entre Nisha et ce prestigieux théoricien du pragmatisme : il est un fait que le savoir-faire social qu'évoquent nos acteurs, l'art d'amadouer ou d'intimider, est d'une grande nécessité devant une bureaucratie volontiers inerte voire réticente et souvent dédaigneuse.

४. भारत में किसी काम के असंभव होने पर भी उसे किया जा सकता है ।

५. पापा का यह मज़ाक देखकर सब लोग हँस पड़े लेकिन मुन्नी रो पड़ी ।

६. आज फिर से हमारे नौकर ने क्रिस्टल का एक गिलास तोड़ डाला ।

७. पूना में एक महीने के अंदर मैंने सत्यजित रे और ऋत्विक घटक की सारी फ़िल्में देख डालीं ।

८. संस्कृत[१] की परीक्षा से पहले दोमिनीक ने एक बार पूरी महाभारत[१] पढ़ डाली !

९. बस झटके से चल पड़ी और छत पर से काफ़ी सारा सामान नीचे गिर पड़ा ।

१०. जिस दिन हरदेव जी को मॉस्को जाना था उसी दिन यह मनहूस काम आ पड़ा ।

Traduisez

1 C'était une tâche impossible, pourtant avec (en faisant) des discours bien mielleux, elle a réussi à la faire faire ! 2 Oh là ! Tu as fait toute cette quantité de riz pour deux personnes seulement ! 3 Dans certains pays, on ne

वाक्य पूरे कीजिए

1. *Ne vous inquiétez pas ! En dépit des bureaucrates les plus endurcis, Radhika fera exécuter tout son travail.*

   घबराइए मत ! ——— से कट्टर दफ़्तरशाहों ——— ——— राधिका अपना सारा काम ——— ——— !

2. *En entendant les propos de Mère Thérésa, les gens sont souvent saisis d'un mouvement de générosité.*

   मदर टेरेसा की बातें ——— लोगों के दिल में अकसर ——— की ——— ——— ——— —— ।

3. *En courant après le bus à Delhi, Milkha Singh a battu son record de 1964 à Tokyo.*

   दिल्ली में बस के पीछे ——— —— मिलखा सिंह ने अपना टोक्यो १९६४ वाला रिकार्ड ——— ——— ।

peut vraiment pas faire la tâche qui est impossible. 4 En Inde, malgré l'impossibilité d'une tâche, on peut la faire. 5 A la vue de cette blague de papa, tous éclatèrent de rire, mais Munni éclata en sanglots. 6 Aujourd'hui notre domestique a encore [trouvé le moyen de] briser un verre en cristal. 7 J'ai [réussi à] voir tous les films de Satyajit Ray et de Ritwik Ghatak en un mois à Poona. 8 Dominique a lu [jeté] une fois tout le Mahabharata avant l'examen de sanscrit ! 9 Le bus démarra brutalement (d'une secousse) et un bon nombre de bagages (plutôt toutes les affaires) dégringolèrent du toit par terre. 10 Le jour [même] où Hardev ji devait partir à Moscou, (ce jour même) ce maudit travail lui tomba dessus.

अचानक उसके दिल में परोपकार की भावना जाग उठी।

4. *En entendant le bourdonnement (bhin-bhin) de la mouche, monsieur le directeur se réveilla brutalement et la tua [d'un coup] de journal.*

मक्खी की भिन-भिन ——— डायरेक्टर साहब ——— जाग ——— और उसे ——— से ——— ———।

5. *Malgré les critiques, on peut dire que monsieur le directeur a au moins un talent.*

आलोचनाओं —— ———— यह ——— —— ———— —— कि डायरेक्टर साहब —— एक ———— तो है ।

6. *Dans les trois minutes, il en fait voir de toutes les couleurs à la mouche la plus endurcie, dans ce jeu au moins, il peut battre tous les records.*

वे ——— में ——— —— ——— मक्खी के छक्के ——— ——— हैं, इस खेल में तो सभी के रिकार्ड ——— ———— हैं ।

7. *Mais aujourd'hui monsieur le directeur glissa et tomba en tuant les mouches et cassa son verre de thé.*

मगर आज मक्खियाँ ———— ——— डायरेक्टर साहब ———— गिर ——— और अपना चाय का गिलास ——— ——— ।

8. *Les employés assis dehors éclatèrent de rire à la vue (en voyant) du spectacle et se mirent à tenir des propos sans queue ni tête.*

बाहर ——— कर्मचारी तमाशा देखकर ——— ——— और ———-——— बातें ——— ——— ।

9. *Ne riez pas ! En entendant votre rire, monsieur le directeur piquera une crise et parlera à tort et à travers.*

———— मत ! ——— ——— सुनकर साहब ——— ——— और ———-——— कुछ ——— ——— ।

10. *On ne peut pas dire qu'il ait appris quoi que ce soit (quelque chose) de Kautilya quant à l'habileté sociale.*

यह नहीं ——— — ——— कि ————— ——— के बारे में इन्होंने कौटिल्य — कुछ ——— — ।

Les mots manquants

१. – – ! कट्टर – – – के बावजूद – – – – करा डालेगी/ लेगी ।

२. – – – – सुनकर – – – – – परोपकार – भावना जाग उठती है ।

३. – – – – – भागते हुए/ भागकर – – – – – – – – – तोड़ डाला ।

४. – – – – सुनकर – – अचानक – उठे – – अख़बार – मार डाला ।

५. – के बावजूद – कहा जा सकता है – – – में – क़ाबलियत – – ।

६. – मिनटों – कट्टर से कट्टर – – – छुड़ा सकते –, – – – – – – – तोड़ सकते हैं ।

७. – – – मारते हुए – – फिसलकर – पड़े – – – – – तोड़ डाला ।

८. – बैठे – – – हँस पड़े – उलटी–सीधी – करने लगे ।

९. हँसिए – ! आपका हँसना / आपकी हँसी – – – झल्ला उठेंगे – उलटा–सीधा – बोल पड़ेंगे ।

१०. – – कहा जा सकता – सामाजिक निपुणता – – – – – से – सीखा है ।

Deuxième vague : dixième leçon

पाठ उनतालीस

उनके पास शतरंज[१] है, उनमें कई गुण° हैं, उनके पोते° हैं, उनको सरदर्द है...

१– नास्तासिया, तुमने कहा था के शकील साहब बड़े मज़ेदार आदमी हैं... 1

२– हाँ... उनके पास एक शतरंज[१] का खेल है जो अवध के किसी नवाब° का था । 2 3

NOTES

(1) **ke** est une variante de **ki**, "que" (conjonctif), la prononciation de **i** bref se rapprochant beaucoup de celle de **e**.

(2) **unke pās ek khel hai**, "il a un jeu". Le possesseur d'objets concrets est au cas oblique (**un** : pluriel honorifique) suivi de la postposition **ke pās,** "chez, près de", et on emploie le verbe être : "un jeu est près de/chez lui". Voilà comment s'y prennent les langues qui n'ont pas de verbe avoir pour indiquer la possession.

(3) Littéralement "qui était d'un (certain) nawab" (comme l'anglais "which was some nabab's"). L'univers culturel et linguistique associé au "nawab" est nettement ourdouisé : l'emploi de termes tels que **nuqs, taklīf, khud**, vous l'indique, ainsi que la désignation de l'époux, **miyā̃**. Le cas possessif marquant l'appartenance est celui du complément de nom (**kā**). Vous l'avez déjà vu pour l'écharpe de Nisha (leçon 4) : "**ye reśmī cunnī niśā kī hai**, "cette écharpe de soie appartient à Nisha/est celle de Nisha". Notez que le jeu d'échecs était (et reste) très populaire en Inde, notamment à la cour des princes moghols : Satyajit Ray en a fait un film célèbre "*Les Joueurs d'échecs*" (**śatarañj ke khilāṛī°**), sur la base d'une nouvelle de Premchand du même nom, romancier réaliste de la première moitié du XXe siècle, qui passe pour le premier grand ro-

Trente-neuvième leçon

Il a des échecs, il a des qualités, il a des petits enfants, il a mal à la tête,…
(lui / près / échecs / sont // lui-dans / qualités / sont // de-lui (ses) / petits enfants / sont // lui-à / mal de tête / est)

1 – Nastassia, tu m'avais dit que Shakil Sahab était un homme bien amusant... ?
(Nastassia / tu / avais dit / que / Shakil / Sahab / très / amusant / homme / est)

2 – Oui... Il a même un jeu d'échecs qui appartenait à un nawab d'Oudh.
(Oui // lui / près de / un / échecs / de / jeu / est / qui / Oudh / de / quelque / nawab / de / était)

NOTES (suite)

mancier en hindi (voir leçon 51, note 1). Le jeu est une tradition ancienne et valorisée en Inde (le jeu de dés est une des grandes scènes du Mahabharata, "le grand combat", épopée classique en sanscrit où l'on voit s'affronter de part et d'autre de l'échiquier les frères ennemis).

३ जब वे शतरंज खेलने लगते हैं तो बाक़ी दुनिया♀ के लिए बिलकुल अंधे और बहरे हो जाते हैं । 4

४ उनको एक यही बीमारी♀ है, और अमीना जी को एक यही तकलीफ़♀ है ! 5

५ शतरंज खेलते हुए न तो उन्हें भूख♀ लगती है और न प्यास♀, न ठंड♀ लगती है, न गर्मी♀ । 6 7

६ कोई मेहमान♂ बीच में आ जाए तो अमीना जी को अपने मियाँ♂ पर बड़ी शर्म♀ आती है, ग़ुस्सा♂ भी आता है !

NOTES (suite)

(4) Notez la corrélation **jab**, "quand" **to**, "alors", ou **tab**, "alors", dans la phrase 7. **tab** a une valeur plus strictement temporelle, **to** exprime à la fois le temps et la conséquence. Les propositions subordonnées sont très souvent introduites par une conjonction qui est rappelée par un corrélatif dans la proposition principale. Certaines (marquant l'hypothèse, la condition) sont obligatoirement corrélées ainsi. Prenez cet "exotisme" comme une facilité : la structure générale de la phrase vous apparaît encore plus clairement.

(5) **unko ek bīmārī hai**, "il a une maladie", **amīnājī ko ek taklīf hai**, "Amina a un problème". Si vous avez oublié la construction des expressions "subjectives" (sensations, sentiments, émotions, connaissance, etc., voir plus bas phrases 5 et 6) revoyez la leçon 20 : **mujhe bukhār♂ hai, davā♀ dījie**, "j'ai de la fièvre, donnez-moi un médicament". L'addition de -**hī**, particule emphatique, à **ye** correspond à "-même" : "cette même maladie, ce même problème", "exactement le même -".

3 Quand il se met à jouer aux échecs, il devient complètement aveugle et sourd au reste du monde.
(quand / il / échecs / jouer / se met / alors / reste / monde / pour / complètement / aveugle / et / sourd / être va (devient))
4 C’est la seule maladie qu’il a. Et c’est le seul problème qu’a Amina-ji !
(lui-à / une / cette-même / maladie / est // et / Amina-ji / à / un / ce-même / problème / est)
5 Pendant qu’il joue aux échecs, il n’a ni faim, ni soif, ni froid, ni chaud.
(échecs / jouant / ni / to / lui-à / faim / se met / et / ni / soif / ni / froid / se met / ni / chaud)
6 Si quelque hôte arrive sur ces entrefaites, Amina-ji a vraiment honte de son mari, elle se met en colère !
(quelque / invité / milieu / dans / venir aille / alors / Amina-ji / à / son / mari / sur / très / honte / vient / colère / aussi / vient)

NOTES (suite)

(ne confondez pas **yahī** avec **yahī̃**, nasalisé, qui signifie “ici-même”). **amīnā ko śatrañj ke mohre♂ chipāne kī bīmārī hai**, “Amina a la maladie de cacher les pièces d’échecs”. **ṭūrisṭõ ko hāzme♂ kī taklīf hai !**, “les touristes ont un problème de digestion !”

(6) Le participe **khelte hue**, “jouant”, a ici une valeur de simultanéité. D’où la traduction par “pendant que”. S’il y a en hindi une postposition signifiant “pendant” (**ke daurān**), il n’y a pas de conjonction de subordination qui lui corresponde.

(7) **na to... aur na**, “ni...ni”. On emploie dans ce cas la négation **na** au lieu de **nahī̃**. **haqīm♂ sāhab na to gājar♀ khāte haĩ aur na ṭamāṭar♂ !**, “le guérisseur ne mange ni carottes ni tomates !” **ṭhaṇḍ**, “froid”, et **garmī**, “chaleur”, sont les noms (féminins tous deux) qui correspondent aux adjectifs **ṭhaṇḍā**, “froid”, et **garam**, “chaud”.

७ मगर जब शतरंज की धुन♀ में नहीं होते,
तब काफ़ी हंगामा♂ करते हैं ।

८ वे सत्तर बरस♂ के हैं । उनके कई पोते♂–
पोतियाँ♀ हैं । फिर भी उनकी बड़ी
अच्छी आवाज़♀ है, ख़ूब गाते हैं । **8 9 10**

९ जब थक जाते हैं तो कह देते हैं, "मुझे
सरदर्द है और डटकर सोते हैं ।

१० तुम ख़ुद ही देखोगी, उनमें एक नुक़्स♂
है, शतरंज वाला, मगर गुण♂ बहुत–से हैं !

11 12

NOTES (suite)

(8) **ve sattar baras ke haĩ**, "il a 70 ans". **baras** est un synonyme de **sāl,** "année". Pour indiquer l'âge, en l'absence du verbe avoir on dit "il est de X années". Ou bien encore : **unkī umr♀ sattar sāl hai**, "son âge est 70 ans".

(9) **unke pote♂ haĩ**, "il a des petits-fils". Le "possesseur" de relations familiales est construit comme un complément de nom (nom de la relation, frère, soeur, père, etc.) avec le verbe être. **sarlā ke cār bacce haĩ**, "Sarla a quatre enfants" (avec soit **ke**, invariable, soit accordé avec le possédé : **sarlā kī ek bahan hai**, "Sarla a une soeur"). C'est la même construction pour les parties du corps (voir note suivante).

(10) **unkī acchī āvāz♀ hai**, "il a une belle voix", littéralement "de lui belle voix est". Pour exprimer la possession d'attributs physiques, on met le "possesseur" à la forme oblique suivie de **kā (kī, ke)**. Il en va de même pour les parties du corps : **ādmī kī do ā̃khẽ haĩ**, "l'homme a deux yeux".

7 Mais quand il n'est pas pris par ses échecs, il fait la bringue !
(mais / quand / échecs / de / manie / dans / pas / est / alors / assez / tumulte / fait)
8 Il a soixante-dix ans. Il a plusieurs petits-enfants. Pourtant il a une très belle voix, il chante beaucoup.
(il / soixante-dix / ans / de / est // de-lui (ses) / plusieurs / petits-fils-petites-filles / sont // pourtant / lui-de (sa) / très / belle / voix / est / beaucoup / chante)
9 Quand il est fatigué, il dit : "j'ai mal à la tête", et il dort à poings fermés.
(quand / fatigué / devient / alors / dire / donne // moi-à / mal de tête / est / et / se cramponnant / dort)
10 Tu verras toi-même : il a un défaut, les échecs, mais il a bien des qualités !
(tu / toi-même / seulement / verras // lui-dans / un / défaut / est / jeu d'échecs / vala / mais / qualités / beaucoup-intensif / sont)

NOTES (suite)

(11) **tum k̲h̲ud**, synonyme de **tum apne āp**, "toi-même". **apne āp**, invariable, tout comme **k̲h̲ud**, s'adjoint à un pronom sujet pour en souligner l'identité, comme en français "-même". **maĩ k̲h̲ud jāū̃gī**, "j'irai moi-même". **kyā tum apne āp ye kām kar sakoge** ?, "est-ce que tu pourras faire ce travail toi-même (tout seul) ?".

(12) **unmẽ ek nuqs hai**, "il a un défaut", **unmẽ guṇ haĩ**, "il a des qualités". Le possesseur de qualités morales est exprimé par le cas oblique et la postposition **mẽ,** "dans", avec bien sûr le verbe être.

EXERCICES

अनुवाद कीजिए

१. अमीना, तुम्हें मेरी शतरंज अलमारी में रखने की यह क्या बीमारी है ?
२. शतरंज के मोहरे भगवान जाने कहाँ हैं ! घबराइए मत, हम गाजर, आलू और टमाटर से शतरंज खेलेंगे।
३. वे सत्तर साल के हैं और हक़ीम हैं मगर अक्सर बच्चों वाली बातें करने लगते हैं।
४. आपको मलेरिया॰ है। इसीलिए आपको गर्मी में ठंड लग रही है।
५. हक़ीम साहब, मुझे बुख़ार भी है। मुझे डर लग रहा है ! हाय !
६. आपके पास कोई बढ़िया-सा इंजेक्शन॰ नहीं है, क्या ?
७. ऐसी बातें सुनकर मुझे ग़ुस्सा आने लगता है !
८. आप पाँच साल की नहीं हैं। आपके दो बड़े-बड़े बच्चे हैं...

वाक्य पूरे कीजिए

1. *Shakil Sahab a un jeu d'échecs qui est très vieux.*

   शकील साहब — —— एक ——— का खेल है — बहुत पुराना है।

2. *Il a la maladie des échecs !*

   —— शतरंज की बीमारी — !

९. इस तरह रोते हुए आपको शर्म आनी चाहिए ।
१०. यह दवा पी जाइए और डटकर सो जाइए । आपके पास आजकल काफ़ी वक़्त है ।

Traduisez

1 Amina, quelle maladie as-tu de ranger mes échecs dans l'armoire ? 2 Dieu sait où sont passées les pièces du jeu d'échecs ! Ne vous faites pas de souci, nous jouerons aux échecs avec des carottes, des pommes de terre et des tomates. 3 Il a soixante-dix ans et c'est un haqim (médecin/guérisseur), mais souvent il se met à parler comme un enfant (dire des paroles d'enfant). 4 Vous avez la malaria. C'est pourquoi en pleine (dans) chaleur vous avez froid. 5 Monsieur le haqim, j'ai aussi la fièvre. J'ai peur ! Aïe ! 6 Vous n'avez pas [par hasard] quelque injection miracle (très merveilleuse) ? 7 En entendant des choses pareilles je suis pris de colère. 8 Vous n'avez pas cinq ans. Vous avez deux grands enfants... 9 Vous devriez avoir honte de pleurer de cette façon. 10 Buvez (allez) ce médicament et dormez à poings fermés. Ces jours-ci vous avez assez de temps.

3. *Nous avons des problèmes de digestion. Nous n'avons pas vingt ans.*

—— हाज़मे की तकलीफ़ — । —— बीस साल — —— — ।

4. *En été, tu as tout le temps soif et en hiver, tu as toujours faim !*

गर्मियों में —— हर वक़्त —— —— —
और सर्दियों में हमेशा —— —— — !

5. *Aujourd'hui Aminaji a honte de son mari. Elle est également en train de se mettre en colère.*
आज अमीना जी — अपने मियाँ पर —— —
—— है। ——— ग़ुस्सा भी — ——— —।

6. *Allez-y en novembre. Vous n'aurez ni chaud, ni froid.*
नवंबर में जाइए। ——— — गर्मी ——— और
— ———।

7. *Tu as une belle voix. De plus (par dessus cela), tu as de beaux yeux...*
——— बड़ी सुन्दर ——— —। ऊपर से,
——— आँखें बहुत सुन्दर —।

8. *Pas aujourd'hui, s'il te plaît. J'ai mal à la tête.*
आज नहीं, प्लीज़। ——— सिरदर्द —।

9. *Tu as beaucoup de qualités, mais tu as un défaut !*
——— बहुत से —— हैं, मगर एक ——— है!

10. *Tu n'as pas honte ! D'ailleurs (par dessus cela), j'ai trop chaud !*
——— शर्म ——— ——— ! ऊपर से ——— बहुत
गर्मी —— —— —!

Les mots manquants

१. – – के पास – शतरंज – – – जो – – –।
२. उन्हें/उनको – – – है!
३. हमें/हमको – – – है। हम – – के नहीं हैं।
४. – – तुम्हें/तुमको – – प्यास लगती है – – – – भूख लगती है!
५. – – – को – – – शर्म आ रही –। उन्हें – – आ रहा है।
६. – – –। आपको न – लगेगी – न ठंड।

७. तुम्हारी – – आवाज़ है। – –, तुम्हारी – – – हैं।
८. – –,– । मुझे – है।
९. तुम्हारे – – गुण –, – – नुक़्स – !
१०. तुम्हें – नहीं आती ! – – मुझे – – लग रही है !

Après les "verbes composés", vous voici vraiment parvenu au coeur des mystères de la syntaxe du hindi, avec l'expression de la possession. Comment s'y prend une langue qui n'a pas de verbe "avoir" ? Vous l'avez vu, avec le verbe "être" et diverses postpositions, selon que le possédé est une personne de la famille ou une partie du corps vis-à-vis de quoi le possesseur est en relation de partie à tout, ou une qualité qu'il intègre en lui et qui lui est inhérente, ou encore un objet concret qu'il possède temporairement. Vous pouvez vous émerveiller de cette souplesse et de cette variété, aptes à traduire des distinctions beaucoup plus subtiles que celles du français ou de l'anglais, où l'on a de la même façon une voiture, du courage, dix ans, un mal de tête, une femme ou des chaussures rouges.
La variété des structures correspondantes à "avoir" est d'ailleurs particulière au hindi parmi les langues indiennes, dont la plupart ne font pas des distinctions aussi précises. Mais toutes, et c'est un trait de la "famille", du tamoul au bengali, se caractérisent par l'absence du verbe "avoir". Laissez-vous porter par l'exotisme : enjoy not to have, just be !

Deuxième vague : onzième leçon

पाठ चालीस

मैं ऐसी ही जगह के सपने देखा करती थी !

१– यह रहा तुम्हारा कमरा, बेटी । जब भी तुम्हारा जी चाहे, अपना बोरिया-बिस्तर उठाकर पहुँच जाना ! 1 2 3

२– वाह शकील साहब ! यह कमरा है कि हवेली ! कितना हवादार, और कितना शांत ! 4

३ जब मैं अठारह साल की थी तब पेरिस में ऐसी ही जगह के सपने देखा करती थी ! 5

NOTES

(1) **ye rahā**, "voici". Le présentatif, en hindi, s'exprime par **ye rahā/rahī/rahe**, selon le genre et le nombre du terme mis en évidence. La locution a, comme en français, une origine verbale (français, "voir", hindi **rahnā**).

(2) **jab bhī**, "chaque fois que, quand". La particule **bhī**, ajoutée à la conjonction "quand", donne une valeur généralisante à la proposition. **jahā̃ bhī**, "où, où que ce soit, n'importe où que". **jo bhī,** "qui, qui que ce soit, n'importe qui qui". Elle est généralement suivie du subjonctif.

(3) **pahũc jānā**, "arrive, viens". La forme infinitive sert à exprimer l'impératif quand il a une valeur future. **rāmlāl, ṭhīk pā̃c baje cāy lekar bagīce mẽ pahũc jānā**, "Ramlal, viens au jardin avec le thé à cinq heures pile".

(4) **vāh** est une interjection marquant la satisfaction, la surprise heureuse. **ki havelī**, "ou bien une haveli", c'est-à-dire une vaste demeure, un manoir, dont les décorations murales sont

Quarantième leçon

Je rêvais d'un endroit comme ça !
(je / tel / même / endroit / de / rêves / voir avais-l'habitude)

1 – Voilà ta chambre, ma fille. Quand tu en as envie, tu prends ton baluchon et tu arrives.
(ceci / resta / ta / chambre / fille // quand / aussi / ton / humeur / veuille / ta / clique et claque / soulevant / arriver aller)

2 – Oh, Shakil Sahab ! C'est une chambre ou un vrai manoir ! Comme elle est aérée, et calme !
(oh / Shakil / Sahab // ceci / chambre / est / que / manoir // combien / aéré / et / combien / calme)

3 Quand j'avais dix-huit ans je rêvais d'un endroit comme ça à Paris !
(quand / je / dix-huit / ans / de / étais / alors / Paris / dans / tel / même / endroit / de / rêves / voir avais-l'habitude)

NOTES (suite)

souvent somptueuses notamment dans le Shekhavati, au Rajasthan. **ki** est ici employé au sens de **yā**, "ou bien", "ou plutôt".

(5) **sapne dekhnā** signifie "rêver" au sens propre et figuré, littéralement "voir des rêves". C'est une locution verbale formée d'un nom et d'un verbe, comme il y en a beaucoup en hindi (**izzat**♀ **karnā**, "respecter", **intazār karnā**, "attendre", **kām karnā**, "travailler", etc) . Le verbe est ici conjugué à l'aspect "fréquentatif", indiquant l'insistance sur la répétition de l'action, son caractère habituel, comme l'anglais "used to", avoir l'habitude de. Mais en hindi cet aspect peut se combiner avec n'importe quel temps, même le futur. Il se forme avec le participe passé INVARIABLE du verbe principal (**dekhā**) et l'auxiliaire **karnā**, "faire", conjugué et accordé normalement. **merī sahelī mere yahā̃ āyā karegī**, "mon amie viendra chez moi régulièrement". **boris din bhar āvārā**♂ **kī tarah ghūmā kartā hai**, "toute la journée, Boris flâne comme un vagabond".

४ अक्सर जल्दी उठ जाया करती थी और
दौड़कर अख़बार ख़रीद लिया करती
थी । 6 7
५ ख़ाली कमरों के सभी इश्तहार♂ ध्यान♂
से पढ़ा करती थी और दिनभर मकान-
मालिकों♂ को फ़ोन♂ किया करती थी । 8
६ मकानमालिक टेलीफ़ोन♂ पर ही लम्बा-
चौड़ा इंटरव्यू♂ ले लिया करते थे ! 9
७ नौकरी♀ के बारे में पूछा करते थे, माँ-
बाप की तनख़्वाह♀ के काग़ज़ात♂, और
लिखित गारंटी♀ माँगा करते थे !

NOTES (suite)

(6) **uṭh jāyā kartī thī**, "j'avais l'habitude de me lever". Le verbe principal est **uṭh jānā** (avec l'explicateur **jānā**). Notez que dans ce cas, le participe passé de **jānā** est irrégulier (**jāyā** et non **gayā**). C'est aussi le cas dans la formation du passif : le verbe **le jānā**, "emmener", formé de deux verbes conjoints, **lenā**, "prendre", et **jānā**, "aller", a un passif où la forme du participe est **jāyā : ve amritsar le jāe gae**, "ils ont été emmenés à Amritsar".

(7) **k͟harīd liyā kartī thī**, "j'achetais d'habitude". Fréquentatif de **k͟harīd lenā**, avec l'explicateur **lenā**. **rāṣṭrīy pustakālay**♂ **mẽ kām karke niśā kuch paise kamā liyā kartī thī**, "Nisha se faisait un peu d'argent (**kamānā**, "gagner") en travaillant à la Bibliothèque Nationale". **rājasthān mẽ śodh-chātr kisānõ**♂ **ke sāth bājre**♂ **kī roṭiyā̃**♀ **khā liyā karte the**, "Au Rajasthan les étudiants-chercheurs avaient l'habitude de manger des galettes de millet avec les paysans".

4 Souvent je me levais tôt et je courais acheter le journal.
(souvent / tôt / lever avais-l'habitude / et / courant / journal / acheter avais-l'habitude)

5 Je lisais avec attention toutes les annonces de chambres à louer, et toute la journée je téléphonais aux propriétaires.
(vide / chambres / de / toutes / annonces / attention / avec / lire avais-l'habitude / et / tout-le-jour / maison-maîtres / à / téléphoner avais-l'habitude)

6 Les propriétaires me faisaient passer un long entretien déjà au téléphone !
(maison-maîtres / téléphone / sur / même / long-large / interview / prendre avaient-l'habitude)

7 Ils m'interrogeaient sur mon emploi, demandaient les fiches de paie des parents et une caution écrite !
(emploi / à propos de / demander avaient-l'habitude / mère-père / de / salaire / de / papiers / et / écrite / garantie / demander avaient-l'habitude)

NOTES (suite)

(8) **makānmālik**, "le propriétaire". **mālik**, "patron" (féminin **mālkin**), s'ajoute à la maison, "**makān**". La spéculation immobilière et les difficultés de logement dans les grandes villes en Inde (notamment Bombay et Delhi) ont rendu la race des propriétaires aussi retorse que ceux de cette leçon !

(9) **lambā-cauṛā**, "en long et en large". Littéralement "long-large". C'est une combinaison fréquente, comme les mots à écho et les redoublements synonymiques.

८ और इतने तमाशों के बाद कमरे सभी
कबूतरख़ाने जैसे निकला करते थे !
और किराया आसमान को छुआ
करता था !

९ मेरा एक दोस्त हुआ करता था, मैक्स।
ऐसे मकानमालिकों पर ख़ूब बोलियाँ
कसा करता था। 10

१० पूछा करता था : "इसमें से आपके
कबूतर उड़ गए, क्या ?"

११ साथ ही बड़े-बड़े मकान ख़ाली रहा
करते थे। समाजवादियों के राज में भी
सट्टेबाज़ी का बाज़ार गर्म रहा करता
था ! 11

NOTES (suite)

(10) **huā kartā thā**, "était". Vous voyez que le "fréquentatif" peut s'appliquer aussi à un verbe d'état (contrairement au français, d'où la difficulté de traduction). Il marque ici le caractère soutenu, constant voire insistant, de l'état. C'est le même cas dans la phrase 11. **ḍāyrekṭar sāhab, frānsīsī kavi raïbo bhī merī tarah āvārā huā kartā thā... aur vo bhī hindustānī sīkhā kartā thā !**, "Monsieur le directeur, le poète français Rimbaud était vagabond comme moi... et lui aussi apprenait l'hindoustani !"

8 Et après tout ce cinéma, les chambres se révélaient des trous à rats ! Et les loyers grimpaient jusqu'au ciel !
(et / tant / spectacle / après / chambres / toutes / pigeonnier / comme / se révéler (sortir) avaient-l'habitude // et / loyer / ciel / à / toucher avait-l'habitude)

9 J'avais un ami, Max... Il avait la réplique cinglante à l'endroit des propriétaires de ce genre.
(mon / un / ami / être avait-l'habitude / Max // tels / maison-maîtres / sur / bien / remarques (cinglantes) / serrer avait-l'habitude)

10 Il leur demandait : "Eh ! Vos pigeons se sont envolés ou quoi ?"
(demander avait-l'habitude // ceci-dans / de / vos / pigeons / se-sont-envolés / quoi)

11 Et avec ça, de grandes maisons restaient inoccupées. Même sous le règne des socialistes, le marché de la spéculation restait chaud !
(à-côté / juste / grands-grands / maisons / vides / rester avaient-l'habitude // socialistes / de / règne / dans / même / spéculation / de / marché / chaud / rester avait-l'habitude)

NOTES (suite)

(11) **samājvādī**, "socialiste", est composé du nom **samāj**, "société", du suffixe -**vād**, -"isme", et du suffixe -**ī**, transformant le nom abstrait en nom d'agent ou adjectif, "-iste". **pragati**[f], "progrès", donne ainsi **pragativād**, "progressisme", et **pragativādī** "progressiste". **saṭṭebāzī**, "spéculation", est formé sur la base du nom **saṭṭā**[m] (**khelnā**), "(jouer à la) spéculation" auquel s'ajoute -**bāzī** (suffixe arabo-persan équivalent de "-tion", **bāz** ayant un sens comparable à -**vālā**).

EXERCICES

अनुवाद कीजिए

१. निशा अपने छोटे-से कमरे में बैठकर भारत जाने के सपने देखा करती थी।
२. वह और उसके दोस्त अकसर भारतीय दोस्तों से मिला करते थे और भारतीय खाना बनाया करते थे।
३. बोरिस मॉस्को में राज कपूर की फ़िल्में देखा करता था और हरदम "आवारा हूँ" गाया करता था।
४. छुट्टियों में कुछ पैसा कमाने के लिए निशा राष्ट्रीय पुस्तकालय में काम किया करती थी।
५. वह नई भारतीय पुस्तकों के कैटलॉग॰ बनाया करती थी।
६. कभी-कभी शनिवार को शहर से चालीस मील॰ दूर अपने माता-पिता से मिलने जाया करती थी।
७. वहाँ बगीचे के फल खाकर उसे मज़ा आया करता था।
८. हेरमान म्यूनिख में सारा दिन साइकिल पर घूमा करता था।
९. निशा फल और सब्ज़ी सुपरमार्केट॰ से नहीं, बाज़ार से ख़रीदा करती थी।
१०. हफ़्ते में तीन बार बाहर से किसान अपना सामान शहर में बेचने पहुँचा करते थे।

Traduisez

1 Installée dans sa petite chambre, Nisha rêvait sans cesse de partir en Inde. 2 Elle et ses amis rencontraient fréquemment des amis indiens, et [ils] préparaient de la

nourriture indienne. 3 Boris avait l'habitude de regarder les films de Raj Kapoor à Moscou, et de chanter tout le temps "je suis un vagabond errant". 4 Pendant les vacances Nisha avait l'habitude de travailler à la Bibliothèque Nationale pour gagner un peu d'argent. 5 Elle préparait les catalogues des nouveaux livres indiens. 6 De temps en temps, le samedi, elle allait voir ses parents à quarante miles de la ville. 7 Là-bas elle se régalait à manger les fruits du jardin. 8 Hermann avait l'habitude de se promener toute la journée sur [son] vélo à Munich. 9 Nisha avait l'habitude d'acheter [ses] fruits et légumes, non au supermarché, [mais] au bazar. 10 Les paysans avaient l'habitude d'apporter de l'extérieur leurs produits (arriver) pour les vendre en ville trois fois par semaine.

वाक्य पूरे कीजिए

1. *Lorsqu'il était petit, Navabrai habitait au pensionnat (hostel) avec son frère aîné.*

नवाबराय —— छोटे थे —— वे ——— बड़े भाईसाहब के साथ हॉस्टल में ——— —— ।

2. *Au lieu de travailler (étudier), il passait la journée à jouer dehors.*

पढ़ने के बजाय वे दिनभर बाहर ——— ——— — ।

3. *Les beaux spectacles de l'extérieur et l'air frais incitaient (appelaient) Navabray à sortir (hors) des pièces obscures.*

बाहर के ——— नज़ारे और ठंडी–ठंडी हवा नवाबराय — अँधेरे कमरों — बाहर ——— ——— — ।

4. *Il quittait [les] chambres qui ressemblaient à des pigeonniers [pour] se promener en plein air (sous le ciel ouvert) et rêvasser (voir divers rêves).*

कबूतरख़ाने ——— कमरों से निकलकर वे खुले ——— के नीचे ——— ——— — और तरह–तरह के ——— ——— ——— — ।

5. *Le frère aîné de Navab se mettait (était) très en colère contre (sur) lui, le grondait et [lui] faisait des remarques cinglantes.*

नवाब के बड़े भाईसाहब उनपर बहुत नाराज़ हुआ ——— —, उन्हें डाँटा ——— — और ——— ——— ——— — ।

6. *Mais le petit frère Navab était le plus intelligent de la classe et le frère aîné échouait souvent à l'examen ("fail"* **ho jānā,** *de l'anglais...) !*

मगर छोटा भाई नवाब कक्षा में ——— तेज़ हुआ ——— — और बड़े भाईसाहब अकसर परीक्षा में फ़ेल हो ——— ——— — !

7. *Pourtant, Navab respectait beaucoup l'âge de son frère aîné.*

फिर भी नवाब ——— बड़े भाई की उम्र की बहुत इज़्ज़त ——— ——— — ।

8. *Boris, tu regardes souvent par la fenêtre au lieu de travailler, et tu ne cesses de rêvasser.*

बोरिस, तुम अकसर काम करने के बजाय खिड़की से बाहर ——— ——— — और ——— ——— ——— — !

9. *Nisha, à partir d'aujourd'hui, j'irai tout le temps à la bibliothèque, et j'étudierai avec attention mes leçons !*

निशा, आज से मैं हर रोज़ पुस्तकालय ——— ——— और ——— — अपने पाठ ——— ——— !

10. *A partir de maintenant Boris regardera (sans cesse) les annonces matrimoniales en hindi seulement.*

——— से बोरिस ——— हिन्दी में मैट्रिमोनियल वाले इश्तहार ——— ——— ।

Les mots manquants

१. – जब – – तब – अपने – – – – – – रहते थे / रहा करते थे ।

२. – – – – – – खेला करते थे ।

३. – – ख़ूबसूरत/सुन्दर – – – – – – – को – – से – बुलाया करते थे ।

४. – जैसे – – – – – आसमान – – घूमा करते थे – – – – सपने देखा करते थे ।

५. – – – – – – – – – – करते थे, – – करते थे – बोलियाँ कसा करते थे।

६. – – – – – – – सबसे – – करता था – – – – – – – – जाया करते थे!

७. – – – अपने – – – – – – – – किया करता था।

८. –, – – – – – – – – – – – झाँका करते हो – सपने देखा करते हो!

पाठ इकतालीस

यहाँ सब इंतज़ाम॰ है!

१– शकील साहब, अगर ऐसी जगह दो–चार महीने के लिये मिल सके तो कितना अच्छा हो! 1

२– अरे, अगर तुम्हें इतनी पसंद है तो दो–चार महीने क्या, दो–चार साल॰ रह लो! 1 2

NOTES

(1) **agar...to**, "si... (alors)". Le **to** corrélatif ne se traduit pas mais est indispensable en hindi. Dans ce type de système hypothétique (le potentiel), la condition est posée comme une possibilité, une éventualité, et l'action peut se réaliser ou ne pas se réaliser, elle reste virtuelle. Le français emploie le présent dans ce cas, alors que le hindi emploie le subjonctif (parfois le présent de l'indicatif : phrase 2) dans la subordonnée introduite par **agar**, et généralement le futur dans la principale (parfois l'impératif ou le subjonctif, pour souligner l'incertitude, la virtualité de l'action envisagée). **agar apnī hindī**

९. –, – – – – – – – जाया करूँगा – ध्यान से – – पढ़ा करूँगा !

१०. अब – – केवल – – – – – देखा करेगा ।

Deuxième vague : douzième leçon

Quarante et unième leçon

Ici tout est prévu !
(ici / tout / arrangement / est)

1 – Shakil Sahab, si je peux trouver un endroit pareil pour deux ou trois mois, c'est le rêve !
(Shakil / Sahab / si / tel / endroit / deux-quatre / mois / pour / être obtenu / puisse / alors / combien / bon / soit)

2 – Oh, si ça te plaît tant, tu peux y rester, pas seulement deux ou trois mois, mais deux ou trois ans !
(eh / si / toi-à / tant / goût / est // alors / deux-quatre / mois / quoi / deux-quatre / ans / reste prend)

NOTES (suite)

sudhārnī hai to bhārat jāie, "si vous voulez améliorer votre hindi, allez en Inde".

(2) **rah lo**, "reste". L'explicateur **lenā**, "prendre", correspond au fait que l'action est orientée vers le sujet (**tum**, "tu", sous-entendu) qui en bénéficie. L'impératif, comme en français, peut se substituer au futur de la proposition principale dans un système potentiel. On trouve aussi fréquemment l'impératif futur (phrase 5 **rakhnā**).

३ किराया♂ वही रखेंगे जो नास्तासिया का था और भोजन♂–पानी♂ सब हमारे साथ। 3 4

४ वैसे अगर चाय–वाय बनानी हो तो इधर भी रसोई♀ है। 5

५ हाँ, अगर यहाँ कुछ दूध वग़ैरह रखो तो ढककर रखना।

६ अगर गिरधारीलाल जी की बिल्ली♀ घुस गई और देख लिया तो कुछ नहीं बचेगा ! 6

NOTES (suite)

(3) **vahī ... jo**, “le même....que”. Pour la valeur de la particule **hī** ajoutée à **vo**, voir leçon 39, note 5. **girdhārīlāl vahī khādī pahante haĩ jo gā̃dhījī pahante the**, “Girdharilal porte le même khadi que portait Gandhi ji” (“khadi”, cotonnade filée et tissée à la main, sur laquelle vous en apprendrez plus à la leçon 43).

(4) **bhojan pānī**, littéralement “le boire et le manger” : ici le couvert, la pension complète. En hindi plus sanscritisé **jal-pān**♂.

(5) **cāy-vāy**, “thé”. Vous avez déjà rencontré ces “mots échos”. C’est généralement un **v**-, parfois un **ś**- (influence du panjabi) qui reprend la consonne initiale : **śādī-vādī**, “mariage”, **bacce-vacce**, “enfants”, **naukrī-śaukrī,** “boulot”**.** N’oubliez pas que dans les constructions d’obligation, le verbe s’accorde avec son objet (**cāy** est féminin, donc **banānī**, même si aucun sujet n’est exprimé) : **cāy banānī hai**, “il faut préparer

3 On gardera le même loyer que celui de Nastassia et ce sera pension complète, bien sûr.
(loyer / celui-même / garderons / que / Nastassia / de / était / et / nourriture-eau / tout / nous / avec)

4 Sinon, si tu veux faire du thé ou autre chose, la cuisine est par là.
(comme ça / si / thé-etc. / préparer / doive / alors / par-ici / aussi / cuisine / est)

5 Ah oui ! Si tu gardes du lait et autres boissons ici, fais attention de bien les couvrir.
(oui // si / ici / quelque / lait / etc. / poses / alors / ayant couvert / poser)

6 Si le chat de Girdharilal ji rentre (dans la cuisine) et voit ça, on ne sauvera rien !
(si / girdhirilal ji / de / chat / pénétrer alla / et / voir prit / alors / quelque chose / pas / se sauvera)

NOTES (suite)

du thé", **naukrī-vaukrī karnī hai**, "il faut travailler, faire un boulot". Le subjonctif **ho** correspond au potentiel.

(6) **agar... ghus gaī**, "s'il entre". On a un passé simple. Mais attention ! c'est l'aspect accompli qui importe ici, sans valeur temporelle : on n'est pas au passé, comme vous l'indique le temps du verbe principal, **bacegā**, au futur. L'action est toujours envisagée comme une virtualité qui pourra se réaliser ou non, mais elle est vue comme un tout global, une unité indécomposable (à la différence de l'aspect imperfectif qui permet de représenter son déroulement interne et donc de la décomposer). **āj agar āp niklī̃ to zarūr bhīg jāẽgi**, "si vous sortez aujourd'hui, vous vous mouillerez sûrement" (**bhīgnā**, "se mouiller").

७ गर्मी लगे तो पंखे♂ चला लो। और रात को अगर मच्छर♂ काटें तो मच्छरदानी♀ लगा लो।

८ यहाँ सब इंतज़ाम♂ है! अगर पहले नहा-ना-धोना चाहो तो ग़ुसलख़ाना उधर है। 7

९ हाँ, यदि आज गिरधारीलाल जी मिल जाएँ तो शाम को उनके साथ बैठेंगे। पक्के गाँधीवादी हैं ... 8

NOTES (suite)

(7) **sab intazām hai**, "tout est prévu". **intazām honā**, "être prévu, organisé, arrangé", est une locution verbale, ainsi que son correspondant de sens actif **intazām karnā**, "arranger, organiser". **intazām** est un nom d'origine arabo-persane masculin ; l'expression a un synonyme d'origine sanscrite : **vyavasthā♀ honā / karnā**. Sur le même modèle **istemāl♂ / prayog♂ karnā** ou **honā**, signifie "utiliser, faire usage" ou "s'employer". Ainsi on pourra dire **unke rahne kā intazām huā** (**unke rahne kī vyavasthā huī**), littéralement "arrangement de leur rester a été", "leur séjour a été organisé". Et **śakīl sāhab ne unke rahne kā intazām kiyā hai** (**śakīl sāhab ne unke rahne kī vyavasthā kī hai**), littéralement "Shakil Sahab a fait l'arrangement de leur rester", "Shakil Sahab a organisé leur séjour".

(8) **pakke gāndhīvādī**, "un gandhien confirmé". Voir leçon 40, note 11. **pakkā**, littéralement "cuit" (par opposition à **kaccā**, "cru") ou pour les maisons "en dur" (par opposition à

7 Si tu as chaud, mets les ventilateurs. Et la nuit, si les moustiques te piquent, installe la moustiquaire.
(chaleur / se met / alors / ventilateurs / faire marcher prends // et / nuit / à / si / moustiques / coupent / alors / moustiquaire / placer prends)
8 Ici tout est prévu ! Si tu désires d'abord te laver, la salle de bains est par là.
(ici / toute / organisation / est // si / avant / se baigner-se laver / veuille / alors / salle-de-bains / par-là / est)
9 Ah oui, si on arrive à trouver Girdharilal ji aujourd'hui, on ira discuter avec lui ce soir. C'est un gandhien convaincu...
(oui / si / aujourd'hui / Gridharilal ji / être trouvé aille / alors / soir / à / lui / avec / nous assiérons // dur / gandhien / est)

NOTES (suite)

"en terre", "en chaume") a très souvent le sens de "sûr", "authentique", "fieffé". **tum āoge** ? -**pakkā**, "tu viendras ? - sûr/promis". **bāt pakkī ho gaī**, "la chose a été confirmée". **vo pakkā badmāś hai**, "c'est un fieffé coquin".

१० अगर उनसे भी जान–पहचान♀ हो जाए तो ऊबने का मौक़ा♂ नहीं मिलेगा। घंटों बहस♀ करती रहना। 9 10

NOTES (suite)

(9) **jān-pahcān**♀, "connaissance" (formé de **jān**, "connaître", et **pahcān** "reconnaître"). Avec **ho jānā**, "lier connaissance, entrer en relation avec", l'expression se construit, comme **milnā,** "rencontrer", avec la postposition **se** : **uskī jān-pahcān girdhārīlal jī se avaśya ho jāegī**, "elle fera sûrement la connaissance de Girdharilal ji". **avaśya**, comme **zarūr**, signifie "sûrement". Est-ce que vous "sentez" la différence (voir introduction, § 5) entre les mots sanscrits et les emprunts au persan... ?

EXERCICES

अनुवाद कीजिए

१. अगर हम पाँच बजे पहुँचें तो शायद गिरधारीलाल जी घर पर मिल जाएँ।
२. अगर आप चाहें तो घंटों उनके साथ बहस कर सकती हैं।
३. अगर तुम उनसे पूछो तो भारत के इतिहास के बारे में बहुत कुछ बता देंगे।
४. यदि मैं अपना खादी वाला कुरता पहन लूँ तो वे बहुत प्रसन्न होंगे।
५. अगर आप गाँधीवादी हैं तो अवश्य शाकाहारी भी होंगे!

10 Si tu fais connaissance avec lui aussi, tu n'auras pas l'occasion de t'ennuyer. Tu peux rester des heures à discuter avec lui.
(si / lui-avec / aussi / connaissance / advienne / alors / s'ennuyer / de / occasion / pas / se trouvera // heures / discussion / faisant rester)

NOTES (suite)

(10) **bahas karnā**, "discuter" (littéralement "discussion faire") est ici conjugué à l'impératif "futur" à l'aspect duratif. A l'aspect duratif, avec l'auxiliaire **rahnā**, notez que le participe s'accorde (ici au féminin, puisque le sujet de l'impératif est une fille), contrairement à ce qui se passe à l'aspect fréquentatif que vous venez d'étudier.

६. अगर आपको सचमुच अपनी हिन्दी सुधारनी है तो रोज़ मेरे यहाँ आया कीजिये ।
७. अगर मैं ख़ास तौर पर हिन्दी के लिये आई हूँ तो किसी से अंग्रेज़ी क्यों बोलूँ ?
८. यदि खिड़कियाँ खुली रह गईं और बरसात हो गई तो सब कुछ भीग जाएगा ।
९. अगर अमीनाजी आ गईं और इतनी रात को इन्हें शतरंज खेलते देख लिया तो बहुत नाराज़ होंगी ।
१०. यदि उन लोगों ने देर कर दी तो हमारी भी गाड़ी छूट जाएगी ।

Traduisez

1 Si nous arrivons à cinq heures, peut-être [pourrons-nous] trouver Girdharilal ji chez lui. 2 Si vous le désirez, vous pouvez discuter des heures avec lui. 3 Si tu lui de-

mandes, il te dira beaucoup de choses sur l'histoire de l'Inde. 4 Si je mets ma chemise de khadi, il sera très heureux. 5 Si vous êtes gandhien, vous devez sûrement être (serez) végétarien. 6 Si vous voulez vraiment améliorer votre hindi, venez chez moi tous les jours. 7 Si je suis venue ici spécialement pour le hindi, pourquoi par-

वाक्य पूरे कीजिये

1. *Si tu trouves le "Nav Bharat Times" d'hier quelque part, [r]amène-le moi.*

   अगर तुम्हें कहीं कल का "नवभारत टाइम्स" मिल ——— तो मेरे लिए ले आना।

2. *Si toi aussi tu as faim, on s'arrête ici pour manger un peu (s'arrêtant ici [nous] mangeons-buvons un peu).*

   यदि तुम्हें भी भूख ——— — तो इसी जगह रुककर कुछ खा-पी लेते हैं।

3. *Si vous voulez, vous pouvez emporter ce livre pour le lire.*

   ——— आप ——— तो यह किताब पढ़ने के लिए ले जा सकते हैं।

4. *Si vous avez une bicyclette, pourquoi ne vous en servez-vous jamais ?*

   यदि आपके ——— साइकिल — तो कभी उसका इस्तेमाल क्यों नहीं करते ?

5. *Si vous avez une bicyclette, veuillez me la prêter (donner) pour une heure.*

   अगर आपके पास साइकिल — तो घंटे भर के लिए मुझे दे दीजिए, प्लीज़।

ler anglais à qui que ce soit (quelqu'un) ? 8 Si les fenêtres restent ouvertes et qu'il pleuve, tout se mouillera. 9 Si Amina ji vient et les voit jouer aux échecs si [tard dans la] nuit, elle sera très en colère. 10 Si ces gens tardent, notre train aussi partira.

6. *Si vous devez vraiment arriver à Agra rapidement, allez-y par le train.*

अगर आपको सचमुच आगरा जल्दी पहुँचना — तो गाड़ी से जाइए।

7. *Si un jour vous devez aller à Agra, prenez le Taj Express.*

अगर आपको कभी आगरा जाना — तो ताज एक्सप्रेस लीजिए।

8. *Si quelqu'un te [le] demande, dis que c'est moi qui [t']ai envoyé.*

अगर कोई तुमसे —— तो कह देना कि मैंने —— है।

9. *Si vous avez soif en route, buvez du thé, pas du Pepsi-Cola !*

यदि आपको रास्ते में प्यास —— तो चाय पीजिए, पेप्सी कोला नहीं !

10. *Attention ! S'il pleut et que vous sortiez en retard, le train n'attendra pas.*

ख़बरदार ! अगर बरसात हो —— और आप देर से —— तो गाड़ी रुकेगी नहीं !

Les mots manquants

१. – – – – – – – – – जाए – – – – – ।
२. – – – – लगी हो – – – – – – – – – – ।
३. यदि/अगर – चाहें – – – – – – – – – – – – ।
४. – – पास – है – – – – – – – – ?
५. – – – – हो – – – – – – – – – –, – ।
६. – – – – – – है – – – – ।

Quarante-deuxième leçon

Révisions

Si vous êtes parvenu jusque là sans faiblir, c'est que "vous tenez le bon bout". Surtout ne vous découragez pas, vous maîtrisez l'essentiel de la grammaire du hindi, un vocabulaire varié, et vous avez la capacité de vous exprimer dans des situations variées. Cette leçon de révision vous rappelle certes que les formes verbales sont riches et parfois complexes en hindi, mais rassurez-vous, vous en avez pratiquement fait le tour.

1. Le verbe

1.1 *Aspect fréquentatif ou itératif*
Une action représentée comme habituelle s'exprime en hindi par le participe passé invariable (en -**ā**) et l'auxiliaire **karnā**, qui s'accorde avec le sujet : revoyez les notes 5, 6 et 7 de la leçon 40. **pichle sāl merī sahelī mere yahā̃ āyā kartī thī**, "mon amie venait régulièrement chez moi, l'année dernière". Le fréquentatif hindi peut aussi s'appliquer à un

७. – – – – – हो – – – – ।
८. – – – पूछे – – – – – – भेजा – ।
९. – – – – – – लगे – – –, – – – !
१०. – ! – – – गई – – – – निकले, – – – – !

Deuxième vague : treizième leçon

verbe d'état, signalant non la répétition, mais la régularité de l'état en question : **lekin hamārā darvāzā band huā kartā thā, aur vo zor-zor se ghaṇṭī**[9] **bajāyā kartī thī**, "mais notre porte était toujours fermée, et elle sonnait toujours très fort". Le participe de **jānā**, "aller", prend, quand il est suivi de l'auxiliaire fréquentatif, une forme spéciale, **jāyā** : **un dinõ maĩ das baje so jāyā kartī thī**, "en ce temps je me couchais (d'habitude) à dix heures". A la différence de l'anglais "used to", le fréquentatif hindi est conjugable à tous les temps et modes (mais bien sûr pas à l'aspect actualisé). **unke pās bār-bār jāyā karo**, "va le voir (littéralement "va chez lui") très souvent".

1.2 *L'obligation* s'exprime en hindi avec trois auxiliaires différents, selon qu'on a affaire à une obligation générale (**cāhie** invariable, parfois **cāhiẽ** au pluriel), à une obligation ponctuelle et/ou orientée vers le futur (**honā**), ou à une contrainte extérieure forte (**paṛnā**). Revoyez les notes de la leçon 36 pour bien mémoriser ces distinctions, respectivement notes 3, 5 et 6. Le point commun de ces trois

constructions : le sujet qui "doit" faire quelque chose est à la forme oblique et suivi de la postposition **ko**. Exemples : **baccõ ko acchī tarah sonā cāhie**, "il faut que les enfants dorment bien" ; **klās mẽ cup rahnā cāhie**, "il faut se taire (rester silencieux) en classe" ; **mujhe jaldī jānā hai**, "il faut que je parte bientôt" ; **unko vahā̃ jānā paṛegā**, "ils seront obligés d'y aller".
Si le verbe principal est transitif, il prendra la marque de son COD, et l'auxiliaire aussi (sauf bien sûr **cāhie**, qui reste invariable, à la nasalisation près) s'accordera avec lui : **mujhe do aur kitābẽ k͟harīdnī parẽgī**, "je serai obligé d'acheter deux autres livres" (l'auxiliaire prend le féminin pluriel, parce que **kitāb** est du féminin, l'infinitif aussi, mais pas la nasalisation, qui ne se marque que sur le dernier élément verbal conjugué).

1.3 *Le passif* (leçon 37)
Le passif correspondant à une phrase transitive consiste à transformer l'objet du verbe actif en sujet du verbe passif et à éliminer l'agent, ou plus rarement, à l'exprimer avec la postposition **ke dvārā**, "par". Quant au verbe, il est formé du participe passé accordé avec le sujet et de l'auxiliaire **jānā**, accordé aussi : **ye kahānī kab chāpī gaī**, "quand cette nouvelle a-t-elle été imprimée ?". L'énoncé est à peu près synonyme de **ye kahānī kab chapī**, "quand cette nouvelle a-t-elle été imprimée ?", sauf que ce dernier tour, avec un verbe intransitif, exclut radicalement l'expression d'un agent de l'action, expression qui oblige à recourir au passif : **vo kiske dvārā chāpī gaī ?**, "par qui a-t-elle été imprimée ?". Notez que l'ex-objet peut garder sa postpo-

sition **ko** s'il est humain ou défini, auquel cas (note 6 leçon 37) le verbe ne s'accorde pas et se termine par le -**ā** invariable que vous avez déjà vu à propos de la construction ergative où l'objet est suivi de **ko** : **tīnõ pāglõ ko pakṛā gayā**, "on a attrapé les trois fous" (**pāgal**♂, nom ou adjectif, veut dire "fou", et **pāgalpan**♂, "folie").
Les verbes intransitifs peuvent aussi se mettre au passif en hindi. Avec la négation et l'agent toujours suivi de la postposition **se**, le sens est alors celui d'une incapacité radicale : **mujhse jāyā nahī̃ gayā**, "je n'ai absolument pas pu partir". Notez que **jānā,** quand il est verbe principal passivé, a une forme spéciale pour son participe passé, **jāyā**.

1.4 *Les explicateurs verbaux*
Vous pratiquez depuis quelque temps les plus simples (**lenā**, **denā** pour des verbes transitifs, selon que l'action est orientée vers le sujet ou non, **jānā** pour les verbes intransitifs). Vous en avez vu dans ce cycle de nouveaux (leçon 38 en particulier), plus délicats à employer car ils comportent aussi une nuance sémantique particulière. **uṭhnā** (littéralement "se lever") et **paṛnā** (littéralement "tomber"), employés avec un verbe principal intransitif, dénotent toujours une action incontrôlée, et impliquent soudaineté et parfois violence. **ḍālnā**, employé avec un verbe principal transitif, comporte des connotations souvent négatives (violence, bâclage). Revoyez bien la leçon 38.
Exemples : **merā patr**♂ **paṛh do**, "lis-moi ma lettre", car l'action est faite pour le bénéfice d'autrui, mais **apnā patr paṛh lo**, "lis ta lettre", car l'action est faite pour le bénéfice du sujet lui-même

(**patr**♂ est le synonyme du plus usuel **ciṭṭhī**♀). **ve ākhir hā̃fte hue ā gae**, "ils sont enfin arrivés tout essoufflés" (en soufflant). **līvyā klās ke bīcõ-bīc ro paṛī**, "Livia éclata en sanglots au beau milieu de la classe".

L'explicateur est l'élément conjugué dans le groupe verbal. Il est construit sur le radical du verbe principal, on ne le trouve pas avec les auxiliaires modaux **pānā** et **saknā**, "pouvoir", très rarement avec un verbe à l'absolutif, rarement à la forme négative, jamais avec les auxiliaires qui marquent le début et la terminaison d'une action (**lagnā**, **cuknā**) ni à la forme actualisée du présent ou de l'imparfait. Ces dernières contraintes ont fait que l'emploi de ce type de verbes composés a été souvent interprété comme une marque de perfectivité. On ne les trouve jamais non plus dans les verbes au participe présent (mais ils sont courants dans les infinitifs). Si l'explicateur est transitif comme le verbe principal, c'est lui qui s'accorde avec le COD dans la phrase ergative : **niśā ne phir se ek gilās toṛ ḍālā**, "Nisha a encore cassé un verre, s'est encore arrangée pour casser un verre" ; **boris ne ek hī rāt mẽ tīn filmẽ dekh ḍālī**, "Boris s'est fait trois films en une seule nuit".

2. La phrase hypothétique (I)

Les propositions hypothétiques (si+indicatif par exemple, et dans la principale en français un temps autre que le conditionnel) représentent une action qui peut se réaliser ou ne pas se réaliser, et qui est présentée comme une simple virtualité ou éventualité. Le hindi l'exprimera généralement avec le subjonctif dans la proposition subordonnée, introduite par **yadi** (sanscrit) ou **agar** (arabo-persan) et un temps de l'indicatif dans la principale, ou l'impératif. N'oubliez pas que la principale est toujours introduite par **to** (alors que le **yadi/agar**, "si" peut éventuellement être omis). Il se peut aussi qu'on trouve le passé simple dans la subordonnée, en réalité non temporel mais seulement aspectuel, si on veut présenter l'action comme globale (voir note 6, leçon 41), la principale pouvant très bien être au futur : **yadi niśā apnī cunnī vāpas lene āī, to acchī tarah ḍhū̃ḍh lenā, zarūr mil jāegī**, "si Nisha vient récupérer son écharpe, cherche bien, tu la retrouveras sûrement". La négation est non pas **nahī̃** comme à l'indicatif, mais **na** comme au subjonctif et à l'impératif, modes du fait non asserté : **tumne patr na likhe to tumhārā dost zarūr ghabrāegā**, "si tu n'écris pas de lettre, ton ami s'inquiètera sûrement".

3. "Prendre quelqu'un pour, traiter quelqu'un de"

Les verbes **samajhnā**, "comprendre", et **kahnā**, "dire", s'ils sont construits avec un complément d'objet et son attribut, changent de sens et signifient respectivement "prendre pour", ou "considérer comme", et "appeler", "traiter de" (leçon 36 note 8). **maĩ tumko pāgal samajhtī thī**, "je te prenais pour un cinglé" ; **ham log isko saptpadī kahte haĩ**, "nous appelons ceci les sept tours". Dans cette construction on peut aussi trouver **mānnā**, "considérer, estimer", au lieu de **samajhnā** : **us ādmī par kaise viśvās♂ karū̃ ? use apnā duśman♂ māntā hū̃**, "comment pourrais-je faire confiance à cet homme ? Je le considère comme mon ennemi".

4. Postpositions : récapitulation

Voici une brève liste des locutions "postpositionnelles" les plus courantes que vous avez vues jusqu'ici, par couple d'opposés : **ke pās**, "près de, chez" / **se dūr**, "loin de", **ke sāmne**, "en face de" / **ke pīche**, "derrière", **ke ūpar**, "en haut de, au-dessus de" / **ke nīce**, "au-dessous de", **ke bād**, "après" / **se pahle**, "avant", **ke sāth**, "avec" / **ke binā** ou **binā.. ke**, "sans", **ke bāhar**, "à l'extérieur de" / **ke andar** ou **ke bhītar**, "à l'intérieur de".
Sans le premier élément (**ke**, **se**) on a affaire à un adverbe : **sāmne**, "en face", **pās**, "près", **dūr**, "loin".
Certaines locutions utilisées comme postpositions ont une origine nominale, et non adverbiale comme celles que nous venons d'énumérer : **kī jagah**, ou **ke sthān (par)**, "à la place de", **kī or** ou **kī taraf**, "en direction de", **ke kāraṇ**, ou **kī vajah se**, "à cause de" ; ou une origine participiale, comme **ke māre**, "par, à cause de" (littéralement "pris de", "frappé de", du participe **mārā**, "frappé").
La postposition "sans" (**ke binā** ou **binā ke** ou **binā**, ou son équivalent d'origine arabe **ke bag̱air**) peut, comme en français, introduire non seulement un nom mais un verbe. Simplement, à la différence du français, ce verbe se met non pas à l'infinitif mais au participe passé à la forme oblique (jamais suivi de **hue**) : **vo kuch bole binā calā gayā**, "il partit sans rien dire" ; ou **vo bag̱air kuch bole calā gayā**, même sens.

5. L'expression de la possession ("avoir" en hindi)

Pour exprimer la possession dans une langue qui ne

dispose pas de verbe “avoir”, comment faire ? En hindi, vous avez trois possibilités essentielles, selon que le “possédé” est un membre de la famille ou une relation personnelle, un objet concret, ou une qualité morale (ces constructions sont essentiellement présentées, ou revues pour celles que vous connaissiez déjà, à la leçon 39).

- Les relations familiales s’expriment avec le possesseur à la forme du complément de nom (**kā**, ou forme invariable **ke**) : **tumhāre kitne bhāī haĩ**, “combien de frères as-tu ?”. **mere** (ou **merī**) **ek baṛī bahan hai**, “j’ai une grande soeur”. Cette construction est aussi applicable aux parties du corps (autre possession “inaliénable”, ou “non contingente” !) : **ādmī ke do ṭā̃gẽ hotī haĩ, cūhe ke cār pair hote haĩ**, “l’homme a deux jambes, le rat a quatre pattes”. Ce n’est que pour les relations familiales qu’on peut avoir le **ke** invariable au lieu du **kā/ke/kī** variable.

- Les objets concrets s’expriment avec le possesseur à la forme oblique suivi de **ke pās**, “chez/près de” (que vous avez déjà vu à la leçon 26, note 6). **uske pās kitnī sāṛiyā̃ haĩ**, “combien a-t-elle de saris ?”. **hamāre mitrõ ke pās ek gāṛī hai**, “nos amis ont une voiture”. **mālī ke pās tarah-tarah ke bīj♂ haĩ, so vo acche paudhe♂ lagā sakegā**, “le jardinier a toutes sortes de graines et donc il pourra planter (littéralement placer) de belles plantes”.

- Les qualités morales s’expriment avec le possesseur à la forme oblique suivi de la postposition **mẽ**, “dans” : **usmẽ sāhas♂ hai**, “il a du courage”. **un badmāśõ mẽ bahut kharābiyā̃♀ haĩ, magar kuch khūbiyā̃♀ bhī haĩ**, “ces voyous ont beaucoup de défauts, mais ils ont aussi quelques qualités”.

- L'expression de l'âge comporte aussi la transposition d'un verbe "avoir" dans les langues européennes. Pour dire "il a trente ans", le hindi dira **vo tīs sāl kā hai**, littéralement "il est de trente ans". Mais on peut aussi dire **uskī umr tīs sāl hai**, "son âge est de trente ans".

पाठ तेंतालीस

अगर वे गाँधी को समझते तो ऐसा न करते

१– आइए ! आइए ! यदि आप पाँच मिनट बाद आते, तो मैं घर पर न होता ! 1 2

NOTES

(1) **yadi... to**, "si... alors". Vous l'avez remarqué, l'expression a exactement le même sens que **agar... to**, "si... (alors)". **yadi** est simplement issu du sanscrit, à la différence de **agar**, et c'est pourquoi Girdharilal*ji* l'emploie de préférence, alors que Shakil*sahab* emploie **agar**, les noms évoquant des consonnances respectivement hindoues (sanscrit) et musulmanes (ourdou).

(2) Vous avez aussi remarqué que le verbe est différent de ceux de la leçon précédente. A la fois le sens (conditionnel irréel) et la forme, analogue au participe présent (c'est aussi le premier élément du présent et de l'imparfait), diffèrent. La

- Rappel : “j’ai peur”, **mujhe ḍar lag rahā hai**, “j’ai faim”, **mujhe bhūkh lag rahī hai,** “j’ai envie de boire du thé”, **mujhe cāy pīne kī icchā[9] hai**, se construisent avec la forme oblique du sujet “logique” suivie de la postposition **ko** (leçon 20 et 21).

Deuxième vague : quatorzième leçon

Quarante-troisième leçon

S’ils comprenaient Gandhi, ils n’agiraient pas ainsi
(si / ils / Gandhi / à / comprenaient / to / ainsi / pas / feraient)

1 – Entrez, entrez ! Si vous étiez arrivés cinq minutes plus tard, je n’aurais plus été là !
(venez / venez // si / vous / cinq / minutes / après / viendriez / alors / je / maison / sur / pas / serais)

NOTES (suite)

condition proposée n’est pas réalisée. Alors que le français emploie dans ce cas un imparfait (ou plus-que-parfait) dans la subordonnée et un conditionnel dans la principale, le hindi emploie dans les deux propositions la même forme de l’“irréel”. Notez que cette forme peut avoir une valeur d’irréel du présent ou du passé : “si vous étiez venu... je ne me serais pas trouvé à la maison / vous ne m’auriez pas trouvé” et non “si vous veniez...vous ne me trouveriez pas”. C’est affaire de contexte : les phrases 4 et 8 comportent la même forme avec un sens d’irréel du présent, la phrase 3 a un sens d’irréel du passé (“nous serions venus” et non “nous viendrions”).

२– गिरधारीलाल जी, निशा जी से मिलिए। अपनी हिन्दी सुधारने हमारे पास आई हैं ! 3

३– अगर हमें पता होता कि आप बाहर जाने वाले हैं तो हम किसी और वक़्त आते। 4 5

४– अरे, नहीं जी ! अगर ऐसा कोई ज़रूरी काम होता तो मैं आपको साथ ही ले चलता ! 6

५ अरे, निशा जी, आपने तो खादी का कुरता पहना हुआ है !

NOTES (suite)

(3) **niśā se milie**, "(je) vous présente Nisha", est la formule courante de présentation. **mere pati se milo**, "je te présente mon mari".

(4) **agar hamẽ patā hotā**, "si nous avions su". De **patā honā**, "savoir". L'irréel de **honā** est **hotā**.

(5) **ki āp bāhar jāne vāle haĩ**, "que vous all**iez** sortir". Notez que la concordance des temps nécessaire en français n'existe pas en hindi. Après un **ki**, "que", suivant un verbe de type "dire", "penser", ou "savoir", on conserve en hindi le temps qu'aurait eu la suite de la phrase en emploi indépendant ("vous allez sortir"). **usne kahā ki niśā āegī**, "il a dit que Nisha viendrait", littéralement "que Nisha viendra" ; **usne kahā ki niśā ā rahī hai**, "il a dit que Nisha venait", littéralement "que Nisha est en train de venir".

2 – Girdharilal ji, je vous présente Nisha ji. Elle est venue chez nous améliorer son hindi !
(Girdharilal ji / Nisha ji / avec / rencontrez // son / hindi / améliorer / nous / près de / est venue)

3 – Si nous avions su que vous alliez sortir, nous serions venus à un autre moment.
(si / nous-à / savoir / serait / que / vous / dehors / aller / vala / êtes / alors / nous / quelque / autre / moment / viendrions)

4 – Mais pas du tout ! Si c'était vraiment quelque chose d'urgent, je vous emmènerais avec moi !
(eh / non // si / tel / quelque / urgent / travail / serait / alors / je / vous-à / avec / même / prendre / partirais)

5 Oh ! Nisha ji ! Mais vous portez une kurta en khadi !
(eh / Nisha ji // vous / to / khadi / de / kurta / avez mise)

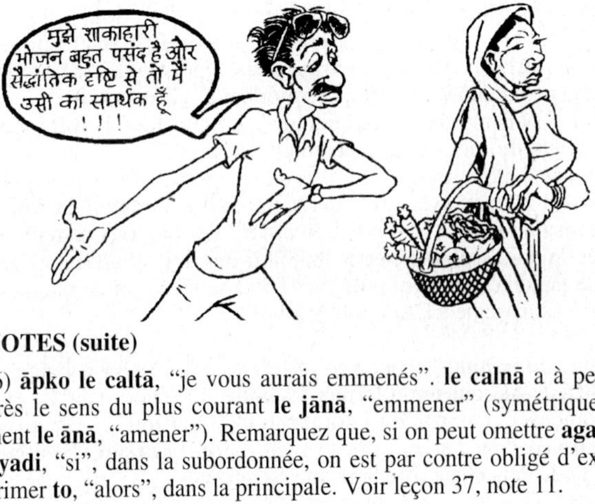

NOTES (suite)

(6) **āpko le caltā**, "je vous aurais emmenés". **le calnā** a à peu près le sens du plus courant **le jānā**, "emmener" (symétriquement **le ānā**, "amener"). Remarquez que, si on peut omettre **agar / yadi**, "si", dans la subordonnée, on est par contre obligé d'exprimer **to**, "alors", dans la principale. Voir leçon 37, note 11.

६– जी हाँ, एक तो मुझे सचमुच खादी पसंद है और फिर सैद्धान्तिक दृष्टि♀ से भी मैं इसकी समर्थक हूँ । 7 8 9

७ गाँधी जी के सत्याग्रह♂ आंदोलन♂ और स्वराज♂ की चेतना♀ के बारे में मैंने जो पढ़ा उससे मैं बहुत प्रभावित हुई । 10 11

NOTES (suite)

(7) **ek to... aur phir**, “d’abord... ensuite”. On peut aussi dire **pahle... dūsre / phir**. **ek to mãĩ baṛī-baṛī maśīnõ ke k͟hilāf hū̃, aur phir unhẽ yahā̃ lānā asambhav hai**, “d’abord, je suis contre les grosses machines, et puis il est impossible de les apporter ici” (**k͟hilāf, viruddh**, “contre”, **muk͟hālifat♀, virodh♂**, “opposition”).

(8) **saiddhāntik**, “théorique”. Du nom **siddhānt♂**, “principe”, “théorie”, on tire l’adjectif correspondant en ajoutant le suffixe **-ik** et en allongeant la voyelle initiale : **din**, “jour”, **dainik**, “quotidien” ; **vigyān**, “science”, **vaigyānik**, “scientifique”, (**rāj-**)**nīti**, “la politique”, **rājnaitik**, “politique” (adjectif) ; **arth**, “économie”, **ārthik**, “économique” ; **paramparā**, “tradition”, **pāramparik**, “traditionnel”. Le khadi est l’étoffe symbolique du mouvement gandhien “swadeshi” (de l’autonomie du pays, littéralement “du pays de soi”, “de son propre pays”) : tissé à la main avec du coton cardé et filé au rouet (**carkhā♂**). Il a symbolisé le boycott (**bahiṣkār♂**) des produits manufacturés importés d’Angleterre. Aujourd’hui il symbolise l’idéologie gandhienne et les politiciens du Congrès portent une kurta en khadi même à l’Assemblée.

(9) **samarthak**, “supporter”, “défenseur”. Dérivé à l’aide du suffixe **-ak**, qui sert à former les noms d’agent (“-teur”, “-eur” français), à partir de **samarthan♂**, “soutien”. Voir aussi, **darśak**, “spectateur” (de la racine **darś**, **darśan**, “vision”), **gāyak**, “chanteur” (de la racine **gā**, chanter).

6 – Oui, d'abord le khadi me plaît vraiment, et puis, je le défends aussi sur le plan philosophique.
(oui // un / to / moi-à / vraiment / khadi / goût / est / et / puis / philosophique / vue / de / aussi / je / son / partisan / suis)

7 J'ai été très impressionnée par ce que j'ai lu au sujet du mouvement "satyagraha" de Gandhi ji et de la prise de conscience indépendantiste.
(Gandhi ji / de / satyagraha / mouvement / et / auto-royaume / de / conscience / au sujet de / je / ce que / lus / cela-par / je / beaucoup / impressionnée / fus)

NOTES (suite)

(10) Le **satyāgrah**, littéralement "saisie de la vérité", évoque les mouvements d'action non-violente d'une grande ampleur lancés par Gandhi, à la fois politiques (nationalistes et indépendantistes) et imprégnés d'une morale religieuse. Les satyagraha les plus célèbres sont ceux de Champaran en 1917 dans le Bihar pour amener les paysans (**kisān**♂) à prendre conscience de la mainmise étrangère sur l'exploitation de l'indigo, et d'Ahmedabad dans le Goujarat en 1918 (grève des ouvriers des manufactures et mouvement paysan). L'objectif de ces revendications non-violentes, usant surtout de la "désobéissance civile", était le **svarājya** (ou **svarāj**), littéralement "soi-même-règne", "autonomie" (de **sva**, "soi, self", + **rāj**♂ "règne, royaume"). Voir aussi **svadeśī**, "du pays, indigène" (de **deś**♂, "pays").

(11) **jo paṛhā, usse...** , "...par ce que j'ai lu". Si vous ne vous sentez pas très familier encore avec cet ordre des mots, revoyez la leçon 31 sur les relatives. Notez en outre que le pronom relatif objet est volontiers précédé par le sujet et autres compléments (ordre normal de la phrase simple indépendante) pour se placer directement avant le verbe, alors que dans une relative française le relatif est toujours en tête.

८– जीती रहो ! यदि आज के हमारे मूर्ख नेता भी स्वराज का अर्थ समझते तो देश को विश्व बैंक के पास गिरवी न रखते ! 12 13

NOTES (suite)

(12) **jītī raho**, impératif du verbe “vivre” à l’aspect duratif, exprime un souhait de longue vie, devenu locution figée et utilisé comme une simple formule de salutation.

EXERCICES

अनुवाद कीजिए

१. अगर आप दिल्ली में ही रहतीं तो अक्सर अंग्रेज़ी ही बोलतीं ।
२. अगर तुम उनकी बातें ध्यान से सुनते तो शायद ऐसी फ़िल्मों को समझते ।
३. यदि हमें मालूम होता कि यह खादी नहीं है तो इसे कभी न ख़रीदते !
४. अगर मेरे पास ख़ूब पैसा होता तो भी मैं साइकिल ही चलाती ।
५. यदि यहाँ साहब लोग साइकिल चलाते तो सड़क के बीचों–बीच साइकिल–ट्रैक बनते !
६. इसे इधर भी मैकडॉनल्ड वाला खाना मिलता तो बड़ा ख़ुश रहता !

8 – Dieu te garde ! Si nos imbéciles de leaders d'aujourd'hui comprenaient aussi ce que veut dire l'indépendance du pays, ils ne mettraient pas le pays en gage auprès de la Banque Mondiale !
(vivante reste // si / aujourd'hui / de / nos / stupides / chefs / aussi / auto-royaume / de / sens / comprendraient / alors / pays / à / mondiale / banque / près de / gage / pas / poseraient)

NOTES (suite)

(13) **hamāre netā**, "nos chefs". Notez que le pluriel de ce nom masculin en **-ā** n'est pas en **-e** (de même **pitā**, "père", **rājā**, "roi", **cācā**, "oncle, frère cadet du père" et divers noms de parenté). Par contre, à l'oblique, **netāõ** est régulier, ainsi que **rājāõ**, **pitāõ**, etc.

७. यदि रायसाहब यह पत्र पढ़ते तो मुस्कुराते ।
८. तुम्हारे भाईसाहब तुम्हें यहाँ देखते तो बहुत नाराज़ होते ।
९. यदि मुझे मालूम होता कि ये कमीज़ें भारत से ही बनकर जाती हैं तो मैं लंदन से न लाता !
१०. यदि सरकार को तकनॉलॉजी पर ही नहीं, जनता पर भी विश्वास होता, तो यह हाल न होता ।

Traduisez

1 Si vous habitiez à Delhi (seulement), vous ne parleriez souvent qu'anglais. 2 Si tu avais écouté ses paroles avec attention, sans doute tu comprendrais de tels films. 3 Si nous avions su que ce n'était pas du khadi, nous ne l'aurions jamais acheté ! 4 Si j'avais beaucoup d'argent, je roulerais (conduirais) quand même à bicyclette. 5 Si les

"sahib" roulaient à bicyclette ici, il se construirait des pistes cyclables au beau milieu de la route ! 6 S'il trouvait ici aussi de la nourriture "Mac Do", il serait très heureux ! 7 Si Raisahab lisait cette lettre, [il] sourirait. 8 [Si] ton grand frère te voyait ici, il serait très en colère.

वाक्य पूरे कीजिए

1. *Shivani ji, je vous présente Boris Kazanovitch. Il est venu chez nous àméliorer son régime (menu) !*
   शिवानी जी, बोरिस कज़ानोविच — ——— । ये अपना मेन्यू ——— हमारे पास ——— — !

2. *Ah ! Si j'avais su, j'aurais préparé (préparerais) un biriyani. Aujourd'hui il n'y a que des lentilles et des légumes !*
   ओहो ! अगर मुझे मालूम ——— तो मैं बिरियानी ——— । आज तो दाल–सब्ज़ी है, बस !

3. *Oh... pas de problème ! Si on avait besoin de biriyani, c'est moi qui vous emmènerais chez Karim's !*
   अरे... नो प्रॉबलम ! बिरियानी की ज़रूरत ——— तो मैं ही आपको करीम के यहाँ — ——— !

4. *J'aime beaucoup la nourriture végétarienne ! Et je la défends sur le plan philosophique !*
   मुझे ——— भोजन बहुत ——— है ! और ——— ——— से तो मैं इसी का ——— हूँ !

9 Si j'avais su que ces chemises étaient faites en Inde même et exportées (et partent), je n'en aurais pas [r]apporté de Londres ! 10 Si le gouvernement avait confiance non seulement dans la technologie mais aussi dans le peuple, on n'en serait pas là (il n'y aurait pas cette situation).

5. *D'abord, à force de manger du rogan josh, j'ai réussi à me détraquer l'estomac, et ensuite je ne cesse de grossir... !*

एक तो रोग़न जोश खा– ——— मेरा पेट ——— हो ——— है, और फिर मैं ——— भी होता —— ——— हूँ !

6. *Boris, si tu étais végétarien comme Raisahab et Girdharilal ji, peut-être que ton estomac ne serait pas détraqué...*

बोरिस, अगर तुम रायसाहब और गिरधारीलाल जी —— ——— शाकाहारी ——— तो ——— तुम्हारा पेट ख़राब न ——— ।

7. *Oui, oui... et maintenant je vais faire un boycott de la viande, du point de vue scientifique, économique et surtout politique !*

हाँ, हाँ... अब तो मैं ———, ——— और ——— तौर से ——— दृष्टि से मांसाहारी भोजन का ——— करने ——— हूँ !

8. *Il faut un mouvement pour mobiliser l'opinion (conscience) contre cet assassinat de pauvres bêtes (mouton-chèvre) ! Ça vient, les lentilles et les légumes... ?*

बेचारी भेड़–बकरियों की ——— के ——— चेतना जगाने के लिए ——— होना चाहिए ! आ रही है, दाल–सब्ज़ी...?

9. *Boris, prépare-toi ! Ce soir on va tous chez Karim's manger des kebabs. Toi, tu ne mangeras que du riz aux lentilles, c'est ça... ?*

बोरिस, ——— रहना ! शाम को हम सब करीम के यहाँ कबाब ——— जा ——— हैं ! तुम तो दाल–चावल ही ———, न ?

10. *Mon Dieu... ! Si j'avais su (saurais) je n'aurais jamais parlé à tort et à travers comme ça ! La journée s'est révélée encore une fois bien néfaste aujourd'hui !*

हे भगवान... ! अगर मुझे मालूम ——— तो ऐसी उलटी–सीधी बातें कभी न ——— ! आज का दिन फिर बड़ा ——— ——— !

Les mots manquants

१. – –, – – से मिलिए। – – – सुधारने – – आए हैं !
२. – ! – – – होता – – – बनाती। – – – – –, – !
३. –... – – ! – – – होती – – – – – – – – ले चलता !

NOTES PERSONNELLES

४. – शाकाहारी – – पसंद – ! – सैद्धांतिक दृष्टि – – – –
– समर्थक – !

५ – – – – – खाकर – – ख़राब – गया –, – – – मोटा –
– जा रहा – !

६. –, – – – – – – की तरह – होते – शायद – – – –
होता ।

७. –, –... – – – वैज्ञानिक, आर्थिक – ख़ास – –
राजनैतिक – – – – – बहिष्कार – वाला – !

८. – – – – हत्या – ख़िलाफ़ / विरुद्ध – – – – आंदोलन –
– ! – – –, – – ?

९. –, तैयार – ! – – – – – – – – – खाने – रहे – ! – – –
– – खाओगे, – ?

१०. – –... ! – – – होता – – – – – – – – करता ! – – – –
– मनहूस निकला !

Deuxième vague : quinzième leçon

NOTES PERSONNELLES

पाठ चौवालीस

वहाँ न गई होती तो उनसे न मिली होती

१- रायसाहब, लखनऊ से निशा की चिट्ठी आई है । वहाँ काफ़ी ख़ुश मालूम होती है ! 1

२ अगर वहाँ न गई होती तो गिरधारीलाल जैसे विचारक° से न मिली होती ! 2

३ लिखा है : "उनकी बातें न सुनी होतीं तो स्वाधीन भारत में अंधाधुंध विकास° के परिणामों° को न समझी होती ।" 3

NOTES

(1) **k͟huś mālūm hotī hai**, "elle a l'air heureuse". Ne confondez pas cet emploi de **mālūm** avec celui que vous connaissez, **use mālūm hai**, "elle sait". Ici le sujet reste au cas direct, et surtout le verbe est non **hai**, mais **hotā** (**hotī, hote**) **hai** (**haĩ**). L'expression signifie alors "sembler", "avoir l'air", et est synonyme de **lagtī hai**, ou de **jān paṛtī hai**, "elle a l'air".

(2) **agar na gaī hotī**, "si elle n'était pas allée". C'est toujours l'irréel, comme dans la leçon précédente, mais la forme verbale est composée : le verbe principal (**jānā**, "aller") est au participe passé et suivi de l'auxiliaire **hotā** (irréel de **honā**). Cette forme a nécessairement une valeur passée, alors que la forme simple peut avoir valeur d'irréel du présent ou du passé. **agar na jātī**, "si elle n'allait pas / (si elle n'était pas allée)". Notez que la négation est non pas **nahĩ**, mais **na**, dans les deux propositions.

Quarante-quatrième leçon

Si elle n'était pas partie là-bas, elle ne l'aurait pas rencontré (si / là-bas / pas / serait allée / alors / lui-avec / pas / aurait rencontré)

1 – Raisahab, j'ai reçu une lettre de Nisha, de Lucknow. Elle a l'air plutôt heureuse là-bas ! (Raisahab / Lucknow / de / Nisha / de / lettre / est venue // là-bas / assez / heureuse / a l'air)

2 Si elle n'était pas partie là-bas, elle n'aurait pas rencontré un penseur comme Girdharilal ! (si / là-bas / pas / serait allée / alors / Girdharilal / comme / penseur / avec / pas / aurait rencontré)

3 Elle a écrit : "si je n'avais pas entendu son discours, je n'aurais pas compris les conséquences d'un progrès aveugle dans l'Inde indépendante".
(a écrit // ses / propos / pas / aurais écouté / alors / indépendante / Inde / dans / aveugle / progrès / de / conséquences / à / pas / aurais compris)

NOTES (suite)

(3) **na sunī hotī̃**, "si je n'avais pas entendu". La forme d'irréel composé (passé) s'accorde avec **bātẽ**, "paroles", son COD : d'où la nasalisation sur le **-ī̃**, qui distingue l'irréel du participe présent. Eh oui, c'est une construction ergative, bien que le sujet ne soit pas exprimé, car le verbe est composé sur le participe passé accompli ; à l'irréel simple, on aurait : **agar maĩ unkī bātẽ na suntī** (sans nasalisation), "si je n'écoutais pas / si je n'avais pas écouté ses paroles".

४– हाल में "भारत छोड़ो" नामक स्वाधीनता[4] संग्राम[N] की याद में कितना हंगामा हुआ ! समझ नहीं आया हँसूँ कि रोऊँ ! 4 5

५ हेरमान, १९४२ का वह ज़माना[N] मुझे याद है, हालाँकि मैं छः सात बरस का ही था... 6

६ कैसे अंग्रेज़ी माल[N] के ढेर[N] बना–बनाकर लोगों ने जलाए थे ! 7

NOTES (suite)

(4) **svādhīn**, "indépendant", adjectif, donne **svādhīntā**, "indépendance". Le suffixe -**tā** transforme l'adjectif en nom abstrait (toujours féminin), mais attention, il ne s'affixe qu'aux bases sanscrites. Il en va de même pour le préfixe **sva**- "soi, auto-" que vous avez vu à la leçon 43, dans le mot **svadeś** (note 10). Le dérivé moderne **svacālit,** "automatique", est formé de même, sur **sva**- et la racine **cal**, "marcher". **svadharma**, "religion intérieure" est formé sur **dharma**, "religion, foi, croyance" (cette notion est très difficile à traduire, car outre l'aspect religieux elle est liée au système social des castes et à l'acceptation par l'individu de la hiérarchie que celui-ci suppose).

(5) **hãsũ ki roũ** , "rire ou pleurer?", "que je rie ou que je pleure". C'est un subjonctif qui marque le doute en proposition indépendante.

(6) **hālā̃ki**, "bien que", est suivi de l'indicatif en hindi. Il précède souvent la proposition principale et est alors repris par **phir bhī**, ou **lekin** dans la principale.

(7) Brûler la marchandise importée faisait partie des stratégies du mouvement Swadeshi, "autonomiste", et les autodafés publics de produits importés étaient fréquents dans les campagnes aussi bien que dans les villes. Vous pouvez faire connaissance avec cette période et ses images les plus mar-

4 – Là récemment, qu'est-ce qu'on a fait comme battage pour commémorer le mouvement indépendantiste dit "Quit India". Je ne savais pas s'il fallait en rire ou en pleurer !
(récemment / Inde / quittez / nommé / indépendance / mouvement / de / mémoire / dans / combien / tumulte / fut // comprendre / pas / est venu / rie / ou / pleure)

5 Hermann, je me rappelle bien cette période de 1942, bien que je n'eusse que six ou sept ans à l'époque…
(Hermann // 1942 / de / cette / époque / moi-à / souvenir / est / bien que / je / six / sept / ans / de / seulement / étais)

6 Comment les gens avaient brûlé les marchandises anglaises après les avoir mises en tas !
(comment / anglaise / marchandise / de / tas / préparer-préparant / gens / avaient brûlé)

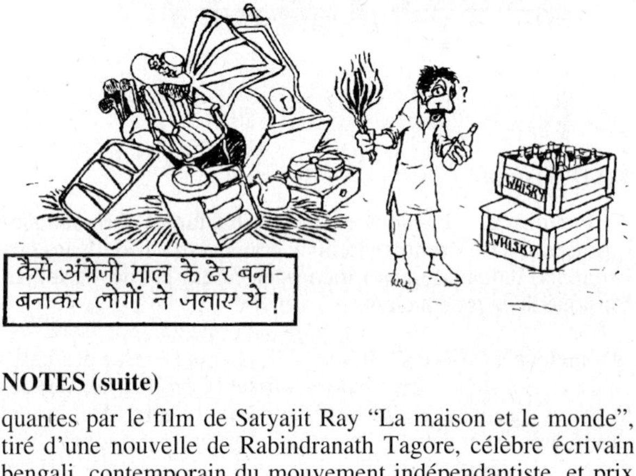

NOTES (suite)

quantes par le film de Satyajit Ray "La maison et le monde", tiré d'une nouvelle de Rabindranath Tagore, célèbre écrivain bengali, contemporain du mouvement indépendantiste, et prix Nobel de littérature (1913).

७ अगर बर्तानिया की सरकार ने अपने कारख़ानों का सस्ता माल भारत पर न पटका होता... 8

८ तो लाखों-लाख भारतीय कारीगरों और बुनकरों की प्रतिभा♀ और जीवन♂ का नाश♂ न हुआ होता। 9

९ पहले वह हिंसा♀ बर्तानवी राज के हित♂ के नाम पर हुआ करती थी, अब विज्ञान और विकास♂ के लिए होती है! 10

१०–रायसाहब, हमारे देशों में भी बहुत से लोगों ने ऐसी ही बातें कही हैं।

NOTES (suite)

(8) **bartāniyā**, "Grande-Bretagne" et **bartānvī,** "britannique" (phrases 7 et 9) représentent la transposition de l'anglais Britannia, indianisée aussi bien pour ce qui est des terminaisons que de la prononciation.

(9) **kārīgar**♂, "artisans", **bunkar**♂, "tisserands". Sur des bases verbales (ici -**kar**, "faire", **bun**-, "tisser"), on peut former des noms d'agent avec le suffixe **-kar / -gar**. De même **saudāgar**♂, "marchand", sur **saudā**♂, "affaire", **jādūgar**♂, "magicien", sur **jādū**♂, "magie".

7 Si le gouvernement britannique n'avait pas largué sur l'Inde des marchandises de pacotille fabriquées en usine…
(si / Britannia / de / gouvernement / ses / usines / de / bon marché / marchandise / Inde / sur / pas / aurait largué)

8 Le talent et la vie de millions d'artisans et tisserands indiens n'auraient pas été anéantis.
(alors / cent mille-cent mille / indiens / artisans / et / tisserands / de / talent / et / vie / de / destruction / pas / aurait été)

9 Dans le temps, cette violence était exercée au nom de l'intérêt de l'Empire britannique, et maintenant elle s'exerce pour la Science et le Développement !
(avant / cette / violence / britannique / royaume / de / intérêt / de / nom / sur / étant avait l'habitude / maintenant / science / et / développement / pour / est)

10 – Raisahab, dans nos pays aussi beaucoup de gens ont dit des choses semblables.
(Raisahab / nos / pays / dans / aussi / beaucoup-intensif / gens / telles / même / paroles / ont dit)

NOTES (suite)

(10) **hinsā** et **ahinsā**[९], "violence" et "non-violence" sont des notions fondamentales de l'idéologie gandhienne, et plus généralement de la philosophie indienne qui s'exprime aussi bien dans les traités politiques (le plus célèbre étant l'***Arthaśāstra***, dont il est déjà question dans la dernière note de la leçon 38) que dans le mouvement gandhien plus connu en Occident.

११ इवान इलिच जैसे लेखक कुल मिलाकर महात्मा गाँधी का ही संदेश दोहरा रहे हैं... 11

NOTES (suite)

(11) **lekhak**, "écrivain". Le suffixe **-ak** sert à dériver un agent à partir d'une base le plus souvent nominale, mais correspondant à une racine verbale (**lekh**, "article", **likhnā**, "écrire") ; ce suffixe est réservé aux termes d'origine sanscrite. Vous venez

EXERCICES

अनुवाद कीजिए

१. हालाँकि अध्यापक ने अपनी बात को फिर से दोहराया है, मालूम होता है कि मार्को ने नहीं सुना।
२. अगर तुमने अपना सामान दरवाज़े के सामने न पटका होता तो और लोग भी इधर से आ-जा सकते।
३. अगर आपने अपना काम ख़ुद करने की बजाय दूसरों से करवाया होता तो आप थके न होते।
४. मेरी माँ ने रोज़ बना-बनाकर मुझे हलवा न खिलाया होता तो मैं इतना मोटा न हुआ होता।
५. अगर आप बग़ैर घंटी बजाए घर में न घुसे होते तो शायद हमारे कुत्ते ने आपको न काटा होता।
६. अगर कोलम्बस की याद में इतना हंगामा न हुआ होता तो मैंने कभी उसका नाम न सुना होता!
७. तुमने उनसे ऐसी बातें न कही होतीं तो वे नाराज़ न हुए होते।

11 Des écrivains comme Ivan Illich, tout compte fait, réitèrent simplement le message du Mahatma Gandhi !
(Ivan / Illich / comme / écrivains / globalement / réunissant / Mahatma / Gandhi / de / juste / message / répètent-actuel)

NOTES (suite)

de voir **vicārak**, "penseur", à la phrase 2 (**vicār**♂, "pensée", **vicār karnā**, "réfléchir"). La note 9 de la leçon 43 vous fournit d'autres exemples.

८. यदि वे किरोड़ीमल कॉलेज में न पढ़े होते तो अपनी होनेवाली पत्नी से न मिले होते ।
९. समझ नहीं आता कि यहीं पर कुछ लूँ या लखनऊ जाकर ख़रीदूँ ।
१०. मैंने बोगनविलिया का पौधा ख़रीदा है । अंदर रखूँ कि बाहर लगाऊँ ?

Traduisez

1 Bien que le professeur ait répété sa phrase, on dirait que Marco n'a pas entendu. 2 Si tu n'avais pas balancé tes affaires devant la porte, d'autres personnes pourraient passer (aller et venir) par ici. 3 Si vous aviez fait faire votre travail par les autres au lieu de le faire vous-même, vous ne seriez pas fatigué. 4 Si ma mère ne m'avait pas donné à manger tous les jours du halwa qu'elle préparait (préparer-préparant), je ne serais pas devenu (aurais pas été) aussi gros. 5 Si vous n'étiez pas entré dans la maison sans sonner (la sonnette), notre chien ne vous aurait peut-être pas mordu (coupé). 6 S'il n'y avait pas eu un tel battage en mémoire de

[Christophe] Colomb, je n'aurais jamais entendu son nom. 7 Si tu ne lui avais pas dit de telles paroles, il n'aurait pas été mécontent. 8 S'il n'avait pas fait ses études [étudié] à Kirori Mal College, il n'aurait pas rencontré sa future femme. 9 Je n'arrive pas à savoir (comprends

वाक्य पूरे कीजिए

1. *Les élèves de hindi ont l'air assez heureux en Inde. En particulier Nisha, à Lucknow, paraît très contente.*

   हिन्दी के छात्र भारत में काफ़ी ख़ुश ——— होते —। ख़ास ——— से निशा लखनऊ में बहुत प्रसन्न जान ——— —।

2. *Monsieur, si vous aviez conduit votre scooter-rickshaw comme ça, aveuglément, à Genève, savez-vous quel aurait été le résultat ?*

   जनाब, अगर आपने ——— स्कूटर-रिक्शा जेनेवा में इसी ——— अंधाधुंध ——— ——— तो मालूम है क्या ——— हुआ ——— ?

3. *S'ils avaient élevé (posé) ici des vaches Sahiwal au lieu des vaches Jersey, peut-être qu'elles n'auraient pas eu cette fièvre.*

   यदि इन्होंने यहाँ जर्सी गायों के ——— साहीवाल गायें ——— ——— तो शायद उनको यह बुख़ार न ——— ———।

4. *Si ces grandes usines ne s'étaient pas érigées (faites) au nom de la Science et du Développement, peut-être que ces tisserands ne seraient pas arrivés sur les trottoirs (foot-paths) de Bombay.*

pas) si je prends quelque chose ici ou bien si je vais à Lucknow l'acheter (allant à Lucknow j'achète). 10 J'ai acheté un bougainvillier. Je le mets dedans ou je le plante dehors ?

अगर ——— और ——— के ——— पर
ये बड़े–बड़े ——— न ——— ——— तो
शायद ये ——— बंबई के फ़ुटपाथों पर न
——— ——— ।

5. *Si des mouvements comme Chipko ne s'étaient pas opposés au Développement, combien de forêts (jungles) encore auraient déjà été détruites !*

अगर "चिपको" जैसे ——— ने "विकास" का
विरोध न ——— ——— तो कितने और जंगलों का
नाश हो ——— ——— !

6. *Monsieur, si vous n'aviez pas bu tant d'alcool, vous ne seriez pas tombé dans l'égout. Que voulez-vous que je vous dise ?*

जनाब, अगर आपने इतनी शराब न ———
——— तो आप नाली में न ——— ——— ।
अब आप से मैं क्या ——— ?

7. *Si vous n'aviez pas brûlé le tas de marchandises anglaises ici, ces murs n'auraient pas été noircis.*

यदि आपने अंग्रेज़ी ——— का ——— यहाँ न
——— ——— तो ये दीवारें काली न ———
——— ।

8. *Bien qu'il y ait eu tant de battage à propos du talent de ce penseur, tout compte fait, moi je n'ai rien compris à son message.*

———— इस ———— की ———— के बारे में इतना ———— हुआ है, ——— —— कुल ———— उसका ——— मेरी तो ——— में नहीं ——— है।

9 *Bien que le Bouddha, le Mahavira et le Mahatma Gandhi aient répété maintes fois le message de la non-violence, tout compte fait, il y a eu pas mal de violence en Inde !*

———— बुद्ध, महावीर और महात्मा गांधी ने ———— का संदेश बार-बार ———— है, फिर भी ——— मिलाकर भारत में काफ़ी ———— ——— है !

10. *Ah, alors vous n'avez toujours (jusqu'à maintenant) pas compris que c'est précisément là où règne une violence aveugle qu'on a besoin de penseurs comme le Bouddha, le Mahavira et Gandhi !*

अच्छा, तो आप ——— ——— यह नहीं समझे हैं कि जहाँ ———— हिंसा होती है ——— बुद्ध, महावीर और गांधी जैसे ———— की ———— पड़ती है !

Vous venez d'avoir un aperçu du désenchantement national dans l'Inde moderne quarante ans après l'indépendance. Mais aussi du grand enthousiasme qui porta l'élite dirigeante et le peuple dans les années quarante et cinquante. Et peut-

Les mots manquants

१. – – – – – – – – मालूम – हैं। – तौर – – – – – – – – पड़ती है।

२. –, – – अपना – – – – – – तरह – चलाया होता – – – – परिणाम – होता ?

३. – – – – – – – बजाय – – रखी होतीं – – – – – – – हुआ होता।

४. – विज्ञान – विकास – नाम – – – – कारख़ाने – बने होते – – – बुनकर – – – – – – पहुँचे होते।

५. – – – आंदोलनों – – – – – – किया होता – – – – – – – – चुका होता !

६. –, – – – – – – पी होती – – – – – – गिरे होते। – – – – – कहूँ ?

७. – – – माल – ढेर – – जलाया होता – – – – – – हुई होतीं।

८. हालाँकि – विचारक – प्रतिभा – – – – हंगामा – –, फिर भी – मिलाकर – संदेश – – समझ – – आया – ।

९. हालाँकि –, – – – – – – अहिंसा – – – – दोहराया –, – – कुल – – – – हिंसा हुई – !

१०. –, – – अभी तक – – – – – – – अंधाधुंध – – – वहीं –, – – – – विचारकों – ज़रूरत – – !

être les masses de demain ? Vous avez aussi acquis un vocabulaire nouveau qui vous donne un avant-goût du vocabulaire politique et économique. La lecture de la presse y fait largement appel, et de ce fait reste assez hermétique pour le

grand public. Ne vous désespérez donc pas de ne pas comprendre si vous ouvrez un journal. Nous vous avons simplement donné la "couleur" du lexique, "raga" assez technique !... A vous de persévérer, si le coeur vous en dit. Ce qui est pro-

पाठ पैंतालीस

सोने की बजाय क़ुदरत♀ को लूट सकते हो !

१– बोरिस, लो एक आधुनिक कथा♀ सुनो ! १९५५ का क़िस्सा♂ है... 1
२ एक गाँव का युवक नारियल♂ के पेड़♂ के नीचे आराम से सोने ही वाला था, 2

NOTES

(1) **kathā**, "histoire", "fable", est le terme de registre élevé, d'origine sanscrite, pour désigner une histoire (terme neutre **kahānī**, dérivé de **kahnā**, "dire" ; terme ourdouisé : **qissā**). Vous voyez que la même personne peut employer dans la même phrase les deux mots les plus éloignés pour référer au même objet : c'est un des nombreux indices de la synthèse profonde entre culture hindoue et musulmane qui sous-tend la langue hindi.

(2) **sone hī vālā thā**, "était sur le point de s'endormir". Vous connaissez déjà le suffixe -**vālā** construit sur un radical verbal (à la forme en -**ne**, infinitif oblique). Mais vous l'avez vu

bable, puisque vous êtes parvenu jusqu'à ces leçons cruciales, les dix derniers kilomètres du marathon, ceux de tous les abandons ! Mais pas vous ! Félicitations donc !

Deuxième vague : seizième leçon

Quarante-cinquième leçon

Au lieu de dormir tu peux exploiter la nature !
(dormir / au lieu de / nature / à / piller / peux)

1 – Boris, tiens, voilà une fable moderne, écoute. C'est une histoire qui se passe en 1955...
(Boris / tiens / une / moderne / fable / écoute // 1955 / de / histoire / est)

2 Un jeune villageois s'apprêtait juste à se coucher tranquillement sous un cocotier…
(un / village / de / jeune homme / coco / de / arbre / sous / tranquillité / avec / dormir / juste / vala / était)

NOTES (suite)

jusque là dans des fonctions nominales (**dekhnevāle**, "les spectateurs") ou adjectivales (**harīvālī sāṛī**, "le sari vert", **ānevālā laṛkā**, "le garçon qui arrive"). Lorsque le groupe verbe-**ne vālā** est suivi de la copule **honā**, "être" (généralement au présent ou à l'imparfait, **hai / thā**, jamais actualisé, jamais négatif), le sens est celui d'une action imminente, sur le point de se réaliser. **maĩ jānevālā hū̃**, "je suis sur le point de partir". Voir phrase 6 **girnevāle haĩ**, "vont tomber". La particule **hī** souligne l'imminence : **vo bolne hī vālā thā**, "il allait juste parler".

३ कि अचानक साहब लोगों की एक टोली♀ आ धमकी । 3

४ उसमें कुछ सरकारी अफ़सर थे, कुछ शोधकर्ता♂ और रॉकफ़ेलर फ़ाउंडेशन♂ का एक अर्थशास्त्री♂ । 4 5

५ एक साहब ने गँवार♂ से पूछा कि हट्टे-कट्टे होने के बावजूद दिन-दहाड़े सुस्ता क्यों रहे हो ? 6

NOTES (suite)

(3) **ā dhamkī**, “s’amena”, “rappliqua”. Cette combinaison de l’“explicateur” **dhamaknā** (“tomber avec un bruit sourd”) et du verbe de mouvement **ānā**, “venir” est pratiquement idiomatisée. Les nuances qui se superposent au sens du verbe principal “venir” vont de la soudaineté, en corrélation ici avec l’adverbe **acānak**, “soudain”, au caractère inopiné, voire inopportun (sous-entendu, “qu'est-ce qu’il avait à faire ici ?”). Le niveau de langue est familier.

(4) **afsar**, de l’anglais “officer”. Notez le mélange de termes techniques construits sur le sanscrit (voir note 5) et transposés de l’anglais. Il traduit le double vivier qui alimente la création néologique contemporaine, le “fond ancien” arabo-persan ayant été complètement abandonné en hindi à partir du moment où ourdou et hindi se sont constituées comme deux langues associées à deux cultures et religions distinctes.

(5) **śodh-kartā**, “chercheurs”, littéralement “qui font des études, des recherches” (**kartā** désignant l’agent, de la racine “faire” ; terme sanscrit, donc gardant son -**ā** final au pluriel). De même **arthaśāstrī**, “économiste”, vient du sanscrit, de **artha**♂ “biens matériels”, **śāstra**♂, “traité classique” (d’où **arthaśāstra**♂ “traité d’économie”, “économie”) et le suffixe -**ī,** “-iste” On peut aussi fabriquer l’adjectif “classique”, **śāstrīy**,

3 Quand soudain une bande de “sahib” fit irruption.
(que / tout à coup / sahib / gens / de / une / bande / venir tomba)

4 Dans cette bande il y avait des fonctionnaires, des chercheurs et un économiste de la Fondation Rockefeller.
(celle-là dans / quelques / gouvernementaux / officiers / étaient / quelques / chercheurs / et / Rockefeller / Fondation / de / un / économiste)

5 Un monsieur demanda au péquenaud pourquoi il paressait en plein jour malgré sa robuste santé.
(un / monsieur / péquenaud / à / demanda / que / robuste / être / malgré / tout le jour / te reposes pourquoi actuel)

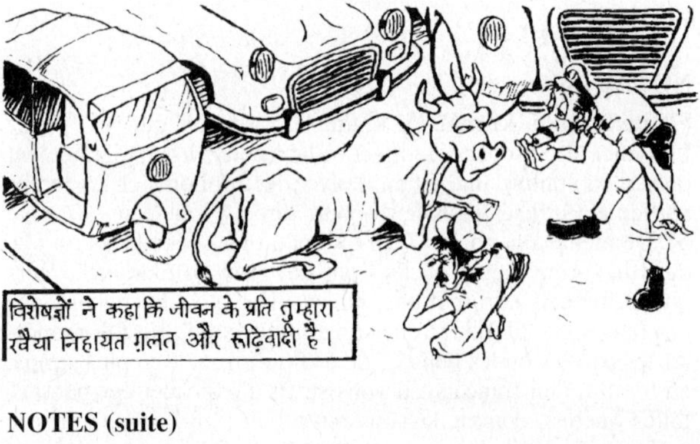
विशेषज्ञों ने कहा कि जीवन के प्रति तुम्हारा
रवैया निहायत ग़लत और रूढ़िवादी है।

NOTES (suite)

en ajoutant le suffixe **-īy** que vous connaissez depuis la leçon 17 (**bhārat-īy**, “indien”) : **śāstrīy saṅgīt**, “musique classique”, **śāstrīy nritya**♂, “danse classique”.

(6) **gā̃vār**, “péquenaud”, “rustre”, formé sur **gā̃v**, “village”, est assez injurieux, au moins condescendant, à la différence de **gā̃vvālā**, “villageois”, qui est neutre.

६ जवाब मिला कि साहब, मैं पेड़ की छाया° का मज़ा ले रहा हूँ और भगवान की कृपा रहे तो नारियल भी पककर गिरने वाले हैं । 7 8

७ विशेषज्ञों° ने कहा कि जीवन के प्रति तुम्हारा रवैया° निहायत ग़लत और रूढ़िवादी है । 9

८ उसे समझाया गया कि सोने की बजाय अगर तुम कड़ी मेहनत° करो तो अपना उत्पादन° और मुनाफ़ा° बढ़ा सकते हो । 10 11

NOTES (suite)

(7) **javāb milā ki maĩ**, "il obtint (en) réponse que je". Notez l'absence de discours "indirect" : la réponse est intégralement présentée comme une citation, avec les pronoms et les temps réellement utilisés dans le discours direct (voir leçon 43, note 5). De même à la phrase 7, ce qu'ont dit les spécialistes est cité dans la forme même où ils l'ont dit, "ton attitude est", alors que le français introduit une transposition avec la concordance des temps "ils lui dirent que son attitude était". En fait rapporter les paroles ou les pensées de quelqu'un est bien plus simple en hindi qu'en français : il vous suffit d'exprimer ces paroles, telles quelles, comme si vous ouvriez les guillemets après le verbe qui les introduit, avec ou sans **ki**, "que".

(8) **pakkar** est l'absolutif du verbe **paknā**, "(se) cuire, mûrir" (intransitif), correspondant au verbe transitif **pakānā**, "cuire, préparer".

(9) **viśeṣagya**, "spécialiste", est formé sur l'adjectif **viśeṣ**, "spécial", avec le suffixe -**gya**, "qui connaît" (voir **gyān**°,

6 Le jeune homme répondit : “sahab, je profite de l’ombre de l’arbre et, si Dieu m’est favorable, les noix de coco aussi ne tarderont pas à tomber.”
(réponse / fut obtenue / que / sahab / je / arbre / de / ombre / de / jouissance / prends-actuel / et / Dieu / de / grâce / demeure / alors / noix de coco / aussi / ayant mûri / tomber / vala / sont)
7 Les spécialistes lui dirent que son attitude envers la vie était absolument erronée et rétrograde.
(spécialistes / dirent / que / vie / envers / ton / attitude / absolument / erronée / et / rétrograde / est)
8 Il lui fut expliqué que si au lieu de dormir il travaillait dur, il pourrait augmenter sa production et ses profits.
(lui-à / expliqué fut / que / dormir / au lieu de / si / tu / dur / effort / fasses / alors / ta / production / et / profit / augmenter / peux)

NOTES (suite)

“connaissance”). **rūṛhīvādī**, “traditionaliste” est formé sur **rūṛhī**♀, “vieilles conventions” (voir leçon 31, note 10). Ainsi, **ugravādī**, “extrémiste”, **vyaktivādī**, “individualiste”, etc.

(10) **kī bajāy** (ou **ke bajāy**), “au lieu de, à la place de”. Dans les emplois plus concrets, où le sens est donc plus spatial, on a l’expression **ke sthān (par) / kī jagah**, “à la place de”, où **sthān**, **jagah** signifient “lieu” : **is mūrti**♀ **ke sthān par (kī jagah) āp kuch phūl**♂ **nahī̃ rakh sakte ?**, “au lieu de cette statue, vous ne pouvez pas mettre des fleurs ?”.

(11) **use samjhāyā gayā ki...**, littéralement “il lui fut expliqué que... si tu fais des efforts, tu peux augmenter ton profit” : là encore le discours (persuasif) est cité directement et non transposé comme en français : “on lui expliqua que s’*il* fai*sait* des efforts, *il* pourr*ait* augmenter ses profits”. Voir note 7.

९ संपन्न किसान बनकर नौकरों को ना-
रियल तोड़ने के लिए लगा सकते हो ।
तब जाकर क़ुदरत♀ तुम पर अपने
ख़ज़ाने♂ बरसाएगी ! 12 13

१० ख़ाली समय बचाकर, स्वयं तुम नारियल
के पेड़ के नीचे आराम से सो सकते हो !

११ अर्थशास्त्री कुछ और कहने को था कि
क़ुदरत ने उसके सिर♂ पर अपने ख़ज़ाने
का एक नारियल बरसा दिया । 14

NOTES (suite)

(12) **naukar ko lagānā**, “prendre (employer) un domestique”. Comme le complément d’objet est une personne, il est suivi de **ko**. **lagānā**, qui veut dire “appliquer”, “mettre”, “placer”, “coller”, est utilisé dans de nombreuses expressions : **khānā lagā do**, “mets la table, sers”, **ilzām**♂ (d’origine arabo-persane) / **ārop**♂ (hindi) **lagānā**, “accuser” (littéralement “placer une accusation”) ; **pīche lagānā**, “lancer aux trousses”.

(13) **barsāegī**, “fera pleuvoir” (voir phrase 11, **barsā diyā**, “fit pleuvoir”). Le mot qui signifie “pluie” en hindi courant, **bāriś**♀, vient de la même racine, mais sa forme a subi une altération par suite de l’évolution phonétique régulière, comme les mots dits “tadbhav”. En revanche, le terme plus sanscritisé, **varṣā**♀, mot “tatsam”, conserve une forme plus proche du mot sanscrit d’origine.

EXERCICES

अनुवाद कीजिए

१. तुम इतने बड़े होने के बावजूद बच्चों की तरह क्यों रो रहे हो ?

9 Il pourrait devenir un agriculteur prospère et embaucher des employés pour cueillir les noix de coco. Alors enfin la Nature ferait pleuvoir ses trésors sur lui !
(prospère / agriculteur / devenant / employés / à / noix de coco / casser / pour / mettre / peux // alors / enfin / nature / toi-sur / ses / trésors / fera pleuvoir)

10 Il pourrait avoir plus de loisir et dormir lui-même sous les cocotiers.
(libre / temps / sauvant / toi-même / tu / noix de coco / de / arbre / sous / tranquillité / avec / dormir / peux)

11 L'économiste était sur le point de dire autre chose quand la Nature, de son trésor, lui fit pleuvoir une noix de coco sur la tête.
(économiste / quelque chose / autre / dire / à / était / que / nature / sa / tête / sur / son / trésor / de / une / noix de coco / faire pleuvoir donna)

NOTES (suite)

(14) **vo kuch kahne ko thā**, "il était sur le point de dire quelque chose". L'expression verbe-**ne ko** + verbe "être" est parallèle, mais plus familière, comme le français "être pour partir", à la structure analogue avec -**vālā** (sans postposition **ko**) + verbe "être", que vous venez de voir, à la note 2. Notez que le **ki** n'introduit pas une complétive mais une proposition de temps "au moment où", comme certains emplois de "que" en français ("on avait à peine fini de manger qu'il est arrivé", "il finissait juste de s'habiller que le téléphone a sonné").

२. मैं शतरंज लेकर बैठने को था कि मेरी बीवी आ धमकी ।

३. रातभर बहस करने के बाद बोरिस सोने ही वाला था कि वह मनहूस अलार्म बज उठा ।

४. डाक्टर साहब, अपना उत्पादन और मुनाफ़ा बढ़ा देने के बावजूद मैं सो नहीं पा रहा हूँ !
५. इतने साल मिसिसिपी में रहने के बावजूद मेरे माता–पिता का रवैया निहायत रूढ़िवादी है।
६. हलो ! राजीव ? रात को घर लौटने की बजाय तुम दोस्तों के यहाँ बैठे हो ! मैं तो पुलिस को बुलाने वाला था !
७. पापा, मैं तो उठकर आने को ही था कि टी.वी. पर मैडोना आ गई !
८. बदमाश मेरे पैसे लेकर भागने ही वाला था कि जौहरी साहब ने अपना बुलडॉग उसके पीछे लगा दिया !
९. देखते रहिए ! भारत में केवल अंग्रेज़ी बोलने वालों के बुरे दिन आने वाले हैं !
१०. मैं मेट्रो में मूंगफली की दुकान लगाने ही वाला था कि दो पुलिसवाले आ धमके।

वाक्य पूरे कीजिए

1. *Le ministre était sur le point de dire quelque chose à propos du " Travail dévoué" quand Shakil Sahab a éteint la télé.*

   मंत्रीजी कड़ी ——— के ——— में कुछ कहने —— थे कि शकील साहब ने टीवी बंद कर ———।

2. *Une bande d'enfants, pénétrant dans le jardin du directeur en plein jour, était sur le point de piller les mangues, quand tout à coup monsieur lui-même s'est amené.*

   बच्चों की ——— दिन– ——— डायरेक्टर के बगीचे में ——— आम ——— थी कि ——— साहब ख़ुद आ ———।

Traduisez

1 Pourquoi pleures-tu comme un enfant bien que tu sois si grand (malgré être) ? 2 J'étais sur le point de m'installer (m'asseoir) avec le jeu d'échecs lorsque ma femme a fait irruption. 3 Boris allait s'endormir après avoir discuté toute la nuit quand le maudit réveil a sonné. 4 Docteur, malgré [le fait] que j'augmente ma production et mes profits je ne parviens pas à dormir ! 5 Même après (malgré) avoir résidé tant d'années dans le Mississippi, mes parents ont un comportement absolument rétrograde. 6 Allô ! Rajiv ? Au lieu de rentrer à la maison la nuit, tu traînes (es assis) chez les amis ! J'allais appeler la police ! 7 Papa, j'étais sur le point de me lever (me levant) et de venir quand Madonna est apparue à la télé. 8 Le voyou allait s'enfuir après m'avoir pris mon argent quand Monsieur Johri a lancé à ses trousses (derrière lui) son bouledogue. 9 Attendez voir ! En Inde les mauvais jours vont arriver pour (de) ceux qui parlent l'anglais seulement ! 10 J'allais installer (fixer) mon étal (boutique) de cacahuètes dans le métro, quand deux policiers se sont amenés.

3. *Il paressait à l'ombre mais par la grâce de Dieu il a vu ces coquins grimper sur les arbres.*

वे ——— में ——— रहे थे मगर ———
की ——— से उन्होंने इन ——— को
——— पर ——— हुए ——— लिया ।

4. *Les enfants étaient sur le point de descendre et de s'enfuir (courir) quand le robuste directeur a attrapé un jeune garçon.*

बच्चे उतरकर ——— को थे कि ———
——— डायरेक्टर ने एक लड़के को पकड़
——— ।

5. *Il a frappé (-tabassé) le garçon, puis s'est mis à lui expliquer que son attitude vis-à-vis de la propriété (marchandise) des autres était tout à fait erronée.*

उन्होंने लड़के को ———–——— फिर उसे ——— लगे कि दूसरों के माल के ——— तुम्हारा ——— बिलकुल ग़लत है ।

6. *Si au lieu de travailler à l'école (lire-écrire) tu restes à profiter du (piller le) plaisir des mangues, qu'arriverait-il à la production et à la rentabilité (profit) de ce jardin ?*

अगर पढ़ने–——— के ——— तुम आम का मज़ा ——— रहोगे तो इस ——— के ——— और ——— का क्या होगा ?

7. *Le garçon répondit : "sahab, nous allons bien à l'école, seulement voilà, pour le loisir (temps libre) nous profitons un peu de la nature !*

जवाब ——— कि साहब, हम स्कूल तो जाते हैं, बस ——— समय ——— ज़रा ——— का ——— लूट रहे हैं !

8. *Par la grâce de Dieu, vous non plus, vous n'avez pas eu à travailler trop dur pour ces mangues !*

——— की ——— से आपको भी इन ——— के लिए ——— ——— नहीं ——— पड़ी है !

9. *Malgré le fait que vous êtes un homme prospère, votre attitude envers votre bien est quelque peu individualiste.*

इतने ——— आदमी होने ——— भी अपने माल के ——— आपका ——— कुछ व्यक्तिवादी है ।

10. Au lieu de rester (s'asseoir) à l'ombre des manguiers, vous devriez (il faut) travailler avec les élèves, les chercheurs et les enseignants !

आम की छाया में ——— के बजाय ——— छात्रों, ———— और अध्यापकों —— ——— काम करना चाहिए !

Les mots manquants

१. – – मेहनत – बारे – – – को – – – – – – – – – दिया।

२. – – टोली –दहाड़े – – – – घुसकर – लूटनेवाली – – अचानक – – – धमके।

३. – छाया – सुस्ता – – – भगवान – कृपा – – – बदमाशों – पेड़ों – चढ़ते – देख – ।

४. – – भागने – – – हट्टे–कट्टे – – – – – – – लिया।

५. – – – मारा–पीटा – – समझाने – – – – – – – प्रति – रवैया – – – ।

६. – – लिखने – बजाय – – – – लूटते – – – बगीचे – उत्पादन – मुनाफ़े – – – ?

७. – मिला – –, – – – – – –, – ख़ाली – बचाकर – क़ुदरत – मज़ा – – – !

८. भगवान – कृपा – – – – आमों – – कड़ी मेहनत – करनी – – !

९. – संपन्न – – पर – – – – प्रति – रवैया – – – ।

१०. – – – – बैठने – – आपको –, शोधकर्ताओं – – के साथ – – – !

Deuxième vague : dix-septième leçon

पाठ छियालीस

बीरबल के पहुँचने में देर क्यों ?

१ एक दिन बादशाह♂ अकबर ने ऐलान♂ करवाया कि जो आदमी सर्दी♀ में सारी रात तालाब♂ में खड़ा रहेगा, उसे हज़ार अशर्फ़ियाँ♀ इनाम♂ में देंगे । 1 2

२ एक ग़रीब♂, जिसे अपनी बेटी की शादी करवानी थी, रातभर ठंडे पानी में खड़ा रहा और मरते-मरते बचा । 3 4

NOTES

(1) Akbar, fils et successeur de Humayun, est un empereur de la dynastie moghole, qui régna sur l'Inde du Nord de 1556 à 1605. Il contribua à forger une synthèse harmonieuse entre les deux cultures hindoue et musulmane, en faisant notamment traduire nombre de grands textes. Il fit construire le Fort rouge de Delhi (**lāl qilā**), ainsi que la capitale éphémère de Fatehpur Sikri, entre Agra et Jaipur, beaux exemples de l'architecture "moghole". Parmi les sept "joyaux" de sa cour, artistes et conseillers, comptait Birbal, spécialiste des énigmes et devinettes, souvent à l'ironie bien sentie, qui permettaient de faire passer des critiques morales ou politiques autrement inconcevables à l'époque. La tradition a conservé, sous forme orale et écrite, de nombreuses "histoires de Birbal" (**bīrbal kī kahāniyā̃**), toujours très populaires. Le vocabulaire contient évidemment beaucoup de mots d'origine persane (**aśarfiyā̃** par exemple, "pièce d'or").

(2) Remarquez encore une fois (voir leçons 43, notes 5 et 45, notes 7 et 11) la citation de l'annonce au style direct après le **ki**, "que" complétif (voir phrase 10).

Quarante-sixième leçon

Pourquoi Birbal arriva-t-il en retard ?
(Birbal / de / arriver / dans / délai / pourquoi)

1 Un jour l'empereur Akbar fit annoncer que celui qui se tiendrait toute une nuit d'hiver dans le lac aurait mille pièces d'or en récompense.
(un / jour / empereur / Akbar / déclaration / fit faire / que / qui / homme / hiver / dans / toute / nuit / lac / dans / debout / restera / lui-à / mille / pièces d'or / récompense / dans / donnera)

2 Un pauvre homme, qui devait arranger le mariage de sa fille, demeura debout dans l'eau froide toute la nuit et faillit mourir.
(un / pauvre / qui-à / sa / fille / de / mariage / faire faire / était / nuit-pleine / froide / eau / dans / debout / resta / et / mourant-mourant / échappa)

NOTES (suite)

(3) **jise apnī beṭī kī śādī karvānī thī**, "qui devait marier sa fille". Le verbe est à la forme causative, littéralement "faire faire le mariage", et la construction est celle de la phrase indirecte : "sujet logique" au cas oblique **+ko** (ici le relatif **jise=jisko**), car il s'agit d'une obligation. En outre, comme le verbe principal est transitif, il s'accorde avec son objet, **śādī**, féminin, donc **karvānī**.

(4) **marte-marte bacā**, littéralement, "mourant-mourant échappa", "il faillit mourir". Le participe présent, quand il est redoublé, à la forme oblique (jamais avec **hue**), et suivi du verbe **bacnā**, "être sauvé / échapper", a le sens d'une action évitée (de justesse). **maĩ girte-girte bac gaī**, "j'ai failli tomber" (et non "je m'échappai tout en tombant").

३ सुबह हैरान बादशाह ने उससे पूछा कि जमते पानी में खड़े रहने में क्या तकलीफ़ नहीं हुई ? 5

४ ग़रीब ने बतलाया कि रात भर वह बादशाह की खिड़की पर रखे दीपक॰ को देख-देखकर अपना कष्ट॰ भुलाता रहा था । 6

५ बादशाह ने कहा : "हमने सर्दी खाने को कहा था, तुम गर्मी॰ लेते रहे ! 7

NOTES (suite)

(5) **bādśāh** est un mot typiquement persan (pensez aux Shah d'Iran). **taklīf** (vous voyez le point qui transforme un /ph/ en /f/) est aussi le doublet ourdou de **samasyā** (sanscrit) "problème". Avoir des problèmes pour faire quelque chose, des difficultés à faire quelque chose, se construit avec un "sujet logique" suivi de **ko**, et le verbe secondaire à l'infinitif oblique suivi de la postposition **mẽ** (comme "je m'intéresse *à* l'étude du hindi", **mujhe hindī sīkhne mẽ ruci॰ / dilcaspī hai**).

(6) **dekh-dekhkar**, "en voyant". L'absolutif redoublé apporte ici une nuance causale (et non le sens de simultanéité) par rapport au verbe principal, **bhulānā**, "oublier" (ici le **-ā** ne donne pas le sens de "*faire* oublier" mais d'"oublier *délibérément*") : "voir la lumière l'avait aidé à oublier sa peine".

(7) **hamne sardī khāne ko kahā thā**, "nous (pluriel de majesté) avons dit (ordonné) de supporter le froid". Outre l'expression idiomatique **sardī khānā**, littéralement "manger le froid" (comme **dhokhā॰ khānā**, littéralement "avaler la tromperie", "être trompé"), remarquez la construction du verbe **kahnā**, ici employé pour introduire un ordre. Le verbe complément se

3 Le matin l'empereur étonné lui demanda s'il n'avait pas eu de mal à rester debout dans l'eau glacée.
(matin / étonné / empereur / lui-à / demanda / que / gelante / eau / dans / debout / rester / dans / est-ce que / peine / pas / fut)

4 Le pauvre expliqua qu'il avait réussi à oublier sa peine en fixant pendant toute la nuit une lampe à huile posée sur la fenêtre de l'empereur.
(pauvre / dit / que / nuit-pleine / il / empereur / de / fenêtre / sur / posée / lampe à huile / à / regardant-regardant / sa / peine / oubliant restait-actuel)

5 L'empereur dit : "J'avais demandé qu'on supporte le froid, et toi tu n'as cessé de puiser la chaleur !
(empereur / dit // nous / froid / manger / à / avais dit / tu / chaleur / prenant restas)

NOTES (suite)

met à l'infinitif oblique suivi de **ko**. **mãĩne tumse jāne ko kahā**, "je t'ai dit (demandé / ordonné) de partir" ; **mere pitā ne mujhse jurmāne♂ ke paise vāpas dene ko kahā**, "mon père m'a demandé de rembourser l'amende".

६ देखने में तुम भोले लगते हो मगर यह सरासर बेईमानी॰ के सिवा कुछ नहीं। चले जाओ यहाँ से!" 8

७ बीरबल समझ गया : "यह बादशाह सीधी तरह मानेगा नहीं।" बाहर रोते आदमी से कहा : "जाओ, इनाम कल मिल जाएगा।"

८ अगले दिन बीरबल ने दरबार॰ आने में बहुत देर कर दी। हर बुलाने वाले से कहा : "कह दो खिचड़ी॰ पकाकर आऊँगा।" 9 10 11

NOTES (suite)

(8) **dekhne mẽ**, "à voir", complément de "paraître", "sembler" (**lagnā**), introduit par la postposition **mẽ** (voir note 5). Voyez aussi **āne-jāne mẽ do ghaṇṭe lagẽge**, "cela mettra deux heures pour aller et revenir".

(9) **āne mẽ bahut der kar dī**, "tarda beaucoup à venir". **der**॰ signifie "laps de temps", "délai". **thoṛī der ke lie**, "pour un petit moment", **der tak**, "longtemps" ; d'où l'expression **mujhe der ho gaī hai**, "j'ai eu du retard", "je suis en retard". Par rapport à **der honā**, "être en retard" (littéralement "délai être"), **der karnā**, "tarder" (littéralement "délai faire"), indique que l'action peut être volontaire. Comme le verbe **karnā** est transitif, il s'accorde avec son COD, donc au féminin.

6 A te voir on dirait que tu es simplet, mais ce n'est que de la tricherie éhontée. Va-t'en d'ici !"
(voir / dans / tu / simplet / sembles / mais / ceci / flagrante / malhonnêteté / excepté / rien // va-t'en / ici / de)

7 Birbal comprit [tout]. "Cet empereur n'acceptera pas sa défaite sans histoire". Dehors, il dit à l'homme qui pleurait : "Va, demain tu auras ta récompense".
(Birbal / comprendre alla // cet / empereur / droite / façon / acceptera / pas // dehors / pleurant / homme / à / dit // va / récompense / demain / être obtenu ira)

8 Le lendemain Birbal tarda beaucoup à venir à la cour. A chaque messager [du roi] il répondait : "dis-lui que je viendrai quand j'aurai fait cuire mon "khichri".
(suivant / jour / Birbal / cour / venir / dans / beaucoup / délai / faire donna // chaque / appeler / vala / à / dit // dire donne / khichri / ayant cuit / viendrai)

NOTES (suite)

(10) **har bulāne vāle se**, "à chacun de ceux qui venaient le chercher". **bulānā**, "appeler" "aller chercher", est ici construit avec le suffixe **-vālā**, celui qui fait l'action.

(11) Le **khicṛī** (ou **khicuṛī**) est un met modeste fait de riz et de lentilles mélangées. **khicṛī** veut en fait dire "mélange". L'expression idiomatique, "**X kī khicṛī pak gaī**" signifie aussi "X a réussi son coup" !

९ आख़िर तंग आकर बादशाह ख़ुद पहुँचे।
देखते क्या हैं कि बीरबल एक ऊँचे
बाँस[८] पर हाँडी[९] लटकाकर नीचे सूखी
घास[९] जला रहा है। 12 13 14 15

१० पूछने पर जब उसने समझाया कि
खिचड़ी पका रहा हूँ तो बादशाह ने कहा
कि पागल हो गए हो ! 16

११ बीरबल ने फ़रमाया : "हज़ूर, आपके
दीपक से तालाब तक गर्मी पहुँच सकती
है तो इस आग[९] से मेरी खिचड़ी क्यों
नहीं पक सकती !" 17

NOTES (suite)

(12) **taṅg ānā** est une expression qui signifie "être excédé, être fâché". **taṅg karnā** est l'expression transitive correspondante "embêter, fâcher".

(13) **khud** (persan) ou **svayam** (sanscrit) apposé à un sujet signifie "lui-même", "en personne", comme **apne āp** (voir leçon 33, note 4).

(14) **dekhte kyā haĩ**. L'ordre des mots est marqué, l'inversion marque la surprise : "que ne voit-il pas ?" "et qu'est-ce qu'il voit ?".

(15) **laṭkānā**, "suspendre", est le verbe transitif qui correspond au verbe intransitif **laṭaknā**, "être suspendu", de même que **jalānā**, "faire cuire, faire brûler" correspond à **jalnā**, "cuire, brûler".

9 Enfin, lassé, l'empereur lui-même arriva. Et que voit-il ?... Birbal qui attise un feu de paille sèche par terre, après avoir accroché un pot de cuivre au sommet d'une longue tige de bambou.
(enfin / lassé / venant / empereur / lui-même / arriva // voit quoi / que / Birbal / un / haut / bambou / sur / pot de cuivre / ayant accroché / en bas / sèche / herbe / fait brûler-actuel)

10 Lorsque, interrogé, il expliqua qu'il faisait cuire son khichri, l'empereur lui rétorqua qu'il était devenu fou.
(demander / sur / quand / il / expliqua / que / khichri / fais cuire-actuel / alors / empereur / dit / que / fou / es devenu)

11 Birbal dit alors : "Seigneur, si la chaleur de votre lampe à huile peut parvenir jusqu'au lac, pourquoi ce feu ne pourrait-il pas cuire mon khichri ?"
(Birbal / dit // seigneur / votre / lampe à huile / de / lac / jusqu'à / chaleur / arriver / peut / alors / ce / feu / avec / mon / khichri / pourquoi / pas / cuire / peut)

NOTES (suite)

(16) **pūchne par**, "à cette question". La postposition **par**, "sur" indique souvent une précision temporelle. **samay par**, "à temps", "au bon moment". **āne par**, "en arrivant / à mon arrivée".

(17) **farmānā** (persan "demander"), "exprimer, dire" est un terme associé aux bonnes manières dans la communauté ourdoue, comme **taśrīf lānā**, que vous connaissez.

१२ बादशाह ने शर्मिन्दा होकर उस ग़रीब को बुलवाया, उससे माफ़ी[१] माँगी और उसका इनाम उसे सौंप दिया ।

EXERCICES

अनुवाद कीजिए

१. आज आने वालों को सीधी तरह टिकट के पैसे लौटा दीजिए ।
२. वह निकाल-निकालकर और पढ़-पढ़कर पुरानी चिट्ठियाँ कूड़ेदान में फेंकता गया ।
३. बोरिस ने अलमारियाँ खोल-खोलकर निशा का सामान उसको सौंप दिया ।
४. गुप्ता जी को कमरे की दीवारों की सफ़ेदी करवानी थी । फिर भी उन्होंने टीवी के सिवा कमरे से कुछ नहीं निकलवाया ।
५. यह कर्मचारी सीधी तरह यह काम नहीं करेगा । ऊपरवालों से बात करनी पड़ेगी ।
६. क्या आप भोपाल से बंबई तक आ सकते हैं ? स्टूडियो में आपसे कुछ नाटक पढ़वाने थे और कविताएँ पढ़वानी थीं ।
७. ऊपर से नीचे तक आने में मुझे आधा घंटा लगा । देखता क्या हूँ कि दुकान ही बंद है ।
८. पागलों जैसे बस चलाने वाले से उसने कहा : "मैं बाहर गिरते-गिरते बची !"

12 L'empereur, honteux, fit venir le pauvre homme, lui demanda pardon et lui remit sa récompense.
(empereur / honteux / devenant / ce / pauvre / à / appela / lui-à / pardon / demanda / et / sa / récompense / lui-à / confier donna)

९. बीरबल पागल नहीं हुआ है पर बादशाह अकबर नाराज़ हो गए हैं !
१०. बीरबल की बात समझने में बादशाह को काफ़ी देर लगी ।

Traduisez

1 Remboursez sans histoires le prix du billet à ceux qui viennent aujourd'hui. 2 Après avoir sorti et lu une par une toutes les vieilles lettres, il les jeta à la poubelle. 3 Boris, après avoir ouvert toutes les armoires, remit à Nisha ses affaires. 4 Gupta ji devait faire repeindre les murs de la pièce en blanc (faire faire le blanc des murs). Il ne fit pourtant rien enlever de la pièce à part la télé (TV). 5 Cet employé ne fera pas cette tâche sans histoires. On sera obligé de parler à [ses] supérieurs. 6 Est-ce que vous pouvez venir de Bhopal à Bombay ? On aurait des pièces de théâtre et des poésies à vous faire réciter (il fallait faire lire par vous). 7 Il m'a fallu une demi-heure pour descendre (venir d'en haut jusqu'en bas). Et qu'est-ce que je vois ? Que le magasin même est fermé. 8 Elle dit à celui qui conduisait le bus comme un fou : "j'ai failli tomber à l'extérieur !" 9 Birbal n'a pas agi en fou (n'a pas été fou), mais l'empereur Akbar s'est mis en colère. 10 Il a fallu un certain temps à l'empereur pour comprendre les propos de Birbal.

वाक्य पूरे कीजिए

1. *Le chauffeur a déclaré : mon bus restera garé (debout) ici. Que pouvez-vous faire sauf me mettre une amende ?*

   ड्राइवर ने ——— ——— : "मेरी बस यहीं ——— ———। आप जुर्माना लगाने —— ——— क्या कर ——— हैं ?"

2. *Quand Neil Armstrong arriva sur la lune, Jurrat Singh, qui y tenait un "dhaba", lui demanda s'il n'avait pas trop souffert du voyage.*

   ——— नील आर्मस्ट्रांग चाँद पर पहुँचे तो वहाँ ढाबेवाले जुर्रतसिंह ने पूछा कि आने —— ज़्यादा ——— तो नहीं हुई ?

3. *Mon dieu ! Le chauffeur conduisait de façon dangereuse. Nous avons failli mourir !*

   हे ——— ! ड्राइवर ——— तरीक़े से ——— ——— ——। हम ———-——— बचे !

4. *Armstrong continua à se réchauffer en buvant thé après thé. Il essayait d'oublier sa peine.*

   आर्मस्ट्रांग चाय ——-——— गर्मी लेता रहा। कोशिश करके ——— दुख ——— ———।

5. *En regardant celui qui lui donnait (faisait boire) le thé, il a eu honte.*

   चाय पिलाने ——— को ———-——— कर वह ——— होता रहा।

6. *Des restaurants qui vous vendent des "masala dosa", vous en trouverez dans tous les coins (coin-coin) du pays.*

   मसाला डोसा बेचने ——— रेस्टोरेंट आपको देश के कोने-कोने में ———।

7. *Quand Edmund Hillary est monté au [sommet de] Sagarmatha (Everest) la première fois, qu'a-t-il donc pu trouver d'autre que des "dosa" ?*
जब एडमंड हिलैरी पहली ——— सगरमाथा (एवरेस्ट) पर चढ़े उन्हें वहाँ डोसे —— ——— क्या ——— ?

8. *Hillary, essoufflé, a dit à celui qui préparait les "dosa" : "à première vue, tu as l'air bien maigre !".*
हिलैरी ने हाँफ़ते हुए डोसा बनाने ——— से कहा : ——— में तुम दुबले-पतले ——— —— !

9. *Krishna, confus [honteux], a dit qu'il montait (portait d'en bas) tous les jours les ingrédients pour la cuisine (affaire de cuisine).*
कृष्णा ने शर्मिंदा ——— कहा कि मैं तो रोज़ रसोई —— सामान नीचे —— उठा- ——— लाता हूँ।

10. *L'alpiniste a annoncé que si l'autre gardait le silence (restait silencieux) sur cette affaire, il lui donnerait mille pièces en or.*
चढ़ने ——— ने ——— किया कि यादि तुम इस बात के बारे में चुप रहो तो मैं तुम्हें ——— अशर्फ़ियाँ ——— में दूँगा।

Les mots manquants

१. – – ऐलान किया : – – – खड़ी रहेगी। – – – के सिवा – – सकते – ?

२. जब – – – – – – – – – – – – – – – – – में – तकलीफ़ – – – ?

३. – भगवान ! – ख़तरनाक – – चला रहा था। – मरते-मरते – !
४. – – पी पीकर – – – । – – अपना – भुलाता रहा।
५. – – वाले – देख देख – – शर्मिंदा – –।
६. – – – वाले – – – – – – – – मिलेंगे।
७. – – – – बार – – – – – – – – के सिवा – मिला ?
८. – – – – – – – वाले – – : देखने – – – – लगते हो !
९. – – – होकर – – – – – – – का – – से – उठाकर – –।
१०. – वाले – ऐलान – – – – – – – – – – – – – – – हज़ार – इनाम – –।

Vous voici projeté plusieurs siècles en arrière, aux temps euphoriques d'un empire puissant, relativement stable et surtout ami des arts et de la culture, sans distinction de religions et de traditions culturelles. La grande synthèse entre islam et hin-

पाठ सैंतालीस

पढ़ा-लिखा गधा°

१- निशा, आज मुझसे कहानी सुनो...मुल्ला° नसरुद्दीन ख़्वाजा° का क़िस्सा है। 1

NOTES

(1) **sunnā**, "écouter, entendre", est construit avec un COD (**kahānī**, "histoire") et parfois avec un deuxième complément représentant celui qui raconte, introduit par **se** (**mujhse**, "par moi" / "de moi", "de ma bouche").

douisme qui marqua l'époque de Birbal et d'Akbar, avec la floraison de traductions des oeuvres fondatrices du sanscrit en persan et du persan en sanscrit, est un indice de l'intimité féconde où surent longtemps vivre ces deux cultures. L'exacerbation récente des tensions "communalistes" (interreligieuses) que vit depuis quelque temps "la plus grande démocratie du monde" ne doit pas vous faire oublier la tradition de tolérance et d'enrichissement réciproque qui a, en fait, constitué l'Inde moderne dans sa diversité, encore pleinement reflétée par la langue parlée. En l'occurrence, apprendre la langue, vivante, celle des échanges quotidiens, c'est apprendre le dialogue culturel.

Deuxième vague : dix-huitième leçon

Quarante-septième leçon

L'âne instruit
(lu-écrit / âne)

1 – Nisha, aujourd'hui, c'est moi qui vais te raconter une histoire… C'est une histoire qui est arrivée au moullah Nasruddine Khodja.
(Nisha / aujourd'hui / moi-de / histoire / écoute // moullah / Nasruddine / Khodja / de / histoire / est)

२ नसरुद्दीन एक दिन तैमूरलंग के दरबार
में बैठा था । लूट° में लाई गई चीज़ों में
एक बढ़िया गधा° दरबार में हाज़िर
किया गया । 2 3

३ गधे को देखते ही मुल्ला ने शहंशाह° को
ख़ुश करने के लिए कहा : 4 5

४ "जहाँपनाह, इसके चेहरे° से ऐसी
बुद्धिमत्ता° फूट रही है कि शायद सिखाने
पर यह पढ़ना-लिखना भी सीख
जाए !" 6

५ तैमूर ने फ़ौरन आदेश° दिया : "ले जाओ,
पढ़ा-लिखाकर इसे महीने भर में वापस
लाओ !"

NOTES (suite)

(2) **lāī gaī cīzõ mẽ**, "parmi les choses (qui ont été) apportées". **lāī gaī** est le participe passif de **lānā** "apporter", formé comme le passif avec le participe passé du verbe principal, et l'auxiliaire du passif **jānā**, mais ici à la forme du participe.

(3) **hāzir karnā**, "présenter (quelqu'un, quelque chose)", expression d'origine arabo-persane, ici au passif, dont l'équivalent sanscrit est **upasthit karnā**. Les expressions correspondantes intransitives sont **hāzir honā**, **upasthit honā**, "se présenter", ou "être présent" (voir phrase 6).

(4) **dekhte hī**, "dès qu'il vit", "à la vue de". Le participe présent (jamais avec **hue** dans cette construction) suivi de la particule **hī**, "juste, à peine", a le sens de "dès que".

2 Un jour, Nasruddine était (assis) à la cour de l'empereur Tamerlan. Parmi les objets ramenés dans le butin, un âne superbe fut présenté à la cour.
(Nasruddine / un / jour / Tamerlan / de / cour / dans / était assis // pillage / dans / ayant été apportés / objets / dans / un / superbe / âne / cour / dans / présenté / fait fut)
3 Dès qu'il vit l'âne, Moullah dit pour faire plaisir à l'empereur :
(âne / à / voyant / à peine / Moullah / empereur / à / heureux / faire / pour / dit)
4 "O Protecteur du monde, une telle intelligence rayonne de son visage que, pour peu qu'on l'instruise, il apprendrait peut-être à lire et à écrire !"
(monde abri / son / visage / de / telle / intelligence / jaillit-actuel / que / peut-être / enseigner / sur / lire-écrire / même / apprendre prenne)
5 Tamerlan ordonna aussitôt : "Emmenez-le, et ramenez-le dans un mois après l'avoir instruit !"
(Tamerlan / aussitôt / ordre / donna // emmenez / ayant fait lire-fait écrire / lui-à / mois / dans / retour / ramenez)

NOTES (suite)

(5) **śahanśāh**, "le roi des rois". Titre d'origine persane (voir leçon 46 note 5).

(6) **jahā̃panāh**, "protecteur du monde", titre royal d'origine persane. **panāh**♀ veut dire "abri, protection", **jahān**♂, "le monde".

६ गधे को गए हुए तीस दिन पूरे हुए तो ख़्वाजा फिर उसे लेकर हाज़िर हुए और गधे के आगे एक मोटी-सी पोथी♀ रख दी । 7 8

७ जैसे ही पोथी रखी गई, वैसे ही गधा अपनी जीभ♀ से पन्ने♂ पलटने लगा और तीसवें पन्ने पर पहुँचकर ज़ोर-ज़ोर से रेंकने लगा । 9 10

८ वह ऐसे रेंक रहा था जैसे पोथी में लिखे किसी तर्क♂ से बिलकुल असहमत हो । 11 12

NOTES (suite)

(7) **gadhe ko gae hue tīs din pūre hue**, littéralement "l'âne étant parti, trente jours furent complétés", "l'âne était parti depuis trente jours". **usko yahā̃ āe hue das minaṭ ho gae**, "il est arrivé depuis dix minutes", "il y a dix minutes qu'il est arrivé".

(8) **pothī**, "livre", est un mot noble, comportant des connotations d'antiquité sacrée un peu analogue au français "Ecritures", tout comme son synonyme **granth**♂. Les mots "profanes" pour livre sont **pustak**♀ (sanscrit) et **kitāb**♀ (arabe).

(9) **jaise hī...vaise hī**, "dès que… (aussitôt)". La conjonction est reprise dans la proposition principale même si cette reprise ne se traduit guère en français. Le sens est le même que celui de la construction participe présent + **hī** (voir note 4) mais on préfère cette dernière quand les deux verbes ont le même sujet.

(10) **tīsvẽ**, "trentième". Le suffixe -**vā̃** (forme oblique -**vẽ**), "-ième", ajouté à un numéral, sert à produire l'ordinal correspondant, sauf pour les quatre premiers chiffres (**pahlā**, **dūsrā**, **tīsrā**, **cauthā**) et **chaṭhā**, "sixième".

6 Lorsque trente jours se furent écoulés depuis le départ de l'âne, le Khodja se présenta à nouveau avec l'animal et déposa un gros volume devant lui.
(âne / à / étant parti / trente / jours / complétés / furent / alors / Khodja / de nouveau / lui-à / prenant / présent / fut / et / âne / devant / un / gros-intensif / volume / poser donna)

7 Dès que le volume fut posé, l'âne se mit à tourner les pages avec sa langue et, arrivé à la trentième page, se mit à braire violemment.
(dès que / volume / posé fut / aussitôt / âne / sa / langue / avec / pages / tourner / se mit / et / trentième / page / sur / arrivant / fort-fort / braire / se mit)

8 Il brayait comme s'il était en désaccord total avec un raisonnement exposé dans le livre.
(il / ainsi / brayait-actuel / comme si / volume / dans / écrit / quelque / raisonnement / avec / complètement / en désaccord / soit)

NOTES (suite)

(11) **jaise**, "comme (si), de même", anticipé par le terme corrélé **aise**, "de cette façon", dans la principale est généralement construit avec le subjonctif. On peut aussi trouver dans le même sens et la même construction **māno**, "comme, comme si".

(12) **asahamat honā** signifie "être en désaccord". Vous reconnaissez le préfixe privatif **a**-, qui vous permet de reconstituer l'expression symétrique positive **sahamat honā**, "être d'accord". Maintenant vous pouvez vous amuser à bricoler de nombreuses combinaisons avec les suffixes et les préfixes que vous connaissez, comme dans un jeu de construction. Par exemple **sthir**, "stable, ferme", **asthir**, "instable", **asthirtā**♀, "instabilité" ; **lok**♂, "le monde", **laukik**, "du monde, profane, populaire", **alaukik**, "céleste" (du monde opposé). Mais n'oubliez pas que certains affixes ne sont combinables qu'avec des bases d'origine sanscrite (les notes vous les signalent).

९ सभी चकित रह गए। तैमूर यह पूछे बिना न रह सका कि उसने यह चमत्कार° कैसे किया। 13 14

१० नसरुद्दीन ने बतलाया : " जहाँपनाह, पहले दिन मैंने मुट्ठी° भर घास जिल्द° और पहले पन्ने के बीच रखी। गधे ने जिल्द खोलकर घास खा ली।

११ अगले दिन मैंने घास दूसरे पन्ने पर रखकर पोथी बंद कर दी। गधे ने फिर उसे खोला और घास को खा लिया।

१२ रोज़ाना इसी ढंग° से मैं घास रखता गया। आज तीसवाँ दिन था। 15 16

NOTES (suite)

(13) **pūche binā**, "sans demander". Vous avez rencontré la même forme comme postposition (**ke binā**, ou **binā... ke**, ou **binā**, "sans"). Lorsqu'elle est accompagnée d'un verbe au lieu d'un nom, on emploie la forme simple **binā**, et le verbe est au participe passé oblique. **darvāzā band kie binā**, "sans fermer la porte" de **band karnā**, "fermer". Ici **pūchnā** a pour complément la complétive en **ki** rejetée à la fin de la phrase, et annoncée par **ye**, ceci.

(14) **na rah sakā**, "ne put rester". Emploi idiomatique avec le complément "sans...", au sens de "ne put s'empêcher de". Il y a une construction alternative : **taimūr ye pūchne se apne āpko na rok sakā ki...,** (avec **roknā**, "arrêter"), "Timur ne put s'empêcher de / se retenir de demander que…".

9 Tout le monde resta ébahi. Tamerlan ne put s'empêcher de demander comment l'homme était parvenu à un tel miracle.
(tous / étonnés / restèrent // Tamerlan / ceci / demander / sans / pas / rester / put / que / il / ce / miracle / comment / fit)

10 Nasruddine expliqua : "O Protecteur du monde, le premier jour j'ai mis une poignée d'herbe entre la reliure et la première page. L'âne a ouvert le livre et a mangé l'herbe.
(Nasruddin / expliqua // monde-abri / premier / jour / je / poignée / pleine / herbe / reliure / et / première / page / entre / posai // âne / reliure / ouvrant / herbe / mangea)

11 Le lendemain, j'ai mis l'herbe sur la deuxième page et j'ai fermé le livre. L'âne l'a encore une fois ouvert et a mangé l'herbe.
(suivant / jour / je / herbe / deuxième / page / sur / posant / livre / fermé / faire donnai // âne / encore / lui-à / ouvrit / et / herbe / à / manger prit)

12 Tous les jours, j'ai continué à poser l'herbe de la même manière. Aujourd'hui c'était le trentième jour.
(tous les jours / cette-même / manière / de / je / herbe / posant allais // aujourd'hui / trentième / jour / était)

NOTES (suite)

(15) **isī ḍhaṅg se = isī tarah**[9], "de cette manière".

(16) **rakhtā gayā** est l'aspect continuatif de **rakhnā**, au passé simple, "je continuai à mettre" (voir leçon 33, note 3 et leçon 34, phrase 8).

१३ चूँकि पूरे तीस पन्ने पलटने पर आज घास नहीं मिली है, इसीलिए गधा ग़ुस्से में रेंक रहा है। " 17

१४ तैमूर ने मुल्ला की बुद्धि[१] की प्रशंसा[१] की और बहुत-से इनाम के साथ गधा भी उसे सौंप दिया।

NOTES (suite)

(17) **cũki**, "puisque" introduit une proposition subordonnée généralement placée avant la principale, dans laquelle il est repris par **islie**, **isīlie**, "ainsi", "c'est pourquoi".

EXERCICES

अनुवाद कीजिए

१. बनारस से लाई गई चीज़ों में रेशमी साड़ियाँ तो दो ही थीं, मगर कुरते बहुत-से थे।
२. इन छात्रों को हिन्दुस्तान आए हुए अभी एक साल भी नहीं हुआ ?
३. लाल मिर्च खाते ही डायरेक्टर साहब चिल्लाने लगे। सभी कर्मचारी फ़ौरन हाज़िर हो गए।
४. जैसे ही गधे के आगे पकौड़े रखे गए, वह गुस्से में रेंकने लगा।
५. निशा अब ऐसे हिन्दी बोलती है जैसे लखनऊ की रहने-वाली हो।
६. मुन्नी ने छोटू की जलेबियाँ खा लीं। रायसाहब की ठंडी चाय को भी उसने पी लिया।

13 Comme aujourd'hui il n'a pas trouvé d'herbe après avoir tourné ses trente pages, il est furieux, et il brait de colère."
(puisque / complètes / trente / pages / tourner / sur / aujourd'hui / herbe / pas / a été trouvée // donc / âne / colère / dans / brait-actuel)
14 Taimur loua le génie du Moullah et lui remit l'âne en prime avec les autres récompenses.
(Taimur / Moullah / de / intelligence / de / louange / fit / et / beaucoup-intensif / récompense / avec / âne / aussi / lui-à / confier donna)

७. दिल्ली में हम लोगों का यह दसवाँ महीना है। बारहवें महीने के बाद सरकार से कोई पैसा नहीं मिलेगा।
८. चूँकि ये छात्र हिन्दी बोलते हैं, ये सचमुच हिन्दुस्तान में रहने का मज़ा ले रहे हैं।
९. डायरेक्टर साहब की पत्नी रोज़ाना उन्हें खिला-पिलाकर भेजती हैं। फिर भी ग्यारह बजे वे खाए बिना नहीं रह सकते।
१०. हेरमान भी मैट्रिमोनियल के पन्ने ऐसे पलट रहा था जैसे अपने लिए दुल्हन ढूँढ रहा हो।

Traduisez

1 Il n'y avait en fait que deux saris de soie parmi les objets rapportés de Bénarès, mais il y avait énormément de kurtas. 2 Il n'y a même pas un an que ces étudiants sont

arrivés en Inde ? 3 A peine eut-il mangé le piment rouge que monsieur le directeur se mit à hurler. Tous les employés se présentèrent à l'instant. 4 Dès que les pakoras furent posés devant l'âne, il se mit à braire de (dans) colère. 5 Nisha parle maintenant un hindi aussi bon (tel) que si elle était une habitante de Lucknow. 6 Munni a mangé les jalebis de Chotu. Elle a bu aussi le thé froid de Raisahab. 7 C'est notre dixième mois à Delhi. A partir du (après le) douzième mois on ne recevra plus d'ar-

वाक्य पूरे कीजिए

1. *Boris n'a pas pu s'empêcher de demander au directeur quel était son poids.*

   बोरिस डायरेक्टर साहब से —— —— न रह सका कि उनका वज़न क्या है ।

2. *D'abord monsieur le directeur resta ébahi, puis il se mit à tourner lentement les pages d'un dossier.*

   डायरेक्टर साहब पहले तो —— —— —— फिर ——–—— एक फ़ाईल के —— —— लगे ।

3. *Parmi les objets ramenés de Moscou il y a également un gros volume qui contient des contes [et des] légendes russes.*

   मास्को से —— —— —— में एक ——–सी —— भी है जिसमें —— क़िस्से–कहानियाँ हैं ।

4. *Cela ne fait pas encore un an que Boris est arrivé en Inde mais il se lance dans les bus en marche comme un Delhivala expérimenté !*

gent du gouvernement. 8 Puisque ces étudiants parlent hindi, ils profitent vraiment de leur séjour en Inde. 9 L'épouse de monsieur le directeur [ne] l'envoie tous les jours [au travail] [qu'] après l'avoir bien nourri (l'ayant fait manger-boire). Pourtant il ne peut se passer de manger à onze heures. 10 Hermann aussi feuilletait les [annonces] matrimoniales comme s'il cherchait une fiancée pour lui.

वह उससे पूछे बिना नहीं रह सका
कि उसने बस चलाना कहाँ सीखा !

बोरिस को भारत ——— ——— साल भर भी ——— नहीं ——— है मगर वह ——— बस पर ऐसे लपककर चढ़ता है ——— पुराना ——— हो !

5. *Il s'était mis à courir après les bus dès son arrivée à Delhi. Il apprit à monter d'un saut en l'espace d'une petite semaine.*

दिल्ली ——— —— वह बसों के पीछे ——— लगा था। हफ़्ते ——— में उसने कूदकर ——— सीख ——— ।

6. *Un jour le chauffeur buvait du thé au "dhaba". Dès qu'il le vit, Boris se présenta devant lui.*

   एक दिन ड्राइवर ——— —— चाय —— ——— ——। उसे ——— —— बोरिस ——— सामने ——— —— गया।

7. *Il ne put s'empêcher de lui demander où il avait appris à conduire un bus. D'abord, le chauffeur resta ébahi puis il se mit à rire.*

   वह ——— ——— ——— नहीं ——— सका कि उसने बस ——— कहाँ सीखा। पहले तो ड्राइवर ——— रह ———, फिर ——— ———।

8. *Il mangea ses samosas en toute hâte et jeta le thé froid sur l'herbe. Puis il expliqua sa technique.*

   उसने जल्दी-जल्दी ——— समोसे —— ——— और ठंडी चाय —— घास में फेंक ———। फिर ——— ——— तकनीक बतलाई।

9. *Puisque mon bus est plus grand que les voitures, les scooters et les vélos des autres, je conduis comme s'il n'y avait personne sur les routes sauf moi.*

   ——— मेरी बस ——— की कारों, ——— और साइकिलों से ——— है, मैं ——— चलाता हूँ ——— मेरे ——— सड़क पर और ——— न हो।

10. Boris loua le génie du chauffeur, puis l'abandonna, ainsi que lui-même et les autres, à la grâce du Bon Dieu.

बोरिस —— ड्राइवर की ———— की ————— की, फिर उसको, अपने ——— को और ———— को ————— की ———— पर ——— ——— ।

Les mots manquants

१. - - - - पूछे बिना - - - - - - - - - ।

२. - - - - चकित रह गए - धीरे-धीरे - - - पन्ने पलटने - ।

३. - - लाई गई चीज़ों - - मोटी - पोथी - - - रूसी - - - ।

४. - - - आए हुए - - - पूरा - हुआ - - - चलती - - - - - - जैसे - दिल्लीवाला - !

५. - आते ही - - - - भागने - - । - भर - - - चढ़ना - लिया ।

६. - - - ढाबे पर - फी रहा था । - देखते ही - उसके - हाज़िर हो - ।

७. - उससे पूछे बिना - रह - - - - चलाना - - । - - - चकित - गया, - हँसने लगा ।

८. - - - अपने - खा लिए - - - को - - - दिया । - उसने अपनी - - ।

९. चूँकि - - दूसरों - -, स्कूटरों - - - बड़ी -, - ऐसे - - जैसे - सिवा - - - कोई - - ।

१०. - ने - - बुद्धि - प्रशंसा -, - -, - आप - - दूसरों - भगवान - कृपा - छोड़ दिया ।

Deuxième vague : dix-neuvième leçon

Leçon 47

पाठ अड़तालीस

पंचतंत्र की एक कथा

१ एक दिन चंडरव नामक एक चालाक गीदड़ नए स्वाद चखने शहर की ओर निकल पड़ा। 1 2 3

२ वहाँ शहर के कुत्ते तुरंत उसके पीछे लग गए। चंडरव डर के मारे पास ही एक रंगरेज़ के घर में घुस बैठा। 4

३ घबराहट में वह एक बड़े-से पतीले में गिर पड़ा जिसमें नीला रंग घुला हुआ था।

NOTES

(1) le **pañcatantra**, littéralement "les cinq traités", est un recueil de fables animalières en sanscrit, maintes fois réécrit et augmenté, et transposé dans diverses langues vernaculaires, dont la version originale est difficile à dater, mais remonte au moins au VIe siècle, et a inspiré jusqu'à La Fontaine. Ce sont des textes de conduite politique à l'usage des princes, présentant une synthèse sommaire des idées religieuses et morales de l'hindouisme, orientée sur la morale du fort, non sans un certain cynisme qui fait penser à Kautilya (voir leçon 38 note 12).

(2) **nāmak**, "nommé", "du nom de", tournure héritée du sanscrit. On pourrait dire aussi : **ek cālāk gīdaṛ, jiskā nām caṇḍarav thā**, "un rusé chacal, qui s'appelait Chandarava".

(3) **svād cakhnā**, "goûter", littéralement "goûter la saveur". **svādiṣṭ**, "sapide", "délicieux", **cakh lo**, "goûte".

(4) **ghus baiṭhā**, "eut le culot / l'impudence d'entrer", littéralement "entra s'assit". L'explicateur **baiṭhnā**, "s'asseoir" (re-

Quarante-huitième leçon

Une fable du Panchatantra
(Panchatantra / de / un / conte)

1 Un jour, un chacal rusé nommé Chandarava, avide de nouvelles saveurs, se mit en route vers la ville.
(un / jour / Chandarava / nommé / un / rusé / chacal / nouvelles / saveurs / déguster / ville / vers / sortir tomba)

2 Là, les chiens de la ville se lancèrent aussitôt à sa poursuite. Pris de peur, Chandarava se précipita dans la maison d'un teinturier à proximité.
(là / ville / de / chiens / aussitôt / lui-de / derrière / s'appliquer allèrent // Chandarava / peur / à cause de / près / juste / un / teinturier / de / maison / pénétrer s'assit)

3 Dans la panique, il tomba dans un grand chaudron plein de teinture bleue.
(inquiétude / dans / il / un / grand-intensif / chaudron / dans / tomber tomba / lequel-dans / bleue / couleur / était dissoute)

NOTES (suite)

lativement rare), après un verbe intransitif comme après un verbe transitif, a des connotations très péjoratives. Non seulement l'action qu'il "explique" ou qualifie est ainsi représentée comme incontrôlée et violente, ce qui est aussi le cas de l'explicateur **ḍālnā** après un verbe transitif ou **paṛnā** après un verbe intransitif, mais aussi impudente, inappropriée. Il représente donc un jugement de valeur négatif implicite associé à l'action. **mālūm hai kal vo kyā kar baiṭhī ?**, "Savez-vous ce qu'elle est allée faire, ce qu'elle a encore fait hier ?".

४ थोड़ी देर बाद एक अनोखे नीले जान-
वर॰ को निकलते देखकर कुत्ते दुम॰
दबाकर भागे । 5

५ भगवान शिव के नीलकंठ-सा नीला
गीदड़ जब जंगल॰ में वापस पहुँचा तो
वहाँ भी खलबली॰ मच गई । 6

६ भागते हुए जानवरों को आश्वस्त करते
हुए चंडरव ने घोषणा॰ कर दी कि स्वयं
ब्रह्मा ने उसे जंगल का राजा बनाकर
पृथ्वी॰ पर भेजा है । 7

NOTES (suite)

(5) **ek jānvar ko nikalte (hue) dekhkar**, “voyant sortir un animal”. Cette construction participiale correspond à la proposition infinitive du français, qu’on trouve après les verbes de perception (en hindi notamment **dekhnā**, “voir”, et **sunnā**, “entendre”). Le COD du verbe principal (qui est aussi sujet du verbe au participe), est toujours suivi de **ko (ek jānvar ko)**. **maĩne gīdaṛ ko cillāte hue sunā**, “j’ai entendu le chacal crier”. **boris śivānī ko khānā pakāte hue dekh rahā thā**, “Boris regardait Shivani préparer la cuisine”.

(6) **bhagvān śiv ke nīlkaṇṭh**, “la gorge bleue du Dieu Shiva”. Cet attribut de Shiva, l’un des trois grands dieux du Panthéon hindou (avec Brahma, qui crée le monde, et Vishnou, dieu qui maintient la création, alors que la fonction de Shiva est de défaire cycliquement la création), est lié à une légende fondatrice. Pour éviter aux dieux d’être empoisonnés par le lait primordial lors du barattage de l’océan de lait dont devait sortir la création, il but lui-même le poison sombre à la surface de cet océan de lait, et dans l’opération sa gorge (**kaṇṭh**♂) se colora

4 Peu de temps après, les chiens virent sortir une étrange bête bleue et prirent la fuite la queue basse.
(peu / temps / après / un / bizarre / bleu / animal / là / dehors / sortant / ayant vu / chiens / queue / abaissant / s'enfuirent)
5 Quand le chacal, bleu comme la gorge bleue du dieu Shiva, regagna la jungle, ce fut là aussi la perturbation.
(Dieu / Shiva / de / bleue-gorge-comme / bleu / chacal / quand / jungle / dans / retour / arriva / alors / là / aussi / grande perturbation / éclater alla)
6 Rassurant les animaux qui s'enfuyaient, Chandarava déclara que c'était Brahma en personne qui l'avait fait roi de la jungle et l'avait envoyé sur terre.
(s'enfuyant / animaux / à / rassuré / faisant / Chandarava / déclaration / faire donna / que / soi-même / Brahma / lui-à / jungle / de / roi / faisant / terre / sur / a envoyé)

NOTES (suite)

en bleu foncé (**nīla**). C'est lui que les dieux avaient appelé au secours en raison de sa renommée d'ascète (Shiva est le dieu yogi). C'est aussi lui qui est représenté dans une posture de danseur (Shiva dansant dans la roue cosmique symbolise le rythme universel). Ne confondez pas ce bleu avec celui de Krishna, "le dieu bleu" (mais bleu nuit, presque noir, en hindi **śyām**), avatar de Vishnou. **bhagvān** désigne Dieu ou son représentant (on appelait couramment Rajneesh, gourou médiatique de Poona, du nom de "Bhagvan").

(7) **āśvast karnā**, "assurer, convaincre", littéralement "faire assuré". Le nom **āśvāsan**♂, signifie "assurance", et la locution verbale **āśvāsan denā**, "donner l'assurance".

७ उसकी बात सुनके सिंह♂, बाघ♂, चीता♂, भेड़िया♂ इत्यादि सभी उसके दास♂ हो गए और उसके पैरों♂ पर लोटने लगे ।

८ गीदड़ ने सिंह को मंत्री बनाया, बाघ से पंखा झलवाया, चीते से पान♂ लगवाया और भेड़िये को द्वारपाल♂ बनाया । 8

९ मगर अपनी जाति♂ के गीदड़ों को पहचानने से उसने बिलकुल इनकार♂ कर दिया । उन्हें धक्के♂ दिलवाकर भगा दिया । 9 10

NOTES (suite)

(8) **dvārpāl**, littéralement “gardien des portes”, expression venant du sanscrit. Les portes (**dvār**♂ est le mot sanscrit, correspondant au hindi moderne **darvāzā**) correspondent aux directions cardinales (on dit aussi **dikpāl**♂, “gardien des directions”). Les huit divinités chargées par paires de garder les portes, et par là d’assurer le maintien de l’ordre de l’univers, sont associées à des couleurs spécifiques et des animaux spécifiques. Elles ont une apparence effrayante, en particulier deux crocs pointus, pour éloigner les mauvais esprits. Mais le chacal, ici, recrute simplement un portier...

(9) **se inkār kar diyā**, “il refusa de”. **inkār karnā**, “refuser”, se construit avec un infinitif (ou un nom) suivi de la postposition **se**, alors que son contraire **svīkār karnā**, “accepter”, se construit avec un infinitif complément direct, à la forme directe donc. **usne dāyrekṭar se bāt karnā svīkār kiyā hai**, “il a accepté de parler au directeur”.

7 En entendant ses paroles, le lion, le tigre, la panthère, le loup et les autres animaux devinrent ses esclaves et se mirent à ramper à ses pieds.
(sa / parole / entendant / lion / tigre / panthère / loup / etc. / tous / ses / esclaves / devinrent / et / ses / pieds / devant / ramper / se mirent)

8 Le chacal nomma le lion ministre, se fit éventer par le tigre, fit préparer son bétel à chiquer par la panthère, et fit du loup son portier.
(chacal / lion / à / ministre / fit / tigre / par / éventail / fit / balancer / panthère / par / bétel / fit appliquer / et / loup / à / porte-gardien / fit)

9 Mais les chacals de sa propre espèce, il refusa absolument de les reconnaître. Il les fit chasser au loin.
(mais / sa / caste / de / chacals / à / reconnaître / de / il / absolument / refus / faire donna // eux-à / poussées / faisant donner / chasser donna)

NOTES (suite)

(10) **jāti**, "caste". Le terme est complexe. Il signifie "espèce" (c'est donc un terme de classification), et est issu de la racine **jan**, "naître" ; d'où le sens de "naissance", "groupe lié à la naissance ayant des caractéristiques spécifiques communes". Théoriquement, on se marie donc dans sa **jāti** (et on ne mange qu'avec les gens de sa jati), chaque jati a une spécialité professionnelle traditionnelle, et les jatis sont strictement hiérarchisées selon le principe religieux du pur et de l'impur. Les métiers impurs sont traditionnellement réservés à des **jāti** inférieures, comme les sage-femmes (**dāī**♀), les barbiers (**nāī**♂), les blanchisseurs (**dhobī**♂), les corroyeurs (**camār**♂) que leur activité met en contact avec les déchets du corps, éminemment souillants : leur existence est donc cruciale dans le système, pour protéger la pureté des autres. Il y a plus de 3000 jatis en Inde, dont le nom sert de nom patronymique, et qui sont liées à une zone géographique définie. Cette hiérarchie, originelle-

१० एक दिन जब गीदड़ महाराज अपने सिंहासन° पर टाँगें° फैलाकर बैठे थे, दूर कहीं से गीदड़ों के चिल्लाने का शोर हुआ।

११ अपने बंधुओं° का राग° सुनकर चंडरव का रोम-रोम° खिल उठा। तुरंत उठकर गीदड़ों की तरह "हुआँ-हुआँ" करने लगा। 11

NOTES (suite)

ment propre à la société hindoue, s'est répandue dans les autres communautés religieuses de l'Inde. Vous voyez donc que cela ne correspond que très partiellement à l'image que vous avez pu vous former de la "caste" (du portugais *casta* "pur" ; les trois "castes" supérieures correspondant vaguement aux trois ordres de l'Occident médiéval, et les "hors-castes", ou "intouchables" aux serfs). Sachez que ces fameux "intouchables", qui ont été rebaptisés par Gandhi "fils de dieu" (harijan), figurent dans la Constitution sous le nom de Castes Répertoriées *(Scheduled Castes)* et se désignent eux-mêmes comme "opprimés" (**dalit**). La jati ne doit pas être confondue avec le **varṇa**°, littéralement "couleur", terme qui distingue quatre grandes catégories et exclut les "sans couleur" (**avarṇa**), les dits intouchables. L'origine de cette division est attribuée dans les textes classiques (**śāstra**°) à la division de l'homme primordial : de sa bouche sont nés les **brāhmaṇa** (dont la vocation est la science des textes sacrés), de ses bras, les **kṣatriya** (dont la vocation est la défense du royaume, et dont est issu le roi), de ses cuisses, les **vaiśya** (les marchands), et de ses pieds, les **śūdra** (les travailleurs). Les trois premières castes (**dvija**) sont dites "deux-fois-nés", et ont accès, à l'exception des femmes, à l'initiation et en conséquence au savoir religieux, en particulier la lecture des Vedas. Bien que les dis-

10 Un jour, tandis que notre Maharaja le chacal prenait ses aises sur son trône, il y eut au loin un bruit de hurlements de chacals.
(un / jour / quand / chacal / maharaja / son / trône / sur / jambes / étendant / était assis / loin / quelque part / de / chacals / de / hurler / de / bruit / fut)

11 En entendant la musique de sa tribu, un frisson de joie parcourut le corps de Chandarava. Il se leva aussitôt et se mit à hurler en vrai chacal.
(ses / frères / de / raga / entendant / Chandarava / de / poil-poil / s'épanouir se leva // aussitôt / se levant / chacals / comme / ouah-ouah / faire / se mit)

NOTES (suite)

tinctions de caste aient été abolies par la Constitution et assouplies par le développement de la société moderne, elles n'ont pas perdu toute vitalité, comme par exemple l'existence des quotas (voir leçon 36, note 10 et leçon 37, note 12) vous le montre.

(11) **ṭūṭ paṛe**, "se jetèrent", littéralement "se briser tombèrent". Cette séquence de verbe composé est devenue une sorte de locution figée, lexicalisée dans le sens d'une poussée violente.

१२ जब दूसरे जानवरों को पता चला कि वे एक गीदड़ के आगे नाक⁹ रगड़ रहे थे, वे उसपर टूट पड़े और उसे कच्चा चबा गए। 12

NOTES (suite)

(12) **cabā gae**, “dévorèrent”, littéralement “mâcher allèrent”. Encore un verbe composé, combinant un verbe principal transitif et un explicateur intransitif, combinaison peu fréquente. **jānā**, “aller”, quand il est ainsi combiné à un verbe transitif, apporte une nuance d’extrême précipitation, non contrôlée. **vo sārā pānī pī gayā**, “il but toute l’eau d’un trait”. Remarquez

EXERCICES

अनुवाद कीजिए

१. एक दिन बोरिस कामिनी के साथ मुर्ग़ तंदूरी खाने और लस्सी पीने निज़ामुद्दीन की तरफ़ निकल पड़ा।

२. बोरिस का हिन्दुस्तानी कुत्ता टौमी भी दोनों को निकलते देखकर उनके पीछे लग गया और टैक्सी में घुस बैठा।

३. कामिनी को आश्वस्त करते हुए बोरिस ने समझाया कि टौमी बहुत सीधा है। टौमी कामिनी के पैरों के आगे लोटने लगा।

४. मगर नए कुत्ते को आते हुए देखकर निज़ामुद्दीन के कुत्तों में खलबली मच गई। गुस्से में ज़ोर-ज़ोर से भौंकने लगे।

12 Quand les autres animaux se rendirent compte qu'ils faisaient des courbettes devant un vulgaire chacal, ils se jetèrent sur lui et le dévorèrent vivant.
(quand / autres / animaux / à / savoir / vint / que / ils / un / chacal / devant / nez / frottaient-actuel / ils / lui-sur / se casser tombèrent / et / lui-à / cru / mâcher-allèrent)

NOTES (suite)

que dans ce cas, si le verbe est à l'aspect accompli, la phrase ne prend pas la structure ergative, c'est l'explicateur qui, intransitif, commande la structure de l'énoncé.

५. बोरिस ने टैक्सी में ही टौमी को रेशमी कबाब दिलवाए। टौमी का रोम-रोम खिल उठा।

६. वापस लौटते हुए टैक्सी में से एक लड़की के चिल्लाने का शोर हुआ।

७. पता चला कि बोरिस का कुत्ता नीचे बैठे-बैठे कामिनी की चुन्नी चबा गया था!

८. बोरिस अपने कुत्ते पर ऐसे टूट पड़ा जैसे उसी को कच्चा चबा जाएगा।

९. कुत्ते ने चुन्नी छोड़ने से बिलकुल इनकार कर दिया। डर के मारे कामिनी चुन्नी छोड़कर निकल भागी।

१०. बोरिस घबराकर उसके पीछे दौड़ा। कुत्ता दोनों के पीछे लग गया। बाज़ार में खलबली मच गई।

Traduisez

1 Un jour, Boris se mit en route vers Nizamuddin pour manger du poulet tandouri et boire du lassi avec Kamini. 2 Les voyant tous les deux partir, Tommy, le chien indien de Boris, partit à leurs trousses et entra dans le taxi. 3 Rassurant Kamini, Boris lui expliqua que Tommy était un chien très sage (est très droit). Tommy rampa devant les pieds de Kamini. 4 Mais voyant un nouveau chien arriver, les chiens de Nizamuddin firent un beau raffut (un tohu-bohu résonna parmi les chiens). Ils se mirent à aboyer très fort de colère. 5 Boris fit donner à Tommy

वाक्य पूरे कीजिए

1. *Dimanche dernier, Hermann se mit en route pour Old Delhi. Un marchand de tchat (tchatvala) se mit à ses trousses.*

   पिछले ______ को हेरमान ______ दिल्ली में घूमने ______ ______ । एक चाटवाला उसके ______ ______ ______ ।

2. *Dans le tchat, il y avaient d'étranges couleurs rouges-jaunes (dissoutes) et dès qu'il le vit, Hermann fut pris d'inquiétude.*

   चाट में अनोखे-से ______-______ रंग ______ ______ थे और उसे ______ — हेरमान ______ ______ ।

3. *Hermann est toujours inquiet dès qu'il s'agit de (par) goûter de nouvelles saveurs. Mais à la fin le tchatvala le rassura.*

   हेरमान ______ ______ चखने से हमेशा

des “reshmi kebab” (met raffiné) dans le taxi même. Tommy en fut tout excité. 6 Du taxi qui s’en retournait, on entendit (il y eut) le bruit du hurlement d’une fille. 7 On s’aperçut (apprit) que le chien de Boris, tout en restant assis par terre, avait dévoré l’écharpe de Kamini ! 8 Boris se jeta sur son chien comme s’il allait le dévorer tout cru. 9 Le chien refusa énergiquement (absolument) de lâcher l’écharpe. [Prise] de peur, Kamini lâcha l’écharpe et se sauva. 10 Boris, inquiet, courut après elle. Ce fut un vrai tohu-bohu dans le bazar.

———— है। मगर चाटवाले ने ———— उसे ———— कर दिया।

4. *Hermann fit servir (appliquer) un tchat. Il trouva un endroit propre tout près et s’assit [pour] manger [son] tchat.*

हेरमान —— एक चाट लगवाई। ———— ही साफ़ जगह ढूँढ ली और ———— ———— ———— गया।

5. *En voyant un jeune Allemand en train de manger du tchat, une quinzaine d’enfants s’approchèrent en souriant.*

———— लड़के को चाट ———— देखकर ———— के दस-पंद्रह बच्चे ———— ———— उसके ———— पहुँच ————।

6. *Hermann [trouva le moyen d’] annoncer qu’il allait acheter du tchat pour tous les enfants !*

हेरमान ने ———— कर डाली कि वह सभी बच्चों ———— ———— चाट ———— ———— है!

7. *Aïe Aïe Aïe ! Mais qu'est-ce qu'il est allé faire, le pauvre imbécile ! Cette fois-ci ce fut la grande confusion parmi les enfants du bazar entier !*

हाय ! ——— ——— यह क्या कर ——— ! इस ——— तो सारे बाज़ार के बच्चों में ——— ——— ——— !

8. *Ils se mirent tous à dire bravo* **(vāh-vāh)** *et se jetèrent ensemble sur Hermann. De plus, dans la confusion, un garçon tomba par terre et se mit à pleurer.*

सभी "वाह वाह" ——— ——— और मिलकर हेरमान पर ——— ———। ऊपर से खलबली में एक लड़का ——— ——— और ——— ———।

9. *Il n'était tout de même pas possible de faire chasser autant d'enfants (en leur faisant donner des poussées) ! Pris de peur, Hermann [alla jusqu'à] grimper sur un mur.*

——— सारे बच्चों ——— ——— दिलवाकर ——— तो ——— नहीं था ! डर के ——— हेरमान एक दीवार पर ——— ———।

10. *Il refusa alors absolument d'acheter le tchat mais il balança une chanson ! En entendant la chanson, même les chiens du quartier, ne parlons pas des enfants, s'enfuirent la queue basse.*

अब चाट ——— से तो उसने ——— ——— ——— मगर एक गाना ——— डाला ! गाना ——— बच्चे तो क्या, गली के कुत्ते भी ——— ——— भाग गए।

Les mots manquants

१. – इतवार / रविवार – – पुरानी – – – निकल पड़ा। – – – पीछे लग गया।

२. – – – – लाल-पीले – घुले हुए – – – देखते ही – घबरा गया ।

३. – नए स्वाद – – – घबराता – । – – – आख़िर – आश्वस्त – – ।

४. – ने – – – । पास – – – – – – – चाट खाने बैठ – ।

५. जर्मन – – – खाते – गली – – – – मुस्कुराते हुए – पास – गए ।

६. – – घोषणा – – – – – – – के लिए – ख़रीदने वाला – !

७. – ! बेचारा मूर्ख – – – बैठा ! – बार – – – – – – खलबली मच गई !

८. – – – करने लगे – – – – टूट पड़े । – – – – – – गिर पड़ा – रोने लगा ।

९. इतने – – को धक्के – भगाना – संभव – – ! – – मारे – – – – चढ़ बैठा ।

१०. – – ख़रीदने – – – इनकार कर दिया – – – सुना – ! – सुनकर – – –, – – – – दुम दबाकर – – ।

Vous voici à la fin de l'avant-dernier cycle : vous n'avez plus besoin qu'on vous dise "courage" (sāhas kījie) *puisque vous êtes vaillamment parvenu jusqu'à cette étape. Le marathon est quasi fini et vous apercevez la ligne d'arrivée. Déjà vous profitez de votre familiarité avec la langue pour apprécier les intonations des personnages dans les enregistrements, repérer leur humour, savourer leur accent, distinguer le hindi ourdouisé de Shakilsahab du hindi de Girdharilalji. Bravo ! Et en piste pour le dernier cycle !… Après une dernière révision…*

Deuxième vague : vingtième leçon

Leçon 48

Quarante-neuvième leçon

Révisions

Vous voici arrivé à votre dernière leçon de révision. L'école au sens formel du terme est donc finie. Nous vous présentons ici un petit panorama des principaux types de propositions subordonnées, et nous vous souhaitons une heureuse et sereine utilisation de ces structures, que vous réemploierez dans le dernier cycle. Les six dernières leçons n'ajouteront pas grand chose à votre capital grammatical, mais elles enrichiront votre stock de vocabulaire et vous permettront de découvrir la poésie.

1. Le verbe

1.1 *Formes de l'irréel* (leçon 43)

C'est le mode de la condition présentée comme non réalisée et non réalisable (voir paragraphe 2.1). Le verbe conjugué à l'"irréel" ressemble comme un frère au participe présent en -**tā** que vous avez vu à la leçon 21, mais toutefois pas tout à fait comme un frère jumeau : alors que le participe prend des terminaisons strictement adjectivales (-**tā** pour le masculin singulier, -**te** pour le masculin pluriel, -**tī** pour le féminin singulier et le pluriel), l'irréel prend la nasalisation au féminin pluriel (**ve jātī̃**, "elles iraient"). C'est exactement la même différence qui distingue le participe passé du passé simple (**calī**, "étant allées", **calī̃**, "allèrent").

La forme de l'irréel a une valeur modale plus que temporelle, et désigne aussi bien la condition non réalisée dans le présent que dans le passé ; mais si l'on veut insister sur le temps passé, on peut recourir aux formes composées de l'irréel, soit avec le participe passé du verbe suivi de **honā** conjugué à l'irréel (**āyā hotā**, "il serait venu") soit plus rarement avec le participe présent du verbe suivi de **honā** conjugué à l'irréel (**ātā hotā**, "il serait venu"). Revoyez la leçon 44.

1.2 *Formes composées du subjonctif*
Nous vous indiquons par la même occasion que le subjonctif aussi a des formes composées, constituées de la même manière par le participe passé ou présent du verbe principal et l'auxiliaire **honā** conjugué : **āyā ho**, "qu'il soit venu", **ātā ho**, "qu'il soit venu". Ces deux temps composés font référence au passé, et la différence entre les deux est davantage d'ordre aspectuel que temporel.

2. La phrase hypothétique (II)
Vous avez déjà vu dans le cycle précédent une manière de représenter l'hypothèse en hindi, dans les cas où celle-ci représente une possibilité, une action virtuellement réalisable. Si par contre il s'agit d'une condition non réalisée, que la phrase réfère au présent ou au passé, le hindi emploiera la forme de l'"irréel" que vous présente le paragraphe 1.1. Voici quelques exemples d'emploi : **agar rām yahā̃ ātā to mujhe āpkī k͟habar detā**, "si Ram était venu ici, il m'aurait donné de vos nouvelles" (ou "si Ram venait, il me donnerait de vos nouvelles", selon les contextes). **āp kal na ātī̃ to mere pitājī se na miltī̃**, "si vous n'étiez pas venue hier, nous n'auriez pas rencontré mon père". Vous notez sur cette phrase 1) que l'omission de **agar/yadi** dans la subordonnée est possible, mais non celle de **to** dans la principale, 2) que la négation est **na** et

non **nahī̃**, fait commun à tous les verbes représentant un fait non asserté (impératif, subjonctif, infinitif, participe), 3) que le féminin pluriel se différencie de la forme du participe présent par la nasalisation (voir 1.1). Dans la phrase suivante, vous constatez que l'explicateur verbal est compatible avec l'irréel : **agar vo samay par ā pahũcā hotā to use patā calā hotā ki**..., "s'il était venu à temps, il aurait appris que...".

3. Autres propositions subordonnées

3.1 *La cause*
Outre **kyõki**, "parce que", que vous connaissez depuis longtemps, le hindi dispose aussi d'un "puisque" (**cũki**, leçon 47, note 17) suivi comme en français de l'indication, et précédant pratiquement toujours la proposition principale : **cũki tum hindī nahī̃ bol saktī̃ tumhẽ bhārat mẽ taklīf hogī**, "tu auras des problèmes en Inde, puisque tu ne sais pas parler hindi". En cas de sujet commun on peut bien sûr recourir à un infinitif suivi de la postposition "à cause de", **ke kāraṇ**. Exemples : **hindī na bolne ke kāraṇ tumhẽ bhārat mẽ taklīf hogī**, "tu auras des problèmes en Inde parce que tu ne parles pas hindi".

3.2 *Propositions temporelles*
"Quand", **jab** ... **tab**, vous est connu depuis longtemps, ainsi que **jab se** ... **tab se**, "depuis que". Rappelez-vous que le hindi aime à reprendre la conjonction **jab**, "quand", **jab se**, "depuis que", par un mot corrélatif dans la principale (**tab** ou **to**,

"alors", **tab se**, "depuis").
"Dès que" : **jaise hī ... vaise hī / jyõ hī ... tyõ hī**
Exemples : **jaise hī mehmān ā gae vaise hī boris khānā khāne lagā**, "dès que les invités furent arrivés, Boris se mit à manger". **jyõ hī mā̃ ghar se niklī tyõ hī bacce śor macāne lage**, "dès que la mère eut quitté la maison, les enfants se mirent à faire du vacarme". Mais si le sujet est commun aux deux actions, le hindi choisira plutôt de représenter la première par un participe présent suivi de **hī** : **āte hī boris khāne lagā**, "dès qu'il arriva, Boris se mit à manger".

3.3 *La comparaison*
Les propositions de comparaison, introduites par "tel (que)", "comme", "comme si" (leçon 47, note 11), sont souvent, mais pas toujours, au subjonctif en hindi. Le subjonctif est régulier quand il s'agit d'une métaphore explicitement présentée comme une virtualité imaginée plus que comme une comparaison factuelle. **jaisā** ou **kī tarah** peut introduire un comparant de type nominal : **mārko boris kī tarah boltā hai**, "Marco parle comme Boris" ; **boris jaise mitr duniyā mẽ kam milte haĩ**, "il y a peu d'amis au monde comme Boris". **jaise** et **māno**, s'emploient aussi pour introduire une proposition comparative avec un verbe conjugué : **acānak ruk gayā jaise kisī baṛī samasyā se pareśān ho gayā ho**, "il s'arrêta tout soudain, comme si quelque grave problème l'inquiétait" ; **niśā ro paṛī māno use koī manhūs k͟habar milī ho**, "Nisha éclata en sanglots, comme si elle avait reçu quelque nouvelle terrible".

4. Phrases comportant l'expression d'une action principale et d'une action secondaire, mais cette dernière à un mode non fini

4.1 *"Sans que", "sans"* : revoyez la note 13 de la leçon 47 et la leçon 42, paragraphe 4 : **vo kuch bole binā calā gayā**, "il partit sans rien dire". Dans cette phrase, le sujet du participe (non exprimé) est le même que celui du verbe principal. S'il est différent, le sujet du participe s'exprime à la forme oblique suivie de **ke**, comme dans la phrase suivante : **mãine uske jāne binā sab intazām kar liyā**, "j'ai tout arrangé sans qu'il le sache".

4.2 *L'expression de l'ordre : je t'ai dit de, je t'ai demandé de* (leçon 46)
Comme on peut le faire en français, on utilise le verbe "dire", **kahnā**, précédé de l'action ordonnée à l'infinitif **+ko** : **mãine usse jāne ko kahā**, "je lui ai dit de partir" ; **niśā ne mujhse cunnī lauṭāne ko kahā**, "Nisha m'a demandé de lui rendre l'écharpe".

4.3 *Propositions participiales*
On les trouve là (voir leçon 48, note 5) où le français emploie des propositions infinitives, après les verbes de perception, essentiellement "voir", et "entendre" : **boris ne niśā ko āte hue dekha**, "Boris vit venir Nisha", **unhõne makkhī ko bhinbhināte hue sunā**, "il a entendu bourdonner la mouche", **mãine kaī bār ḍāgar bandhuõ ko gāte hue sunā hai**, "j'ai entendu plusieurs fois chanter les Frères Dagar".

4.4 *Faillir / manquer*
Revoyez la leçon 46, note 4. Ces tournures françaises exprimant l'évitement d'un acte de justesse correspondent en hindi au redoublement du participe présent à la forme adverbiale (-**te**) suivi du verbe **bacnā**, littéralement "se sauver, échapper" : **maĩ ḍar ke māre bhāgā aur nālī mẽ girte-girte bacā**, "je m'enfuis pris de peur, et faillis tomber dans l'égout". Rappelez-vous qu'ici le participe n'est jamais suivi de **hue**.

5. L'imminence

"Etre sur le point de", "aller" s'exprime en hindi avec le suffixe -**vālā** sur l'infinitif oblique suivi du verbe "être" (leçon 45, note 2) : **maĩ jāne (hī) vālā thā ki fon kī ghaṇṭī bajī**, "j'allais (juste) partir quand le téléphone sonna". **niśā bīs sāl kī honevālī hai**, "Nisha va avoir vingt ans".
On peut aussi trouver l'infinitif, toujours au cas oblique, suivi de la postposition **ko**, et du verbe "être" (leçon 45, note 14). Dans ce cas l'imminence sera encore plus stricte, du type "être sur le point de" : **maĩ nikalne ko thā ki acānak vo ā dhamkī**, "j'étais sur le point de sortir quand tout à coup elle a rappliqué".

6. Préfixes et suffixes

Nous vous rappelons les principaux affixes utilisés pour dériver des adjectifs à partir de noms, des noms à partir adjectifs, ou d'autres noms ou de bases verbales, etc.

6.1 *Préfixes s'ajoutant à un nom*
- pour former un adjectif (à son tour substanti-

vable) : **be-** (persan), “sans” (**becārā**, “sans recours”, “misérable”, de **cārā**♂, “abri, recours”, **beśarm**, “éhonté”, de **śarm**♀, “honte”, **bekār**, “sans travail” ou “inutile”, de la racine *kar,* “agir”, **beraham**, “sans pitié”, de **raham**♂, “pitié”) ; **ni-/niś- /nir-** (sanscrit), “sans” (**niḍar**, “sans peur”, de **ḍar**♂, “peur”, **niṣphal**, “inefficace, sans succès”, de **phal**♂, “fruit”, **nirguṇ**, “sans qualité”, de **guṇ**♂, “qualité”), et son opposé, **sa**-, “avec” (**saphal**, “réussi, qui a du succès”, **saguṇ**, “doué de qualités, qui possède des attributs”) ;

- pour former un nom : **sva-**, “soi”, “auto-” (**svarāj**, “autonomie”, de **rāj**, “royaume, gouvernement”) ; **a**, de sens privatif (**ahinsā**♀, “non-violence”, de **hinsā**♀, “violence”, **arājaktā**, “anarchie”) ; **pari-**, “autour” “péri-” (**parikramā**, “circonvolution”, **pariyojanā**, “projet” littéralement “sous-plan”, de **yojnā**♀, “plan”) ; **mahā-**, “grand” “super-” (**mahārājā**♂, “grand roi”, de **rājā**♂, “roi”, **mahātmā**♀, “grande âme”, de **ātmā**♀, “âme” **mahāsāgar**♀, “grande mer”, “océan”, de **sāgar**♂, “mer”) ; **khuś-**, et **bad-** (arabo-persan) “bon, faste”, et “mauvais” (**khuśbū**, “bonne odeur”, et **badbū**, “mauvaise odeur”, de **bū**♀, “odeur”). Voir aussi l’équivalent d’origine sanscrite de **khuś-**, **su-** (**sugandh**♀, “bonne odeur”) et de **bad-**, **duh/dur-** (**durgandh**♀, “mauvaise odeur” de **gandh**♀, “odeur”, **durupyog**♂, “mauvais usage”, de **upyog**♂, “usage, utilisation”). **up**-, “sous”, “secondaire, dérivé” (**upnagar**♂, “banlieue”, de **nagar**♂, “ville”, **upyog**♂, “utilisation”, de **yog**♂, “yoga, système, conjonction”).

6.2 *Préfixes s’ajoutant à un adjectif* : **a-**, de sens privatif, “non”, “in-” (**asambhav**, “impossible”, de

sambhav, “possible”, **asthir**, “instable”, de **sthir**, “stable”, **arājnaitik** “apolitique”, de **rājnaitik**, “politique”, **asādhāraṇ**, “extra-ordinaire”, de **sādhāraṇ**, “ordinaire”, **alaukik**, “céleste”, de **laukik**, “de ce monde, profane”) ; **sva**, “auto-” (**svacālit**, “automatique”).

6.3 *Suffixes s’ajoutant à un nom*
- pour former un adjectif : **-ik** , avec allongement de la première voyelle de la base (**tāntrik**, “tantrique”, de **tantra**♂, “mécanisme”, **pāramparik**, “traditionnel”, de **paramparā**♀, “tradition”, **dainik**, “quotidien”, de **din**♂, “jour”, **laukik**, “de ce monde, profane”, de **lok**♂, “monde, univers”) ; **-īy** (**bhāratīy**, “indien”, de **bhārat**♀, “Inde”, **śāstrīy**, “classique”, de **śāstra**♂, “traité ancien”) ; **-ī**, “-ien” (**hindustānī**, “indien”, de **hindustān**♂, “Inde”, **reśmī**, “en soie”, de **reśam**♂, “soie”) ;
- pour former un nouveau nom : **-kar**♂, **-kār**♂, **-gar**♂, **-dār**♂, “-iste”, “-ien”, (**kalākār**♂, “artiste”, de **kalā**♀, “art”, **jādūgar**♂, “magicien”, de **jādū**♂, “magie”, **bunkar**♂, “tisserand”, **dukāndār**♂, “commerçant”, de **dūkān**♀, “boutique”, “commerce”) ; **-bāz**, “-eur”, (**saṭṭebāz**♂, “spéculateur”, de **saṭṭā**♂, “spéculation”) ; **-vād**♂, “-isme”, (**samājvād**, “socialisme”, de **samāj**♂, “société”, **mārksvād**, “marxisme”, de **mārks**, “Marx”).

6.4 *Suffixes s’ajoutant à une base nominale ou verbale* pour former un nom : **-ak**♂, **kartā**♂, nom d’agent “-eur” (**vicārak**, “penseur”, de **vicār**♂, “pensée”, **lekhak**, “écrivain”, de **lekh**♂, “article”, racine **likh-**, “écrire” **samarthak**, “partisan, supporter”, à rattacher à **samarthan**♂, “soutien”).

6.5 *Suffixes s'ajoutant à un adjectif*
- pour former un nom : **-ī**♀ (**dilcaspī**♀, "interêt", de **dilcasp**, "intéressant", **g̲arībī**♀, "pauvreté", de **g̲arīb**, "pauvre", **bīmārī**♀, "maladie", de **bīmār**, "malade") ; **-āī**♀ (**saccāī**♀, "vérité", de **sac**, "vrai"), **-tā**♀ (**saphaltā**♀, "succès", de **saphal**, "réussi", **svādhīntā**♀, "indépendance", de **svādhīn**, "indépendant", **sthirtā**♀, "stabilité", de **sthir**, "stable") ; **-pan**♂ (**pāgalpan**♂, "folie", de **pāgal**, "fou",

पाठ पचास

ऑलिंपिक्स को बदलकर रख दें !

१– गिरधारीलाल जी, पिछले ऑलिंपिक खेलों में हिन्दुस्तान की हालत♀ काफ़ी ख़राब रही ! 1

२ जिस तरह एक ज़माने में हम हॉकी के मैदान♂ पर दूसरी टीमों♀ को पीटा करते थे, 2

NOTES

(1) **kī hālat k̲harāb rahī**, "elle s'est retrouvée en piteux état", "elle en a vu de toutes les couleurs", littéralement "sa situation fut terrible / lamentable". L'emploi du verbe **rahnā**, "rester", là où on attendrait "être" est courant en hindi quand on fait un constat sur le déroulement d'une période ou sur un événement. **tumhārī yātrā**♀ **kaisī rahī ?**, "comment s'est passé ton voyage ?" ; **merī chuṭṭiyā̃ bahut acchī rahī̃**, "mes vacances, c'était très bien", "mes vacances se sont très bien passées".

akelāpan♂, “solitude”, de **akelā**, “seul”) ;
- pour former un nouvel adjectif, à son tour substantivable : ; -**gya**, “qui connaît” (**sarvagya,** “qui connaît tout” de **sarv**, “tout”, “omniscient”, **kritagya**, “reconnaissant” (des actes, **krit**, d’autrui), **viśeṣagya**, “spécialiste”, de **viśeṣ**, “spécial”).

Deuxième vague : vingt et unième leçon

Cinquantième leçon

Transformons les Jeux olympiques ! (Olympiques / à / changeant / poser-donnions)

1 – Girdharilaji, aux derniers Jeux olympiques, l’Inde a fini en piteux état !
(Girdarilal / ji / derniers / olympiques / jeux / dans / Inde / de / état / assez / piteux / resta)

2 Comme dans le temps, nous, on battait les autres équipes sur le terrain de hockey…
(laquelle / façon / une / époque / dans / nous / hockey / de / champ / sur / autres / équipes / à / battre avions l’habitude)

NOTES (suite)

(2) **jis tarah... usī tarah**, littéralement “de laquelle façon... juste de la même façon”, “de même que... de même”, “de la même façon que”, “comme”. Le relatif **jis** est corrélé à **usī** dans la principale comme dans les propositions relatives (voir leçon 31), et la construction exprime la comparaison. **jis tarah boris ram ke pīche bhāgtā hai usī tarah mārko laṛkiyõ ke pīche bhāgtā hai**, “Marco poursuit les filles comme Boris poursuit le rhum”. **jis tarah hiroyukī ne khāyā, usī tarah mãine bhī khāyā**, “j’ai mangé exactement comme (a mangé) Hiroyuki” (ou **mãine hiroyukī kī tarah khāyā**).

३ उसी तरह सभी प्रतियोगिताओं♀ में दूसरे देशों के खिलाड़ियों♂ ने हमें पीटकर रख दिया है । 2 3

४ अब तो हमें कभी हॉकी का पदक♂ भी मिलने का नहीं ! हमसे तो नकली घास पर भागा नहीं जाता ! 4 5

५ समझ नहीं आ रहा कि इस विफलता♀ के लिये क्या बहाना♂ बनाया जाए ! 6 7

NOTES (suite)

(3) **pratiyogitā**, “compétition”. Le mot est formé sur la base **yog♂**, “union”, et notamment “union avec l’univers par la contemplation”, “yoga” (racine **yuj**, “unir”) avec le préfixe **prati**-, “envers”, “contre”, et des suffixes : le -**ī**, correspondant aux noms d’agent, et le -**tā** aux noms abstraits ; **yogī♂**, “qui pratique le **yoga**”, **pratiyog**, “concurrence, rivalité”, **pratiyogī**, “concurrent, rival”. **pratidvandī**, “adversaire” (titre d’un film de Satyajit Ray).

(4) **hamẽ... milne kā nahī̃**, “nous ne sommes pas prêts d’obtenir, nous ne risquons pas d’obtenir”. Un verbe à l’infinitif oblique suivi de **kā** et de la négation (le verbe “être” conjugué, qu’on trouve parfois dans cette expression, est aussi souvent omis à cause de la présence de la négation) a le sens d’une forte impossibilité. **maĩ ab śādī karne kā nahī̃ (hū̃)**, “pas question que je me marie maintenant”. **ve rāt ko kām karne ke nahī̃ (haĩ)**, “ça m’étonnerait qu’ils travaillent la nuit !”, “ce n’est pas le genre à travailler la nuit !”

(5) **ham se bhāgā nahī̃ jātā**, “nous sommes incapables de courir”, littéralement “il n’est pas couru par nous”. Voilà une forme de passif (vous reconnaissez l’auxiliaire **jānā**) qui peut vous surprendre, car le verbe est intransitif (**bhāgnā**, “s’enfuir, courir, se précipiter”). Même les verbes intransitifs, du moins

3 … de la même façon, les sportifs des autres pays nous ont battus à plates coutures dans toutes les épreuves !
(cette-même / façon / toutes / compétitions / dans / autres / pays / de / joueurs / nous-à / ayant battu / poser-ont donné)
4 Maintenant, aucune chance d'obtenir une médaille, même pour le hockey ! D'ailleurs, nous sommes parfaitement incapables de courir sur l'herbe artificielle !
(maintenant / to / nous-à / un jour / hockey / de / médaille / même / obtenir / de / pas // nous-par / to / imitée / herbe / sur / couru / pas / est)
5 On ne voit pas quelle excuse on pourrait inventer pour cet échec !
(comprendre / pas / vient-actuel / que / cet / échec / pour / quel / prétexte / fait soit)

NOTES (suite)

ceux qui expriment une activité, sont passivables en hindi, mais dans des conditions spéciales : l'agent est exprimé, avec la postposition **se** (ici **ham se**, "par nous") et la phrase est négative. Le sens est celui d'une impossibilité forte. **usse itnī jaldī uṭhā nahī̃ jātā**, "il est absolument incapable de se lever aussi tôt". La même construction (agent +**se**, négation) se trouve aussi avec des verbes transitifs, et dans le même sens (forte incapacité) : **uskī hālat mujhse nahī̃ dekhī gaī**, "je ne pus supporter de le voir dans cet état" (littéralement "son état ne put être vu par moi").

(6) **samajh nahī̃ ā rahā**, "ne comprend pas", de **samajh ānā**, sorte de locution verbale. On peut aussi dire **merī samajh mẽ nahī̃ ā rahā hai**, "je ne comprends pas", littéralement "dans ma compréhension ne vient pas". Voir leçon 16, phrase 4.

(7) **viphaltā**, "échec", est dérivé du mot **phal**[♂], "fruit", à l'aide du préfixe négatif **vi-** et du suffixe nominalisateur **-tā**. Ainsi, **saphal**, "réussi, qui a du succès", **saphaltā**, "succès, réussite".

६– बहाने बनाने की ज़रूरत नहीं। कारण♂ ढूँढिये ! आपने कभी सोचा है कि ऑलिंपिक्स में, देखा जाए तो एक भी भारतीय खेल नहीं है ?

७ किसी को विदेशी कसौटी♀ के अनुसार परखना और असमर्थ घोषित करना कहाँ तक उचित है ? 8

८ बताइए, यदि वहाँ कबड्डी खेली गई होती, गुल्ली♀–डंडा♂ खेला गया होता, 9

NOTES (suite)

(8) **kisī ko asamarth ghoṣit karnā**, "déclarer quelqu'un incompétent". **ghoṣit karnā**, littéralement "faire annoncé", "annoncer, déclarer", a un objet **kisī ko**, auquel est attribuée une qualité (attribut du COD : **asamarth**). C'est la même construction que vous avez vue pour "considérer quelqu'un comme un ami" (leçon 36, note 9). **asamarth**, "incapable, incompétent", est l'opposé de **samarth**, "capable, compétent".

(9) Le **kabaḍḍī** et le **gullī daṇḍā** (comme les billes, **kañce**) sont des jeux traditionnels indiens, très populaires, qu'il faut absolument essayer ! Pour jouer au **kabaḍḍī** vous démarquerez sur une pelouse, ou à la plage, un grand rectangle divisé en deux camps, un peu comme un court de volley-ball : c'est le terrain (**maidān**♂, ou plus traditionnellement **akhāṛā**♂) de l'affrontement, dont les dimensions, comme le nombre de joueurs par équipe, sont variables. On tire au sort. La première équipe envoie un "chasseur" en territoire ennemi. Le chasseur est tenu de répéter sans cesse le mot "kabaddi" sans reprendre son souffle tout en essayant de toucher (donc éliminer) un, ou plusieurs, adversaires avant de retourner dans son camp pour enfin respirer. Ses ennemis, eux, tentent de l'encercler, le capturer et le retenir jusqu'à ce qu'il perde le souffle, auquel cas c'est le chasseur qui est "tué". Souvent, le chasseur essoufflé se retire prudemment dans son camp sans avoir rien chassé.

6– Ce n'est pas la peine d'inventer des excuses. Cherchez les causes ! Est-ce que vous avez jamais réfléchi au fait qu'aux Jeux olympiques, si on y regarde de près, il n'y a aucun sport indien ?
(prétextes / faire / de / besoin / pas // causes / cherchez // vous / jamais / avez pensé / que / olympiques / dans / vu soit / alors / un / même / indien / sport / pas / est)

7 Juger quelqu'un selon des critères étrangers, et le déclarer incapable... dans quelle mesure est-ce raisonnable ?
(quelqu'un / à / étranger / critère / de / selon / juger / et / incapable / déclaré / faire / où / jusqu'à / approprié / est)

8 Dites-moi, si les Jeux avaient inclu le "kabbadi" ou le "gulli-danda"...
(dites / si / là / kabbadi / jouée aurait été / gulli-danda / joué aurait été)

NOTES (suite)

Les morts attendent dehors, tout en espérant une réincarnation, puisque le fait de tuer des ennemis réanime un nombre équivalent de compatriotes ! On continue ainsi jusqu'à ce qu'une équipe ait réussi à complètement décimer les troupes en face ! N'oubliez pas d'en parler aux enfants de votre quartier... !

Le **gullī-ḍaṇḍā** se joue à deux (ou plus) : chaque joueur a son bâton (**ḍaṇḍā**) et sa **gullī**, une navette de bois comme une petite banane, posée par terre (il suffit d'avoir un terrain vague plat comme la vallée du Gange, et des bouts de branches d'un arbre !). En tapant sur un bout de la **gullī** avec son **ḍaṇḍā**, on la fait sauter en l'air et aussitôt on frappe une deuxième fois pour l'envoyer aussi loin que possible (comme au cricket ou au base-ball). Tant pis si vous loupez votre **gullī**, on passe au prochain joueur. Il s'agit de voir qui ira le plus loin. On peut inventer ses propres règles, il n'y a jamais une seule norme nationale en Inde ! Selon une version, vous pouvez vous faire porter sur le dos de l'adversaire jusqu'au point atteint par votre **gullī**... Amusez-vous bien, mais évitez les rues passantes pour ne pas augmenter le nombre de borgnes dans le quartier !

९ तो क्या हमारे गाँव का बच्चा-बच्चा
उनको पीटकर न रख देता ? 10

१० और सच° पूछिए तो ऐसे हंगामे की
ज़रूरत ही क्या है जहाँ लोग अपने-
अपने झंडे° भाँजते हुए एक दूसरे के
ख़ून° के प्यासे हो जाएँ ? 10 11

११–गिरधारीलाल जी, आपका बस° चले तो
ऑलिंपिक्स की जगह चरख़ा° चलाने के
मुक़ाबले° का ऐलान कर दें ! 12 13 14

NOTES (suite)

(10) **baccā-baccā**, “tout enfant”, “chaque enfant”. Vous aviez oublié cette fonction du redoublement en hindi ? Alors revoyez la leçon 3, note 7. Dans la phrase suivante, c’est le réfléchi qui est redoublé, “chacun son drapeau”.

(11) **pyāse**, “assoiffé”, forme oblique de l’adjectif **pyāsā**, formé sur **pyās**♀, “soif”. Sur “faim”, **bhūkh**♀, on forme ainsi **bhūkhā**, “affamé”. **kisī ke k͟hūn kā pyāsā honā**, littéralement “être altéré du sang de quelqu’un”, est une expression imagée, et fréquente, de l’agressivité.

(12) **āpkā bas cale**, “(si) cela dépendait de vous”. C’est une expression idiomatique, plus souvent d’ailleurs employée à la forme négative (ou comme ici, hypothétique, ou encore interrogative, qui sont des environnements paranégatifs) : **merā bas nahī̃ caltā**, “cela ne dépend pas de moi, je n’y peux rien”. **bas** (hindi sanscritisé **vaś**) signifie la faculté de contrôle. La phrase ici est au subjonctif, le verbe principal (**ailān kar dẽ**) exprime le souhait : d’où la traduction, “vous aimeriez, vous préféreriez”.

9 … le moindre enfant de nos villages ne les aurait-il pas battus à plate couture ?
(alors / est-ce que / notre / village / de / enfant-enfant / eux-à / battant / pas / poser-donnerait)

10 Et à vrai dire, à quoi bon tout ce remue-ménage où les gens, brandissant chacun son étendard, deviennent des monstres sanguinaires ?
(et / vérité / demandez / alors / tel / brouhaha / de / besoin / même / quoi / est / où / gens / ses-ses / drapeaux / brandissant / autres / de / sang / de / assoiffés / deviennent)

11 – Girdharilal ji, si cela ne tenait qu'à vous, vous pourriez déclarer l'ouverture d'un concours de fileur au rouet à la place des Jeux olympiques !
(Girdharilal / ji / votre / contrôle / marche / alors / Olympiques / de / place / rouet / faire marcher / de / concours / de / déclaration / faire-donniez)

NOTES (suite)

(13) **carkhā**, "le rouet", symbolique depuis l'image que lui a associée Gandhi : le mouvement Swadeshi (voir leçon 43, note 10 et leçon 44, note 7), dont une stratégie essentielle était le boycott des produits britanniques et notamment des tissus, préconisait l'utilisation du rouet pour substituer aux produits importés les produits nationaux.

(14) **kā ailān karnā**, "faire l'annonce de", "annoncer". Le synonyme en hindi sanscritisé est **kī ghoṣaṇā karnā**. Le verbe est ici au subjonctif, et la proposition relative au subjonctif exprime, comme en français, un fait plus virtuel et général qu'asserté et lié à des circonstances particulières.

१२–हाँ, और शकील साहब, आप अपनी तरफ़ से पान♂ की पीक♀ थूकने की प्रतियोगिता जोड़ना न भूलिएगा ! 15 16

NOTES (suite)

(15) **pān**, “bétel”. Très prisé, le “pan”, vendu à chaque coin de rue par un **pānvālā** sur le trottoir, aussi bien que servi dans les restaurants, et préparé dans les maisons, consiste en une feuille de bétel pliée dans laquelle divers ingrédients sont ajoutés (noix d’arec, cathe rouge, etc.). Les **pān** de Bénarès sont célèbres. Les versions “dures” contiennent du tabac mais vous pouvez aussi demander un **mīṭhā pān** (sucré) avec du **gulkand**♂ (confiture de pétales de rose). Il se chique, et donc se crache : ne soyez pas surpris dans la rue en voyant d’amples jets de salive rouge partir dans les directions les plus impré-

EXERCICES

अनुवाद कीजिए

१. इस फ़िल्म में फिर बदमाशों की हालत ख़राब रही । हीरो ने सबको पीटकर रख दिया !
२. कल हमारे गाँव में कबड्डी की प्रतियोगिता हो रही है । हमारी टीम सबको पीटकर रख देगी ।
३. मगर परीक्षा से दो दिन पहले कबड्डी खेलना कहाँ तक उचित है ?
४. जब उसके पिता को मालूम हुआ कि वह गुल्ली–डंडा खेल रहा है, वे उसके ख़ून के प्यासे हो गए ।
५. चिपकोलाल आपके घर आ गए हैं तो अब एक महीने से पहले जाने के नहीं !

12 – Oui, et Shakil Sahab, de votre côté, n'omettez pas d'y ajouter un concours de crachat de jus de bétel !
(oui / et / Shakil / Sahab / vous / votre / côté / de / bétel / de / salive-rouge / cracher / de / concours / ajouter / pas / oubliez)

NOTES (suite)

vues, mais tâchez de ne pas vous trouver sur la trajectoire. Ne soyez pas non plus surpris de l'abondance des crachoirs (**pīkdān**♂ ou **thūkdān**♂) dans les lieux publics.

(16) **bhūliegā**, "oubliez", est la forme polie de l'impératif futur (on ajoute -**gā** à la forme normale polie en -**ie**). En contexte de tutoiement, on emploie la forme de l'infinitif : **kal udhar na jānā**, "n'y va pas demain". Notez que la négation est **na**, comme dans les modes autres que l'indicatif.

६. आज अंग्रेज़ अपने ही देश में, अपने ही खेल क्रिकेट में पाकिस्तान से पिट गए। देखा जाए तो कोई बहाना नहीं है !

७. जब बोरिस से गुल्ली-डंडा नहीं खेला गया तो वह बहाने बनाने लगा।

८. आपका बस चले तो आप आलिंपिक्स का मतलब ही बदलकर रख दें !

९. मुझे सितार और शास्त्रीय संगीत में दिलचस्पी नहीं। वहाँ जाना तो दोस्तों से मिलने का बहाना है !

१०. ड्राइवर साहब, यह लाइसेंस वहाँ नहीं चलेगा ! वे अपनी कसौटी के अनुसार आपको परखेंगे !

Traduisez

1 Dans ce film les voyous se sont encore retrouvés en piteux état. Le héros les a tous battus à plates coutures. 2 Demain il y a un concours (compétition) de kabaddi dans notre village. Notre camp battra tous [les autres] à plates coutures. 3 Mais jouer au kabaddi deux jours avant l'examen, dans quelle mesure est-ce raisonnable (convenable) ? 4 Quand son père apprit qu'il jouait au gulli danda, il devint un monstre sanguinaire. 5 Si Chipkolal est venu chez vous, alors pas question qu'il parte avant un mois ! 6 Aujourd'hui les Anglais ont été

वाक्य पूरे कीजिए

1. *Le jardinier a dit au garçon que la prochaine fois, s'il le voyait (vit) dans ce jardin, il lui casserait la figure (mains-pieds).*
   माली — लड़के —— कहा कि अगली ——— मैंने तुम्हें इस बगीचे में ——— तो हाथ–पैर तोड़कर ——— ———।
2. *Dans le dernier match de "kabaddi" à (de) l'institut, les étudiants étrangers se retrouvèrent en piètre état !*
   इंस्टिट्यूट के पिछले कबड्डी मैच में ——— ——— की ———— काफ़ी ——— ———!
3. *Tout comme ils avaient, eux, battu les employés sur le terrain de football…*
   —— तरह उन्होंने ———— को फ़ुटबाल के मैदान पर ——— ——,
4. *(De la même façon) les employés les ont battus à plate couture dans l'arène de kabaddi.*
   ——— ——— कर्मचारियों ने उन्हें कबड्डी के अखाड़े में ——— रख ———।

battus par le Pakistan au cricket, leur propre jeu, dans leur propre pays. [Si] on y regarde bien, il n'y a pas d'excuse ! 7 Lorsque Boris fut incapable de jouer au gulli danda, il se mit à inventer des excuses. 8 S'il n'en tenait qu'à vous, vous préféreriez changer le sens même des Jeux olympiques ! 9 Je ne m'intéresse pas au sitar ni à la musique classique. Y aller, c'est un prétexte pour rencontrer les amis. 10 Monsieur le chauffeur, ce permis ne marchera pas là-bas ! Ils vous jugeront selon leurs critères !

5. *Les élèves ont inventé le prétexte qu'il était difficile de courir sans chaussures.*

छात्रों ने यह ——— बनाया कि बिना जूतों के ——— मुश्किल है ।

6. *Dites donc, Bajrang Lal ji, les pauvres étudiants étrangers n'avaient jamais joué au kabaddi auparavant.*

अरे, बजरंग लाल जी, ——— विदेशी छात्र पहले कबड्डी ——— नहीं ——— थे ।

7. *Les juger selon vos propres critères et les déclarer incapables, est-ce bien raisonnable ?*
——— अपनी ——— के ——— परखना और असमर्थ ——— करना कहाँ ——— उचित है ?

8. *Si on avait joué au tennis (f) ici, ou bien au squash (m), vous en auriez vu de toutes les couleurs !*
यदि यहाँ टेनिस खेली ——— ———, या स्क्वाश खेला ——— ——— तो आपकी ——— ख़राब ——— !

9. *Nishaji, à vrai dire, quel besoin de sauter et bondir de la sorte ?*
निशाजी, सच ——— तो ——— तरह उछलने-कूदने की ——— ही ——— है ?

10. *Si cela ne tenait qu'à nous, on préférerait boire du thé, chiquer (manger) du bétel, jouer aux cartes et réciter des vers toute la journée !*
हमारा बस ——— तो सारा दिन चाय पिएँ, पान ———, ताश ——— और शेर ——— !

Les mots manquants

१. – ने – से – – – बार – – – – – देखा – – – – रख दूँगा ।
२. – – – – – – विदेशी छात्रों – हालत – ख़राब रही !
३. जिस – – कर्मचारियों – – – – – पीटा था,
४. उसी तरह – – – – – – – – पीटकर – दिया ।
५. – – – बहाना – – – – – भागना / दौड़ना – – ।
६. –, – – –, बेचारे – – – – कभी – खेले – ।

७. उन्हें / उनको – कसौटी – अनुसार – – – घोषित – – तक – – ?

८. – – – – गई होती, – – – गया होता – – हालत – होती / रहती !

९. –, – पूछिए – इस – – – – ज़रूरत / आवश्यकता – क्या – ?

१०. – – चले – – – – –, – खाएँ, – खेलें – – सुनाएँ !

Les JO et le kabaddi, le dhrupad et le Bollywood, la politique de l'Inde contemporaine et les fables antiques, les idéaux et la trahison des idéaux, les grands récits mythiques et leurs adaptations folkloriques, Boris, Nisha, et les autres, les campus universitaires et les villages : eh oui, l'Inde, c'est tout cela. La violence* (hinsā) *et la non-violence* (ahinsā), *les tensions et la sérénité, la révolte et la soumission : **bhārat mẽ sab kuch ho saktā hai !** ***Vous vous débrouillez de mieux en mieux dans le labyrinthe de cette complexité, vous jouez sur les niveaux de langue, plus ou moins sanscritisée, plus ou moins persanisée, et vous maîtrisez maintenant toutes les structures grammaticales de base. Français, encore un effort, et vous allez, comme Nisha, vous indianiser complètement :*** **āp sacmuc hindustānī ban jāẽge !**

Deuxième vague : vingt-deuxième leçon

पाठ इक्यावन

मायाजाल♂ को तोड़ क्यों नहीं देते ?

१ मुंशी प्रेमचंद की लिखी एक कहानी♀ है, "ख़ुदाई फ़ौजदार♂" । उसका सार♂ इस प्रकार♂ है : 1 2

२ किसी गाँव में एक धनी महाजन♂ रहता था । वैसे तो लोगों का ख़ून चूसता था मगर था बड़ा धर्मनिष्ठ । 3

NOTES

(1) **munśī premcand**, "le clerc Premchand". "Munshi", à l'origine désignant une profession associée à l'univers culturel ourdou (clerc, avocat, professeur d'ourdou ou de persan) est devenu une sorte de qualification flatteuse (l'intellectuel). Premchand est reconnu comme le premier grand romancier en langue hindi moderne (voir leçon 39 sur "Les joueurs d'échecs"). En fait il a commencé sa carrière d'écrivain en utilisant l'ourdou, et même dans son hindi, on trouve beaucoup de vocabulaire arabo-persan (vous reconnaissez d'ailleurs, grâce aux points sous le ख़ et le फ़, l'origine de **k͟hudāī faujdār** : **k͟hudā**♂ est en effet le nom de Dieu en ourdou comme en persan). Très influencé par le message de Gandhi, qu'il propagea activement, il s'est fait l'apôtre d'une littérature militante dont le but est de sensibiliser les masses à des problèmes idéologiques et sociaux, et a ainsi lancé l'école progressiste "**pragativādī**". Il a notamment mis en scène le monde de la paysannerie victime des exactions des grands propriétaires (**zamīndār**♂) et des abus des usuriers (**mahājan**). Son roman le plus célèbre est **godān**♂, "Le don de la vache", et le plus marqué par l'idéologie gandhienne **bhūdān**♂, "Le don de la terre", reflet du mouvement (de Vinoba Bhave etc.) qui visait à inviter les grands propriétaires à donner spontanément de la terre aux paysans sans terres.

Cinquante et unième leçon

Pourquoi ne brisez-vous pas le piège des illusions ? (illusion-filet / à / briser / pourquoi / pas / donnez)

1 Il y a une nouvelle écrite par le Munshi Premchand, “Gendarmes célestes”. En voici le résumé.
(Munshi / Premchand / de / écrite / une / nouvelle / est / de-dieu / gendarmes // son / essence / cette / façon / est)

2 Dans un village, vivait un usurier prospère. Normalement, c’était une vraie sangsue, mais pour être pieux, il l’était.
(quelque / village / dans / un / riche / usurier / vivait // ainsi / to / gens / de / sang / suçait / mais / était / très / pieux)

NOTES (suite)

(2) **premcand kī likhī kahānī**, “histoire écrite par Premchand”. Le participe passé d’un verbe transitif (ici **likhī**, “écrite”) peut être accompagné de l’agent qui a fait l’action : celui-ci est alors représenté avec la postposition **kā** (**kī**, **ke**, accordée avec le nom qui suit). Si c’était un participe passif (que le français traduit de la même façon), l’agent serait représenté avec la postposition **dvārā** : **premcand (ke) dvārā likhī gaī kahānī**, “histoire (qui a été) écrite par Premchand” (dérivé de **kahānī premcand (ke) dvārā likhī gaī hai**, “l’histoire a été écrite par Premchand”).

(3) **magar thā baṛā dharmniṣṭh**, “mais il était très religieux”, littéralement “très attaché au **dharma**, très scrupuleux dans le **dharma**”. Notez que l’ordre des mots est marqué, le verbe étant déplacé avant l’attribut, pour mettre ici en évidence le pharisaïsme du personnage.

३ उसके पास किसी गिरोह♂ की ओर से धमकियों♀-भरे पत्र आने लगे जो उससे भारी रक़म♀ की माँग♀ कर रहे थे। 4

४ मगर सेठजी को बर्तानवी राज के बंदोबस्त♂ पर पूरा भरोसा♂ था। ऊपर से पुलिसवालों और अधिकारियों♂ की ख़ातिर करने वाले वे अकेले ही तो थे। 5 6

५ एक दिन चार सिपाही♂ उनके घर पहुँचे और यह राय♀ दी कि क़ीमती सामान♂ कुछ दिन पुलिस चौकी♀ में जमा कर दें। 7 8

NOTES (suite)

(4) **kī mā̃g kar rahe the**, “ils faisaient demande de”, “ils demandaient”. La locution verbale, formée du nom **mā̃g**, féminin (d’où la construction, sous forme de complément de nom introduit par **kī**), est synonyme du verbe simple **mā̃gnā**, “demander” (transitif direct). **usse raqam mā̃g rahe the**, “lui demandaient une somme”. De même la locution verbale **kī talāś♀ karnā**, “faire recherche de”, a un synonyme (moins employé d’ailleurs) **talāśnā**, “rechercher”, et **bāt karnā**, “faire parole, dire”, **batānā**, “dire”.

(5) **seṭh**, “le riche marchand”, et par extension “le riche, nanti”, est l’ancêtre du capitaliste. **seṭhānī**, son épouse.

(6) **bharosā**, “confiance”, est synonyme de **viśvās♂** (origine sanscrite) et se construit avec un sujet logique à la forme oblique + **ko** et le verbe **honā**, “être”. On peut aussi trouver l’expression employée transitivement avec le verbe **karnā**,

3 Il commença à arriver chez lui des lettres de menaces envoyées par un certain gang qui exigeaient une grosse somme d'argent.
(lui / chez / quelque / gang / de / côté / de / menaces-pleines / lettres / parvenir / se mirent / qui / lui-de / lourde / somme / de / exigence / faisaient-actuel)

4 Mais Sethji faisait pleinement confiance à l'organisation du Raj britannique. En outre, il était le seul à avoir choyé les officiers de la police et de l'administration.
(mais / Sethji / à / britannique / règne / de / organisation / sur / complète / confiance / était // en haut / de / policiers / et / officiers / de / hospitalité / faire / vala / il / seul / juste / to / était)

5 Un beau jour, quatre gendarmes se rendirent chez lui et lui conseillèrent de déposer ses objets de valeur au poste de police pour quelques jours.
(un / jour / quatre / gendarmes / sa / maison / arrivèrent / et / ce / conseil / donnèrent / que / précieuses / affaires / quelques / jours / police / poste / dans / amassé / faire donne)

NOTES (suite)

"faire" : **seṭh us par bharosā kartā thā**, "le seth lui faisait confiance".

(7) **sipāhī**, "soldat". La célèbre révolte des Cipayes, ou Cipoyes (prononcé à la bengali), en 1857, passe pour avoir été le déclencheur de la lutte des indépendantistes contre la domination britannique : il s'agissait d'une mutinerie de soldats (**sipāhī**), à qui l'état major britannique demandait de graisser leurs armes avec du saindoux, produit "tabou" pour les musulmans, et tout aussi impur pour les hindous végétariens.

(8) **kī rāy denā**, "donner le conseil de", "conseiller", a pour synonyme **kī salāh**[?] **denā**.

६ सेठजी ने उन्हीं की सहायता♀ से सब कुछ
एक मोटर♀ में लाद दिया और चल
पड़े । 9

७ रास्ते में एक सिपाही ने पूछा कि सेठजी,
क्या यह सच है कि पच्चीस साल♂ पहले
आप केवल तीन रुपये लेकर इस गाँव में
आए थे ?

८ सेठजी ने गर्व♂ से कहा कि यह सही है
मगर मेरी दिलचस्पी इस माया♀ में नहीं,
केवल धर्म♂ और परोपकार♂ में है । 10

NOTES (suite)

(9) **sahāytā**, "aide", a pour synonyme en hindi plus ourdouïsé **madad♀**. D'où les locutions verbales **kisī kī sahāytā / madad karnā**, "aider quelqu'un". **unhõne rāy dī ki paise baiṅk♂ mẽ jamā kar dẽ**, "ils [lui] conseillèrent de déposer l'argent à la banque" (**jamā karnā**, "rassembler", **jamāt♀**, "assemblée, groupe", est d'origine arabe).

(10) **merī dilcaspī is māyā mẽ nahī̃**, littéralement "mon intérêt n'est pas dans ce miracle". **māyā** est l'illusion, le miracle, et en général tout ce qui relève de la marche des événements dans ce monde, supposés illusoires, par opposition à la vérité (**satya♂**) supposée n'exister qu'au-delà de ce monde. Sans la **māyā**, le monde n'existerait pas, mais d'autre part le monde n'est qu'illusion, pris dans les filets de la **māyā** (**māyājāl**), qu'il faut rompre (**toṛnā**) pour accéder à la réalité. La construction est marquée, par rapport à la construction plus courante **mujhe is māyā mẽ dilcaspī nahī̃ hai**, "je ne m'intéresse pas à cette **māyā** / cette **māyā** ne m'intéresse pas" (voir leçon 11, note 2 sur l'ordre normal et le déplacement de certains éléments.

6 Avec l'assistance des gendarmes eux-mêmes, Sethji chargea le tout dans une voiture et se mit en route.
(Sethji / eux-mêmes / de / aide / avec / tout / une / voiture / dans / charger donna / et / partir tomba)

7 En chemin un gendarme lui demanda : est-ce vrai que vous êtes venu vous installer dans ce village il y a vingt-cinq ans avec trois roupies en tout et pour tout ?
(chemin / dans / un / gendarme / demanda / que / Sethji / est-ce que / ceci / vrai / est / que / vingt-cinq / ans / auparavant / vous / seulement / trois / roupies / apportant / ce / village / dans / étiez venu)

8 Sethji répondit avec fierté : c'est exact, mais je ne m'intéresse pas à toute cette richesse illusoire, mais seulement à la piété et aux bonnes actions.
(Sethji / fierté / avec / dit / que / ceci / exact / est / mais / mon / intérêt / cette / illusion / dans / pas / seulement / dharma / et / bonnes actions / dans / est)

९ मेरा बस चलता तो सब कुछ त्यागकर किसी तीर्थ♂-स्थान♂ पर जाकर भजन♂ करता। 11

१० सिपाही ने पूछा कि आप इस माया को ग़रीबों में बाँटकर सचमुच क्यों नहीं निकल भागते ?

११ सेठजी ने कहा कि मायाजाल को तोड़ना आदमी का काम नहीं। भगवान की इच्छा♀ होती है तभी मन में वैराग्य♂ आता है।

१२ तब "सिपाही" ने घोषणा की : भगवान को आप पर दया♀ आ गई है। वे आपकी भक्ति♀ से प्रसन्न हो गए हैं। उन्होंने हमें आपकी बेड़ियाँ♀ तोड़ने के लिए भेजा है। 12

NOTES (suite)

(11) **sab kuch tyāgkar**, "renonçant à tout". La notion de **tyāg**♂, "renoncement", et **tyāg karnā**, "renoncer" (aussi "démissionner" !) est fondamentale dans la pensée et le comportement hindous : le nombre de sadhous, ou renonçants, qu'on peut croiser sur les routes en est la preuve, ainsi que le nombre (moindre) de personnages notables ou moins notables qui, au sommet de la réussite sociale, prennent la décision de renoncer pour se consacrer à leur vie intérieure (ici associée aux lieux saints, **tīrth**, et au chant sacré, **bhajan**). Il s'agit d'un dégoût plus ou moins mystique des activités de ce monde. Dès les

9 Si cela ne tenait qu'à moi, je renoncerais à tout et je partirais en pèlerinage pour chanter des hymnes religieux.
(mon / contrôle / marcherait / alors / tout / ayant renoncé / quelque / pèlerinage-endroit / sur / allant / hymne religieux / ferais)

10 Le gendarme lui demanda : pourquoi ne distribuez-vous pas toute cette richesse mondaine parmi les pauvres et ne vous en évadez-vous pas pour de bon ?
(gendarme / demanda / que / vous / cette / illusion / à / pauvres / dans / ayant distribué / vraiment / pourquoi / pas / sortant / vous enfuyez)

11 Sethji répondit : il n'appartient pas aux hommes de briser le piège de l'Illusion. Ce n'est que lorsque le Bon Dieu le désire que le sentiment du renoncement vient au coeur.
(Sethji / dit / que / piège de l'illusion / à / briser / homme / de / travail / pas // Dieu / de / désir / est / alors-seulement / esprit / dans / renoncement / vient)

12 Là-dessus le “gendarme” déclara : le Bon Dieu a pris pitié de vous. Il a été satisfait de votre dévotion. Il nous a envoyés briser vos chaînes.
(alors / “gendarme” / déclaration / fit // Dieu / à / vous / sur / pitié / venir est allée // il / votre / dévotion / satisfait / est devenu // il / nous-à / vos / chaînes / briser / pour / a envoyés)

NOTES (suite)

grands traités classiques (**śāstra**♂), le cours de la vie est ritualisé en quatre grandes phases, ou stades de la vie (les quatre **āśrama**♂), dont le dernier est le renoncement, phase de désengagement qui prolonge les stades précédents (l'étude, **brahmacārya**, qui commence à l'initiation dans le Véda, le

१३ डाकुओं ने सेठजी को चलती मोटर[१] से धकेल दिया, फिर उनका रोना–चिल्लाना सुनकर खिड़की से तीन रुपये ज़मीन[१] पर फेंक दिए।

NOTES (suite)

maître de maison, **grihastha**, l'ermitage sylvestre, **vanaprastha** (ou **sanyās**, encore relativement socialisé), l'ensemble du cycle correspondant à une déprise progressive après l'emprise sur le monde.

(12) **bhagvān ko āp par dayā ā gaī hai**, "le seigneur a pris pitié de vous". Notez la construction indirecte (**bhagvān ko**),

अनुवाद कीजिए

१. पिछले शनिवार निशा और बोरिस की किसी दुकानदार से बहस हो गई। कहानी का सार इस प्रकार है...
२. एक कश्मीरी क़ालीन में निशा की दिलचस्पी थी। वैसे तो क़ालीन काफ़ी महंगा था पर था बड़ा ख़ूबसूरत।
३. दुकानवाला पाँच हज़ार रुपए की मांग कर रहा था। अपनी तरफ़ से "पचास प्रतिशत" का डिस्काउंट पहले ही दे चुका था।
४. निशा ने बहाना बनाया कि उसके पास ज़्यादा पैसे नहीं हैं, और दुकानदार ने कहा कि पैसे में उसकी भी कोई दिलचस्पी नहीं।

13 Les bandits poussèrent Sethji hors de la voiture en marche, puis, entendant ses cris et ses pleurs, ils lui jetèrent trois roupies par la fenêtre.
(bandits / Sethji / à / marchante / voiture / de / pousser donnèrent / puis / son / pleurer-crier / entendant / fenêtre / par / trois / roupies / sol / sur / jeter donnèrent)

NOTES (suite)

ainsi que la construction du complément, introduit par la post-position **par**, "sur" (on dit "avoir pitié sur", comme "avoir confiance sur", "avoir colère sur"). **mere gadhe ko mujhpar gussā ā gayā hai,** "mon âne est furieux contre moi".

५. बोरिस को उसकी मीठी-मीठी बातों पर भरोसा नहीं था। क्या परोपकार कर-करके ये लोग पैसा बनाते हैं ?

६. दुकानदार ने राय दी कि निशा कुछ पैसा फ़ौरन जमा कर दे और बाक़ी पैसा क्रेडिट कार्ड से दे दे।

७. उसने जल्दी-जल्दी एक लड़के की सहायता से क़ालीन आटो-रिक्शा में लदवा दिया।

८. बाद में निशा ने देखा कि क़ालीन में बड़ा-सा छेद है, जैसे कोई चूहा उसे चबा गया हो।

९. अगले दिन, काफ़ी बहस के बाद रायसाहब ने क़ालीन लौटा दिया और निशा के पैसे वापस दिलवा दिए।

१०. दुकानदारों से मिल-मिलकर निशा के मन में वैराग्य आने लगा है।

Traduisez

1 Samedi dernier, Nisha et Boris se sont disputés avec un commerçant (il y eut une dispute de Nisha et Boris avec un commerçant). Voici l'histoire en résumé... 2 Nisha était intéressée par un tapis cachemiri. Enfin (normalement), le tapis était assez cher mais pour être beau, il l'était. 3 Le marchand demandait cinq mille roupies. Il avait déjà accordé un rabais (donné un discount) de "cinquante pour cent" de son côté. 4 Nisha donna comme prétexte qu'elle n'avait guère d'argent sur elle, et le marchand dit qu'il ne s'intéressait pas lui non plus à l'argent. 5 Boris n'avait pas confiance en ses paroles mielleuses (sucrées-sucrées). Est-ce en faisant des ca-

वाक्य पूरे कीजिए

1. *Normalement le propriétaire de Boris ne fait que se tourner les pouces (tuer les mouches) toute la journée mais, pour être intelligent, il l'est.*

   ——— ——— बोरिस का मकान-मालिक दिन ——— मक्खियाँ ——— है पर ——— बड़ा बुद्धिमान ।

2. *Le "seth" Dhannamal est propriétaire de quatre ou cinq maisons et c'est une vraie sangsue (suce le sang) des locataires.*

   सेठ धन्नामल ———-——— मकानों का ——— है और किराएदारों का ——— ——— ——— ।

3. *Maintenant Dhannamal ji demande encore une augmentation du loyer.*

   अब धन्नामल जी ——— किराया ——— की ——— कर ——— ——— ।

deaux (faisant-faisant générosité) que ces gens font de l'argent ? 6 Le marchand conseilla à Nisha de déposer un peu d'argent tout de suite et de payer (donner) le reste par carte de crédit. 7 Avec l'aide d'un gamin il fit rapidement charger le tapis sur le rickshaw. 8 Par la suite Nisha vit qu'il y avait un gros trou dans le tapis, comme si un rat l'avait rongé (mâché). 9 Le lendemain, après pas mal de pourparlers (discussion), Raisahab retourna le tapis et fit rembourser Nisha (redonner l'argent de Nisha). 10 A force de rencontrer des marchands, Nisha finit par se sentir le goût du renoncement (dans l'esprit de Nisha le renoncement a commencé à venir).

4 *Il va falloir qu'on fasse écrire par l'avocat Motilal une lettre (pleine) de menaces.*
वकील मोतीलाल —— एक ———— –भरा पत्र ———— ———— !

5. *Si cela ne tenait qu'au propriétaire, il aurait déjà expulsé (fait sortir avec des poussées) Boris.*
मकान–मालिक का —— ———— तो पहले ही बोरिस को धक्के ——— ———— ———
होता ।

6. *Mais Boris faisait pleinement confiance à la filouterie (coquinerie) de son chien. En outre, il était le seul à avoir choyé Tommy de la sorte.*
मगर बोरिस को ———— कुत्ते की बदमाशी पर ——— ———— —— । ऊपर से टौमी की इस तरह ——— करने ——— वह ———
ही तो था !

7. *Après l'avoir bien nourri (fait manger) de viande de chèvre (bouc), Boris envoya Tommy briser le filet de l'illusion de Dhannamal.*

——— का गोश्त ——— बोरिस ने टामी को धन्नामल का ——— तोड़ने के लिए ——— ——— ।

8. *Briser l'illusion d'un "seth" n'appartient pas à un chien. Ce n'est que lorsque le Bon Dieu le désire que le sentiment du renoncement vient au coeur.*

एक सेठ का मायाजाल ——— कुत्ते ——— ——— ——— । भगवान की ——— होती है ——— मन में ——— आता है ।

9. *Mais Tommy se précipita dans la maison du "seth" et dévora complètement son [gros] volume de comptes.*

मगर टौमी सेठ के घर में ——— बैठा और उसकी हिसाब–किताब की पोथी बिलकुल ——— गया ।

10. *Tommy ressentit même de la pitié pour le "seth". Mais il savait également que cette fois-ci son maître Boris serait satisfait de sa dévotion.*

टौमी को सेठ पर ——— ——— आई । लेकिन उसे यह भी ——— था कि इस ——— उसका ——— बोरिस उसकी ——— से ——— होगा ।

Les mots manquants

१. वैसे तो – – – – – – भर – मारता – – है – – ।

२. – चार–पाँच – – मालिक – – – – ख़ून चूसता है ।

३. – – – फिर – बढ़ाने – माँग – रहे हैं ।

४. – – से – धमकियों – – लिखवाना पड़ेगा !

५. – – – बस चलता – – – – – – – देकर / दिलवाकर नि-
काल चुका – ।

६. – – – अपने – – – – पूरा भरोसा था । – – – – – – –
ख़ातिर – वाला – अकेला – – – !

७. बकरे – – खिलाकर – – – – – – – मायाजाल – – –
भेज दिया ।

८. – – – – तोड़ना – का काम नहीं । – – इच्छा – – तभी
– – वैराग्य – – ।

९. – – – – – – घुस – – – – – – – – – चबा – ।

१०. – – – – दया भी – । – – – – मालूम – – – बार –
मालिक – – भक्ति – प्रसन्न – ।

Deuxième vague : vingt-troisième leçon

पाठ बावन

मनुष्य का खोया हुआ ख़ज़ाना

१ एक पौराणिक कथा♀ के अनुसार एक ऐसा समय था जब सभी मनुष्य♂ देवता♂ हुआ करते थे । 1 2

२ लेकिन उन्होंने अपनी ईश्वरीय प्रकृति♀ का ऐसा दुरुपयोग♂ किया कि ब्रह्मा ने उसे वापस ले लेने का फ़ैसला कर लिया । 3 4

३ उनका निश्चय♂ यह था कि मनुष्यों के ऐश्वर्य♂ को किसी ऐसे दुर्लभ स्थान पर छिपा दिया जाए... 4

NOTES

(1) **paurāṇik**, adjectif, est dérivé de **purāṇa**♂, récits religieux et relatifs à la mythologie, donc aux fables elles-mêmes relatives à la création de l'univers. L'une des plus célèbres est celle qui raconte la vie de Krishna (**bhagavat purāṇa**). Notez que la dérivation de l'adjectif en **-ik**, “relatif à”, s'accompagne d'un allongement de la voyelle, **u** passe à **au**. En hindi moderne, le sens de **purānā** est “vieux”, “ancien” : **purānā qilā**, “le vieux fort”, **purānī dillī**, “la vieille Delhi”.

(2) **devatā huā karte the**, “étaient une divinité, étaient divins”. Si vous avez oublié l'aspect fréquentatif, construit sur le participe passé invariable du verbe principal, revoyez la leçon 40, note 5.

Cinquante-deuxième leçon

Le trésor perdu de l'humanité
(homme / de / perdu / trésor)

1 Selon une histoire légendaire, il fut un temps où tous les hommes étaient des divinités.
(une / pouranique / histoire / selon / un / tel / temps / était / quand / tous / hommes / dieu / étant avait l'habitude)

2 Mais ils firent de leur nature divine un si mauvais usage que Brahma décida de la leur reprendre.
(mais / ils / leur / divine / nature / de / tel / mésusage / firent / que / Brahma / elle-à / re / prendre / prendre / de / décision / faire prit)

3 Il avait décidé de cacher la divinité des hommes dans quelque endroit inacessible...
(sa / décision / ceci / était / que / hommes / de / divinité / à / quelque / tel / inaccessible / lieu / sur / dissimuler donné soit)

NOTES (suite)

(3) **īsvarīy**, "divin", est dérivé de **īśvar**♂, "dieu", de la même façon que **bhāratīy**, "indien", de **bhārat**♂, "Inde". **aiśvarya**♂, "divinité, nature divine", à la phrase 3, est le substantif abstrait dérivé à l'aide du suffixe **-ya** et imposant l'allongement de la voyelle radicale. De même **sundar**, "beau", **saundarya**♂, "beauté".

(4) **durupyog**, "mauvais usage", est formé à l'aide du préfixe **-dur**, "mauvais", et du nom **upyog**♂, "usage, utilisation" (**upyogī**, "utile"). De même, **durlabh**, littéralement "d'obtention ou d'accès difficile", formé à l'aide du même suffixe sur une base sanscrite qui n'existe plus comme mot indépendant en hindi (en panjabi, **labhnā**, "rechercher", hindi **lābh**♂, "trouvaille, profit").

४ जहाँ से उसे ढूँढ निकालना मनुष्य के
लिए बिलकुल असंभव हो। समस्या यही
थी कि ऐसी दुर्लभ जगह कौनसी है। 5

५ देवलोक में सभा बुलाई गई। देवताओं
ने सुझाव दिया कि मनुष्य के ऐश्वर्य को
ज़मीन में गाड़ दिया जाए। 6 7

६ ब्रह्मा ने कहा : "नहीं, यह काफ़ी नहीं है।
मनुष्य उसे ज़रूर खोद निकालेगा।" 8

७ फिर देवताओं ने कहा : "क्यों न उसके
ऐश्वर्य को समुद्र की गहराइयों में फेंक
दिया जाए।"

NOTES (suite)

(5) Le verbe composé **ḍhũḍh nikālnā**, "chercher faire sortir", "trouver", est devenu idiomatique (contrairement aux autres combinaisons de verbes composés où c'est le verbe principal qui porte le sens, ici le sens est l'effet global de la séquence entière, assez différent de celui du premier verbe).

(6) **sujhāv diyā**, "donnèrent la suggestion". Sur la même base, on trouve le verbe **sūjhnā**, "venir à l'idée", construit avec un sujet oblique + **ko**, et qui est le correspondant intransitif de **socnā**, "penser" (**mujhe kuch nahī̃ sūjhā**, "il ne m'est rien venu à l'idée").

(7) **gāṛ diyā jāe**, "que soit enterrée". C'est un passif, avec l'auxiliaire **jānā** au subjonctif. Ce subjonctif correspond à l'ordre. Le verbe principal **gāṛnā**, "enterrer", est suivi d'un explicateur **denā**, "donner", qui oriente l'action vers le patient et non vers l'agent : vous voyez que dans une phrase passive, l'explicateur est celui qu'on aurait dans la phrase active cor-

4 où il serait absolument impossible pour l'homme de la récupérer. Mais le problème était de trouver quel pourrait être un tel lieu inaccessible.
(où / de / elle-à / chercher / faire sortir / homme / pour / absolument / impossible / soit // problème / ce-même / était / tel / inaccessible / lieu / lequel / est)

5 On convoqua une assemblée au ciel. Les dieux suggérèrent d'enterrer dans le sol la divinité de l'homme.
(dieu-monde / dans / assemblée / convoquée fut // dieux / suggestion / donnèrent / que / homme / de / divinité / à / terre / dans / enfouir donné soit)

6 "Non, cela ne suffit pas, dit Brahma, les hommes la déterreront sûrement".
(Brahma / dit // non / ceci / assez / pas / est // homme / elle-à / sûrement / creuser fera sortir)

7 Les dieux dirent alors : "pourquoi alors ne pas jeter sa divinité dans les profondeurs de la mer ?"
(puis / dieux / dirent // pourquoi / pas / sa / divinité / à / mer / de / profondeurs / dans / jeter donné soit)

NOTES (suite)

respondante ; il n'est pas commandé par le sujet (patient) du passif (vers qui l'action est dirigée, donc on attendrait **lenā**), mais par l'agent, même inexprimé, qui réalise l'action au bénéfice du patient et non de lui-même.

(8) **khod nikālegā**, "déterrera", littéralement "creusera extraira". Plutôt qu'un verbe composé, dont le sens correspond d'ordinaire à celui du verbe principal, on a ici deux verbes conjoints, qui portent tous les deux du sens (comme avec un absolutif **khodkar nikālegā**).

८ ब्रह्मा ने कहा : "नहीं, क्योंकि समुद्र की गहराइयों♀ को भी टटोलकर वह उसे कभी न कभी ढूँढ लाएगा।" 9

९ आख़िर देवताओं ने हार♀ मान ली : "हम नहीं जानते कि इस दिव्य शक्ति♀ को कहाँ छिपाया जाए। 10

१० ऐसा नहीं लगता कि संसार♂ में कोई भी ऐसा स्थान है जिसे एक न एक दिन मनुष्य नहीं छू जाएगा।"

११ इस पर ब्रह्मा ने कहा : "हाँ, है। हम मनुष्य के ऐश्वर्य को उसकी अंतरात्मा♀ की गहराइयों में छिपा देंगे।" 11

NOTES (suite)

(9) **gahrāiyõ**, "les profondeurs". Sur l'adjectif **gahrā**, "profond", on peut former avec le suffixe **-ī** un substantif **gahrāī**, "profondeur". De même **acchā**, "bon", **acchāī**♀, "bonté, qualité". Cette dérivation est d'un niveau plus commun que la dérivation, plus sanscritisée, que vous avez vue à la note 3.

(10) **hār mān lī**, "accepta la défaite" avec le nom **hār**, "défaite", et le verbe **mānnā**, "admettre" (aussi "considérer", "obéir"). **hārnā**, verbe, veut dire "perdre".

(11) **antarātmā**, littéralement "âme interne". L'**ātman**♂ est à la fois le principe absolu, cosmique, et le je intérieur, un peu (mais pas tout à fait !) analogue à la conscience. Pas tout à fait dans la mesure où le but de la connaissance est précisément de

8 "Non, dit Brahma, parce qu'il fouillera même les profondeurs de la mer et un jour ou l'autre la récupérera".
(Brahma / dit // non / parce que / mer / de / profondeurs / à / même / ayant fouillé / il / elle-à / une fois / pas / une fois / chercher apportera)

9 Finalement, les dieux s'avouèrent vaincus : "Nous ne savons pas où cacher ce pouvoir divin.
(enfin / dieux / défaite / accepter prirent // nous / pas / savons / que / ce / divin / pouvoir / à / où / caché soit)

10 Il ne semble pas y avoir un seul endroit au monde que l'homme un jour ou l'autre n'ira pas toucher".
(ainsi / pas / semble / que / monde / dans / quelque / même / lieu / est / que-à / un / pas / un / jour / homme / pas / toucher ira)

11 Là-dessus Brahma dit : "Si, il y en a un. Nous cacherons la divinité de l'homme dans les profondeurs de son intimité.
(ceci / sur / Brahma / dit // oui / est // nous / homme / de / divinité / à / son / âme interne / de / profondeurs / dans / cacher donnerons)

NOTES (suite)

réaliser l'union entre cet **ātman** individuel et l'**ātman** cosmique. **ātmā**[ᶠ], issu de la même racine, a le sens d'âme. **antar-**, qui est utilisé comme préfixe devant des bases d'origine sanscrite, a le sens de "interne", et de "inter-" (**antarrāṣṭrīy**, "international"). Le mot **andar**, "à l'intérieur" (**ke andar**, "à l'intérieur de"), en est l'héritier en hindi moderne.

१२ "क्योंकि वही एक ऐसा स्थान है जहाँ
टटोलकर खोजने का विचार उसे कभी
नहीं आएगा।"

१३ उस समय से आज तक मनुष्य ने पृथ्वी♀
की परिक्रमा♀ कर ली है, वह पर्वतों♂ की
ऊँचाइयों♀ पर चढ़ बैठा है... [12]

१४ वह महासागरों♂ में गोते♂ लगा रहा है,
आसमानों♂ की ओर झपट रहा है,
धरती♀ को खोद रहा है...

१५ किसी ऐसी चीज़ की खोज♀ में जो उसी
के अंदर छिपी बैठी है।

NOTES (suite)

(12) **prithvī kī parikramā kar lī hai**, "a fait le tour de la terre". Le niveau de langue est élevé et sanscritisé. La terre en hindi courant se dit **zamīn**, ou, au sens de "monde", **duniyā**♀, et faire le tour, **kā cakkar**♂ **lagānā**.

EXERCICES

अनुवाद कीजिए

१. "नवभारत टाइम्स" के अनुसार यह समस्या देश की सबसे बड़ी समस्या है।
२. १९७५ में सरकार ने अपनी शक्ति का ऐसा दुरुपयोग किया कि धीरे-धीरे लोगों ने काँग्रेस को हटाने का फ़ैसला कर लिया।

12 Parce que c'est bien l'endroit où il n'aura jamais l'idée de fouiller pour la trouver".
(parce que / celà-même / un / tel / lieu / est / où / fouillant / chercher / de / pensée / lui-à / jamais / viendra)

13 Depuis ce temps et jusqu'à présent, l'homme a fait le tour de la terre, a grimpé sur les sommets des montagnes...
(ce / temps / depuis / aujourd'hui / jusqu'à / homme / terre / de / tour / faire a pris / il / montagnes / de / hauteurs / sur / grimper s'est installé)

14 il plonge dans les océans, s'élance vers le ciel, creuse la terre...
(il / océans / dans / plongées / pose-actuel / cieux / de / direction / s'élance-actuel / terre / à / creuse-actuel)

15 en quête d'une chose qui est cachée à l'intérieur de lui-même.
(quelque / telle / chose / de / recherche / dans / qui / lui-même / à l'intérieur / cachée / est installée)

३. माँ का निश्चय यह था कि जलेबियों को किसी ऐसे स्थान पर छिपा दिया जाए...
४. जहाँ से उन्हें ढूँढ निकालना मुन्नी के लिए बिलकुल असंभव हो।
५. श्रीमती जी, इन्हें अलमारी में छिपाना काफ़ी नहीं है। मुन्नी पाँच मिनट में ढूँढ निकालेगी !
६. रॉकफ़ेलर फ़ाउंडेशन से विशेषज्ञ बुलाए गए जिन्होंने सलाह दी कि परंपरा को ज़मीन में गाड़ दिया जाए !
७. डायरेक्टर साहब की तबीयत ख़राब है। आज उन्होंने बिस्तर की गहराइयों में रहने का फ़ैसला कर लिया है।
८. डाक्टर साहब ने हार मान ली : "मैं नहीं जानता कि इस बीमारी का क्या किया जाए !"
९. यह तो इनके दिल की गहराइयों में छिपी बैठी है। इसे वहाँ से खोद निकालना मेरे बस में नहीं !
१०. ऐसा नहीं लगता कि संसार में कोई ऐसा इंजेक्शन है जो इनकी बीमारी को छू पाएगा।

वाक्य पूरे कीजिए

1. *Il y eut un temps où monsieur le directeur portait lui-même son attaché-case (f), et ne portait pas de chaussures italiennes.*

   एक ऐसा समय था जब डायरेक्टर साहब ——— अटैची ख़ुद ——— ——— — और इटैलियन जूते नहीं ——— —।

2. *Lorsqu'il est devenu le grand patron, il a décidé, selon la tradition, d'abuser de ses droits.*

Traduisez

1 Selon le Navbharat Times, ceci est le plus grave (grand) problème du pays. 2 En 1975 le gouvernement a tellement abusé de son pouvoir que peu à peu les gens ont décidé d'écarter le Congrès. 3 La décision de la mère était [la suivante :] qu'on cache les jalebis dans un [tel] endroit… 4 où il serait absolument impossible pour Munni de les trouver. 5 Madame, il ne suffit pas de les cacher dans l'armoire. Munni [les] trouvera en cinq minutes ! 6 On convoqua des spécialistes de la Fondation Rockefeller qui conseillèrent d'enterrer la tradition ! 7 Monsieur le directeur est en mauvaise santé. Aujourd'hui il a pris la décision de rester dans les profondeurs de [son] lit. 8 Le médecin s'avoua vaincu : "je ne sais ce qu'on peut faire avec [de] cette maladie !". 9 Elle est restée enfouie dans les profondeurs de son coeur. Il n'est pas en mon pouvoir de l'en arracher. 10 Il ne semble pas qu'il y ait au monde une injection qui puisse s'attaquer (toucher) à sa maladie.

.▼.▼.▼.▼.▼.

जब वे बड़े साहब बने तो परंपरा —— ———
उन्होंने अपने अधिकारों —— ——— करने का
——— कर लिया ।

3. *Sa femme aussi lui a conseillé de vendre la bicyclette et le scooter et d'acheter cette Maruti 1000.*

उनकी पत्नी ने भी उन्हें ——— —— कि
साइकिल और स्कूटर को —— ——— जाए और
इस मारुति १००० को ——— ——— ——— ।

4. *Ils étaient décidés à enterrer l'époque passée ou à la jeter dans les profondeurs des mers.*
उनका निश्चय यही था कि गुज़रे हुए ज़माने को ज़मीन में ——— ——— ——— या समुद्र की ———— में ——— ——— ——— ।

5. *Ils voulaient cacher leur ancienne vie dans un endroit où aucun employé ne puisse la trouver.*
वे अपनी पुरानी ज़िन्दगी को किसी ऐसी जगह ——— देना ——— — जहाँ से ——— भी कर्मचारी के लिए उसे ढूँढ ——— असंभव हो ।

6. *C'est vrai qu'aucun employé n'a eu l'idée de fouiller dans les profondeurs de la vie de monsieur le directeur.*
वैसे तो किसी कर्मचारी — डायरेक्टर साहब की ——— की गहराइयों को ——— का ——— नहीं आया ।

7. *Monsieur le directeur a déjà enterré son vieux sac en toile et ses [vieilles] chaussures dans son jardin.*
डायरेक्टर साहब ——— पुराने ——— और जूतों को भी ——— बगीचे में ——— ——— हैं ।

8. *Mais il n'existe aucun coin dans le monde que Tommy n'atteindra pas un jour ou l'autre !*
मगर दुनिया में ——— भी ——— स्थान नहीं है ——— एक न एक दिन टौमी ——— छू जाएगा ।

9. *Il est en train de creuser dans le jardin du directeur, de plonger dans ses profondeurs...*
वह डायरेक्टर के ——— को ——— रहा है, उसकी गहराइयों में ——— ——— रहा है...

10. *... à la recherche d'une vieille chaussure qui se cache quelque part sous terre.*

एक ——— पुराने जूते की ——— में —— ज़मीन के नीचे कहीं ——— बैठा है ।

Les mots manquants

१. – – – – – – – – अपनी – – उठाया करते थे – – – – पहनते थे ।

२. – – – – – – – – के अनुसार – – – का दुरुपयोग – – निश्चय – – ।

३. – – – – – – सलाह दी – – – – – – बेच दिया – – – – – – ख़रीद लिया जाए ।

४. – – – – – – – – – – – – – – गाड़ दिया जाय – – – गहराइयों – फेंक दिया जाए ।

५. – – – – – – – – – – छिपा – चाहते थे – – किसी – – – – – – निकालना – – ।

६. – – – – को – – – ज़िन्दगी – – – टटोलने – विचार – – ।

७. – – अपने – झोले – – – – अपने – – गाड़ चुके – ।

८. – – – कोई – ऐसा – – – जिसे – – – – – – नहीं – – ।

९. – – – बगीचे – खोद – –, – – – गोते लगा – – ...

१०. – ऐसे – – – खोज – जो – – – – छिपा – – ।

Deuxième vague : vingt-quatrième leçon

पाठ तिरपन

अब हमसे हिन्दुस्तान छोड़ा नहीं जाएगा

१ – बोरिस, जब मैं लखनऊ से दिल्ली लौट रही थी, शकील साहब के घर के सभी बच्चे ज़ोर-ज़ोर से रो रहे थे।

२ मुनिया तो इतना रो रही थी कि उससे बोला नहीं जा रहा था। 1

३ मुझसे भी काफ़ी देर तक उठा नहीं गया। ठीक से चला नहीं जा रहा था! 2

४ – यानी तुम्हारी भी हालत काफ़ी ख़राब रही! वैसे तो तुम ख़ासी पत्थरदिल हो! 3

NOTES

(1) **itnā... ki**, “tant... que”. **itnā**, bien qu’il s’agisse d’une forme directe, a une valeur adverbiale. On trouve aussi la forme adjectivale : **boris itnī ram pī gayā ki uṭh nahī̃ pāyā**, “Boris but tant de rhum qu’il fut incapable de se lever”. **tum itnī baṛī botal kyõ lāe ?**, “Pourquoi as-tu acheté une si grande bouteille ?”.

(2) **mujhse uṭhā nahī̃ gayā**, “je fus totalement incapable de me lever”. Vous avez déjà vu cette forme de passif, toujours avec la négation et l’agent suivi de la postposition **se** dans le sens d’une impossibilité totale, à la leçon 50, note 5.

Cinquante-troisième leçon

Nous ne pourrons plus quitter l'Inde maintenant
(maintenant / nous-par / Inde / quitté / pas sera)

1 – Boris, au moment où je quittais Lucknow pour Delhi, tous les enfants de chez Shakil Sahab pleuraient à chaudes larmes.
(Boris / quand / je / Lucknow / de / Delhi / retournais-actuel / Shakil / Sahab / de / maison / de / tous / enfants / fort-fort / pleuraient-actuel)

2 Muniya pleurait tellement qu'elle était incapable de parler.
(Muniya / to / tant / pleurait-actuel / que / elle-par / parlé / pas était-actuel)

3 Moi aussi, j'ai été incapable de me lever pendant un bon moment. Je ne pouvais pas mettre un pied devant l'autre !
(moi-par / aussi / assez / moment / jusqu'à / levé / pas / fut // correctement / marché / pas était-actuel)

4 – C'est-à-dire que toi aussi tu étais en piètre état ! Pourtant tu es plutôt du genre coeur de pierre.
(c'est-à-dire / ton / aussi / état / assez / mauvais / resta // ainsi / to / tu / spécial / coeur de pierre / es)

NOTES (suite)

(3) **<u>kh</u>āsī patthardil**, littéralement "particulièrement coeur de pierre". **<u>kh</u>ās** signifie "particulier", "spécial" (équivalent en hindi plus sanscritisé : **viśeṣ**).

५ – जितनी पत्थरदिल लगती हूँ, उतनी हूँ नहीं। बच्चों का रोना मुझसे देखा नहीं जाता। 4 5 6

६ अब तो जल्दी ही मुझे पैरिस वापस जाना है। तुम भी मॉस्को ही जा रहे होगे... ? 7

७ अब तो रायसाहब और शिवानी जी को भी छोड़कर जाना पड़ेगा।

८– ओफ़ ओह ! उनके बच्चों का रोना–चिल्लाना तो मुझसे नहीं सुना जाएगा !

NOTES (suite)

(4) **jitnī... utnī**, "autant... autant", "si... que". Attention ! L'ordre des propositions est l'inverse de celui du français. Pour dire "Nisha n'est pas si coquine qu'elle en a l'air" le hindi dira "autant elle a l'air coquine autant elle n'est pas" : **niśā jitnī badmāś lagtī hai utnī hai nahī̃. uske pās jitne paise haĩ utne mere pās bhī haĩ**, "j'ai autant d'argent qu'il en a". **tumhẽ jitnā dāl-cāval cāhie, maĩ utnā de dū̃gā, magar yahā̃ tumko raugan josh nahī̃ milegā**, "je te donnerai autant de riz aux lentilles que tu veux, mais ici tu n'auras pas de rogan josh".

(5) **baccõ kā ronā**, ou **ronā-cillānā** (phrase 8), littéralement "le pleurer(-crier) des enfants". Le sujet d'un infinitif (ici **bacce**, sujet de **ronā-cillānā**) s'exprime en hindi au cas oblique suivi de **kā**.

(6) (**unkā**) **ronā mujhse nahī̃ dekhā jātā**, littéralement " je ne supporte pas de voir leur pleurer". La construction particulière du passif au sens d'incapacité que vous avez vue jusque là avec les verbes intransitifs (voir note 2) peut aussi, vous le constatez, s'appliquer aux verbes transitifs. Dans ce cas-là, le verbe s'accorde avec le sujet (ici **ronā**, masculin), c'est-à-dire

5 – Je n'ai pas le coeur aussi dur que j'en ai l'air. Je suis totalement incapable de voir pleurer les enfants.
(tant / coeur-de-pierre / semble / tant / suis / pas // enfants / de / pleurer / moi-par / vu n'est pas)

6 Et maintenant il faut que je me dépêche de rentrer à Paris. Toi aussi, tu vas sans doute à Moscou justement ?
(maintenant / to / vite / même / moi-à / Paris / retour / aller / est // toi / aussi / Moscou / même / vas-actuel / seras)

7 Maintenant il va falloir aussi prendre congé de Raisahab et de Shivani ji et partir.
(maintenant / to / Raisahab / et / Shivani / ji / à / aussi / ayant quitté / aller / sera obligé)

8 – Ay ay ay ! Je ne supporterai pas d'entendre leurs enfants pleurer et crier !
(Ay Ay // leurs / enfants / de / pleurer-crier / to / moi-par / pas / entendu sera)

NOTES (suite)

l'objet dans la phrase active correspondante (**maĩ unkā ronā nahī̃ dekh saktī**). **itnī garam jalebiyā̃ hermān se nahī̃ khāī jātī̃**, "Hermann ne peut pas manger des jalebis aussi chaudes".

(7) **jā rahe hoge**, "tu dois aller à Moscou", "tu vas sans doute à Moscou". L'auxiliaire "être" au futur (ici **hoge**), substitué à l'auxiliaire présent, donne à une phrase au présent de l'indicatif une valeur de probabilité. **parsõ tum māsko jā rahe ho**, "tu vas à Moscou après-demain", mais **hoge** à la place de **ho** ajouterait la nuance de possibilité, probabilité, éventualité, etc. Au passé simple, **hogā** s'ajoute simplement au temps passé : **vo calā gayā**, "il est parti", mais **vo calā gaya hogā**, "il a dû partir". Voyez aussi la phrase 12. Si l'on avait le présent **haĩ** à la place de **hõge**, la phrase voudrait dire "il y a au moins une douzaine de chansons".

९ जितनी ताक़त[?] उस छोटे-से बिट्टू के गले में है उतनी तो किसी कारख़ाने के भोंपू में भी न होगी ! 8

१० मुझसे तो वैसे भी हिन्दुस्तान नहीं छोड़ा जाएगा। कामिनी और मैं... अब सोच रहे हैं कि शत-प्रतिशत पति-पत्नी हो जाएँ... !

११–अरे वाह ! मुबारक हो ! मैं भी जल्दी ही भारत वापस लौट रही हूँ। मुझे यहाँ एक हिन्दी फ़िल्म में रोल[°] मिल रहा है। फ़िल्म का नाम है "सुहानी रात" ! 9

१२–अच्छा... ! अरे, दस-बारह गाने तो होंगे ही उसमें... कम से कम एक गाने की धुन तो मैं बनाऊँगा ! 7

NOTES (suite)

(8) Voir note 4 : ici, **jitnī** joue un rôle d'adjectif et s'accorde avec **tāqat**, qui est féminin. Ainsi, **jitne log boris kī pārṭiyõ mẽ āte haĩ utne hermān kī pārṭī mẽ nahĩ āe**, "il n'y avait pas autant de monde à la fête d'Hermann qu'il y en a aux fêtes de Boris".

(9) **mubārak ho !**, "Félicitations !". Rappelez-vous qu'en hindi plus sanscritisé on dit **badhāī ho !** Attention, on dira **sālgirah[?] mubārak**, littéralement "anniversaire propice

9 Une sirène d'usine ne doit pas avoir tant de force que ce petit Bittu en a dans la gorge ! (autant / force / ce / tout-petit / Bittu / de / gorge / dans / est / autant / to / quelque / usine / de / sirène / dans / même / pas / sera)

10 De toutes manières, je ne vais vraiment pas pouvoir quitter l'Inde. Kamini et moi... Maintenant on pense à devenir cent pour cent mari et femme… !
(moi-par / to / ainsi / même / Inde / pas / quitté sera // Kamini / et / moi / maintenant / pensons-actuel / que / cent-pour-cent / mari-femme / devenions)

11 – Eh ! mais dis ! Félicitations ! Moi aussi je reviendrai bientôt en Inde. J'ai trouvé (obtenu) un rôle dans un film hindi ici. Le film s'appelle "Nuit de rêve".
(eh bien / bravo // de bon augure (faste, auspicieux) / soit // moi / aussi / vite / juste / Inde / re / retourne-actuel // moi-à / ici / un / hindi / film / dans / rôle / est obtenu-actuel // film / de / nom / est / séduisante / nuit)

12 – Ah, bon… ! Il doit bien y avoir une douzaine de chansons dedans… Je vais au moins te composer l'air d'une chanson !
(ah bon / eh / dix-douze / chants / to / seront / même / lui-dans // au moins / un / chant / de / air / to / je / ferai)

NOTES (suite)

[soit]", mais **janamdin**♂ **kī badhāī**, "félicitations *de* l'anniversaire". **āpne pacās se zyādā pāṭh paṛh lie haĩ... badhāī ho !**, "vous avez étudié plus de cinquante leçons... félicitations !"

EXERCICES

अनुवाद कीजिए

१. मुझसे जल्दी उठा नहीं जाता और मेरी अलार्म क्लॉक भी ख़राब है।
२. डायरेक्टर साहब से ज़्यादा चला नहीं जाता। ज़रा-सा चलने के बाद बोला नहीं जाता।
३. जितनी ज़ोर से बिट्टू रो सकता है, उतनी ज़ोर से मुनिया से भी रोया नहीं जाता!
४. नास्तासिया उर्दू लिख तो सकती है, मगर अपनी ही लिखावट उससे पढ़ी नहीं जाती!
५. हमारे गाँव के खिलाड़ियों से जूता पहनकर दौड़ा नहीं गया।
६. इसमें आपने काफ़ी मिर्च डाली होगी। मुझसे खाया नहीं जा रहा।
७. तीन से ज़्यादा समोसे निशा से नहीं खाए गए।
८. एक घंटे में जितने समोसे छोटू बना सकता है उतने तो उसकी माँ से भी नहीं बनाए जाते!
९. यहाँ तो टौमी कपड़े और जूते भी खा जाता है। मगर वहाँ सुपरमार्केट का "डॉग-फ़ूड" उससे खाया नहीं जाएगा!
१०. लगता है बोरिस और निशा से अब हिन्दुस्तान छोड़ा नहीं जाएगा।

वाक्य पूरे कीजिए

1. *Muniya, si tu (intime) t'installes maintenant devant la télé, tu seras incapable de te lever !*

Traduisez

1 Je ne peux absolument pas me lever tôt, et de plus (aussi) mon réveil est détraqué. 2 Monsieur le directeur est dans l'impossibilité de marcher longtemps (trop). Après avoir marché tant soit peu il est complètement incapable de parler. 3 Même Munni est bien incapable de pleurer avec autant de force que Bittu. 4 Nastassia peut certes écrire l'ourdou, mais elle est parfaitement incapable de [re]lire sa propre écriture ! 5 Les joueurs de notre village furent dans l'impossibilité de courir en (portant des) chaussures. 6 Vous avez dû y mettre pas mal de piment. Je ne peux absolument pas en manger. 7 Nisha ne put absolument pas manger plus de trois samosas. 8 En une heure, même la mère de Chotu est absolument incapable de préparer autant de samosas que Chotu (peut préparer de samosas). 9 Ici Tommy dévore habits et chaussures. Mais là-bas il lui sera impossible de manger les aliments pour chien des supermarchés. 10 Il semble que maintenant Boris et Nisha soient dans l'incapacité totale de quitter l'Inde.

मुनिया, अगर तू —— वक़्त टीवी के सामने ——
गई तो —— —— नहीं —— !

2. *Le méchant a dit au héros : "tu ne pourras pas supporter d'entendre la nouvelle que je vais t'annoncer (faire entendre) !"*

खलनायक — हीरो — कहा : "—— ख़बर मैं तुम्हें ———— ———— हूँ —— तुमसे ———— ———— ———— ।"

3. *Tu ne pourras pas regarder les scènes que je vais te montrer ! Tu seras incapable même d'appeler au secours (demander de l'eau) !*

—— तमाशे मैं तुमको ———— ———— हूँ —— ———— देखे नहीं ———— ! पानी भी नहीं ———— ———— !

4. *Mais regardez ! C'est le héros qui a mis le méchant en piètre état à force de le tabasser ! Il n'arrive pas à marcher, le pauvre, il n'arrive même pas à s'asseoir !*

मगर ———— ! हीरो ने ————–———— खलनायाक की ———— ख़राब कर —— है ! ———— से ———— नहीं —— रहा, ———— भी नहीं —— ———— !

5. *Ecoutez, moi je suis parfaitement incapable de regarder ces films de Bollywood ! En plus, je ne peux plus écouter les chansons d'aujourd'hui.*

भई, ———— तो ये बंबई वाली फ़िल्में नहीं ———— ———— ! आजकल के गाने भी ———— नहीं ———— ———— ।

6. *Monsieur le directeur n'a pas pu s'asseoir correctement dans son fauteuil au cinéma Regal. Après le film, il était incapable de se lever !*

रीगल सिनेमा की सीट पर डायरेक्टर साहब —— ठीक तरह ———— ———— ———— । फ़िल्म —— —— सीट पर से ———— ———— ———— !

7. *L'héroïne lui a bien plu, mais il n'a pas pu supporter (voir) le succès de son amant.*
नायिका ——— अच्छी ——— लेकिन उसके प्रेमी की सफलता उनसे ——— नहीं ——— ।

8. *Rupali a enfin fini par laisser tomber Hermann. Elle n'arrivait pas à supporter qu'il chante.*
रूपाली —— आख़िर हेरमान —— छोड़ दिया । उससे इसका ——— नहीं ——— जाता ——— ।

9. *Hermann a l'habitude maintenant de chanter cette chanson de Talat Mahmood : "j'étais (pluriel de modestie) incapable de venir, tu étais incapable de m'appeler."*
हेरमान अब तलत महमूद का यह गीत ——— ——— है : "हमसे ——— न गया, ——— न ——— ।"

10. *Lorsque Boris a fait sa déclaration d'amour devant Kamini, elle fut bien incapable de parler pendant un bon moment.*
—— बोरिस ने कामिनी —— आगे प्यार का ——— कर दिया, तब उससे ——— देर —— ——— ——— ——— ।

Les mots manquants

१. –, – – इस – – – – बैठ – – तुझसे उठा – जाएगा !

२. – ने – से – : "जो – – – सुनाने वाला – वह – सुनी नहीं जाएगी !"

३. जो – – – दिखाने वाला – वे तुमसे – – जाएँगे ! – – – माँगा जाएगा !

४. – देखिए ! – – पीट–पीटकर – – हालत – – दी – । बेचारे – चला – जा –, बैठा – – जा रहा !

५. –, मुझसे – – – – – – देखी जातीं ! – – – – मुझसे – सुने जाते ।

६. – – – – – – – – से – – बैठा नहीं गया। – के बाद – – – उठा नहीं गया!

७. – उन्हें – लगी – – – – – – – देखी – गई।

८. – ने – – को – –। – – गाना – सुना – था।

९. – – – – – – – – गाया करता है : "– आया – –, तुमसे बुलाया – गया।"

१०. जब – – – के – – – ऐलान – –, – – काफ़ी – तक बोला नहीं गया।

Que les verbes intransitifs puissent se mettre au passif ("il n'est pas allé par moi" !), voilà de quoi dérouter le francophone ! Vous en avez vu d'au-

NOTES PERSONNELLES

tres : l'ergatif, les équivalents du verbe "avoir", etc. Vous voici maintenant en prise sur les exotismes les plus troublants de la syntaxe du hindi. Troublants ? Mais vous avez déjà intégré la manière de dire du hindi, et vous n'êtes plus si dépaysé que cela. La manière de dire le monde, bien sûr, c'est aussi la manière de penser le monde ; et tout ce que vous savez désormais sur les structures sociales indiennes vous aide certainement à penser / parler hindi. Bravo donc pour votre ténacité, et continuez encore quelques jours !

Deuxième vague : vingt-cinquième leçon

NOTES PERSONNELLES

पाठ चौवन

आज की ताज़ा ख़बर !

१ आज की ताज़ा ख़बर ! आज की ताज़ा ख़बर ! आओ काकाजी इधर, आओ मौलाजी इधर, सुनो दुनिया° की ख़बर ! 1 2

NOTES

(1) **tāzā khabar**, littéralement “nouvelle fraîche”. Vous remarquez que l’adjectif reste terminé en -**ā**, alors que **khabar** est féminin. Cela fait partie des illogismes des comportements idiomatiques ! Sa langue, ourdouisée, est dans un style parlé, avec des phénomènes de prononciation non standard (dans l’ordre où vous les rencontrerez **ik / ek, dharam / dharm, pe / par, ke / ki, rāstā / rastā**). Cette chanson est tirée du film *Son of India* (1962). Les paroles (**bol**) sont de Shakeel Badayuni. Mais vous ne pourrez en apprécier l’air (**tarz°**, **dhun°**), de Naushad, qu’en vous rendant dans un des magasins indiens qui vendent des cassettes de **filmī gāne** à Paris (rue Jarry, où vous trouverez aussi des samosas, des pakauras, des jalebis, des masalas, des cassettes vidéo…) ou en Inde... ! Vous pourrez en profiter pour vous monter une collection personnelle qui, sans être aussi impressionnante que celle de Boris, vous permettra de joindre l’utile à l’agréable dans votre pratique du hindi. La plupart des enregistrements se trouvent sur les cassettes HMV (His Master Voice) éditées par la Gramophone Company of India (33 Jessore Road, Calcutta, 700028). Bien qu’elles représentent une minorité parmi les musiques de Bollywood, vous ne manquerez pas d’apprécier les chansons du dernier “âge d’or” du cinéma hindi (et participer au prochain... ? **hindī sinemā mẽ kuch bhī ho saktā hai !**).

Cinquante-quatrième leçon

Les dernières nouvelles du jour !
(aujourd'hui / de / fraîche / nouvelle)

1 Les dernières nouvelles du jour ! Les dernières nouvelles du jour ! Approchez, Kakaji, approchez, Maulaji, écoutez les nouvelles du monde !
(aujourd'hui / de / fraîche / nouvelle // aujourd'hui / de / fraîche / nouvelle // venez / Kakaji / ici / venez / Maulaji / ici / écoutez / monde / de / nouvelle)

NOTES (suite)

(2) **kākā**, littéralement "oncle", et **maulā**, "maître", parfois aussi avec le sens de "dieu". Ce terme est d'usage dans la sphère culturelle musulmane, alors que les hindous emploieront **paṇḍit**. Il recoupe à peu près les valeurs du terme **ustād**, "maître", que vous avez déjà rencontré à propos de grands maîtres de la musique classique. Cherchez où !

२ मैं तुम्हारे लिये दुख और ख़ुशी भी लाया, मैं तुम्हारे लिये आँसू♂ भी हँसी♀ भी लाया। 3

३ देख लो आज के इनसान♂ की हालत क्या है। आज की दुनिया में ईमान♂ की क़ीमत♀ क्या है। लोग जीते हैं यहाँ दुनिया को धोखा देकर ! आज की ताज़ा ख़बर ! 4

४ आज एक भक्त♂ ने भगवान का मंदिर लूटा। एक बेईमान ने मस्जिद♀ में चुराया जूता♂। 5 6

NOTES (suite)

(3) Vous voyez que la coordination de deux termes sur le même plan est exprimée de deux façons différentes dans cette phrase : la première fois, au **aur**, “et”, normal s’ajoute un **bhī**, “aussi”, à la suite du second terme, et la seconde fois, chacun des deux termes est suivi de **bhī**, qui se substitue donc au **aur** attendu entre les deux. L’effet de ces deux nouvelles tournures est un peu comparable au français “et... et”, mais plus usuel. Voyez aussi la phrase 8. En contexte négatif, le redoublement est aussi usuel (comme en français “ni... ni”) : **vo na likh saktā hai aur na paṛh saktā hai**, “il ne sait ni écrire ni lire”. On trouve aussi fréquemment, au lieu de **na... na**, la forme “renforcée” **na to... aur na**. **is nadī ko pār karne ke lie na to koī pul♂ hai aur na koī nā̃v♀ miltī hai**, “il n’y a pas de pont pour traverser cette rivière et on ne trouve pas non plus de bateau”.

(4) **īmān**, “honnêteté”, a pour forme alternative **īmāndārī♀**, dérivé de **īmāndār**, “honnête”, adjectif lui-même dérivé de **īmān**. Le suffixe -**dār** sert en effet à fabriquer des adjectifs à partir de noms en ourdou (ne l’ajoutez donc pas à des termes

2 Je vous apporte la peine et la joie, je vous apporte les larmes et le rire.
(je / vous / pour / malheur / et / bonheur / aussi / apportai / je / vous / pour / larme / aussi / rire / aussi / apportai)

3 Regardez, quelle est la condition de l'homme aujourd'hui. Quel est le prix de l'honnêteté dans le monde d'aujourd'hui. Les gens ici vivent de duperie. Les dernières nouvelles du jour !
(regarder prenez / aujourd'hui / de / homme / de / situation / quelle / est // aujourd'hui / de / monde / dans / honnêteté / de / prix / quel / est // gens / vivent / ici / monde / à / duperie / donnant // aujourd'hui / de / fraîche / nouvelle)

4 Aujourd'hui un dévot a pillé le temple du Seigneur. Un malhonnête a volé dans la mosquée.
(aujourd'hui / un / dévot / seigneur / de / temple / pilla // un / malhonnête / mosquée / dans / vola / chaussure)

NOTES (suite)

franchement sanscrits). De même, **dūkān**♀, "la boutique", **dūkāndār**♂, "le commerçant".

(5) **beīmān**, "malhonnête", est formé sur **īmān**, "honnêteté" que vous venez de voir, par l'adjonction du préfixe **be**-, réservé aux noms et adjectifs d'origine persane. En fait, vous avez déjà vu **beīmānī**, "malhonnêteté", à la leçon 46. Ainsi **becainī**, "inconfort", "inquiétude", sur **cain**, "bien-être", **beśarm**, "sans honte", "éhonté", sur **śarm**, "honte", et **becārā**, "sans recours", "misérable / malheureux", que vous connaissez bien, sur **cārā**, "recours". Voir leçon 49.

(6) On laisse ses chaussures à l'entrée de la mosquée, ainsi d'ailleurs que du temple. D'où les mauvaises surprises parfois à la sortie : avis ! Notez la mise sur le même plan des deux univers religieux et culturels, une vieille tradition indienne (Kabir).

५ काले बाज़ार की इक टोली♀ पुलिस♀ ने धर ली। एक बूढ़े ने जवाँ लड़की से शादी कर ली। एक लड़का उड़ा इक मेम♀ का बटुआ♂ लेकर ! आज की ताज़ा ख़बर ! 7

६ एक धनवान ने आज अपना धरम♂ छोड़ दिया। और एक भूखे ने फ़ुटपाथ पे दम♂ तोड़ दिया। 8

७ आज तनख़्वाह बढ़ी है तो हैं मज़दूर मगन। कल से हो जाएगा बाज़ार में महँगा राशन♂। बाबूजी जाएँगे दफ़्तर♂ को पकौड़े खाकर ! आज की ताज़ा ख़बर ! 9 10

NOTES (suite)

(7) **uṛā**… **lekar** : notez l'ordre des groupes. L'inversion est propre aux chansons et à la poésie, mais on la trouve aussi dans le style parlé, alors que le hindi standard aurait mis le verbe conjugué en position finale. Même effet phrase 7.

(8) **dhanvān**, "riche", est formé sur **dhan**♂, "richesse", d'origine sanscrite, avec le suffixe sanscrit **-vān**, "qui possède". **amīr** est le terme ourdou correspondant. Mais on dira tout aussi bien **paisevālā**, littéralement "à argent".

(9) **rāśan**, littéralement "ration" (de l'anglais). Un certain nombre de produits de première nécessité, notamment le riz et les céréales, sont protégés par le gouvernement, et maintenus plus ou moins artificiellement à des prix fixes, dans des magasins spéciaux réservés à ceux qui ont fait faire leur carte

5 La police a appréhendé un gang qui faisait du marché noir. Un vieillard a épousé une jeune fille. Un garçon a fauché le sac d'une dame et s'est envolé. Les dernières nouvelles du jour !
(noir / marché / de / un / groupe / police / saisir prit // un / vieillard / jeune / fille / avec / mariage / faire prit // un / garçon / s'envola / une / dame / de / sac / prenant // aujourd'hui / de / fraîche / nouvelle)

6 Un riche personnage a trahi son dharma. Et un crève-la-faim a rendu l'âme sur le trottoir.
(un / riche / aujourd'hui / son / dharma / abandonner donna // et / un / affamé / trottoir / sur / souffle vital / briser donna)

7 Aujourd'hui les salaires ont augmenté, et c'est la liesse chez les ouvriers. Dès demain vont augmenter les prix sur le marché. Les babous mangeront des pakoras et iront au bureau. Les dernières nouvelles du jour !
(aujourd'hui / salaire / a augmenté / alors / sont / ouvriers / transportés // demain / à partir de / deviendra / marché / dans / cher / ration // babuji / ira / bureau / à / pakoras / mangeant // aujourd'hui / de / fraîche / nouvelle)

NOTES (suite)

(**rāśan kārḍ**°), qui sert aussi de véritable pièce d'identité. L'Inde de Nehru a mis en place un modèle d'économie mixte, qui s'est relativement modifié en se rapprochant du modèle libéral sous l'influence de Rajiv Gandhi, puis de ses successeurs.

(10) **daftar ko jāẽge**, "ira au bureau". Vous avez appris que les verbes de mouvement se construisent sans postposition lorsque leur complément est le lieu vers lequel on va. Dans la chanson, la postposition **ko** fait exception, c'est une licence poétique.

८ यूँ तो गणपत भी हैं, जोसफ़ भी हैं, रह–
मान भी हैं। ये तो बतलाओ के इनमें
कहीं इनसान भी हैं ? 11

९ कोई रोटी कोई पैसे को ख़ुदा कहता है।
हर कोई पाप° के धंधे° में लगा रहता है।
आज भगवान से बढ़कर है हवलदार° का
डर ! आज की ताज़ा ख़बर ! 12 13

१० आज अमरीका ने ऐटम° का उड़ाया
घोड़ा°। रूस ने आज नया चाँद° पे
रॉकिट° छोड़ा। 14

NOTES (suite)

(11) Un nom indien, si vous êtes suffisamment familiarisé avec le contexte culturel, vous indiquera automatiquement non seulement l'appartenance religieuse et culturelle, mais même la "caste" et la "sous-caste" (strictement parlant la "jati") auxquelles appartient son propriétaire. L'énumération de cette phrase vous propose une synthèse heureuse des communautés religieuses représentatives, mais incomplète : il manque les Sikhs ("Singh" précède toujours le patronyme).

(12) **koī paise ko khudā kahtā hai**, "quelqu'un appelle l'argent Dieu", **koī roṭī**, "quelqu'un le pain". **ham isko janeū° kahte haĩ**, "nous appelons ceci le « janeou » (cordon sacré)". Cette construction (comportant un COD introduit par **ko**, et son attribut) doit vous rappeler la construction similaire : **ham usko apnā sahkarmī° samajhte haĩ**, "nous le considérons comme notre collaborateur" (voir leçon 36, note 9). Notez que dans la même phrase Dieu est désigné soit du nom de **khudā** (musulman), soit du nom de **bhagvān** (hindou), littéralement "qui détient (-**vān**) la chance, le lot du destin (**bhag**)". **khudā** est à rattacher à **khud**, le réfléchi (le soi, soi-même), de même que **apnā**, le réfléchi hindi est issu du sanscrit **ātman**, "l'âme /

8 Oui, voilà les Ganpat, et voilà les Joseph, et voilà les Rahman. Mais dis-moi, y a-t-il quelque part des hommes parmi eux ?
(ainsi / to / Ganpat / aussi / sont / Joseph / aussi / sont / Rahman / aussi / sont // ceci / mais / dis / que / ceux-ci dans / quelque part / hommes / aussi / sont)

9 L'un fait un dieu du pain, l'autre de l'argent. Tout un chacun est accaparé par les affaires du péché. Aujourd'hui on craint le commissaire davantage que le Seigneur ! Les dernières nouvelles du jour !
(quelqu'un / pain / quelqu'un / argent / à / Dieu / dit // chaque / quelqu'un / péché / de / affaire / dans / attaché / reste // aujourd'hui / Dieu / plus que / est / inspecteur de police / de / peur // aujourd'hui / de / fraîche / nouvelle)

10 Aujourd'hui les Américains ont fait exploser une bombe atomique. Les Russes aujourd'hui ont envoyé une nouvelle fusée sur la lune.
(aujourd'hui / Amérique / atome / de / fit envoler / cheval // Russie / aujourd'hui / nouvelle / lune / sur / fusée / lâcha)

NOTES (suite)

le principe cosmique" : si vous avez envie de rêver sur l'étymologie et sur l'identification de soi au créateur…

(13) **baṛhkar**, littéralement, "en augmentant" (absolutif), est devenu une expression figée signifiant "davantage, plus" ("que", **se**). De même **choṛkar**, littéralement "en abandonnant", a pris le sens de "à part, excepté". **hai havaldār kā ḍar**, "est la peur du commissaire". Vous voyez que l'ordre des mots est vraiment *très* libre dans les chansons, puisque le verbe n'est pas en position finale.

(14) **ghoṛā** signifie en fait "cheval". Le mot peut s'employer métaphoriquement dans un contexte guerrier ("faire voler ses chevaux") et ici au sens de "bombe".

११ कहीं से आज का इनसान कहीं पहुँचा है। फिर भी सच्चाई[१] के रस्ते पे नहीं पहुँचा है। किसे मालूम कि ये आदमी जाएगा किधर !

१२ आज की ताज़ा ख़बर ! आज की ताज़ा ख़बर ! आज की ताज़ा ख़बर !

EXERCICES

अनुवाद कीजिए

१. इन छात्रों के लिए हमारा देश भारत दुख भी, ख़ुशी भी लाया, आँसू भी हँसी भी लाया !
२. एक अफ़सर ने आज अपना कलम छोड़ दिया। एक मक्खी ने गरम चाय में दम तोड़ दिया।
३. उस दिन इस लड़के ने एक ढाबे पे आमलेट लूटा। उसके कुत्ते ने डायरेक्टर का चुराया जूता।
४. तुम यह समझी हो, निशा, हिन्दी की क़ीमत क्या है। आज की दुनिया में इस हिन्दी की हालत क्या है... ?
५. तुम तो खाने के ही धंधे में लगे रहते हो। कभी तन्दूरी, कभी हल्वे को ख़ुदा कहते हो !
६. यूँ तो चावल भी है, सब्ज़ी भी है और दाल भी है। यह तो बतलाओ इसमें कुछ मुग़लई माल भी है ?
७. दिवाली की रात छोटू और मुन्नी ने भी चाँद पे राकेट छोड़े। रात भर आतिशबाज़ी के उड़ाए घोड़े !

11 Où n'est pas parvenu l'homme d'aujourd'hui, et d'où [n'est-il pas parti] ? Et pourtant il n'est pas parvenu à la voie de la vérité. Qui sait où va cet homme !
(quelque part / à partir de / aujourd'hui / de / homme / quelque part / est parvenu // pourtant / vérité / de / route / sur / pas / est parvenu // qui-à / savoir / que / cet / homme / ira / où)

12 Les dernières nouvelles du jour ! Les dernières nouvelles du jour ! Les dernières nouvelles du jour !

८. एक कुत्ते ने किसी लड़की की चुन्नी धर ली।
उसके मालिक ने उसी लड़की से शादी कर ली।

९. कहीं से आज यह डायरेक्टर कहीं पहुँचा है। किसे मालूम के यह आदमी जाएगा किधर !

१०. आओ छोटू जी इधर, आओ मुन्नी जी इधर, सुनो दुनिया कि ख़बर।

Traduisez

1 L'Inde, notre pays, a apporté à ces étudiants et peine et joie, apporté et larme[s] et rire[s]. 2 Un officiel a lâché son stylo (plume) aujourd'hui. Une mouche a laissé la vie dans le thé chaud. 3 Ce jour-là, ce garçon s'est envoyé (a pillé) une omelette au dhaba. Son chien a dérobé la chaussure du directeur. 4 Tu as compris (ceci), Nisha, quelle est la valeur du hindi. Dans le monde d'aujourd'hui, quelle est la situation de ce hindi… ? 5 Toi, tu ne t'occupes que d'affaire[s] de nourriture. Tu traites en [véritable] divinité tantôt le tandouri, tantôt le halva. 6 Oui (ainsi to) il y a aussi du riz, et des légumes, et du

dal. Dis [moi] donc, y a-t-il là-dedans du (produit) moghol ? 7 Le soir de Divali, Chotu et Munni ont lancé des fusées sur la lune. [Ils] ont fait exploser des (chevaux de) feux d'artifice toute la nuit ! 8 Un chien s'est emparé de l'écharpe d'une fille. Son propriétaire s'est marié

वाक्य पूरे कीजिए

1. *Hermann était déjà à peu près (près-près) devenu un dévot de Rupali. A la première rencontre cette belle jeune fille avait conquis (pillé) son coeur, le pauvre !*
   हेरमान तो क़रीब–क़रीब रूपाली का ——— हो चुका था । ——— मुलाक़ात में इस ——— ——— लड़की ने ——— का ——— लूट लिया था !

2. *Mais plus tard, cette imbécile de fille a trahi son dévot et lui a même brisé le coeur !*
   मगर ——— ——— उस मूर्ख लड़की ने ——— भक्त को धोखा दे दिया, उसका दिल ——— भी ——— !

3. *Certes, aucune fille en Inde n'a été à ce jour capable de comprendre la valeur de cet homme.*
   यूँ तो हिन्दुस्तान में ——— तक ——— भी लड़की इस इनसान की ——— नहीं समझ ——— है ।

4. *En vérité, la musique d'Hermann est une musique bouddhiste qui dépasse les (est hors de la compréhension des) filles comme Rupali.*
   ——— तो यह है कि हेरमान का ——— बौद्ध संगीत है ——— रूपाली ——— लड़कियों ——— समझ के बाहर है ।

avec cette même fille. 9 Où ce directeur [n']est-il [pas] parvenu aujourd'hui, d'où [n'est-il pas parti]. Qui sait où ira cet homme ! 10 Venez ici Chotu ji, venez ici Munni ji, écoutez les nouvelles du monde.

5. *Après des années de dur labeur dans un monastère (vihar) bouddhiste où (quelque part de quelque part) n'est-il pas arrivé dans l'art de la musique "diphonique".*

बुद्ध विहार में सालों की ——— ———— के बाद वह "डिफ़ोनिक" संगीत की ———— में कहीं से ——— ———— गया है ।

6. *Tantôt au temple, tantôt à la mosquée, tantôt parmi les ruines et tantôt dans les forts, il pousse la chanson[nette], comme ça.*

कभी ———— में, कभी ————— में, कभी ————— के बीच तो कभी ———— में वह यूँ ही —— उठता है ।

7. *Surtout après cette affaire avec Rupali il ne s'intéresse vraiment pas beaucoup à ce monde et aux heurs et malheurs d'ici-bas.*

ख़ास ———— से रूपाली ———— क़िस्से के बाद ——— इस संसार और सांसारिक सुख-दुख में ————— ज़्यादा ————— नहीं रही है ।

8. *Loin de cet univers de trahison, de pillage et de larmes, il reste absorbé (transporté) dans son propre monde.*

————, लूट और आँसुओं वाली इस ———— से दूर वह ———— दुनिया में ———— रहता है ।

9. *Son dharma ne lui enseigne pas qu'il faut courir (qu'il coure) comme un affamé pour maîtriser (appréhender) la Maya, et perdre (qu'il perdre) la vie dans cette confusion.*
उसका ——— उसे यह नहीं ——— कि ——— को धर ——— के लिए वह ——— की तरह ——— और खलबली में दम ——— दे।

10. *Maintenant Rupali va épouser un magouilleur (escroc) du marché noir, un vrai parvenu (arrivé quelque part de quelque part). Bravo ! Félicitations !*
—— रूपाली एक काले-बाज़ारी बदमाश —— शादी ——— ——— है —— कहीं —— कहीं ——— चुका है। वाह ! ——— हो !

Les mots manquants

१. – – – – – – – भक्त – – – । पहली – – – ख़ूबसूरत जवाँ – – बेचारे – दिल – – – !

२. – बाद में – – – – अपने – – – – –, – – तोड़ – दिया !

NOTES PERSONNELLES

३. – – – – अभी – कोई – – – – – – क़ीमत – – पाई – ।
४. सच्चाई – – – – – – – संगीत – – – जो – जैसी – की – – – – ।
५. – – – – – – कड़ी मेहनत – – – – – – – कला – – – कहीं पहुँच – –, ।
६. – मंदिर –, – मस्जिद –, – खंडहरों – – – – क़िलों – – – – गा – – ।
७. – तौर – – वाले – – – उसे / उसको – – – – – – – सचमुच / वाक़ई – दिलचस्पी – – – ।
८. धोखे, – – – – – दुनिया – – – अपनी – – मगन – – ।
९. – धरम / धर्म – – – सिखाता – माया – – लेने – – – भूखे – – भागे – – – – तोड़ – ।
१०. अब – – – – – से – करने वाली – जो – से – पहुँच – – । – ! बधाई / मुबारक – !

Deuxième vague : vingt-sixième leçon

NOTES PERSONNELLES

पाठ पचपन

इनसाफ़ की डगर पे

इनसाफ़ की डगर[1] पे, बच्चो दिखाओ चल के
यह देश है तुम्हारा, नेता तुम्हीं हो कल के 1 2

NOTES

(1) Ces deux vers, qui riment, sont repris sous forme de refrain. Vous retrouvez dans la chanson certaines particularités que vous avez déjà vues à la leçon précédente : la liberté de l'ordre des mots, d'autant plus qu'ici la rime impose des contraintes supplémentaires, des prononciations pas tout à fait conformes au standard : par exemple **pe** au lieu de **par**, **sar** au lieu de **sir**, **ke** (marque d'absolutif) au lieu de **kar**, **raste** au lieu de **rāste** à la seconde strophe, etc. Le vocabulaire est composite, comme c'est souvent le cas dans les chansons : **insāf**, "justice", par exemple est d'origine arabo-persane, alors que **nyāya** quelques vers plus loin est d'origine sanscrite, dans le même sens. Cette chanson de film, qui est aussi un hymne patriotique, est très célèbre. Vous pourrez l'entendre, avec la voix de Hemant Kumar et un choeur d'enfants, en regardant le film *Ganga Jamna*, ou en vous procurant la cassette. Pour les paroles, l'air et l'enregistrement, voir leçon 54, note 1. Vous pouvez aussi acheter les cassettes *Binaca geet mala*, où les chansons vedette de chaque année sont présentées en hindi par Amin Sayani, célèbre pour sa voix. Il les reprend à la BBC. Saviez-vous que parmi les chanteurs et les chanteuses qui ont dominé le playback hindi, beaucoup ont une autre langue maternelle que le hindi ? Hemant Kumar, Manna Dey, Gita Dutt (bengali), Lata Mangeshkar et Asha Bhonsle (marathi)… Il ne manque donc plus que les francophones de naissance. Pourquoi pas vous ?

Cinquante-cinquième leçon

Sur le chemin de la justice
(justice / de / chemin / sur)

1 Sur le chemin de la justice, enfant, fais-voir comme tu avances.
(justice / de / chemin / sur / enfants ! / montrez / en allant)
Ce pays est à toi, c'est toi le chef de demain
(ce / pays / est / le vôtre / chefs / vous-mêmes / êtes / demain / de)

"कल का नेता"
इज्ज़त का ताज रखना
यह संगीत ...
...आम आदमियों की समझ के बाहर है
संभल-संभल के चलना
रस्ते बड़े कठिन हैं

NOTES (suite)

(2) **dikhāo cal ke**, littéralement "fais voir en avançant". En réalité, le verbe **dikhānā**, "montrer, faire voir", est ici employé idiomatiquement au sens de "fais voir comme tu avances, comme tu peux avancer". **apnā nām likhkar dikhāo**, "fais voir comme tu sais écrire ton nom". **bacco** est une forme de vocatif, utilisée seulement pour interpeller quelqu'un. **sāthio !**, "amis !", **bhāiyo !**, "frères !". La forme est celle du pluriel, mais nous traduisons par un singulier à valeur générale, qui correspond mieux à la solennité générale du texte. Le singulier serait **bacce !**, "enfant !".

दुनिया के रंज सहना और कुछ न मुँह से
कहना
सच्चाइयों के बल पे आगे को बढ़ते रहना
रख दोगे एक दिन तुम संसार को बदल के 3

इनसाफ़ की डगर पे, बच्चो दिखाओ चल के
यह देश है तुम्हारा, नेता तुम्हीं हो कल के

अपने हों या पराए, सब के लिए हो न्याय 4
देखो क़दम तुम्हारा हरगिज़ न डगमगाए 5

NOTES (suite)

(3) **rakh doge**.... **badalke**, littéralement, “tu poseras après avoir changé”. La traduction reflète par la répétition l’insistance que confère à la phrase cette structure : “tu le changeras, tu le transformeras”. Vous avez déjà vu la même combinaison verbale, dans le contexte des JO, nettement moins solennel (**badal kar rakh dẽ**, “transformons les JO” ; **pīṭ kar rakh denā**, “battre à plates coutures”). Notez ici et dans tout le texte que l’infinitif est employé avec une valeur d’impératif (leçon 50, note 16).

(4) **apne**, “siens”, **parāe**, “autres”. Les deux adjectifs, substantivés, s’opposent comme le “même” à l’“autre”. **parāyā** désigne volontiers une personne n’appartenant pas à la famille, et plus largement au clan, au pays. La fille est toujours considérée comme appartenant à la belle-famille, dès sa naissance, et donc elle est **parāī** par rapport à sa famille biologique, étant **parāyā dhan**, “le bien d’autrui”.

2 Supporte sans broncher les tourments de ce monde
(monde / de / souffrances / supporter / et / quelque chose / pas / bouche / par / dire)
Va de l'avant en te soutenant de la vérité
(vérités / de / force / sur / avant / à / avançant rester)
Tu changeras le monde un jour, tu le transformeras
(poser donnerez / un / jour / vous / monde / à / ayant changé)

1 Sur le chemin de la justice, enfant, fais-voir comme tu avances.
(justice / de / chemin / sur / enfants ! / montrez / en allant)
Ce pays est à toi, c'est toi le chef de demain
(ce / pays / est / le vôtre / chefs / vous-mêmes / êtes / demain / de)

3 Qu'il s'agisse des miens ou des autres, que la justice soit pour tous
(siens / soient / ou / étrangers / tous / pour / soit / loi)
Que ton pas reste ferme
(regardez / pas/ votre / absolument / pas / chancelle)

NOTES (suite)

(5) **ḍagmagānā** veut dire "chanceler", "branler", et figurément "fléchir", "hésiter". Notez la rime de **ḍagmagāe** et **nyāya** : vous avez déjà constaté que la prononciation du i / y est très proche de celle du *e* fermé (**ki / ke**). Le **-a** final de **nyāya** ne se prononce pas, comme vous le savez depuis le chapitre sur les sons et les lettres du hindi, mais sert simplement à éviter la lecture "à la française" qu'on pourrait faire de **nyāy** (niais !).

रस्ते बड़े कठिन हैं, चलना सँभल सँभल के 6

इनसाफ़ की डगर पे, बच्चो दिखाओ चल के
यह देश है तुम्हारा, नेता तुम्हीं हो कल के

इनसानियत♀ के सर पे इज़्ज़त♀ का ताज♂ रखना
तन♂ मन♂ की भेंट♀ देकर भारत की लाज♀
रखना 7 8
जीवन♂ नया मिलेगा अंतिम चिता♀ में जल के 9

NOTES (suite)

(6) **sā̃bhal-sā̃bhalke** est une forme de l'absolutif (+ **ke**) redoublé, et marque l'insistance sur l'action décomposée en chacune de ses phases : "gardant gardant l'équilibre", "faisant attention à chaque pas". **sā̃bhalnā**, "s'équilibrer, être équilibré, ou maîtrisé", a pour correspondant actif **sā̃bhālnā**, "équilibrer, maîtriser". **vo sthiti♀ sā̃bhāl nahī̃ pāyā**, "il ne parvint pas à maîtriser / contrôler la situation". **sthiti sā̃bhal nahī̃ saktī thī**, "la situation ne pouvait être contrôlée, était hors de contrôle". **sā̃bhalke utarnā**, "descendez prudemment, attention en descendant".

(7) **tāj rakhnā** et **lāj rakhnā**, bel exemple de rime riche, mettent sur le même plan la couronne (**tāj**) et la fierté, littéralement la décence, la pudeur, ou même parfois la honte (**lāj**).

(8) **tan**, "corps", comme **badan**, et **man**, "esprit", "âme" sont souvent associés, un peu comme en français dans l'expression "corps et âme". **usne tan man lagākar kām karnā śurū kiyā**, "il se mit à travailler corps et âme / de tout son coeur".

La route est dure, très dure, il faut avancer prudemment
(routes / très / difficiles / sont / avancer / se maîtrisant-se maîtrisant)

1 Sur le chemin de la justice, enfant, fais-voir comme tu avances.
(justice / de / chemin / sur / enfants ! / montrez / en allant)
Ce pays est à toi, c'est toi le chef de demain
(ce / pays / est / le vôtre / chefs / vous-mêmes / êtes / demain / de)

4 Pose la couronne de l'honneur sur la tête de l'humanité
(humanité / de / tête / sur / honneur / de / couronne / poser)
Sauve la face de l'Inde par le don de ton corps et de ton âme
(corps / esprit / de / cadeau / donnant / Inde / de / fierté / poser)
Une autre vie t'attend après la crémation dans l'ultime bûcher
(vie / nouvelle / s'obtiendra / dernier / bûcher / dans / ayant brûlé)

NOTES (suite)

(9) **citā**, "bûcher funéraire". La coutume dans la tradition hindoue est de brûler les cadavres, au moins lorsqu'il s'agit des "deux-fois-nés" qui ont reçu l'initiation (alors que les parsis ou zoroastriens les abandonnent aux vautours, à Bombay par exemple, dans les fameuses tours du silence, et que les musulmans enterrent les leurs). Bénarès est la ville où le spectacle des incinérations est le plus célèbre, car il est admis que mourir à Bénarès et avoir son bûcher funéraire sur les berges

**इन्साफ़ की डगर पे, बच्चो दिखाओ चल के
ये देश है तुम्हारा, नेता तुम्हीं हो कल के**

NOTES (suite)

(**ghāṭ**♂) du Gange est une garantie pour l'au-delà. Les cendres sont ensuite jetées dans le Gange, ou à défaut dans un autre fleuve sacré. Celles d'Indira Gandhi ont été répandues d'avion dans le ciel himalayen au-dessus des sources du Gange. A Delhi le champ de crémation (**śamśān**) où son bûcher funéraire fut érigé est situé près de la Yamuna, affluent du Gange et considéré comme sœur du Gange, car les fleuves sont au féminin en hindi (être comme Ganga-Yamuna, c'est être comme frère et soeur).

EXERCICES

अनुवाद कीजिए

१. उनके जन्मदिन पे, वहीं जा के उनसे मिलना और उन्हें मेरी यह भेंट देना।
२. उस पुल पर चलना बहुत कठिन है। सँभल-सँभल के जाना, कहीं क़दम न डगमगा जाए।
३. गिरधारी जी, रख देंगे एक दिन आप ऑलिंपिक्स को बदल के !
४. उसने तन मन लगाकर मेहनत की और परीक्षा में अपने स्कूल की लाज रख ली।
५. बेचारे ग़रीब ने रात भर ठंडे तालाब में कितना रंज सहा होगा, पर उसने मुँह से कुछ नहीं कहा।
६. शकील साहब को सभी बच्चों से प्यार है, अपने हों या पराए !
७. पाँच साल बाद फिर उस लड़की से मिलके मार्को को ऐसा लगा जैसे नया जीवन मिल गया हो।

1 Sur le chemin de la justice, enfant, fais-voir comme tu avances.
(justice / de / chemin / sur / enfants ! / montrez / en allant)
Ce pays est à toi, c'est toi le chef de demain
(ce / pays / est / le vôtre / chefs / vous-mêmes / êtes / demain / de)

८. जीवन के कठिन रस्ते पर मनुष्य का क़दम डगमगाया और वह अपनी दिव्य शक्ति खो बैठा।
९. सच्चाई और इनसाफ़ के बल पे ही राजा हरीशचन्द्र ने अपना राज चलाया।
१०. देखो, नेताओं के बल पे ही संसार में न्याय हरगिज़ नहीं हो सकता।

Traduisez

1 Va le voir là-bas (même) pour (sur) son anniversaire, et donne-lui ce cadeau de ma part. 2 Il est très difficile de marcher sur ce pont. Avance prudemment, ne fais pas de faux pas. 3 Girdhari ji, un jour vous changerez les JO, vous les transformerez ! 4 Il s'appliqua de tout son coeur et sauva la face de son collège à l'examen. 5 Que de tourments a dû endurer le malheureux pauvre homme toute la nuit dans l'étang glacé, mais il n'a pas proféré une plainte. 6 Shakil Sahab aime tous les enfants, qu'il s'agisse des siens ou de ceux des autres ! 7 En retrouvant cette fille cinq ans plus tard, Marco eut l'impression de trouver une nouvelle vie. 8 Sur le dur chemin de la vie, le pas de l'homme a chancelé et il a perdu son pouvoir divin. 9 Le roi Harishchandra dirigea son royaume par la seule force de la vérité et de la justice. 10 Ecoute (regarde), on ne peut pas obtenir la justice en ce monde en comptant seulement sur les dirigeants.

वाक्य पूरे कीजिए

1. *Parvati ji, c'est une affaire compliquée (difficile) que d'arriver à comprendre la place de la femme dans la société et la famille indiennes !*
पारवती जी, भारतीय ——— और ——— में औरत के स्थान को ——— पाना ——— काम है !

2. *Tantôt il semble que c'est elle qui porte (est) la couronne de l'honneur de la famille et tantôt [ceci] qu'elle doit supporter tous les tourments du monde !*
कभी ——— है कि वही घर की ——— का ——— है तो कभी यह कि दुनिया के सभी ——— उसी को ——— पड़ते हैं !

3. *En Chine on disait (il a été dit) que les femmes portaient la moitié du ciel sur leur tête ! [Et qu']elles devaient saisir de leurs mains la part qui leur revenait !*
चीन में ——— गया है कि ——— आसमान औरतों ने सर ——— उठा रखा है ! उन्हें ——— हिस्से को ——— हाथों में धर लेना ——— !

4. *Ah, c'est encore un homme qui a dû dire de telles choses ! Et, au moins en hindi, cela a un autre sens ! (l'expression "porter le ciel sur la tête" peut signifier "faire une scène").*
अरे, ऐसी ——— फिर ——— मर्द ने ही ——— होंगी। और हिन्दी में तो इसका ——— अर्थ ——— है !

5. *Et même en chinois la chose est sans doute fausse ! Parce que, dans ce monde, elles font bien plus de la moitié (du travail), les femmes !*

और ——— —— भी बात तो झूठ ही होगी !
क्योंकि ——— में आधे —— बहुत ———
काम करती हैं, औरतें !

6. *Regardez soit à la maison, soit aux champs, ou ailleurs, la femme se sacrifie corps et âme et assume tout (le travail).*
चाहे घर पर ——— लीजिए, ——— खेतों में, या कहीं और, औरत तन् ——— की ——— देकर सारा काम सँभालती है ।

7. *Que les garçons s'envoient du "ghi-shakkar", qu'ils vagabondent sur les chemins (tournent errants chemin-chemin), jouent au gulli danda, qu'ils se roulent les pouces, pas de problème ! C'est ça, la justice !*
लड़के घी-शक्कर ———, ———-———
आवारा ———, गुल्ली-डंडा खेलें, ———
मारें, नो प्रॉबलम ! यही ——— है !

8. *La fille, elle, dès l'enfance, doit faire bien attention (poser le pas en s'équilibrant). Qu'elle chancelle et c'est la grande perturbation ! Parce que c'est elle l'Honneur, c'est elle la couronne !*
लड़की को तो ——— से ही सँभल-सँभल के ——— रखना पड़ता है । वह डगमगाए तो खलबली ——— ——— —— ! ——— वही ——— है, वही ताज है !

9. *Est-ce grâce à la générosité et au[x] cadeau[x] des hommes que la femme se libèrera (de libération sera) ? Est-ce donc l'homme qui protègera l'honneur de la femme ?*
मर्दों के ——— और ——— के ——— पे
क्या नारी की ——— होगी ? क्या मर्द ही
——— की लाज ——— ?

10. *Nisha, au lieu d'attendre la libération du [par le] bûcher final, il est possible que les femmes, lassées, bouleversent le monde de fond en comble !*
निशा, ——— ——— की मुक्ति ——— ——— करने की बजाय ——— ——— है कि ——— आ के औरतें दुनिया को ——— ——— ——— दें !

Les mots manquants

१. – –, – समाज – परिवार – – – – – – समझ – कठिन – – !
२. – लगता – – – – – – इज़्ज़त – ताज – – – – – – – – – रंज – – सहने – – !
३. – – कहा – – – गाथा – – – – – पे / पर – – – ! – अपने – – अपने – – – – होगा / पड़ेगा !
४. –, – बातें – किसी – – – कही – । – – – – – – दूसरा – निकलता – !
५. – चीनी में – – – – – – – ! – संसार / दुनिया – – से – ज़्यादा – – –, – !
६. – – – देख –, चाहे – –, – – –, – – मन – भेंट – – – – – ।
७. – – – लूटें, डगर–डगर – फिरें / घूमें, – – –, मक्खियाँ –, – – ! – न्याय – !
८. – – – बचपन – – – – – – क़दम – – – । – – – – – मच जाती है ! क्योंकि – लाज –, – – – !
९. – – परोपकार – भेंट – बल – – – – – मुक्ति – ? – – – औरत – – रखेगा ?
१०. –, अंतिम चिता – – की प्रतीक्षा / का इंतज़ार – – – हो सकता – – तंग – – – – – – बदल के रख – !

aur ab, āpse kyā kahẽ ? ***Maintenant, que vous dire ?*** **bas, ki phir milẽge.** ***Simplement, à bientôt !*** **kab, kahā̃ milẽge ?** ***Quand vous serez en Inde. Nous y sommes toujours, quelque part. Cherchez bien,*** **ḍhū̃ḍh nikālẽge !** ***Partez maintenant à la rencontre de l'Inde, "une et innombrable". Quels que soient votre voyage et vos escales, hôtel international cinq étoiles "delux", palais des mille et une nuits recréés pour le touriste romantique, auberges un peu crasseuses, tourist camps des routards, armée du salut, gîtes gouvernementaux proprets et modestes, à vous l'Inde ! A vous la liberté ! Mais, dernier exercice, comment diriez-vous "liberté" ?*** **svatantratā** ***ou*** **āzādī,** ***la liberté de l'autonomie, et la libération dans le contexte historique de la lutte pour l'Indépendance, ou*** **mokṣa,** ***la libération dans un sens plus philosophique voire "mystique", consistant à vous libérer des noeuds et entraves de l'illusion, des sens, de l'intellect… A vous de choisir. Et bon voyage :*** **āpkī yātrā śubh rahe, āpkā safar mubārak rahe !**

… Mais avant de refermer votre livre, pensez à aller jusqu'au bout de la "deuxième vague", et ce jusqu'à la cinquante-cinquième leçon…

Deuxième vague : vingt-septième leçon

Appendice grammatical

I Formes du groupe nominal

1 Noms et adjectifs

Il y a deux “cas”, la forme directe (sujet, attribut, objet direct) et la forme oblique, le plus souvent suivie d’une postposition.

• Noms masculins finissant en **-ā** (**laṛkā**, “garçon”, accompagné d’un adjectif variable, **acchā**, “bon”) :

	sg	pl	sg	pl
direct	**-ā**	**-e**	**acchā laṛkā**	**acche laṛke**
oblique	**-e**	**-õ**	**acche laṛke**	**acche laṛkõ**

• Noms masculins finissant par une consonne (**nām**, “nom”) ou **-ī** (**ādmī**, “homme”), ainsi que toute autre voyelle autre que **-ā** :

	sg	pl	sg	pl
direct	**-**	**-**	**nām / ādmī**	**nām / ādmī**
oblique	**-**	**õ**	**nām / ādmī**	**nāmõ / ādmiyõ**

• Noms féminins en **-ī** (**laṛkī**, “fille”) :

	sg	pl	sg	pl
direct	**-ī**	**-iyā̃**	**acchī laṛkī**	**acchī laṛkiyā̃**
oblique	**-ī -**	**-iyõ**	**acchī laṛkī**	**acchī laṛkiyõ**

• Noms féminins finissant par une consonne (**mez**, “table”), ou par **-ā** (**chātrā**, “étudiante”) :

	sg	pl	sg	pl
direct	-	-ẽ	**mez / chātrā**	**mezẽ / chātrāẽ**
oblique	-	-õ	**mez / chātrā**	**mezõ / chātrāõ**

• Les adjectifs qui se terminent par une consonne ou par **-ī** ne varient pas, ainsi que **baṛhiyā**, "magnifique".

2 Pronoms personnels

Formes directes
-singulier : **maĩ**, "je", (**tū**, "tu" intime), **vo**, "il/elle"
-pluriel : **ham**, "nous", **tum**, "tu/vous", **āp**, "vous", **ve**, "ils/elles"

Formes obliques
-singulier : **mujh**, "moi" (**tujh**, "toi"), **us**, "lui/elle"
-pluriel : **ham**, "nous", **tum**, "tu/vous", **āp**, "vous", **un**, "eux/elles"

Formes spéciales : Lorsque la postposition **ko** s'ajoute à un pronom, celui-ci peut prendre une forme spéciale, parallèlement à la forme régulière : **mujhko = mujhe** ; **tujhko = tujhe** ; **usko = use** ; **hamko = hamẽ** ; **tumko = tumhẽ** ; **unko = unhẽ**). Lorsque la marque d'ergatif **ne** s'ajoute à la troisième personne du pluriel, on a la forme **unhõne**.

3 Pronoms et adjectifs possessifs

Ils suivent la déclinaison du nom en **-ā**, et s'accordent en genre et en nombre.
merā, "mon / le mien" (**terā**, "ton / le tien"), **uskā**, "son / le sien", **hamārā**, "notre / le nôtre",

tumhārā, “ton, votre / le tien, le vôtre”, **āpkā**, “votre / le vôtre”, **unkā**, “leur / le leur”.
Lorsque le possesseur renvoie au sujet de la phrase (même si celui-ci est au cas ergatif, **ne**, ou à la forme oblique + **ko**), on emploie le pronom réfléchi **apnā**, forme unique pour toutes les personnes, au lieu du possessif.

4 Pronoms adjectifs démonstratifs

vo (pluriel **ve**), qui sert aussi de pronom personnel, est le démonstratif (pronom et adjectif) utilisé pour désigner un référent éloigné, **ye** (**यह** au singulier, **ये** au pluriel) pour désigner un référent proche du locuteur. Les formes obliques de **vo** sont **us** (singulier) et **un** (pluriel), celles de **ye** sont **is** (singulier) et **in** (pluriel, **inhõne** avec la marque ergative) : **vo laṛkā**, “ce garçon-là”, **ye laṛkā**, “ce garçon-ci”.

5 Pronoms et adjectifs indéfinis

kuch, invariable, “quelque, quelque chose” ; **kuch nahī̃**, “rien” ; **koī**, “quelqu’un, quelque, certain” (oblique singulier **kisī**, pluriel **kinhī̃**) ; **koī nahī̃**, “personne” ; **kaī**, “plusieurs” ; **bahut**, “beaucoup” ; **kam**, “peu” : **sab**, “tous, tout”, **sab kuch**, “tout”.
Il n’y a pas de distinction de genre.

6 Relatifs

Forme directe : **jo**, “qui, que” (singulier et pluriel)
Forme oblique : **jis** (singulier), **jin** (pluriel)
Il n’y a pas de distinction de genre.
Forme particulière : avec **ne** (forme ergative), on a la forme **jinhõne** au pluriel.

7 Interrogatifs

Pronoms ou adjectifs
kaun, “qui, quel” (oblique **kis**), **kaunsā**, “lequel” ; **kyā**, “que” (neutre), “quel”, **kis**, **kin**, “quel, quels” (neutre). Forme particulière de **kin** devant **ne** : **kinhõne**.

Toujours adjectifs
kaisā, “de quelle nature, quel, quelle espèce de”, **kitnā**, “combien”.

Adverbiaux
kab, “quand”, **kahā̃**, “où”, **kidhar**, “où” (mouvement), **kyõ**, “pourquoi”, **kyā**, “est-ce que”.
Certains des interrogatifs sont utilisés comme exclamatifs : **kaisī cāy**, “quel thé !”, **kitnī jalebiyā̃**, “que de jalebis !”.

II Tableaux des principales formes du verbe

1 Modes non finis

L’infinitif
Il se forme avec le radical **+nā** : **bolnā**, “parler”, **calnā**, “marcher”.

Les participes
Ils sont liés davantage à l’aspect qu’au temps. Ils ont des désinences de type adjectival (-**ā**, -**ī**, -**e**) : le participe présent dit “imperfectif” est formé sur la base du radical + -**tā**/-**tī**/-**te** : **boltā**, **boltī**, **bolte**,

"parlant". Le participe passé dit "perfectif" se forme sur la base du radical + **-ā**, **-ī, -e** : **bolā**, **bolī**, **bole**, "(ayant) parlé".
Pour les emplois, voir leçon 28. Les formes irrégulières du participe passé sont les mêmes que celles du passé simple.
Participe présent de **honā**, "être" : **hotā, hote, hotī**, "étant" ; participe passé, **huā, hue, huī**, "ayant été'.
La négation des modes non finis est **na**.

2 Conjugaisons

L'impératif
bol, "parle" (très informel), **bolo**, "parle", **bolie**, "parlez" (respectueux), **boliegā**, "parlez" (respectueux à valeur future).
Formes irrégulières : **kījie**, "faites", **pījie**, "buvez", **lo**, "prends", **lījie**, "prenez", **do**, "donne", **dījie**, "donnez".
La négation est soit **na**, soit **mat**.

Le présent général (leçon 5)
Il se forme avec le participe imperfectif et l'auxiliaire "être" conjugué au présent :

mãĩ boltā / boltī hū̃,	"je parle"
(**tū boltā / boltī hai**,	"tu parles")
vo boltā / boltī hai,	"il/elle parle"
tum bolte / boltī ho,	"tu parles" (ou "vous parlez" au pluriel)
ham bolte / boltī hãĩ,	"nous parlons"
āp bolte / boltī hãĩ,	"vous parlez"
ve bolte / boltī hãĩ,	"ils/elles parlent"

Le présent actualisé (leçon 9)
Il se forme avec le radical suivi de l'auxiliaire d'actualisation **rahā, rahe, rahī** suivi de l'auxiliaire "être" au présent :

mãĩ bol rahā / rahī hũ̃,	"je parle"
(**tū bol rahā / rahī hai**,	"tu parles")
vo bol rahā / rahī hai,	"il/elle parle"
tum bol rahe / rahī ho,	"tu parles" (ou au pluriel, "vous parlez")
ham bol rahe / rahī hãĩ,	"nous parlons"
āp bol rahe / rahī hãĩ,	"vous parlez"
ve bol rahe /rahī hãĩ,	"ils/elles parlent"

Le futur (leçon 10)

mãĩ bolū̃gā / bolū̃gī,	"je parlerai"
(**tū bolegā / bolegī**,	"tu parleras")
vo bolegā / bolegī	"il/elle parlera"
tum bologe / bologī,	"tu parleras" (ou "vous parlerez" au pluriel)
ham bolẽge / bolẽgī,	"nous parlerons"
āp bolẽge / bolẽgī,	"vous parlerez"
ve bolẽge / bolẽgī	"ils/elles parleront"

L'imparfait général (leçon 19)
Il se forme sur le même modèle que le présent général, l'auxiliaire "être" étant au passé et non au présent. L'imparfait du verbe "être" se forme sur un radical différent (**th**-) auquel s'ajoutent les terminaisons -**ā** (ms), -**e** (mp), -**ī** (fs), -**ī̃** (fp). Les formes ne varient donc qu'en fonction du genre et du nombre :

mãĩ boltā thā / boltī thī,	"je parlais"
(tū boltā thā / boltī thī,	"tu parlais")
vo boltā thā / boltī thī,	"il/elle parlait"
tum bolte the / boltī thī̃,	"tu parlais" (ou "vous parliez" au pluriel)
ham bolte the / boltī thī̃,	"nous parlions"
āp bolte the / boltī thī̃,	"vous parliez"
ve bolte the / boltī thī̃,	"ils/elles parlaient"

L'*imparfait actualisé* (leçon 22)

mãĩ bol rahā thā / bol rahī thī,	"je parlais" (ou "j'étais en train de parler")
(tū bol rahā thā / bol rahī thī,	"tu parlais")
vo bol rahā thā / bol rahī thī,	"il / elle parlait"
tum bol rahe the / bol rahī thī̃,	"tu parlais" (ou "vous parliez" au pluriel)
ham bol rahe the / bol rahī thī̃,	"nous parlions"
āp bol rahe the / bol rahī thī̃,	"vous parliez"
ve bol rahe the / bol rahī thī̃,	"ils ou elles parlaient"

Le système des temps dérivés du passé simple

Le passé simple (leçon 15)
Il se forme en ajoutant au radical du verbe les terminaisons -**ā** (ms), -**e** (mp), -**ī** (fs), -**ī̃** (fp). La terminaison -**ā** s'ajoute directement à un radical qui se termine par une consonne (**bol-ā**, "parlai"), et précédée d'un -**y**- intervocalique à un radical qui se termine par une voyelle (**ā-y-ā**, "vins").

mãĩ bolā / bolī,	“je parlai”
(**tū bolā / bolī**,	“tu parlas”)
vo bolā / bolī,	“il/elle parla”
tum bole / bolī̃,	“tu parlas” (ou “vous parlâtes” au pluriel)
ham bole / bolī̃,	“nous parlâmes”
āp bole / bolī̃,	“vous parlâtes”
ve bole / bolī̃,	“ils/elles parlèrent”

Formes irrégulières : **kiyā**, **kie**, **kī**, de **karnā**, “faire”, **gayā**, **gae**, **gaī**, de **jānā**, “aller”, **diyā**, **die**, **dī**, de **denā**, “donner”, **liyā**, **lie**, **lī**, de **lenā**, “prendre”.

Le passé composé (leçon 17)
Il se forme en ajoutant au participe passé (ou plus exactement accompli) l’auxiliaire “être” au présent : comme en français ! Ce participe passé a presque la même forme que le passé simple, sauf au féminin pluriel (pas de nasalisation sur le -**ī**), c’est-à-dire qu’il présente des désinences d’adjectif :

mãĩ bolā / bolī hū̃,	“j’ai parlé”
(**tū bolā / bolī hai**,	“tu as parlé”)
vo bolā / bolī hai,	“il/elle a parlé”
tum bole / bolī ho,	“tu as parlé” (ou “vous avez parlé” au pluriel)
ham bole / bolī hãĩ,	“nous avons/vous avez parlé”
āp bole / bolī hãĩ,	“vous avez parlé”
ve bole / bolī hãĩ,	“ils/elles ont parlé”

Le plus-que-parfait (leçon 18)
Il se forme comme le passé composé, mais au lieu d’utiliser le présent de l’auxiliaire “être” on utilise

l'imparfait (comme en français encore !).

mãĩ bolā thā / bolī thī, "j'avais parlé"
(**tū bolā thā / bolī thī**, "tu avais parlé")
vo bolā thā / bolī thī, "il/elle avait parlé"
tum bole the / bolī thī̃, "tu avais parlé"
ham bole the / bolī thī̃, "nous avions parlé"
āp bole the / bolī thī̃, "vous aviez parlé"
ve bole the / bolī thī̃, "ils/elles avaient parlé"

La négation des temps de l'indicatif est **nahī̃**.

Le subjonctif (leçon 25)
Il suffit de retrancher les terminaisons du futur, le -**gā**, -**gī**, -**ge** final, pour obtenir le subjonctif. Ainsi :

mãĩ bolū̃, "que je parle"
(**tū bole**, "que tu parles")
vo bole, "qu'il/elle parle"
tum bolo, "que tu parles"
("que vous parliez" au pluriel)
ham bolẽ, "que nous parlions"
āp bolẽ, "que vous parliez"
ve bolẽ, "qu'ils/elles parlent"
(subjonctif du verbe "être", **honā** : **mãĩ hū̃** ou **hoū̃**, **tum ho**, **vo ho**, **ham/āp/ve hõ**)
Formes composées, à valeur passée : **mãĩ jātā hoū̃**, "que je sois allé (habituel)", **vo jātā ho**, "qu'il soit allé", **mãĩ gayā hoū̃**, "que je sois allé (ponctuel)", **vo gayā ho**, "qu'il soit allé".
La négation est **na**.

L'irréel (leçon 43)
mãĩ boltā/boltī, "je parlerais"

(tū boltā / boltī, “tu parlerais”)
tum bolte / boltī̃, “tu parlerais”
(ou “vous parleriez” au pluriel)
vo boltā / boltī, “il/elle parlerait”
ham bolte / boltī̃, “nous parlerions”
āp bolte / boltī̃, “vous parleriez”
ve bolte / boltī̃, “ils/elles parleraient”

Notez la nasalisation au féminin pluriel, qui distingue la forme du participe présent.

Verbe “être” : **maĩ hotā**, “je serais”, **ve hote**, “ils seraient”, **ve hotī̃**, “elles seraient”.

Formes composées, à valeur passée : **maĩ boltā hotā**, “j'aurais parlé (habituel)”, **maĩ bolā hotā**, “j'aurais parlé (ponctuel)”.

La négation est **na**.

3 Aspects secondaires

Fréquentatif : participe passé invariable (-ā) + auxiliaire **karnā** conjugué. **ham der tak soyā karte the**, “nous avions l'habitude de dormir tard/longtemps”. Le participe passé du verbe **jānā** a dans cette construction une forme spéciale, **jāyā** : **ve tumhāre yahā̃ jāyā karẽge**, “ils iront chez toi régulièrement”.

Duratif ou continuatif : participe présent (accordé avec le sujet) + auxiliaire **rahnā** conjugué. **tum kām kartī rahtī ho aur vo kheltā rahtā hai**, “tu n'arrêtes pas de travailler et il n'arrête pas de jouer”.

Duratif-progressif : participe présent (accordé avec le sujet) + auxiliaire **jānā**, ou **calā jānā** conjugué.

ḍāyrekṭar sāhab moṭe hote jā rahe haĩ, “monsieur le directeur est de plus en plus gras, ne cesse de grossir”.

Inceptif : marque le début d’une action ou l’entrée dans un état. Verbe principal à l’infinitif oblique + auxiliaire **lagnā** conjugué. **niśā bolne lagī**, “Nisha se mit à parler”.

Terminatif : l’action est représentée comme terminée ou ayant déjà eu lieu. Verbe principal sous la forme du radical simple + auxiliaire **cuknā** à l’aspect accompli. **niśā khānā khā cukī thī**, “Nisha avait fini de manger” ; **vo (pahle hī) bhārat jā cukī hai**, “elle est déjà allée en Inde (auparavant)”.

4 Modalités (leçons 29, 36)

Pouvoir : auxiliaires **saknā** (simple possibilité ou capacité) ou **pānā** (“parvenir”, “réussir à”, surtout fréquent en contexte négatif) suivant le radical simple du verbe principal : **boris hindī bol saktā hai par likh nahī̃ pātā**, “Boris peut (sait) parler hindi mais n’arrive pas à [l’]écrire”.
Devoir : infinitif du verbe principal + auxiliaire **cāhie** (obligation générale), ou **honā** (obligation ponctuelle, à visée future) ou **paṛnā** (obligation externe et contraignante, “être obligé”). Voyez les exemples dans la structure de la phrase d’obligation au paragraphe IV, 3.

5 Voix passive (leçons 37, 53)

Participe passé (accordé avec le sujet) + auxiliaire

jānā conjugué. **ye kahānī premcand ke dvārā likhī gaī hai**, "cette nouvelle a été écrite par Premchand". Les verbes intransitifs ont aussi un passif, le plus souvent à la forme négative et avec un agent introduit par la postposition **se**, dans un sens de forte incapacité : **niśā se uṭhā nahī̃ gayā**, "Nisha fut incapable de se lever" (le participe passé de **jānā**, "aller", a dans cette construction la forme spéciale **jāyā**).

6 Factitifs et causatifs

- Le suffixe -**ā** ajouté à la base verbale tranforme un intransitif en transitif factitif, un transitif en factitif ou en causatif : **calnā**, "marcher", **calānā**, "faire marcher, conduire". La voyelle du radical peut être modifiée (**dekhnā**, "regarder, voir", **dikhānā**, "faire voir, montrer" **ruknā**, "s'arrêter", **roknā**, "arrêter") ainsi que certaines consonnes (**biknā**, "se vendre", **becnā**, "vendre", **khānā**, "manger", **khilānā**, "faire manger, nourrir", **pīnā**, "boire", **pilānā**, "faire boire, abreuver", **ṭūṭnā**, "se casser", **toṛnā**, "casser", **chūṭnā**, "partir, être lâché, libéré", **choṛnā**, "quitter, lâcher", **dhulnā**, "être lavé", **dhonā**, "laver").
- Le suffixe -**vā** ajouté à la base verbale ajoute un degré supplémentaire à la causation, transformant un factitif en causatif et un causatif en "double causatif" : **calvānā**, "faire conduire", **pilvānā**, "faire donner à boire", **dikhvānā**, "faire montrer", **dhulvānā**, "faire laver". La présence du suffixe -**vā** implique qu'il y a un agent intermédiaire qui fait l'action causée par l'agent principal. Cet agent secondaire est représenté au cas oblique suivi de la

postposition **se** : **vo dūsrõ se apnā kām karvātā hai**, “il fait faire son travail par les autres”.

7 Les locutions verbales

De nombreux prédicats en hindi sont composés d’un constituant non verbal et d’un constituant verbal. Le premier constituant peut être un adjectif ou un adverbe : **garam karnā**, “chauffer”, **alag karnā**, “éloigner”, **pasand honā**, “plaire”, **pās ānā**, “s’approcher”, **upasthit honā**, “se présenter”, **upasthit karnā**, “présenter”, **k͟hatm honā**, “se finir, être fini”, **k͟hatm karnā**, “finir”. Il peut aussi être un nom : **kā intazār karnā** ou **kī pratīkṣā karnā**, “attendre”, **kī vyavasthā karnā**, “arranger, organiser”, **kī k͟hātir karnā**, ou **kā svāgat karnā**, “accueillir, fêter”. Notez que la construction de ces expressions dépend du nom. Si celui-ci est précédé dans notre lexique de la postposition, cela signifie que le COD du verbe français n’est pas en hindi un COD mais un complément de nom : introduit par **kā** ou **kī**, il complète le constituant nominal de la locution. **boris niśā kā intazār kar rahā thā**, “Boris attendait Nisha”.

III Postpositions et adverbes

• Postpositions simples

se, “par/depuis/de”, **mẽ**, “dans”, **par**, “sur”, **ko**, “à”. **kā**, “de”, varie en fonction du nom qui suit.

• Locutions postpositives

Locutions d’origine adverbiale (sauf **ke binā**) : **ke pās**, “près de, chez” et **se dūr**, “loin de”, **ke**

sāmne, "en face de" et **ke pīche**, "derrière", **ke ūpar**, "en haut de, au-dessus de" et **ke nīce**, "au-dessous de", **ke bād**, "après" et **se pahle**, "avant", **ke sāth**, "avec" et **(ke) binā** ou **binā ke**, "sans", ou **(ke) bagair**, "sans", **ke bāhar**, "à l'extérieur de" et **ke andar** ou **ke bhītar**, "à l'intérieur de". Sans le premier élément (**ke**, **se**) on a affaire à un adverbe : **sāmne**, "en face", **pās**, "près", **dūr**, "loin", mais **bād mẽ**, "après, par la suite".
Locutions d'origine nominale : **kī jagah**, ou **ke sthān** (**par**), "à la place de", **kī or** ou **kī taraf**, "en direction de", **ke kāraṇ**, ou **kī vajah se**, "à cause de".
Locutions d'origine participiale : **ke māre**, "par, à cause de" (littéralement "pris de", "frappé de", du participe **mārā**, "frappé"), **ke lie**, "pour".
On forme aussi des adverbes en ajoutant la postposition **se** à un nom, ou la locution **taur se**, **tarah**, à un adjectif : **zor se**, "fort", **pyār se**, "affectueusement" ; **burī tarah**, "mal", **acchī tarah**, "bien", **khās taur se**, "particulièrement".

IV Types de phrases simples

1 La phrase ergative (leçons 23, 24)

Si le verbe est transitif et à l'aspect accompli (passé simple, passé composé, plus-que-parfait), il s'accorde avec l'objet, et le sujet est à la forme oblique suivi de la postposition **ne** : **premcand ne acchī kahāniyā̃ likhī haĩ**, "Premchand a écrit de belles nouvelles". Mais si l'objet est suivi de la postposition **ko**, le verbe est invariable (-**ā**) : **niśā ne kāminī ko dekhā**, "Nisha regarda Kamini".

2 La phrase "indirecte" (leçons 19, 20)

Elle est essentiellement propre aux locutions verbales (ou plus rarement verbes simples) exprimant un sentiment, une sensation, une perception, un changement d'état, un savoir, dont le sujet logique n'est pas un agent volontaire. Celui-ci se met alors à la forme oblique suivie de la postposition **ko**. Exemples : **mujhe ṭhaṇḍ lag rahī hai**, "j'ai froid" ; **unhẽ pareśānī huī**, "ils se sont inquiétés" ; **boris ko der ho gaī**, "Boris a été en retard", **niśā ko mālūm hai**, "Nisha sait", **boris ko urdū ātī hai**, "Boris connaît l'ourdou" ; **tumhẽ ḍar lag rahā hai**, "tu as peur", **mujhe bhūkh lag rahī hai**, "j'ai faim", **mujhe cāy pīne kī icchā hai**, "j'ai envie de boire du thé".

3 La phrase d'obligation (leçon 36)

Le sujet qui "doit" faire quelque chose est à la forme oblique et suivi de la postposition **ko** : **baccõ ko acchī tarah sonā cāhie**, "il faut que les enfants dorment bien" ; **mujhe jaldī jānā hai**, "il faut que je parte bientôt" ; **unko vahā̃ jānā paṛegā**, "ils seront obligés d'y aller".
Si le verbe principal est transitif, il s'accorde avec son COD, et l'auxiliaire aussi (sauf bien sûr **cāhie**, qui reste invariable en genre) s'accorde avec lui : **mujhe do aur kitābẽ k͟harīdnī paṛẽgī**, "je serai obligé d'acheter deux autres livres".

4 L’expression de la possession (“avoir”)

Trois cas essentiels (leçon 39) :
- Les relations familiales s’expriment avec le possesseur à la forme du complément de nom (**kā**, ou forme invariable **ke**) : **tumhāre kitne bhāī haĩ**, “combien de frères as-tu ?”. **merī** (ou **mere**) **ek baṛī bahan hai**, “j’ai une grande soeur”. Cette construction est aussi applicable aux parties du corps (autre possession “inaliénable”, ou “non contingente” !) : **ādmī ke do ṭãgẽ hotī haĩ, cūhe ke cār pair hote haĩ**, “l’homme a deux jambes, le rat a quatre pattes”. Ce n’est que pour les relations familiales qu’on peut avoir le **ke** invariable au lieu du **kā/ke/kī** variable.
- Les objets concrets s’expriment avec le possesseur à la forme oblique suivi de **ke pās**, “chez/près de”. **uske pās kitnī sāṛiyā̃ haĩ**, “combien a-t-elle de saris ?”. **hamāre mitrõ ke pās ek gāṛī hai**, “nos amis ont une voiture”.
- Les qualités morales s’expriment avec le possesseur à la forme oblique suivi de la postposition **mẽ**, “dans” : **usmẽ sāhas hai**, “il a du courage”. **un badmāśõ mẽ bahut k͟harābiyā̃ haĩ, magar kuch k͟hūbiyā̃ bhī haĩ**, “ces voyous ont beaucoup de défauts, mais ils ont aussi quelques qualités”.

V Propositions subordonnées

1 Propositions relatives (leçons 30 et 31)

- La relative explicative est construite comme une apposition :

mujhe ek maśhūr lekhak milā, jo mere ghar ke pās rahtā hai, “j’ai rencontré un écrivain célèbre, qui habite près de chez moi”
jāpānī (log) jo mehnat se kām karte haĩ amīr haĩ, “les Japonais, qui travaillent dur, sont riches”
- La relative restrictive ou déterminative est placée avant la proposition principale, et le relatif, qui précède le nom, est repris par **vo** dans la principale :
jo jāpānī mehnat se kām karte haĩ ve amīr haĩ, “les Japonais qui travaillent dur sont riches” (parmi l’ensemble des Japonais, ceux et seulement ceux qui travaillent dur sont riches)
jis laṛke se maĩ bāt kar rahā thā, vo tumhāri bahan kā mitr hai, “le garçon à qui je parlais est l’ami de ta soeur”
jin ādmiyõ ke bāre mẽ tumne mujhe batāyā, unko maĩ jāntā hū̃, “je connais les hommes dont tu m’as parlé”

2 Propositions hypothétiques (leçons 41, 43)

- Système potentiel : généralement le subjonctif dans la proposition subordonnée introduite par **yadi** ou **agar** et un temps de l’indicatif ou l’impératif dans la principale, toujours introduite par **to**. Il se peut aussi qu’on trouve le passé simple dans la subordonnée, en réalité non temporel mais seulement aspectuel, si on veut présenter l’action comme globale (voir note 6, leçon 47), la principale pouvant très bien être au futur : **yadi bāriś ā gaī to sab kuch bhīg jāegā**, “s’il pleut (si la pluie arrive), tout se mouillera”. La négation est, non pas **nahī̃** comme à l’indicatif, mais **na** comme au subjonctif et à l’impératif, modes du fait non asserté : **tum**

yahā̃ na āe to tumhārā dost zarūr ghabrāegā, “si tu ne viens pas, ton ami s’inquiétera sûrement”.

- Système irréel, lorsque la condition n’est pas réalisée, et qu’on trouve en français le conditionnel dans la principale : dans les deux propositions en hindi les verbes sont à l’irréel. **tum yahā̃ na āte to tumhārā dost ghabrātā**, “si tu ne venais pas, ton ami s’inquiéterait”, “si tu n’étais pas venu, ton ami se serait inquiété”.

3 Propositions de concession ou opposition (leçons 35, 44)

“Bien que, quoique” correspond à **hālā̃ki**, suivi de l’indicatif, et repris dans la proposition principale par **phir bhī**, “pourtant”, **magar**, **lekin**, **par**, “mais” : **hālā̃ki vo samay par nahī̃ āyā phir bhī log us se mil sake**, “bien qu’il ne fût pas arrivé à l’heure, les gens purent le rencontrer”.
Si le sujet est commun aux deux actions, le hindi utilisera un infinitif suivi de **par bhī**, ou **ke bāvajūd,** “malgré” : **samay par na āne par bhī vo un logõ se mil sakā**, “bien qu’il ne fût pas arrivé à l’heure, il put rencontrer ces gens”. Ou un participe présent suivi de **bhī** : **samay par na āte hue bhī vo un logõ se mil sakā**, même sens. Même en cas de sujets distincts il est possible de recourir à cette construction, en exprimant le sujet de l’infinitif au cas oblique suivi de la postposition **ke** : **uske na cāhte hue bhī, maĩ usko manāne kī kośiś karū̃gī**, “bien qu’il ne veuille pas, j’essaierai de le persuader”.

4 Propositions de cause (leçon 47)

La subordonnée est introduite par **kyõki**, “parce que”, ou par **cũki**, “puisque”, suivis comme en français de l’indicatif : **cũki tum hindī nahī̃ bol saktī̃ tumhẽ bhārat mẽ taklīf hogī**, “tu auras des problèmes en Inde, puisque tu ne sais pas parler hindi”. En cas de sujet commun on peut bien sûr recourir à un infinitif suivi de la postposition “à cause de”, **ke kāraṇ** : **tumhẽ bhārat mẽ taklīf hogī kyõki tum hindī nahī̃ boltī̃** ou **hindī na bolne ke kāraṇ tumhẽ bhārat mẽ taklīf hogī**, “tu auras des problèmes en Inde parce que tu ne parles pas hindi”.

5 Propositions de but (leçon 31 note 8)

tāki, “pour que”, commande comme en français le subjonctif : **rozānā kuch hindī paṛh lo tāki hindustān mẽ taklīf na ho**, “apprends tous les jours un peu de hindi pour ne pas avoir (qu’il n’y ait pas) de problèmes en Inde”. Si les sujets sont communs à l’action subordonnée et à la principale, le hindi préfère employer un infinitif suivi de **ke lie** : **saphal yātrā karne ke lie tumne baṛī mehnat kī hai**, “tu as pris beaucoup de peine pour faire un voyage réussi”.

6 Propositions temporelles (leçons 30, 37, 47)

“*Quand*”, **jab**... **tab** ou **to**, “depuis que”, **jab se**... **tab se**, sont des structures où la conjonction de subordination est rappelée dans la principale par un “corrélatif” : **jab boris āegā, tab ham khānā**

khāne lagẽge, “quand Boris arrivera, (alors) nous mangerons / nous passerons à table quand Boris arrivera”.
“Dès que” : **jaise hī... vaise hī / jyõ hī.... tyõ hī**
jaise hī mehmān ā gae vaise hī boris khāna khāne lagā, “dès que les invités furent arrivés, Boris se mit à manger”. **jyõ hī mã̄ ghar se niklī tyõ hī bacce śor macāne lage**, “dès que la mère eut quitté la maison, les enfants se mirent à faire du vacarme”. Mais si le sujet est commun aux deux actions, le hindi choisira plutôt de représenter la première par un participe présent suivi de **hī** : **āte hī boris khāne lagā**, “dès qu’il arriva, Boris se mit à manger”.

7 La comparaison (leçons 47, 53)

- **jaisā** ou **kī tarah** peut introduire un comparant de type nominal : **boris hindustānī kī tarah hindī boltā hai**, “Boris parle hindi comme un Indien” ; **tumhāre jaise pāgal duniyā mẽ kam milte hãĩ**, “il y a peu de fous au monde comme toi”.
- **jaise** (souvent précédé dans la principale de **aise**, “ainsi”) ou **māno**, s’emploient aussi pour introduire un proposition comparative avec un verbe conjugué : **vo mujhe aise dekhne lagā jaise khā jāegā**, “il se mit à me regarder (ainsi) comme s’il allait me dévorer” ; **niśā ghabrā gaī māno kisī bhūt ko dekh liyā ho**, “Nisha fut prise de peur, comme si elle avait vu un fantôme”.
- **jitnā... utnā / itnā**, “autant ... autant”, “si ... que”. L’ordre des propositions est l’inverse de celui du français. Pour dire “Chotu n’est pas aussi stupide qu’il en a l’air”, le hindi dira “autant Chotu a l’air

stupide, autant il n'est pas" : **choṭū jitnā mūrkh lagtā hai utnā hai nahī̃** ; de même : **unke pās jitne jūte haĩ utne mere pās bhī haĩ**, "j'ai autant de chaussures qu'il en a" ; **tumhẽ jitnā dāl-cāval cāhie, maĩ utnā de dū̃gā, magar yahā̃ tumko raugan josh nahī̃ milegā**, "je te donnerai autant de riz aux lentilles que tu veux, mais ici tu n'auras pas de rogan josh".

VI Phrases complexes sans subordination

Ce sont des phrases qui comme les précédentes comportent l'expression d'une action principale et d'une action secondaire, mais cette dernière à un mode non fini.

1 "Sans que", "sans" (leçon 47, note 13 et leçon 42, paragraphe 4)

Le verbe est au participe passé à la forme en -**e** invariable. **vo kuch bole binā calā gayā**, "il partit sans rien dire". Là encore, si les sujets sont distincts, on garde toujours la possibilité de ne pas recourir à une véritable subordination en exprimant le sujet du participe suivi de **ke** : **maĩne uske jāne binā sab intazām kar liyā**, "j'ai tout arrangé sans qu'il le sache".

2 L'expression de l'ordre : *"je t'ai dit de, je t'ai demandé de"* (leçon 46)

Comme on peut le faire en français, on utilise le verbe "dire" **kahnā**, précédé de l'action ordonnée à l'infinitif +**ko** : **mãĩne usse jāne ko kahā**, "je lui ai dit de partir" ; **niśā ne mujhse apnī reśmī cunnī lauṭāne ko kahā**, "Nisha m'a demandé de lui rapporter son écharpe en soie".

3 Propositions participiales (leçon 48 note 5)

On les trouve là ou le français emploie des propositions infinitives, après les verbes de perception, essentiellement "voir" et "entendre" : **boris ne niśā ko āte hue dekha**, "Boris vit venir Nisha", **mãĩne kaī bār ḍāgar bandhuõ ko gāte hue sunā hai**, "j'ai entendu plusieurs fois chanter les Frères Dagar".

4 Faillir / manquer (leçon 46 note 4)

Ces tournures françaises exprimant l'évitement d'un acte de justesse correspondent en hindi au redoublement du participe présent à la forme adverbiale (-**te**) suivi du verbe **bacnā**, littéralement "se sauver, échapper" : **vo ḍar ke māre bhāgā, aur girte girte bac gayā**, "il s'enfuit pris de peur et faillit tomber" (**ke māre** veut dire "par/à cause de").

Index des catégories et des mots grammaticaux

Lexique

(Le chiffre en fin de ligne indique le numéro de la leçon de référence, le “n” précise que le mot est traité dans une note, et “ex.” qu’on le trouvera dans l’exercice.)

abord [d’] पहले 3
abri, protection पनाह♀ 47n, शरण♀
absolument बिलकुल 6, निहायत 45
absolument pas हरगिज़ नहीं 55
abus दुरुपयोग♂ 49
accepter मानना 12, स्वीकार करना 48n
accord [d’] ठीक है 8, सहमत 47n
accoucheuse, sage-femme दाई♀ 48n
accrocher, pendre (tr.) लटकाना 46
accueil ख़ातिर♀ 19, स्वागत♂ 19n
accueillir की ख़ातिर/का स्वागत करना 19, 19n
accusation आरोप♂, इलज़ाम♂ 45n
accuser पर आरोप/इलज़ाम लगाना 45n
acheter ख़रीदना 19
acquiescer, accepter मानना 12
acrobatie कलाबाज़ी♀
actuellement आजकल 1
aéré [bien] हवादार 40
affaire, marché सौदा♂ 44n
affaires सामान♂ 26n
affolement, inquiétude घबराहट♀ 48
affoler [s’], s’inquiéter घबराना 11
ah ! अहा ! 13

aide, assistance **मदद**♀ 51n, **सहायता**♀ 51
aïe ! **हाय !** 31
ail **लहसुन**♀ 26
ailleurs [d'], en plus **ऊपर से** 51
ainsi, de cette façon-là **ऐसे** 15, **इस तरह** 36 n, **इसी ढंग से** 47
air de musique **तर्ज़**♀ 19n, **धुन**♀ 53
ajouter, attacher **जोड़ना** 50
alcool **शराब**♀ 11n, **मदिरा**♀
alcoolique **शराबी**♂ 22
allemand, Allemand **जर्मन** 2
aller **जाना** 9, **चलना** (avec qqn) 7
alors **फिर** 10, **तो** 10, **तब** 17n
amande **बादाम**♂ 26
âme **आत्मा**♀ 52, âme "interne" **अंतरात्मा**♀ 52
améliorer **सुधारना** 41n
amende **जुरमाना**♂ 45n
amener, apporter **लाना** 3
amener (devant) **हाज़िर करना** 47
amener [s'], se pointer **आ धमकना** 45
ami **दोस्त**♂ 15n, **मित्र**♂ 28
amie **सहेली**♀ 21
amour **प्यार**♂, **प्रेम**♂ 20n
ampoule **बल्ब**♂ 37n
amusant, sympathique **मज़ेदार** 10
an, année **साल**♂ 12n, **वर्ष**♂ 36, **बरस**♂ 39
anarchie **अराजकता**♀ 49
anarchique **अराजक** 49
âne **गधा**♂ 19n

anglais अंग्रेज़ी♀ 20 ex, Anglais अंग्रेज़♂ 31
Angleterre विलायत♀ 31, बर्तानिया♀ 44
animal जानवर♂ 48, पशु♂
annonce, information सूचना♀, ख़बर♀ 17
annonces matrimoniales मैट्रिमोनियल♂ 25 ex
annonce publicitaire इश्तहार♂ 40, विज्ञापन♂
anti-héros, le méchant खलनायक♂ 24, विलन♂
antiquités ऐंटीक♂ 10
août अगस्त 36
apolitique अराजनैतिक 49
appeler बुलाना 10
applaudir तालियाँ♀ बजाना 24,
  वाह-वाह♀ करना 23 ex
appliquer लगाना 22
apporter लाना 4
apprendre सीखना 9n
appuyer, serrer दबाना 34n
après के बाद 11n
après-demain परसों 35
après-midi दोपहर♀ 10n
arbre पेड़♂45, वृक्ष♂
arène अखाड़ा♂ 50n, मैदान♂ 50
argent रुपया♂, पैसा♂ 11, धन♂ 54n
argent, argenterie चाँदी♀ 13n
armée फ़ौज♀ 51, सेना♀
armoire अलमारी♀ 18n, आलमारी♀
arrangements इंतज़ाम♂ 41, बंदोबस्त♂ 51,
  व्यवस्था♀ 41n
arranger का इंतज़ाम/बंदोबस्त/

की व्यवस्था करना 41n

arrêter बंद करना 33, रोकना 12

arrêter [s'] रुकना 12n

arrêté बंद 33, रुका हुआ 23 ex

arriver पहुँचना 14

art कला♀ 9n, हुनर♂, फ़न♂

Arthashastra (traité) अर्थशास्त्र♂ 38n

article लेख♂ 33, तहरीर♀

artificiel नक़ली 50

artisan कारीगर♂ 36n

artiste कलाकार♂ 9n, फ़नकार♂, अदाकार♂

asafétida हींग♀ 13

assemblée, groupe जमात♀ 51n, सभा♀ 52

asseoir [s'] बैठना 8, तशरीफ़ रखना 11

assez काफ़ी 14, ख़ासा 53

assoiffé प्यासा 50

assurance आश्वासन♂ 48n, भरोसा♂ 51

assuré (rassuré) आश्वस्त 48

assurer (rassurer) आश्वस्त करना 48, भरोसा दिलाना 51

atmosphère, ambiance माहौल♂ 12, वातावरण♂

atome ऐटम♂ 54, अणु♂

attaché-case अटैची♀ 33

attacher बाँधना 33

attendre का इंतज़ार♂/की प्रतीक्षा♀ करना 31

attente इंतज़ार♂ 31, प्रतीक्षा♀

attitude रवैया♂ 45

attraper पकड़ना 19

attributs [doué d'] सगुण 49

attributs [sans], indéfinissable निर्गुण 49
aube सहर♀ 31, सुबह♀ 10n, सवेरा♂ 17, उषा♀
augmenter (intr.) बढ़ना, (tr.) बढ़ाना 35
aujourd'hui आज 3
aussi भी 1
autant que जितना 53
auto-rickshaw ऑटो-रिक्शा♂ 10, स्कूटर♂ 10n
automatique स्वचालित 44n, ऑटोमैटिक
autre [d'] और 3
autre [un], deuxième दूसरा 11
avant (adv.), auparavant पहले 21
avant (prép.) से पहले 21
avec के साथ 23, के संग
aveugle अंधा 39, नेत्रहीन
aveugle, incontrôlé अंधाधुंध 44
avocat वकील♂ 31
avril अप्रैल
ayurveda आयुर्वेद♂ 20n
à को 10
âge उम्र♀/उमर♀ 39n, आयु♀
B.B.C. बी.बी.सी. 37
bagages सामान♂ 26n
bagarre physique मार-पीट♀ 24, हिंसा♀ 44
baigner [se] नहाना 41, स्नान♂ करना
balai झाड़ू♂ 35
balancer [se] झूलना 32
bambin छोटू♂ 3
bambou बाँस♂ 46
banlieue उपनगर♂ 49

barbier नाई♂ 48n
bariolé रंग-बिरंगा 27
bas [en] नीचे 14
bateau नाव♀ 54n, किश्ती♀
bâton डंडा♂ 50, लाठी♀
battre [se] लड़ना 31, मार-पीट करना 24
bave लार♀ 34
beau, belle सुन्दर 6, ख़ूबसूरत 14
beau-père ससुर♂ 30
beaucoup (de choses) बहुत कुछ 20
beaucoup ख़ूब 9, बहुत 16
beauté सौंदर्य♂ 52n, ख़ूबसूरती♀
beignet पकौड़ा♂ 25n
beignet farci, “samosa” समोसा♂ 3
belle-fille बहू♀ 23n
belle-mère सास♀ 23n
belle-soeur भाभी♀ 11n, ननद♀
Bénarès बनारस 36 ex, वाराणसी, काशी
berge घाट♂ 55n
besoin ज़रूरत♀ 34, आवश्यकता♀ 36
bétail गाय-भैंसें♀ 37n, मवेशी♂
bétel पान♂ 16n
bêtises [faire des] शैतानी♀ करना 9
beurre मक्खन♂ 25n, beurre clarifié घी♂ 26
beurre [au] मखनी 25
bibliothèque पुस्तकालय♂ intro, 40n,
लाइब्रेरी♀ 36 ex
bicyclette, vélo साइकिल♀ 22
bien अच्छा 2, ख़ूब 9, ठीक से 27, अच्छी तरह 42

bienheureux, prospère ख़ुशहाल 13n, संपन्न 45
biens, richesse अर्थ♂ 45n, धन♂ 54n, दौलत♀
bienvenue स्वागत♂ 19n, ख़ातिर 19
bière बियर♀ 2n
bijoux ज़ेवर♂ 19, गहने♂, जवाहरात♂
billet, ticket टिकट♂ 22
blague चुटकुला♂ 14, मज़ाक़♂ 25
blanc सफ़ेद 27, श्वेत
blancheur सफ़ेदी♀ 34n
blanchir सफ़ेदी करना 34n
blanchisseur धोबी♂, blanchisseuse धोबन♀ 5n
bleu नीला 21, नील 48n
boire पीना 5
bois लकड़ी♀ 13, काठ♀
Bombay बंबई 24
bon अच्छा 2, बढ़िया 27
bondir लपकना 16
bonheur ख़ुशी♀ 20n, प्रसन्नता♀ 29
bon marché सस्ता 27n
bonjour नमस्कार 1, नमस्ते 1n, आदाब अर्ज़
bouc बकरा♂ 5n
bouche, visage मुँह♂ 32, मुख♂
bourbier दलदल♂ 32
bourdonnement भिनभिन♀, भिनभिनाहट♀ 38
bourdonner भिनभिनाना 49
boycott बहिष्कार♂ 43n, बायकाट♂
Brahma ब्रह्मा♂ 48
brahmane ब्राह्मण♂ 25
braire रेंकना 47, ढेंचू-ढेंचू करना

brandir भाँजना 50
bravo ! वाह ! 23 ex, शाबाश !
briller चमकना 18
briser तोड़ना 21, फोड़ना
briser [se] टूटना 15, फूटना
britannique बर्तानवी 44, अंग्रेज़ी
brouhaha, bringue हंगामा♂ 39
bruit [faire du] शोर♂ मचाना 21, 49
bruit [y avoir du] शोर♂ मचना 48
brûler जलना (intr.), जलाना (tr.) 21
bûcher funéraire चिता♀ 55
buffle भैंस♀ 37n
bureau दफ़्तर♂ 22 ex, कार्यालय♂
bureaucrate दफ़्तरशाह♂ 38, अफ़सर♂ 30
bus बस♀ 9n
butin, pillage लूट♀ 47
cacahuètes मूंगफली♀ 25
cacher छिपाना 39n, छुपाना
cadeau भेंट♀ 55, तोहफ़ा♂
cadre, fonctionnaire अफ़सर♂ 30, अधिकारी♂ 37n
calme शांत 40
camarade, ami साथी♂ 55n
cannelle दालचीनी♀ 13
capable क़ाबिल 38, समर्थ 50n
car (de touristes) कोच♂ 19
cardamome इलायची♀ 13
carnivore मांसाहारी 34
carotte गाजर♀ 39n
cartes à jouer ताश♂ 5

casser **तोड़ना** 21, se casser **टूटना** 15
caste **जाति**♀ 48, n, **वर्ण**♂ (“couleur”) 48n
caste [hors], “sans couleur” **अवर्ण** 48n
catégorie **जाति**♀ 48n
cause, raison **वजह**♀ 18, **कारण**♂ 21
cause [à] (de) **की वजह से** 18, **के कारण** 21
caution **गारंटी**♀ 40
ce, celui-ci **यह** 2, **इस** (oblique) 6
ce, celui-là **यह**, **वह** 2, **इस**, **उस** (oblique) 6
ce même **यही**, **वही** 19n, **इसी** 19, **उसी** 22
célèbre **जाना-माना** 18, **मशहूर**, **प्रसिद्ध** 18n
céleste **अलौकिक** 47n, **ख़ुदाई** 51
celui de - **वाला** 12
ces mêmes **यही**, **वही** 19n, **इन्हीं**, **उन्हीं** (oblique)
cent mille **लाख** 44
cent pour cent **शत-प्रतिशत** 30, **सौ फ़ीसदी**
cérémonie **क्रिया**♀ 30, **समारोह**♂
cérémonie des lampes **आरती**♀ 29n
cérémonie du portail **द्वारपूजा**♀ 29n
certain [un] **कोई** 14
ces, ceux-ci, ceux-là **ये**, **वे** 5, **इन**, **उन** (oblique) 8
chacal **गीदड़**♂ 48, **सियार**♂
chaîne **बेड़ी**♀ 51, **ज़ंजीर**♀
chaise **कुर्सी**♀, **कुरसी**♀ 8
châle **शाल**♀ 23
chaleur **गर्मी**♀ 12n
chameau, dromadaire **ऊँट**♂ 19
champ de crémation **श्मशान**♂ 55n
chanceler **डगमगाना** 55

changer बदलना 34, changement बदलाव♂
chanson गाना♂ 8, गीत♂ 20, नग़मा♂ 32n
chanter गाना 22 ex, गाना सुनाना 8
chanteur गायक♂ 43n
chapeau टोपी♀ 31 ex
chaque हर 22
charger (marchandise etc.) लादना 51
chasser का शिकार♂ करना 19
chat बिल्ली♀ 16 ex
chaud गरम 3
chauffer सेकना 12n, गरम करना app. gram.
chauffeur ड्राइवर♂ 22, चालक♂
chaussure जूता♂ 15n, जूती♀
chemin राह♀ 19n, रास्ता♂ 28, डगर♀ 55
chemin de fer रेलवे♀ 38, n, रेल♀
chemise कमीज़♀, कुरता♂ 4n
cher, coûteux महंगा 27n, क़ीमती 35
chercher ढूँढना 42, खोजना 52, तलाशना 51n,
 की तलाश/की खोज करना 51n
chercheur शोधकर्ता♂ 45, रिसर्चर♂
cheval घोड़ा♂ 5n, jument घोड़ी♀ 5n
cheveu बाल♂ intro
chez के यहाँ 18n, के घर♂ 16
chien कुत्ता♂ 19n
chinois चीनी 7
chirurgie सर्जरी♀ 20 ex
chose चीज़♀ 9n
chou-fleur गोभी♀ 16n
ciel आसमान♂ 12n, आकाश♂

cigarette सिगरेटॽ 25 ex, 33
cigarette indienne, “bidi” बीड़ीॽ 25 ex
cinéma सिनेमा° 15 ex
cirque सर्कस° 27
classe क्लासॽ 21, कक्षाॽ
classique शास्त्रीय 32n
clef चाबीॽ 26n
“clerc”, érudit मुंशी° 51
cliques et claques बोरिया-बिस्तर° 40
clou de girofle लौंगॽ 26
coeur दिल° 38, जी° 40
coeur de pierre पत्थरदिल 53
coin कोना° 28
colère ग़ुस्सा° 39, क्रोध°
“college” (ang.) कॉलेज° 21
combien कितना 10
comme (adj.) जैसा 20, (adv) जैसे 26, की तरह 48
comme si जैसे 48, मानो 47n
commencer शुरू करना 33, आरंभ करना
comment (adj.) कैसा 14, (adv.) कैसे 1n
commerçant, épicier दुकानदार° 16
communiste कम्युनिस्ट 19 ex, 31
compétent क़ाबिल 38, समर्थ 50n
compétition मुक़ाबला°, प्रतियोगिताॽ 50
complet (habit) सूट° 31
compréhension समझॽ 1
comprendre समझना 11
comptes हिसाब° 24
compteur मीटर° 11

concentration ध्यान♂ 26, तवज्जो♀
concentrer ध्यान देना 25, ध्यान लगाना
concurrent प्रतियोगी♂ 50n, मुक़ाबिल♂
condition हाल♂ 13n, हालत♀ 50
conduire चलाना 11n
confiance भरोसा♂ 51, विश्वास♂ 42
confier को सौंपना 46, के हवाले करना
confiture de roses गुलकंद♂ 50n
congé छुट्टी♀ 12
Congrès [parti du] कांग्रेस♀ 17 ex, 31
connaissance, accointance जान-पहचान♀ 41
connaissance, savoir ज्ञान♂ 45n, जानकारी♀
connaître जानना 18
connu, célèbre जाना-माना 18, मशहूर, प्रसिद्ध 18n
conscience चेतना♀ 43
conseil, opinion सलाह♀ 32n, राय♀ 51
considérer, prendre pour समझना 36
conte कथा♀ 45
content ख़ुश 20n, प्रसन्न 29
contre के ख़िलाफ़, के विरुद्ध 43n
contrôle [être en] बस♂ चलना 50
contrôleur कंडक्टर♂ 22
convenable ठीक 7
convenablement ठीक से 27
convention [vieille] रूढ़ि♂ 45n, रस्म♀, रिवाज♂
conversation बातचीत♀ 32
coquin, voyou बदमाश 6
cordon sacré जनेऊ♂ 54n
coriandre धनिया♂ 13

corps **देह**♀ 17n, **तन**♂ 55, **बदन**♂ 55n, **शरीर**♂
côte à côte **साथ-साथ** 23
côté [à] **साथ में, साथ ही** 31, **बगल में**
cou **गला**♂ 34n, **गर्दन**♀
couler **बहना**, faire couler **बहाना**
couleur **रंग**♂ 14
coup, poussée **धक्का**♂ 48
couper **काटना** 22, couper [se, être] **कटना**
cour **आँगन**♂ 30
cour royale **दरबार**♂ 46
courage **हिम्मत**♀ 7, **साहस**♂ 42
courant, flot **धारा**♀ 32n
courir, se précipiter **भागना** 15, **दौड़ना** 23 ex
couronne **ताज**♂ 55
coûter **लगना** 11
couvrir **ढकना** 41
cracher **थूकना** 50
crachoir **पीकदान**♂, **थूकदान**♂ 50n
cramponner [se] **डटना** 39
creuser **खोदना** 52
cricket **क्रिकेट**♀ 16 ex
crier **चिल्लाना** 16
critère, mesure **कसौटी**♀ 50
critique **आलोचना**♀ 17
cru, en terre, en chaume **कच्चा** 41n
cuire (tr.) **पकाना** 5, (intr.) **पकना**
cuisine (la pièce) **रसोई**♀ 41, **बावर्चीख़ाना**♂
cuisinier **बावर्ची**♂ 5, **रसोइया**♂
cumin **ज़ीरा**♂ 13

cupidité लोभ♂ 32, लालच♂
curcuma हल्दी♀ 13
dame महिला♀ 30n, श्रीमती जी
dame noble बेगम♀, साहिबा♀ 4n
dandiner [se] झूमना 20
dangereux ख़तरनाक 22
dans में 4, के अंदर 11n, के भीतर 42
danse नृत्य♂ 45n, नाच♂
danser नाचना 23, नृत्य करना 45n
date तारीख़♀ 21, तिथि♀
de का, की, के 2
de, depuis, à partir de से 8
debout खड़ा 23
début शुरुआत♀, आरंभ♂ 33
débuter, commencer शुरू/ का आरंभ करना 33
décembre दिसंबर 18 ex
déchets कूड़ा♂ 25n, कचरा♂
décider फ़ैसला/निश्चय करना 32 ex, 34, 52
décision फ़ैसला♂ 32 ex, 34, निश्चय♂ 52
déclaration ऐलान♂ 46, घोषणा♀ 48
déclaré, annoncé घोषित 50
déclarer का ऐलान♂/ की घोषणा♀ करना 46
décorer सजाना 23, सँवारना
décoré [être], se parer सजना 23, सँवरना
découverte खोज♀ 52
déçu, désespéré हताश 32, नाउम्मीद
dedans अंदर 13, भीतर 42
défaite हार♀ 52, पराजय♀
défaut नुक़्स♂ 39, ख़राबी♀ 42

défenseur समर्थक♂ 43, हामी♂
dégoût नफ़रत♀ 29n, घृणा♀
dégoûtant भद्दा 31n, घटिया
dehors, à l'extérieur बाहर 5
délai, temps देर♀ 10
Delhi दिल्ली♀ 10
délicieux नफ़ीस 25, स्वादिष्ट 48n
demain कल 25 ex, 27
demander, questionner पूछना 27
demander, exiger माँगना 36, माँग करना
demie [et] साढ़े 15
dent दाँत♂ 33n
dentiste डेंटिस्ट♂ 33n
déplacer, refouler हटाना 37n
depuis (prép.) से 9n, (adv.) तब से 37n
depuis belle lurette कब का 37
depuis que जब से 37
dernier अंतिम 55, आख़री
dernier, précédent पिछला 21
derrière (prép.) के पीछे, (adv.) पीछे 15n
dès que जैसे ही 47
désaccord [en] असहमत 47
descendre उतरना 16
désir चाह♀ 19n, इच्छा♀ 42, ख़्वाहिश♀
désobeissance civile, *satyagraha* सत्याग्रह♂ 43
dessert खीर 16n, मिठाई♀ 26n
dessus [au] (de) (के) ऊपर 14
destin भाग्य♂ 54n, क़िस्मत♀
destination, palier मंज़िल♀ 31

destruction नाश♂ 44, तबाही♀
détermination संकल्प♂ 34
deux et demi ढाई 21
"deux-fois-né" द्विज♂ 48n
deux [les] दोनों 6
devant (adv.) आगे 23, (prép.) के सामने 15n,
  के आगे 47
développement विकास♂ 44
devenir, "se faire" बनना 17
dévot भक्त♂ 54
dévotion भक्ति♀ 32n
Dhrupad (style de chant) ध्रुपद♂ intro 32n
diable शैतान♂ 9n
dialecte, façon de parler बोली♀ 6
Dieu भगवान♂ 16, ख़ुदा♂ 51n, ईश्वर♂ 52n
dieu, divinité देवता♂ 30
Dieu sait, qui sait न जाने 31, भगवान जाने
différent अलग 32, भिन्न
difficile मुश्किल 26, कठिन 55
difficulté मुश्किल♀ 26, कठिनाई♀
digérer हज़म करना 39n, पचाना
digestion हाज़मा♂ 39n, पाचन♂
dimanche इतवार♂, रविवार♂ 21
dindon de la farce, "hibou" उल्लू♂ 32
dire कहना 11, बताना 16, बतलाना 46,
  (honorifique) फ़रमाना 46
dirigeant, leader नेता♂ 31, लीडर♂ 33 ex
discussion, dispute बहस♀ 12
dissoudre घोलना 12n, घुलाना 32n

se dissoudre घुलना 12n
distribuer, diviser बाँटना 51
Divali (fête des lumières) दिवाली♀ 34, n
divin ख़ुदाई 51, ईश्वरीय, दिव्य 52
divinité, qualité divine ऐश्वर्य♂ 52
domestique, employé नौकर♂ 14
don, offrande भेंट♀ 55, दान♂
don de la terre भूदान♂ 51n
don de vaches गोदान♂ 51n
donc अतः intro, इसलिए/इसीलिए 39 ex
donner देना 9, (explicateur) 24n
dormir सोना 21
dot दहेज♂ 23n
doucement, lentement धीरे-धीरे 22,
  हौले-हौले, आहिस्ता-आहिस्ता
doucher [se] नहाना 41, स्नान♂ करना
drapeau, étendard झंडा♂ 50
dur, confirmé कट्टर 38, पक्का 41, कड़ा 45
eau पानी♂ 25, जल♂
écharpe चुन्नी♀ 4
échecs [jeu d'] शतरंज♀ 39
échec विफलता♀ 50, हार♀
école स्कूल♂ 7, विद्यालय♂
école privée कॉन्वेंट♂ 25
économie अर्थशास्त्र♂ 45n
économique आर्थिक 43n
économiste अर्थशास्त्री♂ 45
écouter सुनना 8n
écouter [faire], raconter, réciter सुनाना 5

écrire लिखना 19
écrit (adj.) लिखित 40
écriture लिपि♀ 20, लिखावट♀ 53 ex
écrivain लेखक♂ 32n
éducation शिक्षा♀ 31, तालीम♀
effectivement वाक़ई 11, सचमुच 16
effet [sans], inefficace निष्फल 49, बेकार
effort कोशिश♀ 23, प्रयत्न♂
effort, travail मेहनत♀ 45
égout नाली♀ 42
eh ! अरे! 4
éhonté, sans honte बेशर्म 49, निर्लज्ज
élancer [s'] झपटना 52
éléphant हाथी♂ 19
élève छात्र♂/छात्रा♀ 2, (disciple) शिष्य/शिष्या
élite एलीट♀ 31, भद्रजन♂
éloigner अलग करना app. gram.
embêter तंग करना 46n
émotion भाव♂ 18n, जज़्बा♂
empereur बादशाह♂ 46, शहंशाह♂ 47
emploi नौकरी♀ 40, रोज़गार♂
employé कर्मचारी♂ 5, मुलाज़िम♂
employer, nommer को लगाना 45, नौकर रखना, (honorifique) नियुक्त करना
employer, utiliser का उपयोग♂/इस्तेमाल♂ करना 49
encouragement बढ़ावा♂ 9, प्रोत्साहन♂
encourager बढ़ावा/प्रोत्साहन देना 9
encore फिर (से) 10, दुबारा

encore, jusqu'à maintenant **अभी तक** 26
encore, même maintenant **अभी भी** 10n
encore [pas] **अभी नहीं** 10n
endroit **स्थान♂** 19n, **जगह♀** 26n
endurci **कट्टर** 38, **पक्का** 41
enfance **बचपन♂** 21
enfant **बच्चा♂** 9
enfin **आख़िर** 15
enfin bref **ख़ैर** 27
enfuir [s'] **भागना** 15
ennemi **दुश्मन♂** 42, **शत्रु♂**
ennuyeux, pénible **बोरिंग** 27, **नीरस** 27n
ennuyer, "raser" **बोर करना** 27n
ennuyer [s'] **बोर होना** 27n, **ऊबना** 29
enregistrer **रिकार्ड करना** 32 ex
enseignant **अध्यापक♂** 1, **शिक्षक♂**
enseigner **सिखाना** 9, **पढ़ाना** 19n
ensuite **फिर** 10, **उसके बाद**
enterrer **गाड़ना** 52
entier **पूरा** 1, **सारा** 5, (poivre etc.) **साबुत** 13
entretien **इंटरव्यू♂** 40
envers (prép.) **के प्रति** 50n
environ **क़रीब** 15n, **लगभग**
envoyer **भेजना** 31
épanouir [s'] **खिलना** 48
épice **मसाला♂** 10
épisode, histoire **क़िस्सा♂** 45
époque **ज़माना♂** 44, **युग♂**, **काल♂**
épouse **बीबी/बीवी♀** 4n, **पत्नी♀** 29, **बेगम♀**

équilibrer [s'], se maîtriser सँभलना 55
équipe टीम♀ 50
esclave दास♂ 48, ग़ुलाम♂
espérer आशा♀/उम्मीद♀ करना,
désespérer हताश होना 32
esprit मन♂ 55, दिमाग़♂, venir à l'esprit सूझना 52n
essai, écrit लेख♂ 33
essence पेट्रोल♂ 35
est-ce que क्या 1
et और 1
et cetera वग़ैरह, आदि 19, इत्यादि 48
étage मंज़िल♀ 31
état हाल♂ 13n, हालत♀ 50
étendre फैलाना 48
été गर्मी♀ 12n
étoile तारा♂ 12n
étonné चकित 29, हैरान 46
étourdi भुलक्कड़ 4
étrange, अजीब, (merveilleux) अनोखा 10
étranger विदेशी 19, ग़ैरमुल्की
être होना 1
études पढ़ाई♀ 27n, तालीम♀
étudiant(e) छात्र♂, छात्रा♀ 2
étudiant-chercheur शोध-छात्र♂ 33
eux/elles [à] उनको/उन्हें 9n, इनको/इन्हें 9n
éventer पंखा♂ झलना 48
éviter से बचना 28
exact, juste सही 51
examen परीक्षा♀ 20n, इम्तहान♂

exception [à l'] (de), à part के सिवा 46,
  को छोड़कर 54n
exercice अभ्यास♂ 1
exercice physique कसरत♀ 33, व्यायाम♂
expliquer, faire comprendre समझाना 11n
extraordinaire असाधारण 49
fabriquer, faire बनाना 5
face [en] सामने 15n
face [en] (de), devant के सामने 15n, के आगे 47
fâché, mécontent नाराज़ 34, क्रोधित, ख़फ़ा
façon, type प्रकार♂ 51, तरह♀ 10, ढंग♂ 47
façon [de toute] वैसे भी 53
faction गुट♂ 32
faim भूख♀ 20n
faire करना, (préparer) बनाना 5
faire faire कराना 19, करवाना 33, बनवाना 33
falloir चाहिए, पड़ना, होना 36
familiarité परिचय♂ 32n, जान-पहचान♀ 41
famille परिवार♂ 28, कुनबा♂
fantôme भूत♂ 18
faste, bon ख़ुश- 13n, शुभ 55n
fatigué [être] थकना 36n, fatiguer थकाना
faute ग़लती♀ 2n, दोष♂
faux ग़लत 17
faveur, grâce कृपा♀ 15n, मेहरबानी♀, इनायत♀
félicitations बधाई♀ 6n, मुबारक 53
femme औरत♀ 19n, महिला♀ 30n,
  स्त्री♀ 30n, नारी♀ 55 ex
femme occidentalisée मेम♀ 54, मैडम♀

fenêtre खिड़की♀ 8
fermer बंद करना 47n
fermé बंद 46 ex.
fêter, célébrer मनाना 34
fête पार्टी♀, दावत♀ 15
fête [jour de] त्यौहार♂ 34n
feu आग♀ 46, अग्नि♀ 30
feu d’artifice आतिशबाज़ी♀ 34
feuille, page पन्ना♂ 47
feuille (de laurier) (तेज)पत्ता♂ 26
feuilleton सीरियल♂ 36 ex
février फ़रवरी 21
fiançailles सगाई♀ 29
fierté गर्व♂ 51, फ़ख़्र♂, नाज़♂
fièvre बुख़ार♂ 39n, ज्वर♂
fille लड़की♀ 5n, (vierge) कन्या♀ 25
film फ़िल्म♀ 24, n, de films फ़िल्मी 20, n
fils बेटा♂ 5n, लड़का♂ 5
filtrer, tamiser छानना 33
fin अंत♂ 17n, à la fin आख़िर 15
finir ख़त्म करना 35
finir de (+ inf.) (**rad. +**) चुकना 29
fixer, reluquer मुँह ताकना 32
flagrant सरासर 46
fléchir ढीला पड़ना 34
fleur फूल♂ 45n, गुल♂
fois बार♀ 18, दफ़ा♀, मरतबा♀
folie पागलपन♂ 42
folk-, populaire लोक– 19

Fondation फ़ाउंडेशन♂ 45
fondre घुलाना 32n
force ताक़त♀ 32, बल♂ 55
force [par la] ज़बरदस्ती♀ 34
forcer, faire pression ज़बरदस्ती♀ करना 34
forêt, jungle जंगल♂ 48, वन♂, बियाबान♂
fort (adv.) ज़ोर से 23
forteresse क़िला♂ 18, दुर्ग♂
fou पागल 42, बावला♂
fouiller टटोलना 52
four en argile तंदूर♂ 25n, cuit au four तंदूरी 25n
frais ताज़ा 3
français फ़्रांसीसी 1
frapper मारना, पीटना 24
frappé (de), à cause de के मारे 48
frein ब्रेक♂ 22
frère भाई♂ 6, भैया♂ 11n, बंधु♂ 48
froid ठंडा (adj.) 3, ठंड♀ (N) 20n
froid, hiver सर्दी♀ 12
fromage blanc पनीर♂ 16n
frotter रगड़ना 48
fruit फल♂ 13n
fumer बीड़ी-सिगरेट पीना 25 ex,
धूम्रपान करना 34n
futur होनेवाला (adj.) 31, भविष्य♂ (N)
gage [en] गिरवी 43
gagner (un salaire, sa vie) कमाना 40n
(un match etc.) जीतना
galette, pain रोटी♀, नान♀ 25n, चपाती♀ 37n

gandhien गाँधीवादी 41
gang गिरोह♂ 51
garantie गारंटी♀ 40
garçon लड़का♂ 5
garçon de bureau चपरासी♂ 33
garder रखना 11
gardien द्वारपाल♂ 48, चौकीदार♂
gardien des directions दिकपाल♂ 48n
gare स्टेशन♂ 15n
geler जमना 46
gendarme फ़ौजदार♂, सिपाही♂ 51
générosité, bonne action नेकी♀ 34, परोपकार♂ 38
gens लोग♂ 5
gentil भला 6, प्यारा 30n
gibier शिकार♂ 19
gilet, “waistcoat” वास्कट♀ 31n, बंडी♀
gingembre अदरक♀ 26, सोंठ♀ (sec) 13
glace, neige बर्फ़♀, बरफ़♀ 26n, हिम♂ intro
glace शीशा♂ 28
glisser फिसलना 15
gorge गला♂ 34n, कंठ♂ 48n
“gorge-bleue” नीलकंठ♂ 48
goût स्वाद♂ 48, ज़ायक़ा♂
    de mauvais goût भद्दा 31n, घटिया
goûter चखना 28
goutter, dégouliner टपकना 34
gouvernement सरकार♀ 17 ex
gouvernemental, officiel सरकारी 5
gouverneur गवर्नर♂, राज्यपाल♂ 32

grâce à के बल पे/पर 55
grâce, faveur मेहरबानी♀, कृपा♀ 15n
graine, semence बीज♂ 42
grand बड़ा 3, (haut) ऊँचा 8
grand, glorieux महान 17n
grand-père (maternel) नाना♂ 5n,
(paternel) दादा♂ 5n
Grande-Bretagne बर्तानिया♀ 44
grève हड़ताल♀ 37n
griller भुनना (intr.) 25, भूनना (tr.)
gronder डाँटना 30n, फटकारना
gros मोटा 13n
groupe, bande टोली♀ 45
guérisseur हकीम♂ 39n, वैद♂
gulli-danda (jeu indien) गुल्ली-डंडा♂ 50
habileté निपुणता♀ 38, महारत♀
habiter रहना 33
habits कपड़े 10
haine नफ़रत♀ 29n, घृणा♀
haleter, être essoufflé हाँफ़ना 42
halva (dessert) हलवा♂ 3
haut ऊँचा 8
hauteur ऊँचाई♀ 52
haut [en] ऊपर 15
hélas हाय 38
henné मेंहदी♀ 30n, हिना♀
herbe घास♀ 46
héroïne नायिका♀ 24, हिरोइन♀
héros हीरो♂ 24, नायक♂ 24

hésiter [sans] तपाक से 36
heure घंटा♂ 9n, à X heure **X** बजे 10
heureux ख़ुश 20n, प्रसन्न 29
hier कल 15
hindi हिन्दी♀ 2
hindou हिन्दू 30
hindoustani हिन्दुस्तानी intro, 40
histoire, épisode कहानी♀ 14, क़िस्सा♂ 45
histoire इतिहास♂ 20
historique ऐतिहासिक 43n
hockey हॉकी♀ 50
Hodja, érudit ख़्वाजा♂ 47
homme, être humain आदमी♂ 5n, इनसान♂ 54,
    मनुष्य♂ 52
honnêteté ईमान♂ 54, ईमानदारी♀
honneur, pudeur लाज♀, इज़्ज़त♀ 55
    sauver l' honneur लाज/इज़्ज़त रखना 55
honorable शरीफ़ 34n, इज़्ज़तदार
honte शर्म♀ 39, लाज♀ 55
honteux, confus शर्मिन्दा 46, लज्जित
hôpital अस्पताल♂ 15
horloge घड़ी♀ 4
hors [de] के बाहर 11n
hôtel होटल♂ 19
humanité इनसानियत♀ 55, मानवता♀
hymnes religieux भजन♂ 51
ici यहाँ 4, ici même यहीं 33
idée, pensée ख़याल♂ 27, विचार♂ 44n
idiot मूर्ख 20, बेवक़ूफ़

il **वह** 2 (pluriel **वे** 5)
illusion, miracle **माया♀** 51, **तिलिस्म♂**
image, photo **तस्वीर♀** 17, **चित्र♂**
immédiatement **अभी** 10, **फ़ौरन** 33, **तुरन्त** 34
impatienter [s'] **मचलना** 34
importance **महत्त्व♂** 30, **अहमीयत♀**
important **महत्त्वपूर्ण** 30, **अहम**
impossible **असंभव** 38, **नामुमकिन**
imprimer [s'] **छपना** 17, imprimer **छापना** 33n
    faire imprimer, publier **छपवाना** 33
inaccessible **दुर्लभ** 52
inconnu, appartenant à autrui **पराया** 55
Inde **भारत♂** 14n, **हिन्दुस्तान♂** 7
indépendance **स्वाधीनता♀** 44, **स्वराज♂** 43
    आज़ादी♀ 31
indépendant **स्वाधीन** 44, **आज़ाद**
indien, Indien **हिन्दुस्तानी** 1, **भारतीय** 17
indigène, du pays **स्वदेशी** 43n, **देशी, देसी** 15n
individu **व्यक्ति♂** 45n, **आदमी♂** 5n, **शख़्स♂**
individualiste **व्यक्तिवादी** 45n, **ख़ुदग़र्ज़**
influence **प्रभाव♂** 43, **असर♂**
influencé **प्रभावित** 43
information **ख़बर♀** 17, **पता♂** 16, **सूचना♀** 17
inquiet **परेशान** 49, **बेचैन** 54n
inquiétude **बेचैनी♀** 54n, **परेशानी♀**
instabilité **अस्थिरता♀** 47n
instable **अस्थिर** 38n
institution **संस्था♀** 31
instruit **पढ़ा-लिखा** 47

intelligence अक़्ल♀ 30, बुद्धि♀ 47, बुद्धिमत्ता♀ 47
intéressant दिलचस्प 20n
intérêt, passion दिलचस्पी♀ 20, रुचि♀ 46n
intérêt, bien हित♂ 44
intérieur [à l'] (de) (के) अंदर 11n, (के) भीतर 42
intouchable हरिजन♂ 48, दलित 48n
inutile, sans emploi बेकार 49
inversé उलटा 16
invitation, repas cérémonieux दावत♀ 15
invité मेहमान♂ 39
irriter [s'] झल्लाना 38
-isme –वाद♂ 31n
ivre, transporté मगन, मग्न 54
jamais कभी नहीं 11n
jambe टाँग♀ 24
janvier जनवरी
jardin बगीचा♂ 40n, बाग़♂
jardinier माली♂ 5n, बाग़बान♂
jaune पीला 13
je मैं 1
jeans जीन्स♀ 33 ex
jeter, lancer फेंकना 24
jeter [se] (sur) (पर) टूट पड़ना 48
jeu खेल♂ 19
jeudi बृहस्पतिवार♂, गुरुवार♂ 21
jeune युवक♂ (N) 23, युवा (adj.)
jouer (instr.), "faire sonner" बजाना 22 ex
jouer (sport, jeu) खेलना 5
joueur खिलाड़ी♂ 39n

jour, journée दिन♂ 5
jour en jour [de] दिन-ब-दिन 33
jour [en plein] दिन-दहाड़े 45
jours [tous les] रोज़ 14, रोज़ाना
journal, quotidien अख़बार♂ 17, समाचार पत्र♂
joyau जवाहर♂ 31
juillet जुलाई 36
juin जून 21
jupe rajasthanaise लहँगा♂ 31n
jusqu'à तक 22
justice इनसाफ़♂, न्याय♂ 55
K.O. [mettre] छक्के छुड़ाना 24
khadi खादी♀ 41n
kilomètre किलोमीटर♂ 15n
klaxon हॉर्न♂, भोंपू♂ 31 ex
Krishna, cyan (bleu foncé) श्याम 48n
Kshatriya, caste guerrière क्षत्रिय 48n
l'un l'autre एक दूसरे 29n
lac तालाब♂ 46
lâché/libéré [être] छूटना 21
lâcher, laisser tomber, libérer छोड़ना 11
laid बदसूरत 30, भद्दा 31n
lait दूध♂ 2n, laiteux दूधिया 25
laitier दूधवाला♂ 34n
lampe à huile दीपक♂ 46, चिराग़♂
langue (anat.) जीभ♀ 47, ज़बान♀
langue भाषा♀ 32n, ज़बान♀ 32n
lanterne लालटेन♀ 23
large चौड़ा 30n

larguer, déverser पटकना 44
larmes आँसू♂ 54
lasser [se] तंग आना 46
laver धोना 33n
là वहाँ 6n, là même वहीं 19n
là où जहाँ, जिधर 19n
leader नेता 31, लीडर♂ 33 ex
leçon, texte पाठ♂ 1, सबक़♂
légendaire, des "Purana" पौराणिक 52
légume सब्ज़ी♀ 13n
lentement धीरे 22, आहिस्ता
lentilles दाल♀ 16n
lequel कौनसा 24
lettre चिट्ठी♀ 33, पत्र♂ 42
leur (m) उनका 7, इनका 7
lever [se] उठना 15
libération, nirvana, मोक्ष♂ 55, निर्वाण
libérer, faire lâcher छुड़ाना 24
liberté आज़ादी♀ 31, स्वतंत्रता♀ 55n
libre आज़ाद, (vide, vacant) ख़ाली 40
lieu स्थान♂ 19n, जगह♀ 26n
lieu [au] de के/की बजाय 38n
lion सिंह♂ 48, शेर♂
lire पढ़ना 7
lit खाट♀ 15, बिस्तर♂ 15
livre किताब♀ intro,7, पुस्तक intro
livre érudit ou sacré ग्रंथ♂ 47n
livre, gros volume पोथी♀ 47
local, indigène देशी, देसी 15n

loin (de) (से) दूर, 15n
long, grand लंबा 24
"Lord-sahib", seigneur लाटसाहब♂ 15
lorsque जब 30
louanges प्रशंसा♀ 47, तारीफ़♀
loup भेड़िया♂ 48
lourd भारी 24
loyer किराया♂ 40
Lucknow लखनऊ 24 ex
lui/elle [à] इसे/इसको 9, उसे/उसको 9n
luminosité चमक♀ 18
lundi सोमवार♂ 21
lune चाँद♂ 54, चंद्रमा♂
lune [clair de] चाँदनी♀ 13n
mâcher चबाना 48
machine मशीन♀ 43n, यंत्र♂
Madame (occidentalisée) मेमसाहब♀ 25, मैडम37
madame X श्रीमती♀ **X** 8n
mademoiselle कुमारी♀ 8n
magasin, échoppe दुकान, दूकान♀ 12
magazine पत्रिका♀ 17, रिसाला♂, मैगज़ीन♀
magicien जादूगर♂ 44n, साहिर♂
magie जादू♂ 44n, टोना♂
maigre दुबला, पतला 35
mai मई
main हाथ♂ 23n, हस्त♂, दस्त♂, कर♂
maintenant अब 2
mais लेकिन 1, मगर 20n, पर
maison घर♂ 7, मकान♂ 14

maître, gourou गुरु♂ 1n, उस्ताद♂ 32 ex
maîtriser, soigner, tenir सँभालना 55n
majorité बहुमत♂ 34
malade बीमार 17n, अस्वस्थ
maladie बीमारी♀ 39, रोग♂
mal दर्द♂, mal de tête सरदर्द♂ 31 ex
malgré के बावजूद 38
malheur दुख♂ intro, 20n, ग़म♂
malhonnête बेईमान 54, कपटी
malhonnêteté बेईमानी♀ 46, कपट♂
manager मैनेजर♂ 33 ex, प्रबंधक♂
manger खाना 5, भोजन♂ करना
mangue आम♂ 25n
manière, façon तरीक़ा♂ 22, ढंग♂
manoir, "haveli" हवेली♀ 40
manteau कोट♂ 23 ex
marchand दुकानदार♂ 16, सौदागर♂ 44n
  सेठ♂ 34n, व्यापारी♂
marchande, épouse d'un "seth" सेठानी♀ 51n
marchandise माल♂ 44, सौदा♂
marché, bazar बाज़ार♂ 10, हाट♀
marcher चलना 7, पैदल चलना 15n
marcher [faire], conduire चलाना 11n
mardi मंगलवार♂ 21
mari पति♂ 30, शौहर♂, ख़ाविंद♂
mari, monsieur मियाँ♂ 39
mariage शादी♀ 13n, विवाह♂ 30,
  ब्याह♂ 30n, निकाह♂
marié [le] दूल्हा♂, la mariée दुल्हन♀ 23

marionnette कठपुतली♀ 19, poupée गुड़िया♀
marmite पतीला♂ 30n, हांडी♀ 46
mars मार्च
marxisme मार्क्सवाद♂ 49
matin सुबह♀ 10n, सवेरा♂
matin [le] सुबह, सवेरे 17
mauvais ख़राब 11, बुरा 28
médaille पदक♂ 50, मैडल♂
médecin, docteur डॉक्टर♂ 33
médicament दवाई♀, दवा♀ 35, 39n
mélangé मिला-जुला 32n
mélanger मिलाना 32n
même ही 11, वही 19
menace धमकी♀ 36n
menu, carte मेन्यू♂ 25
mer, océan समुद्र♂/समंदर 52, सागर♂ 49
mercredi बुधवार♂ 21
mère, maman माँ♂ 6, माता♀ 6n, अम्माँ♀
merveilles (dessert) जलेबी♀ 3
message संदेश♂ 44, संदेसा♂, पैग़ाम♂
mesure, critère कसौटी♀ 50, मापदंड♂
mettre डालना 26n (comme “explicateur”, 38)
mettre (se mettre à + verbe) (-ने) लगना 34
mettre [se] (épices etc.) पड़ना 26
meurtre हत्या♀ 32, क़त्ल♂, ख़ून♂
mignon, joli प्यारा 30n
milieu [au] बीच में 19
milieu [au] (de) के बीच में
milieu [en plein] बीचों-बीच 42

millet बाजरा˝ 40n
mille हज़ार 46
ministre मिनिस्टर˝, मंत्री˝ 19n
ministre [premier] प्रधान मंत्री 37n
minute मिनट˝ 2
miracle चमत्कार˝ 47
miroir शीशा˝ 28
misérable बदहाल 13n
modèle मॉडल˝ 37n, नमूना˝
moderne आधुनिक 45
moi [à] मुझको, मुझे 15
moins, peu कम 25
moins le quart पौने 15n
mois महीना˝ 21
moitié आधा
moment [pour le] फ़िलहाल 27
mon, mien मेरा 1
monde दुनियाˀ 18n, विश्व˝ 43, जहान˝ 47n
  लोक˝ 47n, संसार˝ 52
monsieur [un] साहब˝ 3n, 4n, सज्जन˝
Monsieur साहब˝ 3, n, 4n, जनाब˝ 11, n
monsieur X श्री X 8n, X साहब˝
montagne पर्वत˝ 52, पहाड़˝
monter चढ़ना 8
montre घड़ीˀ 4
montrer दिखाना 9
moquer [se] (de) का मज़ाक़˝ उड़ाना 25
moral, de principe नैतिक 43n
mordre काटना 41

mort, trépas निधन♂ 17, मृत्यु♀ 17n,
  मौत♀, देहांत♂ 17n, इंतक़ाल♂
mosquée मस्जिद♀ 32n
mot शब्द♂ 29n, लफ़्ज़♂
mouche मक्खी♀ 33
mouiller [se] भीगना 41n
moullah मुल्ला♂ 47
moustache मूँछ♀ 31
moustiquaire मच्छरदानी♀ 41, मसहरी♀
moustique मच्छर♂ 41
moutarde (feuilles ou graines) सरसों♀ 13
mouvement (pol.) आंदोलन♂ 43, संग्राम♂ 44
mur दीवार♀ 31n
musarder, flemmarder सुस्ताना 45
musicien d'orchestre de rue बैंडवाला♂ 23
musique संगीत♂ 19
musulman मुसलमान 32 ex, मुसलिम
mutuellement आपस में 29n, परस्पर
n'est-ce pas ? न ? 2, है न ?
n'importe quoi कुछ भी 8
n'importe qui कोई भी
nabab, prince नवाब♂ 39
nagari (écriture) नागरी♀ intro, 20
nager तैरना 35
nation राष्ट्र♂ 31, क़ौम♀
national राष्ट्रीय 40n, क़ौमी
nature क़ुदरत♀ 45, प्रकृति♀ 52
néfaste, maudit मनहूस 16
neuf नौ 9

neveu भतीजा♂ 35, भाँजा♂
nez नाक♀ 48
nièce भतीजी♀ 35, भाँजी♀
nocturne नैशिक 18
noir काला 13
noix de coco नारियल♂ 45
nom, prénom नाम♂ 1
nommé नामक 44
non नहीं 1
normalement वैसे तो 51
notre हमारा 7
nourrir खिलाना 35
nourriture, collation जल-पान♂ 41n
nous हम 2
nous [à] हमें, हमको 14
nouveau, neuf नया 8, (préfixe नव)
nouvelle, histoire कहानी♀ 14
nouvelle, information ख़बर♀, सूचना♀ 17
novembre नवंबर
noyer [se] डूबना 32
nuit रात♀ 10n , निशा♀ 18
nulle part कहीं नहीं
numéro नंबर♂ 33, अंक♂
ô हे 16, अरे, ओ
obscur(e), अँधेरा/अँधेरी 18
obscurité अँधेरा♂ 18, तमस♀
obsession धुन♀ 39, जुनून♂
obstacle रुकावट♀ 38, बाधा♀, अड़चन♀
occasion मौक़ा♂ 26, अवसर♂

océan **महासागर**♂ 49, **समुद्र**♂ **/ समंदर**♂ 52
octobre **अक्तूबर**
odeur **बू**♀ 13n, **गंध**♀ 49, **महक**♀
odeur [mauvaise] **बदबू**♀ 13n, **दुर्गन्ध**♀ 49
odeur [bonne] **ख़ुशबू**♀ 13, **सुगंध**♀ 49
oeil **आँख**♀ 15, **नेत्र**♂
officier, “officer” **अफ़सर**♂ 30, **अधिकारी**♂ 37n
oh ! **ओह !** 4
oignon **प्याज़**♂ 24n
olympique **ऑलिंपिक** 50
ombre **छाया**♀ 45
omelette **ऑमलेट**♂ 16
omni- **सर्व–** 49
omniscient **सर्वज्ञ** 49
oncle **चाचा**♂ 43n, **चचा**♂
opposition **विरोध**♂, **मुख़ालिफ़त**♀ 43n
opprimé **दलित** 48n, **सितमज़दा**
orchestre de rue **बैंड**♂ 23
ordinaire **साधारण** 49, **मामूली**
ordinateur **कंप्यूटर**♂ 37
ordre, consigne **आदेश**♂ 47, **हुक्म**♂
oreille **कान**♂ 31
où ? **कहाँ ?** 4n
où [vers] ? **किधर ?** 13n
où (relatif) **जहाँ** 29n
oublier **भूलना** 16
oublier (exprès) **भुलाना** 46
oui **हाँ** 1
ourdou **उर्दू**♀ 19 ex, 36

ouvertement खुले-आम 29, खुल्लम-खुल्ला
ouvrir खोलना 24, s'ouvrir खुलना 15
page, feuille पन्ना♂ 47, पृष्ठ♂
pain, galette रोटी, नान 25n
paix शांति♀ 40n, सुकून♂, अमन♂, चैन♂
palais महल♂ 19
Panchatantra (recueil de contes) पंचतंत्र♂ 48, n
panier टोकरा♂, टोकरी♀ 16n
panjabi पंजाबी 16 ex
panne [en] ख़राब 11, ठप्प
pantalon पतलून♀, पैंट♀, (bouffant) सलवार♀ 4n
(serré) चूड़ीदार 4n
panthère चीता♂ 48, तेंदुआ♂
papier काग़ज़♂ 40, papiers काग़ज़ात♂ 40
par, de से 10, के द्वारा 37n
par-ci, (vers) ici इधर 13
par-là, (vers) là उधर 13
paraître, sembler मालूम होना 44,
लगना, जान पड़ना 44n
parc पार्क♂ 15 ex, बाग़♂
parce que क्योंकि 15
pardon माफ़ कीजिए 15n,
demander pardon माफ़ी♀ माँगना 46
pardonner माफ़ करना 15
paré, décoré सजा-धजा 30
parfois कभी-कभी 10n
parfum ख़ुशबू♀ 13, सुगंध♀ 49, इत्र♂
parlement संसद♀ 32, parlementaire सांसद♂
parler बोलना 14, बातचीत♀ करना 32

paroles बोल♂ 19n
partenaire, collaborateur सहकर्मी♂ 54n
part [à], à l'exception de के सिवा 46,
  को छोड़कर 54n
part [de la] (de) (की) तरफ़/ओर से 50
parti पार्टी♀ 32
particulier ख़ास 20, विशेष 45n
partir चला जाना 18
parure d'oreille अटहरू♂ 31, बूंदे♂
pas (indic.) नहीं 1, (impér.) न, मत 11
pas (N) क़दम♂ 55
passager, voyageur मुसाफ़िर♂ 22, यात्री♂
passer (intr.) बीतना [le temps] 21, गुज़रना 23
passer (le temps) (tr.) बिताना 21, काटना 36
pauvre, démuni ग़रीब 32, निर्धन, मुफ़लिस
pauvre, malheureux बेचारा 20
pauvreté ग़रीबी♀ 49, निर्धनता♀, मुफ़लिसी♀
pavillon cérémonial, “mandapa” मंडप♂ 30
pays देश♂ 18, वतन♂
paysan किसान♂ 40n
peine दुख♂ 20n, कष्ट♂ 46, रंज♂ 55, व्यथा♂
pèlerinage (hindou) तीर्थ♂ 51, (musulman) हज♂
pencher [se] pour regarder झाँकना 9
pendant के दौरान 39n, तक 19
pendre (intr) लटकना 22, (tr.) लटकाना
pénétrer घुसना 41, introduire घुसाना
pensée, réflexion, idée विचार♂ 44n, ख़याल♂ 27
penser, réfléchir सोचना 32 ex
penseur विचारक♂ 44

péquenaud गँवार 45
perdre (intr.), échouer हारना 52n
perdre (tr.) खोना 52, se perdre खो जाना
père पिता 1n, वालिद
perle (ou prénom) मोती 31
persan फ़ारसी 32
personne कोई नहीं 14
perturbation खलबली 48, हलचल
petit छोटा 8, लघु
petit-fils पोता 39, नाती
petits pois मटर 16n
peu कम 49
peu [un] कुछ 8, थोड़ा 10, ज़रा 12
peuple जन, जनता 32, अवाम, ख़ल्क़
peur, affolement डर 21, घबराहट 48
peur [avoir], s'affoler घबराना 11, डर लगना 21
peut-être शायद 4, संभवतः
photographe फ़ोटोग्राफ़र 18, छायाकार
phrase वाक्य 1, जुमला
pièce d'or अशर्फ़ी 46
pièce de théâtre नाटक 22n, ड्रामा
pièce du jeu d'echecs मोहरा 39n
pièce, salle कमरा 8, कक्ष
pied पाँव 24, पैर 38, पद
pied [à] पैदल 15n
piège des illusions मायाजाल 51
piégé [être] फँसना 30, piéger फँसाना
pierre, roc पत्थर 24
pieux धर्मनिष्ठ 51, भक्त/भगत

pigeon कबूतर♂ 40
pigeonnier कबूतरख़ाना♂ 40
piller लूटना 45
piment मिर्च♀ 13, pimenté तीखा
pitié रहम♂ 49, दया♂ 51, sans pitié बेरहम 49
place जगह♀ 26n, स्थान♂ 42
place [à la] (de) के स्थान पर/ की जगह 42
plainte शिकायत♀ 34
plaire पसंद होना 20, पसंद आना 25
plaisanter मज़ाक़♂ करना 25n
plaisanterie मज़ाक़♂ 25
plaisir मज़ा♂ 29, पसंद♀ 20
plan योजना♀ 49, मनसूबा♂
plante पौधा♂ 42
pleurer, pleurs रोना 38, आँसू♂ बहाना 54
pleuvoir [faire] बरसाना 45, pleuvoir बरसना
plongée गोता♂, plonger गोता लगाना 52
pluie बारिश♀ 21, वर्षा♀ 45n
plus ज़्यादा 21, अधिक 28
plusieurs कई 18
plus [le] सबसे 27, सबसे ज़्यादा
poche जेब♀ 4
poésie कविता♀ 29, शायरी♀
poète कवि♂ 37n, शायर♂ 31
poids वज़न♂ 35, भार♂, तोल♀
poignée मुट्ठी♀ 47
police पुलिस♀ 37n
politique (adj.) राजनैतिक 38
politique [la] राजनीति♀ 38n

politique [une] **नीति**♀ 43n
pomme **सेब**♂ 13n
pomme de terre **आलू**♂ 16n
pont **पुल**♂ 54n
porter (habits) **पहनना** 16
porte **दरवाज़ा**♂ 22n, **द्वार**♂ 48n
portier **द्वारपाल**♂ 48, **चौकीदार**♂
poser **रखना** 11
possible **संभव** 38, **मुमकिन**
poste de police **चौकी**♀ 51, **थाना**♂
pot en cuivre **हाँडी**♀ 46, **पतीला**♂ 30n
poteau **खंभा**♂ 37n
poulet, coq **मुर्ग़**♂, **मुर्ग़ा**♂ 25
pour **के लिए** 11
pour que **ताकि** 31, **जिससे (कि)**
pourquoi **क्यों** 11
pourtant **फिर भी** 16n
pousser **धकेलना** 51, **धक्का**♂ **देना**
poussière **धूल**♀ 36n, **ख़ाक**♀ 33
pouvoir **सकना** 29, (arriver à) **पाना** 29
précieux **क़ीमती** 51
premier **पहला** 17
prendre **लेना** 11
préparatifs **तैयारी**♀ 37n
préparé, prêt [être] **तैयार होना/ रहना** 37
préparer **बनाना** 5, **तैयार करना** 37n
préparer [se] **तैयार हो जाना** 37n
près, à côté **पास (में)** 21
près de **के पास** 11n, **के क़रीब** 15n

présence **उपस्थिति**[f], **हाज़िरी**[f] 47n
présence [gracieuse] **तशरीफ़**[f] 8
présenter (les gens) **मिलवाना** 34,
मुलाक़ात[f] **कराना** 36
présenter **उपस्थित/हाज़िर करना** 47n
présenter [se] (devant) **हाज़िर/उपस्थित होना** 47n
pression [faire] **ज़बरदस्ती**[f] (**करना**) 34
prétexte, excuse **बहाना**[m] 50
prêtre, savant **पंडित**[m] 17 ex., 30, **मौला**[m] 54
prêt **तैयार** 30
principe, théorie **सिद्धांत**[m] 43n, théorique **सैद्धांतिक**
prix **क़ीमत**[f] 35, **दाम**[m]
problème **प्रॉबलम**[m] 26, **समस्या**[f] 26n, **तकलीफ़**[f] 26n
processsion de mariage **बारात**[f] 23
prochain **अगला** 29
production **उत्पादन**[m] 45, **पैदावार**[f]
profane (de ce monde) **लौकिक** 47n, **दुनियाई**
professeur **अध्यापक**[m] 1
profit **मुनाफ़ा**[m] 45, **लाभ**[m] 52n
profond **गहरा** 7
profondeur **गहराई**[f] 52
progrès **प्रगति**[f] 40n, **तरक़्क़ी**[f]
progressiste **प्रगतिवादी**, **तरक़्क़ीपसंद** 51n
projet **परियोजना**[f] 49, **प्रोजेक्ट**[m]
promenade **सैर**[f] 19
promener [se] **घूमना** 10, **सैर करना** 19n
promener **सैर कराना** 19, **घुमाना** 19n
propos, chose **बात**[f] 1n
propos [à] (de) **के बारे में** 20, **के विषय में**

propre साफ़, tout propre साफ़-सुथरा 34n
propriétaire de maison मकानमालिक♂ 40
propriétaire terrien ज़मीनदार♂ 51n
prospère संपन्न 45, ख़ुशहाल 13n, मालदार
"protecteur du monde" जहाँपनाह♂ 47
provisions subventionnées, "ration" राशन♂ 54
provisions [carte des] राशन कार्ड♂ 54n
publicité इश्तहार♂ 40, विज्ञापन♂
pudeur लाज♀ 55, शर्म♀ 39, हया♀
puisque चूँकि 47
puissance शक्ति♀ 52
pullover स्वेटर♂ 16
Purana [les] (récits mythologiques) पुराण♂ 52n
qualité गुण♂ 39, ख़ूबी♀ 42
quand ? कब ? 10n
quand, lorsque जब 30
quart [et], un et quart सवा 15n
quelqu'un कोई 14
quelque कुछ 9n
quelque chose कुछ 9
quelque part कहीं 41 ex, 48
question सवाल♂ 20n, प्रश्न♂
queue (d'un animal) दुम♀ 48, पूँछ♀
qui ? कौन 2, किस (oblique) 13n
qui, lequel जो 29n, जिस (oblique) 31
qui [de] ? किसका 4
quoi ?, que ? क्या 1
quoique, bien que हालाँकि 30, यद्यपि
quota कोटा♂ 36

quotidien दैनिक 43n
quotidiennement रोज़ाना 47, रोज़
raconter, faire entendre सुनाना 5
Radha, favorite de Krishna राधिका♀, राधा♀ 38
radio रेडियो♂ 16 ex
raffiné, délectable नफ़ीस 25
raga राग♂ 18n
ragoût de riz et lentilles खिचड़ी♀ 46
raison, cause वजह♀ 18, कारण♂ 21
raisonnable, approprié उचित 50
raisonnement तर्क♂ 47
Rajasthan राजस्थान 19, n
Ramayana (épopée) रामायण♀ 31
ramper, rouler par terre लोटना 48
rapide, intelligent तेज़ 27n, अक़्लमंद
rapport रिपोर्ट♂ 37 ex
rapporter, ramener वापस लाना 18
rassembler, amasser जमा करना 51
rassurer आश्वस्त करना 48, भरोसा दिलाना 51
réalité [en] वस्तुतः intro, असल में
recherche (de personnes, objets etc.) तलाश♀ 51n, खोज♀ 52
recherche (académique) रिसर्च♀ 36 ex, शोध♀ 33
rechercher तलाशना 51n, की तलाश/खोज करना 51n, खोजना
réciter सुनाना 5
récompense इनाम♂ 46
reconnaissant कृतज्ञ 49
record [battre le] रिकार्ड तोड़ना 38

recours चारा♂ 49
refuser (से) इनकार करना, refus इनकार♂ 48
regard नज़र♀ 10n
regarder देखना 8
regarder (en se penchant) झाँकना 9
règle नियम♂ 34
règne राज♂ 31
régner राज करना 31
reine रानी♀ 8
relâché ढीला 34
religion धर्म♂ 51n, मज़हब♂
reliure जिल्द♀ 47
remarque cinglante [faire] बोली♀ कसना 40
remplir, se remplir भरना 32
rencontre मुलाक़ात♀ 36, भेंट♀
rencontrer, trouver मिलना 8
rendre वापस करना, लौटाना
renoncement त्याग♂ 51n
renoncer त्याग करना 51, त्यागना 51n
rentrer, retourner लौटना 15, वापस आना 18
repas खाना♂ 5, भोजन♂ 34
répéter दोहराना 44, (pieusement) जपना 32
réponse जवाब♂ 36, उत्तर♂
repos आराम♂ 25n
reposer [se] आराम करना 25n
respect इज़्ज़त♀ 40n, आदर♂
respecter की इज़्ज़त करना 40n, का आदर करना
restaurant populaire ढाबा♂ 16
reste [le] बाक़ी 37

rester, habiter रहना 33
rester, survivre बचना 41
résultat परिणाम♂ 44, नतीजा♂
résumé, essence सार♂ 51
retard [en] देर से 17 ex, 21
réussi सफल 49
réussite सफलता♀ 49
rêve सपना♂ 31
réveil, sonnerie अलार्म♂ 15
réveiller [se] जगना, जागना 15
revendication, exigence माँग♀ 51
réverbère खंबा♂ 37n
révolution क्रांति♀ 31n, इनक़लाब♂ 31
révolutionnaire क्रांतिकारी 31n, इनक़लाबी
rhum रम♀ 15
riche अमीर 27n, रईस 31, धनी 51, धनवान 54
richesse, argent धन♂ 54n, रुपया♂-पैसा♂ 11
rickshaw, pousse-pousse रिक्शा♂ 10
rien कुछ नहीं 14
rire हँसी♀ (N) 4, हँसना (vb.) 16
rite रस्म♀ 30, क्रिया♀ 30
rivière, fleuve नदी♀ 54n
riz चावल♂ 16n, भात♂
robuste हट्टा-कट्टा 45
rogan josh (plat de viande) रोग़न-जोश♂ 26
roi राजा♂ 19
roi de la danse", Shiva नटराज♂ 18n
rôle रोल♂ 53, भूमिका♀
roman उपन्यास♂ 17

rose गुलाब♂ 31 ex
rouet चरख़ा♂ 43n
rouge लाल 13
roupie रुपया♂ 11
royaume, empire राज♂, राज्य♂ 31
royaume des dieux देवलोक♂ 52
royaume utopique de Rama रामराज्य♂ 31
rubrique, colonne कॉलम♂ 17
rue, chaussée सड़क♀ 15n
ruelle गली♀ 10
ruines खंडहर♂ 18
rusé चालाक 48
russe रूसी 2
rythme ताल♂ 18n
sac (en toile) झोला♂ 4
sac à main बटुआ♂ 54
safran केसर♂ 13
sage, "droit" सीधा 6
sage-femme दाई♀ 48n
saint, "grande âme" महात्मा♂ 31
salade सलाद♂ 22 ex
salaire तनख़ाह♀ 36n, वेतन♂
salive rouge पीक♀ 50
salle de bains गुसलख़ाना♂ 15
salon बैठक♀ 28
samedi शनिवार♂ 15
sang ख़ून♂ 50
sans के बिना 12, के बग़ैर 42
sans बे –, निः – (préfixes) 49

sans peur निडर 49
sanscrit संस्कृत♀ 30 ex
santé, humeur तबीयत♀ 26
sari साड़ी♀ 14
sauf के सिवा 46, को छोड़कर 54n
saut छलांग♀ 24
sauter कूदना 16
sautiller उछलना 23
savant विद्वान♂ 20
savoir (N) ज्ञान♂ 45n
savoir (vb.) मालूम होना 15, जानना 18, आना 20
savoureux स्वादिष्ट 48n
scène दृष्य♂ 24, सीन♂
science विज्ञान♂ 32
scientifique (N, adj.) वैज्ञानिक 43n
scooter, auto-rickshaw स्कूटर♂ 11
scruter, mater ताकना 32
sec सूखा 32
secousse, à-coup झटका♂ 22
secrétaire सेक्रेटरी♀ 33
séduisant, agréable सुहाना 53
Seigneur नाथ♂ 18, हुज़ूर♂ 46
selon, d'après के अनुसार 50, के मुताबिक
semaine हफ़्ता♂ 14, सप्ताह♂
sentiment भावना♀ 38
séparé अलग 32
septembre सितंबर
seul अकेला 49
seulement केवल 11, सिर्फ़ 26

sept pas [rite des] सप्तपदी♀ 30
service सर्विस♀ 37
Shiva शिव♂ 48, नटराज♂ 18n, भूतनाथ♂ 18
shudra , "de basse caste" शूद्र 48n
si अगर, यदि 41
s'il vous plaît कृपया, कृपा/मेहरबानी करके,
प्लीज़ 15n
siège, place सीट♀ 22
signification अर्थ♂ 43
silencieux चुप 42, ख़ामोश
simple, simplet भोला 46
sirène, klaxon भोंपू♂ 15
sitar सितार♂ 31 ex
situation स्थिति♀ 55n, हालत♀ 50
sixième छठा 47n
social सामाजिक 38
socialisme समाजवाद♂ 31
socialiste समाजवादी 40, सोशलिस्ट 31
société समाज♂ 20
soeur बहन♀ 6
soeur ainée दीदी♀ 11n
soi-même, moi-même etc. ख़ुद, स्वयं 33
अपने आप 33
soie रेशम♂ 7
soie [en] रेशमी 4
soif प्यास♀ 20n
soir शाम♀ 10, संध्या♀
sol ज़मीन♀ 52, मिट्टी♀
soldat, "cipaye" सिपाही♂ 51

soleil [rayons du] धूप♀ 12
soleil [prendre le] धूप सेकना 12
solitude अकेलापन♂ 49
solution समाधान♂ 36n, हल♂
somme d'argent रक़म♀ 51
sommeil नींद♀ 15
somnoler ऊँघना 22
son उसका, इसका 6, अपना 26
son, voix (N) आवाज़♀ 39n
sonner बजना 15
sonnerie, sonnette घंटी♀ 42
sorte तरह♀ 10
sortir निकलना (intr.) 10, निकालना (tr.) 21
souci चिंता♀, परेशानी♀ 21
soudain अचानक 15, एकदम
souffle दम♂ 54, साँस♀
souffrance दुख♂ 20n, कष्ट♂ 46, रंज♂ 55
soulever उठाना 29
sourd बहरा 39, बधिर
sourire मुस्कुराना 23n
souris चूहा♂ 33n
sous के नीचे 15n
soutien, défense समर्थन♂ 43n, ताईद♀
souvenir याद♀ 30, स्मरण♂
souvent अक्सर 9n, प्रायः
spécial ख़ास 20, विशेष 45n
spécialement ख़ास तौर (से/पर) 20, विशेष रूप (से)
spécialiste विशेषज्ञ♂ 45
spectacle, guignol तमाशा♂ 9

spectateurs देखने वाले 24, दर्शक♂ 43n
spéculation सट्टेबाज़ी♀ 40, सट्टा♂ 40n
sport खेल♂ 19
stabilité स्थिरता♀ 49, सुकून♂
stable स्थिर 38n, क़ायम, मुस्तक़िल
stade de vie, “ashram” आश्रम♂ 51n
statue मूर्ति♀ 45n, मूरत♀
stratégie रणनीति♀ 38, हिकमत♀
succès सफलता♀ 49, कामयाबी♀
sucer चूसना 51
sucre चीनी♀, शक्कर♀ 32
sucré मीठा 6
sucrerie, friandise मिठाई♀ 26n
suggestion सुझाव♂ 52, सलाह♀ 32n, राय♀ 51
superbe बढ़िया 27
supporter, partisan समर्थक♂ 43, हामी♂
sur, au dessus de के ऊपर 21
sur पर 8, पे 19
sûrement, bien sûr अवश्य 41n, ज़रूर 8
syndicat यूनियन♀ 36 ex, संघ♂
tabac तंबाकू♂ 33
table मेज़♀ 8
tabouret en paille मोढ़ा♂ 8
tailleur दर्ज़ी♂ 14
talent प्रतिभा♀ 44, क़ाबलियत♀ 38
tandoori (cuit au tandoor) तंदूरी 25n
tant इतना 37, autant que जितना 53
tantôt कभी 10
tantra, tantrique तंत्र♂, तांत्रिक 49

tapis क़ालीन♂ 19, ग़लीचा♂
tard [plus] बाद में 15
tas ढेर♂ 44
taquiner छेड़ना 25
taxi टैक्सी♀ 15 ex
technique तकनीक♀ 18
technologie तकनॉलॉजी♀ 32
teinturier रंगरेज़♂ 48
tel, pareil ऐसा 18n
téléphone फ़ोन♂ 40, दूरभाष♂
téléphoner फ़ोन करना 40
télévision टीवी♂ 15 ex
tellement, si, tant इतना 36
témoin साक्षी♂ 30, गवाह♂
temple मंदिर♂ 18, दैर♂
temps, climat, saison मौसम♂ 23, ऋतु♀
temps, époque वक़्त♂, समय♂ 14, काल♂
terrain मैदान♂ 50
Terre पृथ्वी♀ 48, धरती♀ 52, sol ज़मीन♀ 52, मिट्टी♀
tester, juger परखना 50, जाँचना
    परीक्षा♀/इम्तहान♂ लेना
tête सर, सिर♂ 22, 23
thé चाय♀ 3
théorie सिद्धांत♂ 43n, नज़रिया♂
théorique, idéologique सैद्धांतिक 43
thumri, style de chant ठुमरी♀ 32n
tigre बाघ♂ 48, शेर♂
tisserand बुनकर♂ 36n, जुलाहा♂
titiller, soulever (un problème) छेड़ना 25

to, particule contrastive **तो** 9
toit **छत**♀ 24
tomate **टमाटर**♂ 24 ex
tomber **गिरना** 15, **पड़ना** 26
ton **तुम्हारा**, (intime) **तेरा** 7
tordre **मोड़ना** 12n
toucher **छूना** 40
toujours **हमेशा** 12, (encore) **अभी भी** 10n
tour, révolution **परिक्रमा**♀, **फेरा**♂ 30
touriste **पर्यटक**♂ 19, **टूरिस्ट**♂ 20
tourner (intr) **फिरना**, **घूमना** 18
tourner [la tête] **सर चकराना** (intr.) 22
tourner (les pages) **पन्ने पलटना** 47
tourner, tordre [se] **मुड़ना** 12n
tous, toutes **सब** 2, **सभी** 12
tout à fait **बिलकुल** 6, **एकदम** 35
tout à l'heure **अभी** 10
tout le temps **बार-बार** 19n
tout **सारा** 5, **सब कुछ** 9
toute la journée/nuit **दिन भर/ रात भर** 12
tradition **परंपरा**♀ 43n, **रस्म**♀, **रिवायत**♂
traditionaliste, rétrograde **रूढ़िवादी** 45
traditionnel **पारंपरिक** 43n
traduction **अनुवाद**♂ 37n, **तर्जुमा**♂
train **गाड़ी**♀ 16 ex, **ट्रेन**♀ 29n, **रेल**♀ 38
traité classique, Ecritures **शास्त्र**♂ 45n
travail **काम**♂ 5, **कार्य**♂, **कारोबार**♂
traverser **पार करना** 54n
travers [à tort et à] **उलटा-सीधा** 38

trembler काँपना 38
très बहुत 3, बड़ा 12
trésor ख़ज़ाना♂ 45
trois quarts पौन 21
troisième तीसरा 47n
tromperie धोखा♂ 46n, फ़रेब♂
trône सिंहासन♂ 48, तख़्त♂
trop ज़्यादा 21, बहुत ज़्यादा
trottoir फ़ुटपाथ♂ 23
trouver, déterrer ढूँढ लेना/निकालना 42, 55n
tu तुम (familier), तू (intime) 1n
tuer हत्या♀ करना 32, मार डालना 38
tunique indienne कुरता♂ 4n
turban साफ़ा♂ 23, पगड़ी♀
un एक 1
un et demi डेढ़ 21
untel फ़लाना♂ 38, अमुक
un jour कभी 10n, किसी दिन
usage, emploi इस्तेमाल♂, प्रयोग♂ 41n, उपयोग♂ 49
usine कारख़ाना♂ 15, मिल♀
usurier महाजन♂ 51, साहूकार♂
utiliser इस्तेमाल करना, प्रयोग करना 41n
"V.I.P", "personne très importante"
वी. आई. पी. 37
vacances छुट्टी♀, छुट्टियाँ♀ 12
vache गाय♀ 37n, गो♀
vagabond आवारा♂ 40n
vaishya, caste commerçante वैश्य 48n
valeur, prix क़ीमत♀ 35, मूल्य♂

végétarien शाकाहारी 26
vélo साइकिल♀ 22
vendeur de bétel पानवाला♂ 16 ex, पनवाड़ी♂
vendeur de fruits, légumes फलवाला♂,
 सब्ज़ीवाला♂ 23n
vendre बेचना, se vendre बिकना, app. gram.
vendredi शुक्रवार♂ 21, जुमा♂
venir आना 8
venir (honorifique) तशरीफ़ लाना 8, पधारना 16
vent हवा♀ 19n, वायु♀, पवन♂, समीर♂
vent chaud धक्कड़♂ 36n, लू♀
ventilateur पंखा♂ 41
ventre पेट♂ 26
vérité सच्चाई♀ 49, सच♂ 50, सत्य♂ 51n
verre गिलास♂ 25
vers (N) शेर♂ (ourdou) 5, श्लोक♂ (sanscrit)
vers, du côté de की ओर 16, की तरफ़ 26
verser डालना 26n
vert हरा 13n
vertueux नेक 34n, भला 6
vêtements कपड़े 10
viande गोश्त♂ 26, मांस♂
vide ख़ाली 40, रिक्त
vidéo वीडियो♂ 25 ex
vie ज़िन्दगी♀ 38n, जीवन♂ 44, हयात♀
vieux (ancien) पुराना 10, (âgé) बूढ़ा, बुज़ुर्ग
village गाँव♂ 32, ग्राम♂
villageois गाँववाला♂, ग्रामीण♂
ville शहर♂ 10, नगर♂ 49

violence हिंसा♀ 44, तशद्दुद♂
non-violence अहिंसा♀ 44n
visage चेहरा♂ 29, शक्ल♀ 30, सूरत♀ 30
vision, philosophie दर्शन♂ 43, फ़लसफ़ा♂
vite जल्दी 21
voie, chemin राह♀ 19n, डगर♀ 55
voilà, c'est tout बस 31
voile घूँघट♂ 29, परदा♂
voile de fleurs सेहरा♂ 23
voir देखना 8, se voir, être visible दिखना 21
voisinage पड़ोस♂ 15, voisin पड़ोसी♂
voiture कार♀ 20n, मोटर♀ 51
voix आवाज़♀ 39n, स्वर♂, वाणी♀
voler (intr.) उड़ना, faire voler उड़ाना 25
voleur चोर♂ 37n, vol चोरी♀
volonté चाह♀ 19n, इच्छा♀ 42, संकल्प♂
vouloir चाहना 10
vous आप 1, तुम लोग, आप लोग 7
voyage यात्रा♀ 50n, सफ़र♂ 55n
voyelle (après consonne) मात्रा♀ 17n, स्वर♂
voyou गुंडा♂ 24, बदमाश 6
vraiment वाक़ई 11, सचमुच 16
vue, spectacle नज़ारा♂ 8, दृष्य♂ 24
vue [point de] दृष्टि♀ 43, नज़रिया♂
whisky व्हिस्की♀ 33
yaourt दही♂ 26
yaourt [boisson au] लस्सी♀ 16n, छाछ♀, मट्ठा♂
yoga, union योग♂ 49
yogi, qui pratique le yoga योगी♂ 50n

Aubin Imprimeur
LIGUGÉ, POITIERS

Achevé d'imprimer en août 2006
N° d'édition 2444 / N° d'impression P 70186
Dépôt légal, août 2006
Imprimé en France

Reliure : BRUN à Malesherbes